墨 课程建设

龚明◎主编

长江出版传媒 湖北科学技术出版社

图书在版编目（CIP）数据

墨课程建设 / 龚明主编. -- 武汉 : 湖北科学技术
出版社, 2022.3
ISBN 978-7-5706-1937-5

Ⅰ. ①墨… Ⅱ. ①龚… Ⅲ. ①书法课－课程建设－教
学研究－小学 Ⅳ. ①G623.752

中国版本图书馆 CIP 数据核字(2022)第 052557 号

责任编辑：袁瑞旌　王小芳	封面设计：曾雅明
出版发行：湖北科学技术出版社	电话：027-87679468
地　　址：武汉市雄楚大街 268 号	邮编：430070
（湖北出版文化城 B 座 13-14 层）	
网　　址：http：//www.hbstp.com.cn	
印　　刷：武汉中科兴业印务有限公司	邮编：430071

787×1092　1/16　19.625 印张　8 插页　432 千字

2022 年 3 月第 1 版　2022 年 3 月第 1 次印刷

定价：58.00 元

主编简介

龚　明　湖北名师、湖北省特级教师、正高级教师、湖北省教育学会书法教育专业委员会常务理事、湖北省小学语文特级教师教学研究中心秘书长。长期从事小学语文、书法学科的教学与研究，在《中国教育报》《语言文字报》《书法报》《湖北教育》等报刊发表文章30余篇，参与编写出版的书籍有《我们的东风》《探究乐园》《淘宝总动员》等。

《墨课程建设》
编委会

校 园 文 化

52 小学赋

翰墨园

春日校园

伏龙石

尚书广场

书法展览厅

校园全貌

2010 年湖北省教育学会书法专业委员会第五届会员代表大会在我校隆重召开

2010 年湖北省教育学会书法教育专业委员会第五届会员代表大会书写现场

2013 年首届书法节

2014 年湖北省书法家协会少年分会入会现场测评

2014 迎新年现场书法赛

2016 年第四届书法节

2017 年《追逐书梦》书法广播操比赛

2018 年原东风教育分局书法教育课题结题活动在我校进行

2019 年自创节目《墨舞人生》在湖北省中小学书法教育现场观摩暨培训活动上演出

2019 年湖北省中小学书法教育现场观摩活动书写现场

2021 年“童心向党”庆六一活动

2021 年第 9 届书法节

2021 年与汉江师范学院共同开展拓片活动

2021 年学生题写校名

2022 年《追逐书梦》书法广播操比赛

2022 年元旦春联书写

教师毛笔作品

龚 明

陈家林

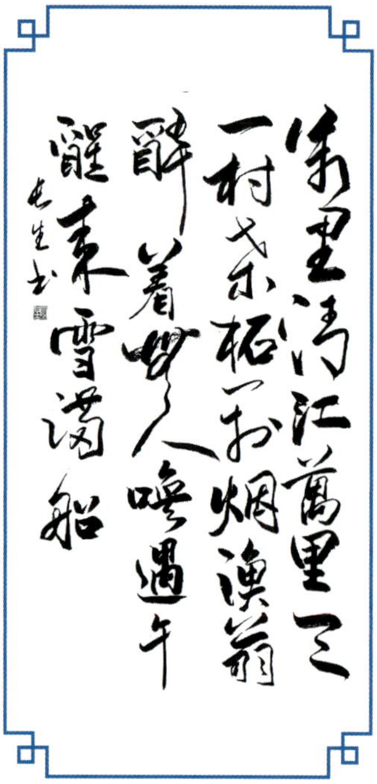

郭长生

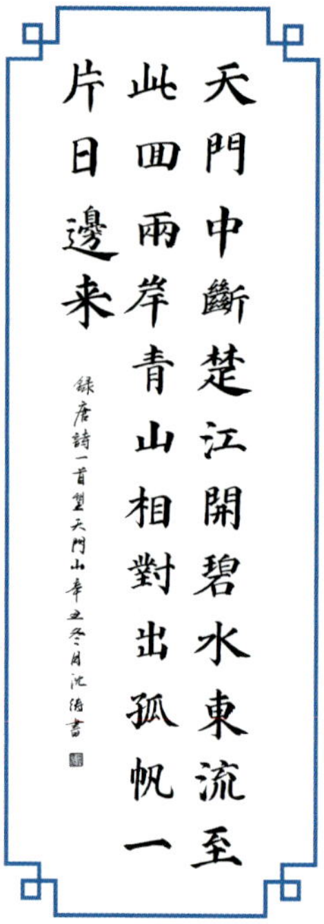

沈 涛

石红丽

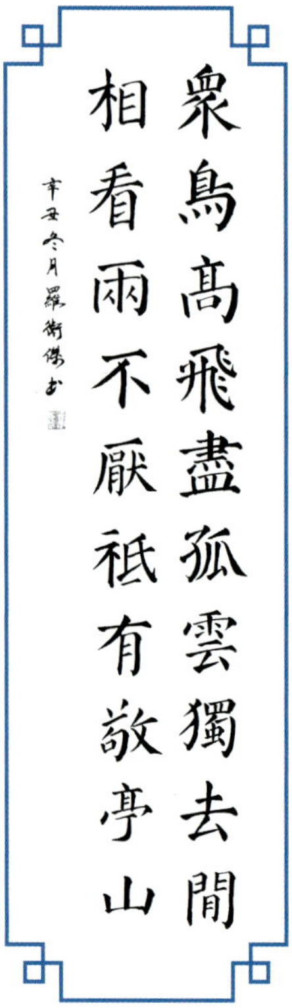

罗卫杰

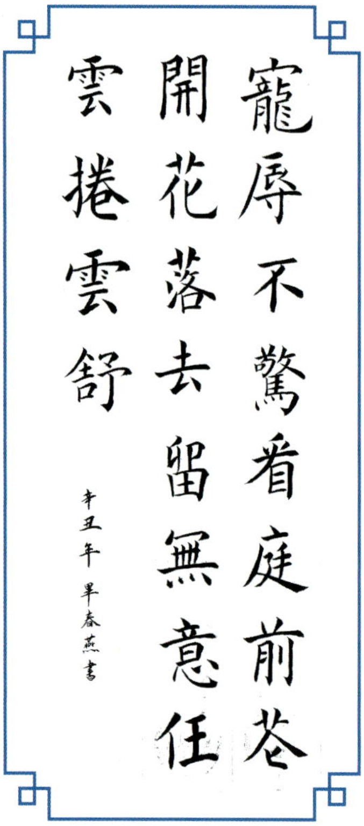

毕春燕

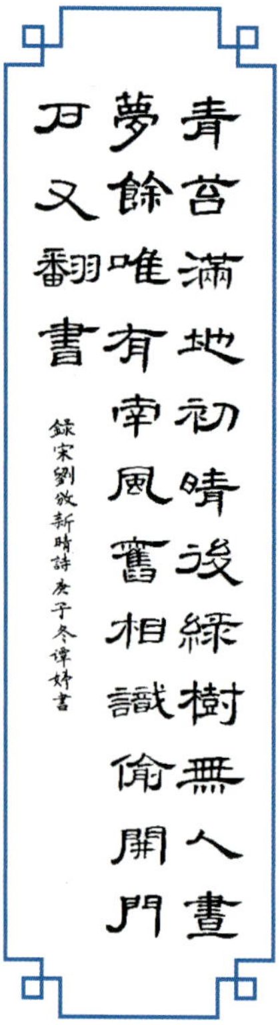

谭 婷

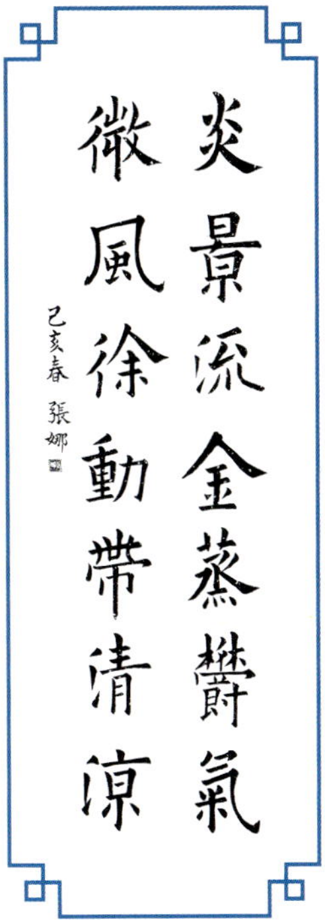

张　娜

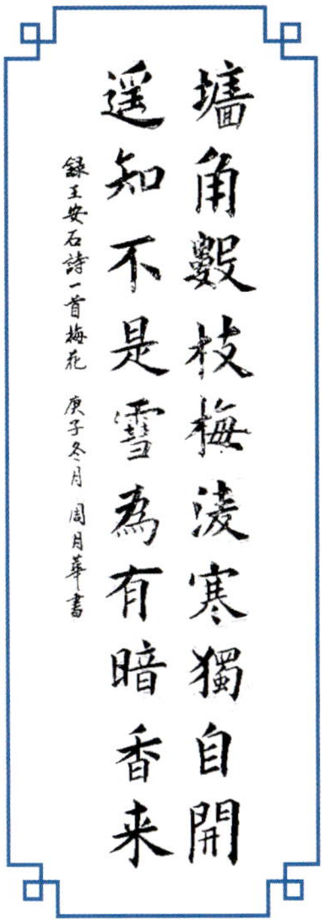

周月华

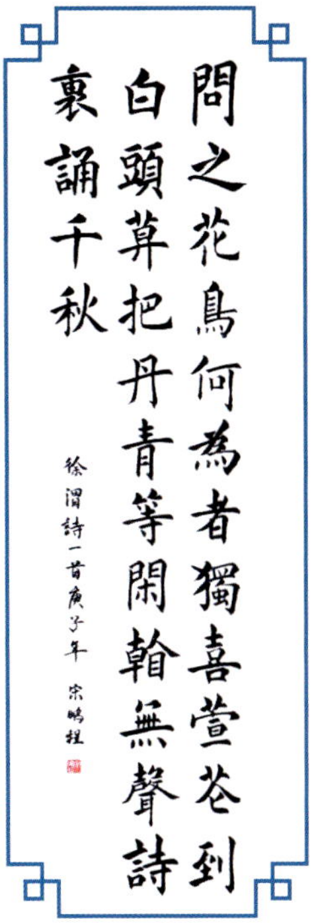

宋鹏程

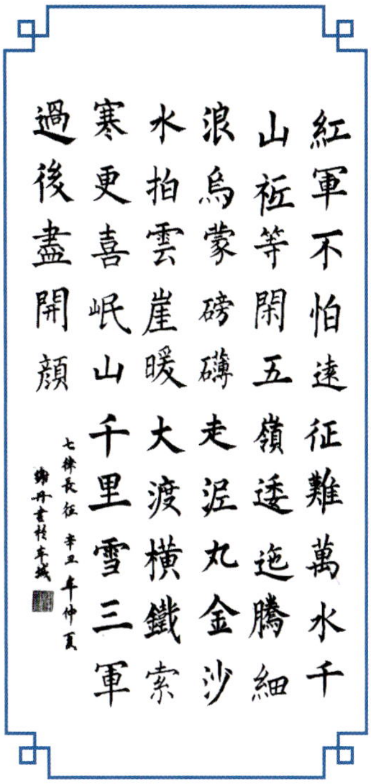

谢　丹

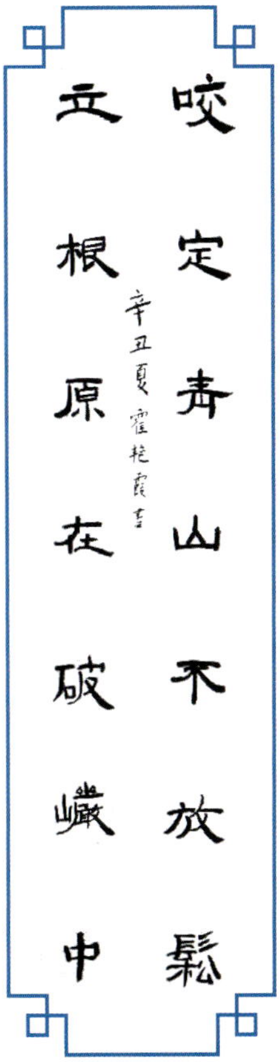

霍艳霞

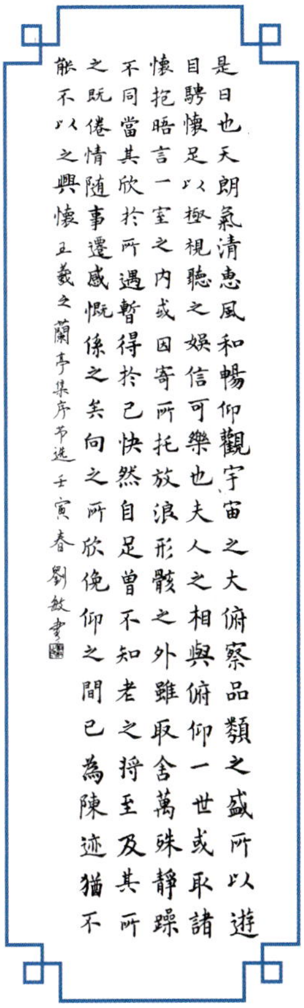

刘　敏

刘　艳

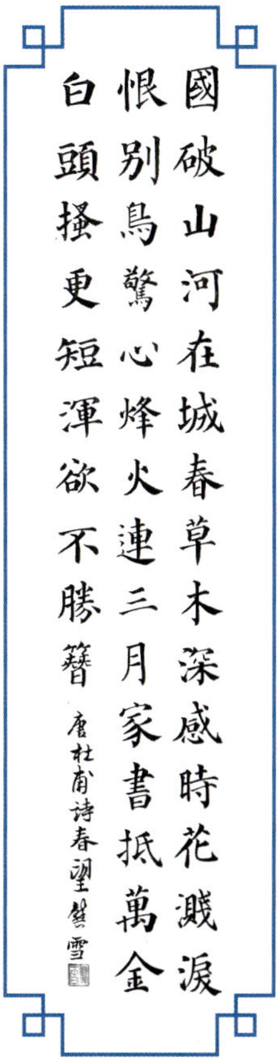

龚　雪

学生毛笔作品

2011 届毕业生　杨涛年

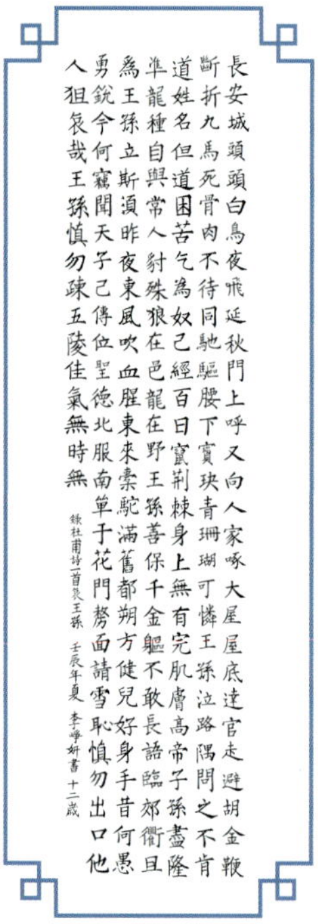

2012 届毕业生　李峥妍

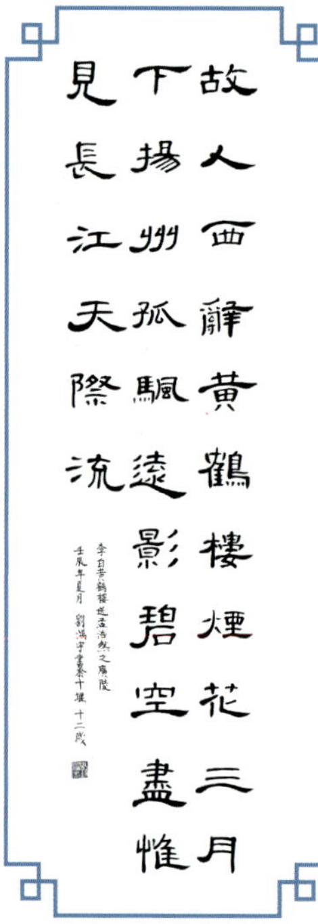

2012 届毕业生　刘鸿宇

2012 届毕业生　杨子悦

三年 3 班（2022）颜晓鹤

2013 届毕业生　李敖同

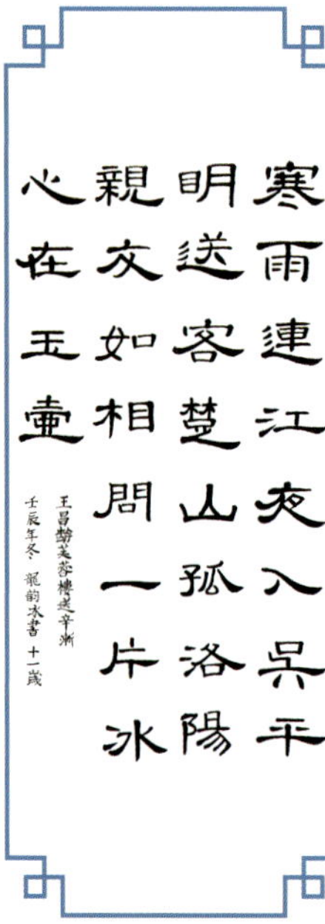

2013 届毕业生 龙韵冰

2013 届毕业生　刘婧文

2013 届毕业生　刘升瀚

2014 届毕业生　陈　怿

2014 届毕业生　韩芷欣

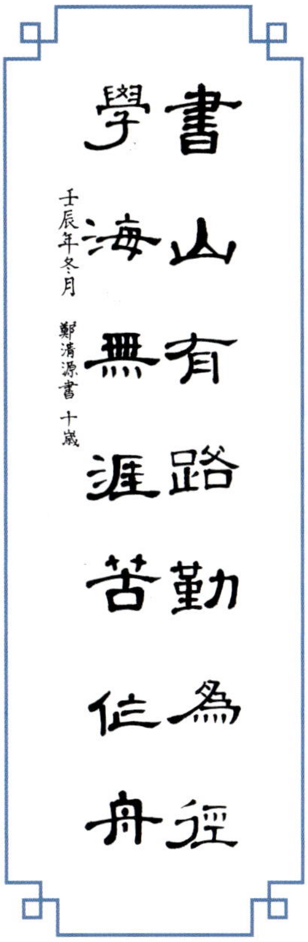

2014 届毕业生　郑清源

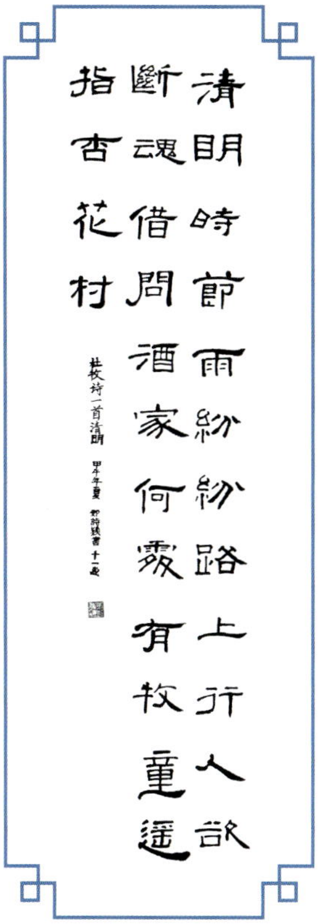

2015 届毕业生　邓诗颖

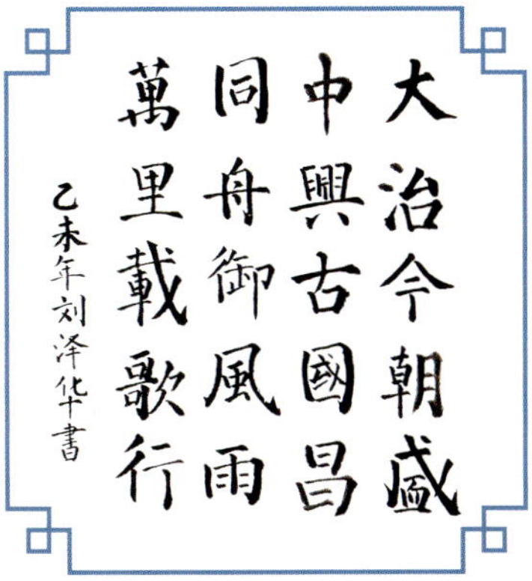

2015 届毕业生　刘泽华

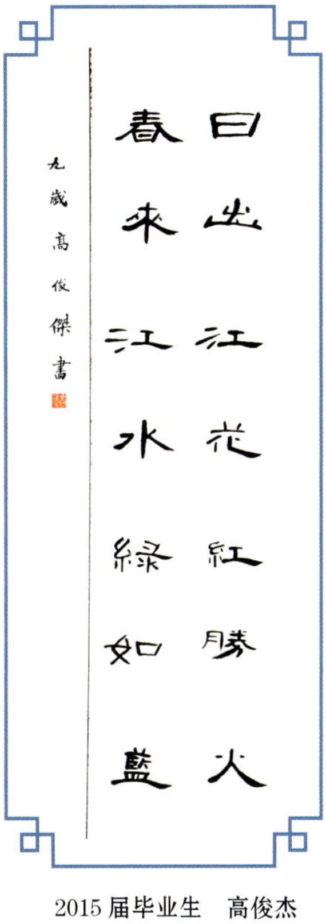

2015 届毕业生　高俊杰

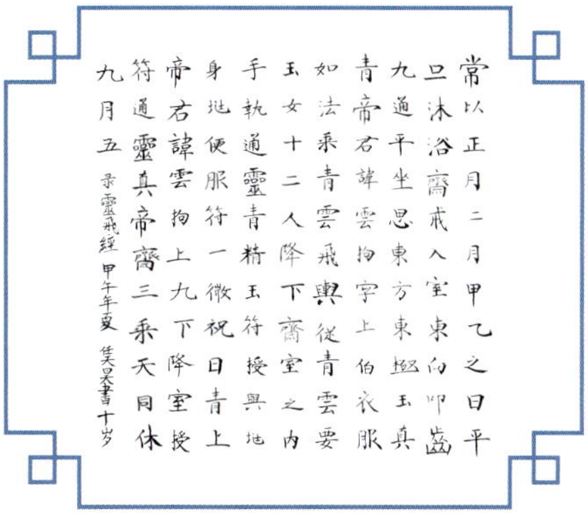

2016 届毕业生　任天昊

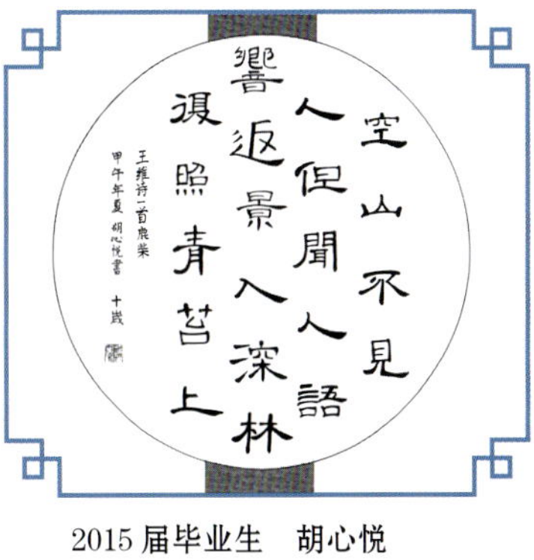

2015 届毕业生　胡心悦

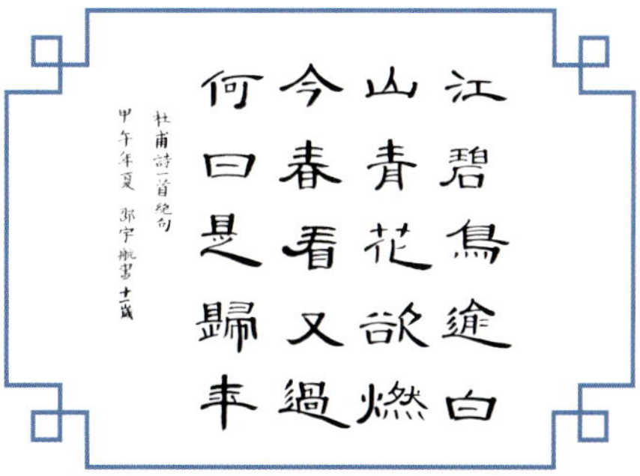

2016 届毕业生　邵宇航

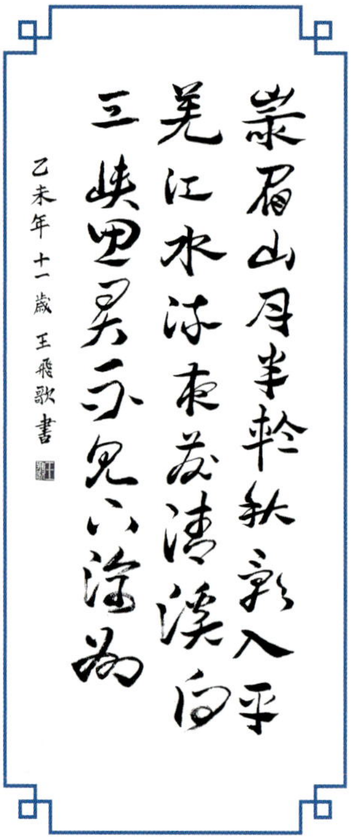

2016 届毕业生　王飞歌

2016 届毕业生　郑天一

2016 届毕业生　曹瑞鑫

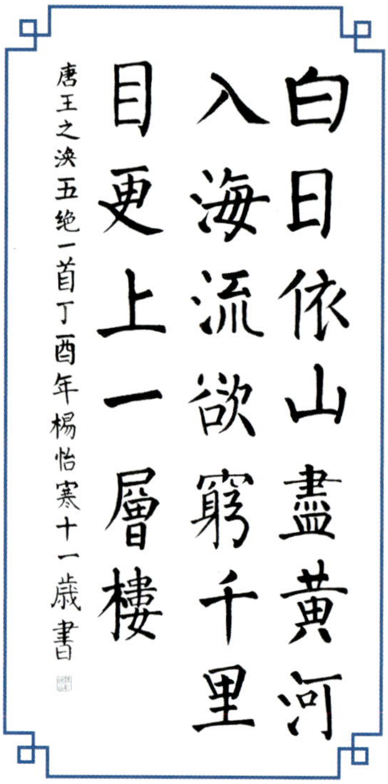

2018 届毕业生　杨怡寒

2019 届毕业生

闫芷月

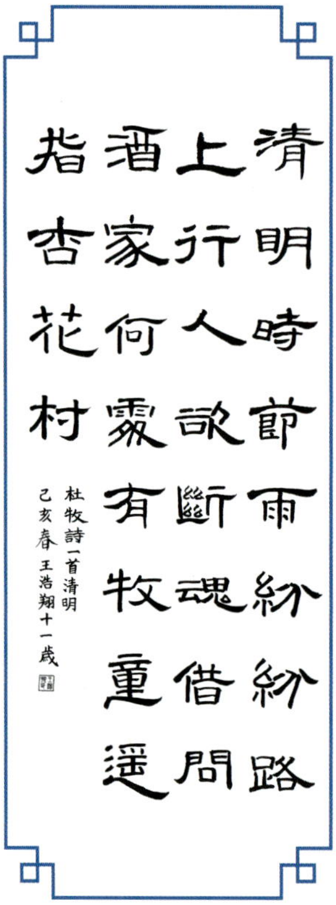

2019 届毕业生

王浩翔

2019 届毕业生　余锦垣

2019 届毕业生

胡雅迪

2019 届毕业生

艾佳奕

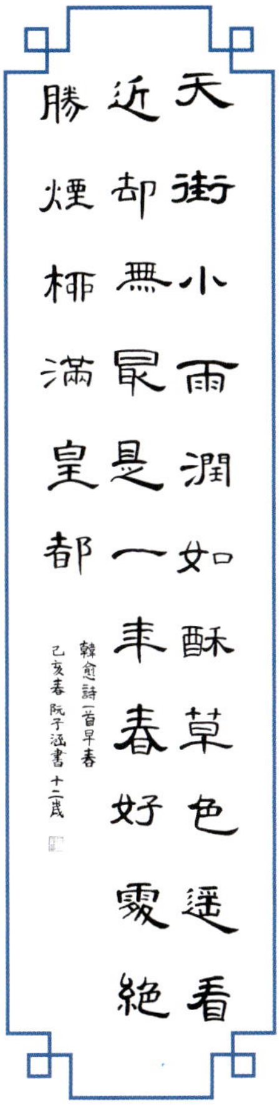

2019 届毕业生　阮子涵

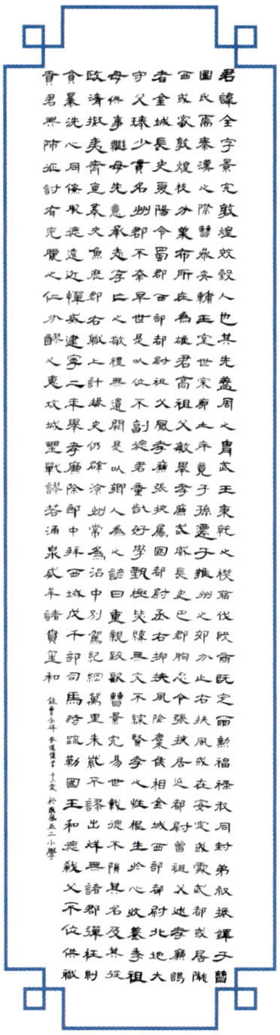
2019 届毕业生　昝俪俪

2019 届毕业生　贺天勤

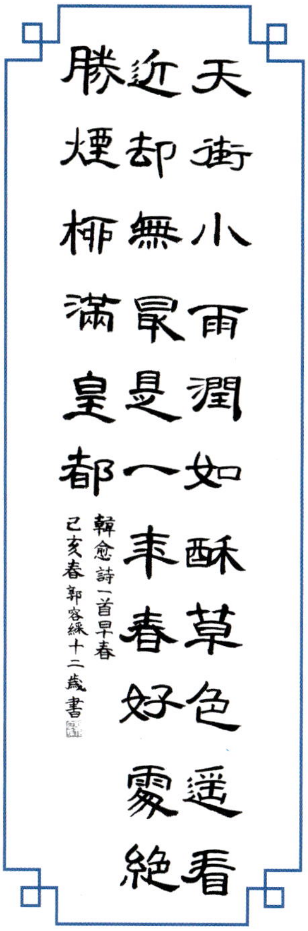

2019 届毕业生　郭容綵

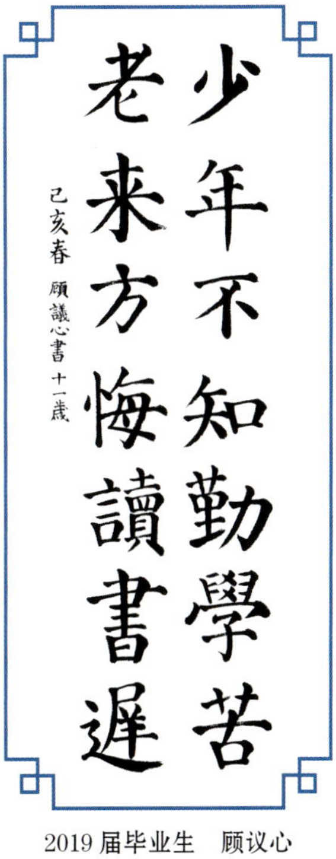

2019 届毕业生　顾议心

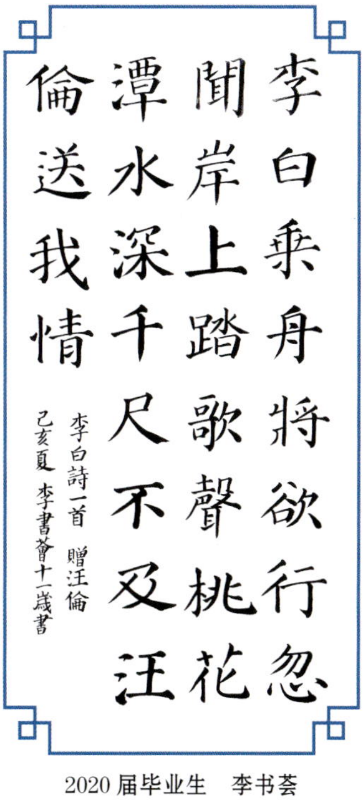

2020 届毕业生　李书荟

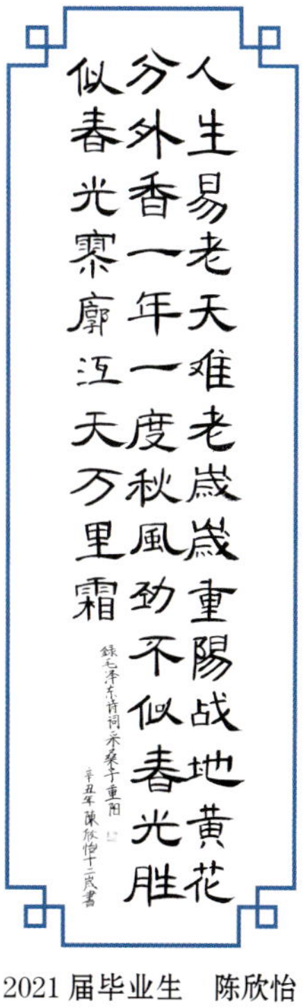

2021 届毕业生　陈欣怡

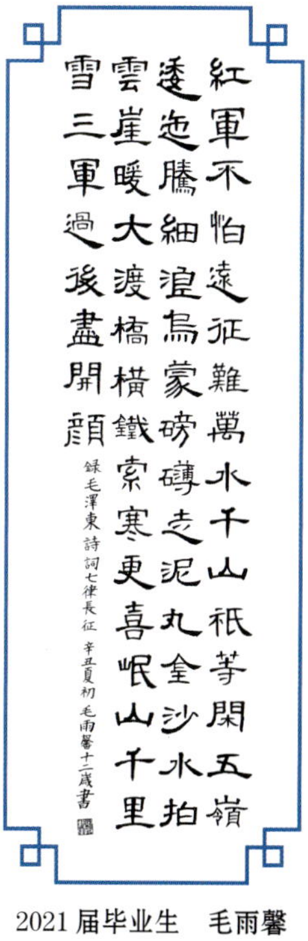

2021 届毕业生　毛雨馨

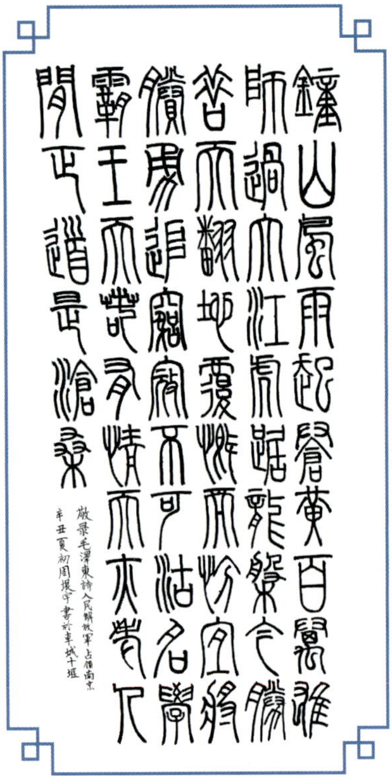

2021 届毕业生　周垠宇

2021 届毕业生　张梓嫣

六 (1) 班 (2022)　辛宇涵

六 (2) 班 (2022)　姜俊廷

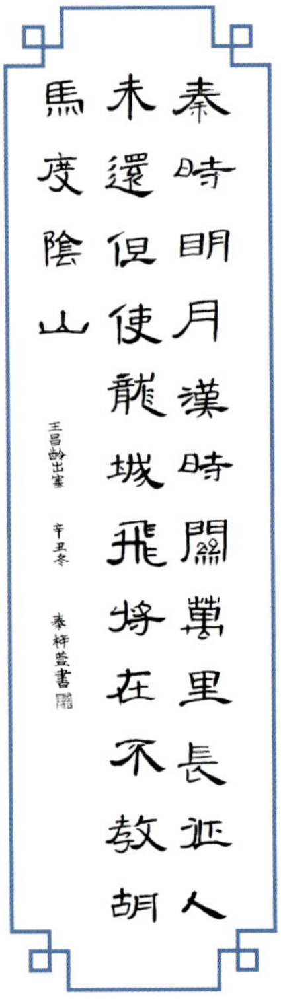

三 (3) 班 (2022)　秦梓萱

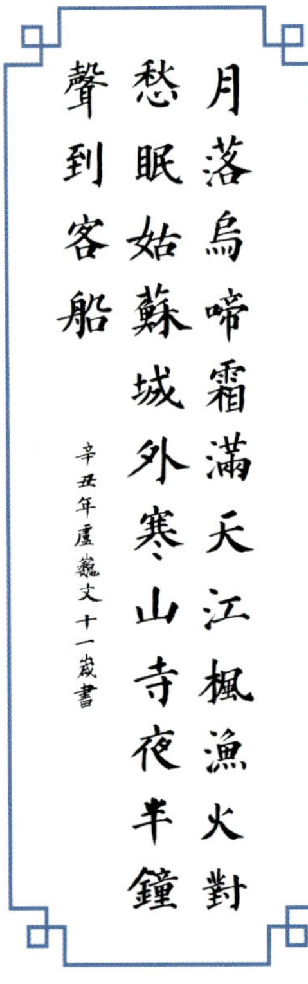

五 (3) 班 (2022)　卢巍文

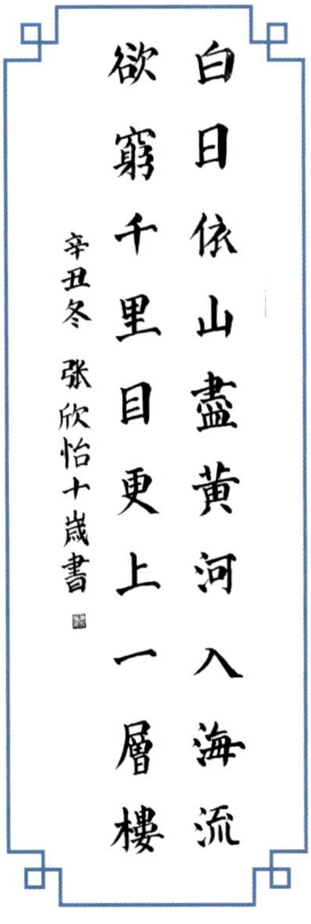

五 (4) 班 (2022)　张欣怡

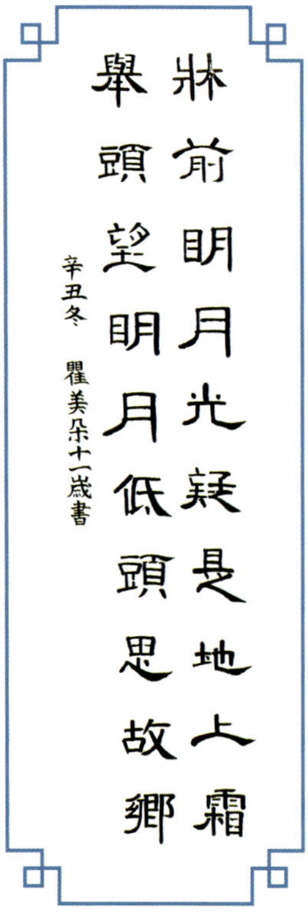

五 (4) 班 (2022)　瞿美朵

学生硬笔作品（2022 年）

六 (1) 班　韩景然

六 (2) 班　朱志山

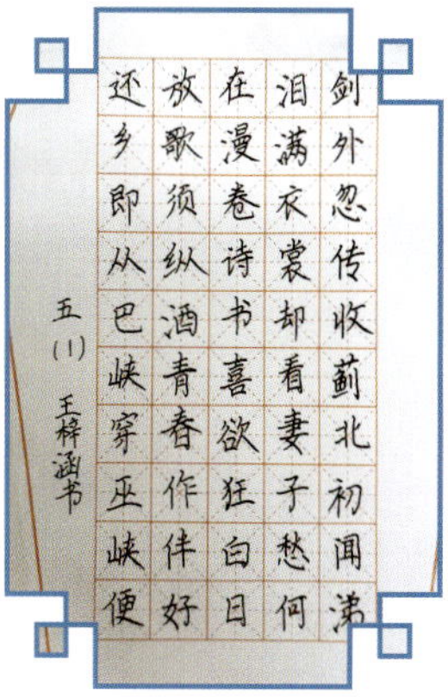

五 (1) 班　王梓涵

六 (4) 班　徐鑫伊楠

五 (5) 班　丁可夏

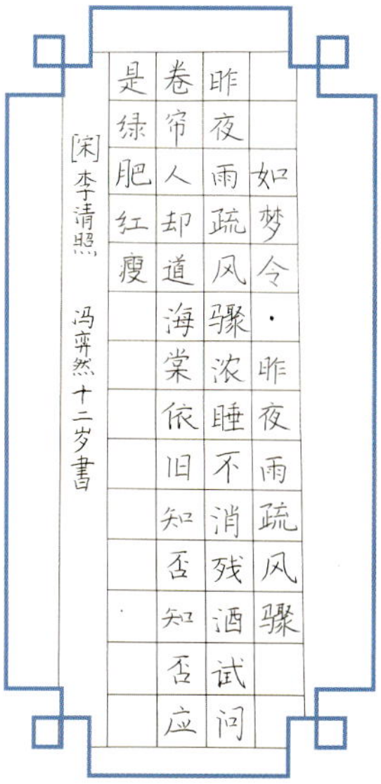

五 (2) 班　冯奕然

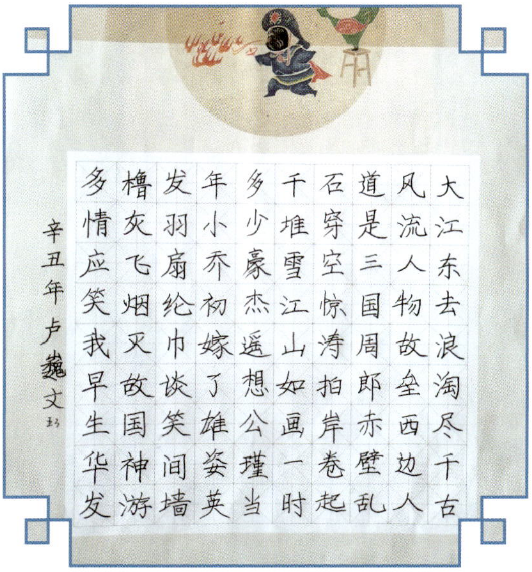

五 (3) 班　卢巍文

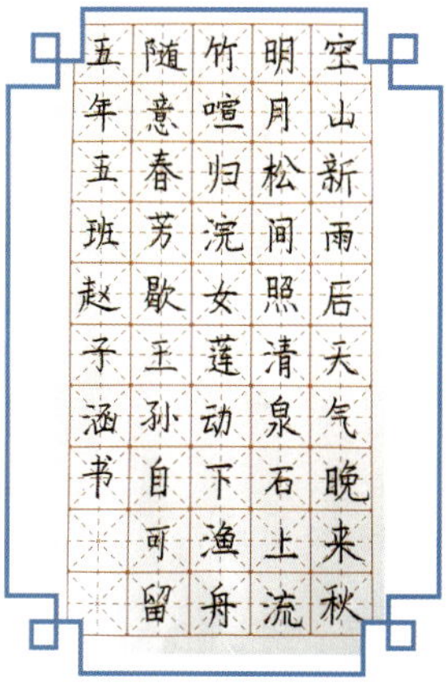

五 (5) 班　赵子涵

前　　言

“仙山秀水汽车城”，是对鄂西北城市十堰的赞誉。我们的十堰市东风52小学（以下简称52小学）就坐落于美丽的十堰城区。

我校于1971年建校，已经走过51年历程。目前，学校拥有在校学生2100余人，教学班36个，是全国书法教育示范学校。

我校做书法教育，始于1998年。起初，仅仅是上书法课，教学生写硬笔书法、毛笔书法，开展群众性书法竞赛等活动。后来，逐步把书法与育人相结合、与传统文化的传承相融合，形成了学校独有的书法教育理念和办学特色。

回望20多年的历程，我们突然有了“灯火阑珊”的顿悟：这些年，我校不仅仅是在做书法教育，更是在做“墨”课程。

的确如此，我校的墨课程建设已走过3个阶段。第一阶段是书法特色阶段（1998—2006）：以书法为特色，进行书法教学、研究，开设书法课，举行书法大赛。第二阶段是特色学校阶段（2006—2012）：以参加湖北省“楚风杯”师生书画大赛等竞赛活动为契机，借2010年省教育学会书法教育专业委员会第五届会员代表大会在我校召开之势，开设“一长五短”书法课，开展写字课题研究，推广写字教学“四步法”，进行校园书法文化建设，形成了特色学校。第三阶段是“墨”课程创生阶段（2012—至今）：以“笔正——心正——行正”为探索路径，以培育具有“静气、灵气、文气、豪气”的墨香少年为目标，通过“墨色润品——构建文化体系、墨缘炼品——构建培训体系、墨韵敦品——构建教学体系、墨迹砺品——构建活动体系、墨香养品——构建评价体系”五大举措，推动墨课程建设。于是，校园里，处处都有墨的影子，墨的芳香；课堂上，教师能书善讲，学生静心练习；活动中，师生踊跃参与，挥毫泼墨……墨，已植入师生、家长的心灵。

我校的墨课程包括学科类课程和活动类课程。其中，学科类课程包括铅笔课程、钢笔课程和毛笔课程，活动类课程包括书法节课程、书法操课程、书法故事课程、书法社团课程、书法竞赛课程、书法研学课程、楹联书法课程等。目前，墨课程体系已具雏形。

为了全面总结墨课程体系构建与实施的经验，展示墨课程教育的成果，推广墨课程教育经验，编印本书。

本书分上、下两篇进行编排，上篇是墨课程理论探索，包括墨课程目标、墨课程内容、墨课程实施、墨课程评价四章，下篇是墨课程实践成果，包括学生成果、教师成果、学校成果三章。本书是一项实践性成果的汇集，我们把课程实施部分作为重点，分教学体系、培训体系、活动体系、文化体系进行介绍。整本书在叙述过程中，试图做到既注重书法教育的一般规律，又注重操之可行的方法介绍。书中，我校的具体做法以“墨课程实例”为板块进行呈现。

本书编写主要依据《中小学书法教育指导纲要》《中小学〈书法教育指导纲要〉解读》《义务教育语文课程标准(2011)》，同时参考当今中小学书法教育实验学校的做法。

本书的阅读对象为从事书法教育工作的管理者、教师和书法教育研究者。

编　者

2022 年 2 月

向着梦想奔跑

（代序）

《墨课程建设》一书初稿全部完成，唯有“序”空缺。于是，我想到了自己曾经写过的一篇文章《向着梦想奔跑》，放在这里，权当为“序”。

1985 年夏天，我从监利师范学校毕业后分配到 52 小学工作。从此，我与 52 小学结下了不解之缘。除了中间短暂离开，掐指算来，已有 37 个年头了。

在 52 小学工作的 30 多个春秋里，我做一线老师，也做班主任、主任、副校长、校长，我教过数学、音乐、体育、历史，当然任教年头最多的学科是语文，自然也包括书法课。我之所以能有勇气“扛起”书法课的教学大任，得益于我在监利师范求学时书法课老师罗群的教诲。那时，罗老师手把手地教我写柳体字。毕业后走上讲台的我，也手把手地教我的学生写柳体字。

回想 52 小学的书法特色创建之路，应该是从 1998 年算起的，至今已经有 24 年了。我经历了 52 小学书法特色创建全过程，见证了 52 小学的发展变迁。回首往事，历历在目……

一、没有灵魂的学校打造不出有灵魂的学生

我总认为，一所学校，必须有自己“叫得响”的东西。这“叫得响”的东西，是全体师生、社会人士随口就能够说得出来的；这“叫得响”的东西，其实就是学校的灵魂。有魂的学校才能打造出有魂的学生。

提到 52 小学，人们会很自然地想到“书法”一词。52 小学的“魂”，便是书法特色，便是“墨”。20 多年来，学校以“墨”为魂，以“墨”立魂，师生一道演绎精彩故事。

1.萌发——襄阳年会

52 小学的书法特色起步于 1998 年，而明确把“书法”确立为学校“特色”则是 2006 年。

2006 年 6 月，湖北省教育学会书法教育专业委员会在襄阳古城召开第四届年会，我有幸受邀参会并作经验交流。彼时，对“书法教育专业委员会”这个组织，这个组织里的人，都知之甚少。记得我从会议入住宾馆电梯出来的时候，偶遇秘书长廖敬彦老师。我

们彼此都不曾见面，可是，廖老师却热情地给我打招呼，并脱口而出："你是52小学的龚明老师吧？"瞬间，我被感动了。

会上，我作了题为《写字教学四步法》的发言。我从"一看二范三练四评"四个方面进行交流。这些内容都是我平日教学经验的总结(那时，我正担任语文兼书法课老师)。由于内容实在，贴近教学，操作性强，受到与会者的好评，尤其是得到了廖老师的肯定，廖老师在会议总结时专门提到了我的发言。后来，廖老师在多个场合提到了我交流的"四步法"。2021年廖老师再次到52小学的时候，在全体师生参加的"学生题写校名"颁奖大会上又一次提到我当年交流的内容。

也许是我的发言让廖老师看到了某种潜在的希望，那次会议间隙，廖老师单独约我交流，说鄂西北还没有一所书法教育实验学校，想把52小学当成全省重点打造的书法学校。回校后，我把廖老师的嘱托向时任校长种立春汇报，种校长经过审慎思考之后，郑重向全体教师宣布：52小学将打造书法特色学校！从此，52小学开启了书法特色学校建设之路，书法特色发展进入新的发展轨道。

经过紧锣密鼓的准备，2006年11月，廖老师一行人到我校考察，很快确定我校为"湖北省书法教育实验学校"。

2.立魂——核心文化征集

学校的灵魂，要彰显学校的特色，更要依托于学校的文化。从某种意义上讲，学校的灵魂，就是学校的核心文化。2013年11月，校园扩建，老校舍推倒，新校舍正在重建，正是校园文化建设的最佳时机。为此，我们面向全社会广泛征集"校训、路名、楼名、景观名"。征集启事通过网络发布，引来包括四川、重庆、湖南、湖北等地的网友参与，52小学全体师生当然是参加的主体。这次征集活动共收到作品2000余件。2014年春天组织评选，经过初选后，提交专家组匿名评审。在评选"校训"时，"写好人生每一笔"被选中，专家认为：这一条校训，既体现学校书法特色，又不拘泥于书法特色；外延很小，内涵很深；通俗易懂，适合小学生。评审结束后，查找作者时，评委意外地发现，这一条校训竟然是52小学六(4)班的张璟怡同学拟写的。一个学生写出的校训能如此巧妙，说明书法教育在我校已经有一定的基础。后来请廖老师题写，现在依旧挂在学校书品楼楼顶，成为学校的一大景观，更激励着一代又一代"52"人向书法教育迈进。

这次征集到的，还有路名"墨缘路""墨韵路"，楼名"书道楼""书品楼""书香楼"，树名"枫杨树"，景观名"翰墨园""尚书广场""羲之池"。后来陆续补充"伏龙石"、《52小学赋》、《咏枫杨》、核心文化"墨"、师生誓词等。

从此，校园核心文化完整确立起来了，校园之魂立起来了。

3.走心——书法操编排

校园景观文化确立后，我就一直想，要创编一套书法操，把书法的技法写进歌词，把书法教学和音乐、舞蹈、太极融合到一起，让学生每天练习，以另一种形式让书法走进心灵。

2017年年初，也就是在寒假前，我决定创编第二套书法操(先前有一套书法操)，我定的计划是，3月开学前完成词曲创作，3月底前师生练唱，完成编舞，4月全校师生开始训练并开展书法操比赛。时间安排确实很紧，一方面是工作的需要；另一方面，负责作曲的郭长生老师将于7月退休，所以整个工作必须赶在郭老师退休前完成。

经过思考，我拟出了书法操的思路：以《追逐书梦》为题，三段式，寻梦—追梦—圆梦。“寻梦”是开场，“圆梦”是结束，节奏应该明快，表现52小学师生追寻书梦高远的理想和圆梦书法的无限愉悦。中间的“追梦”是过程，体现曲折艰辛的书写过程，把书法的技法“双姿、笔画、结构、章法”呈现出来。

为了高质量地完成创编任务，我组建创编小组，由音乐、语文、书法等学科骨干教师组成。寒假前，召开小组第一次会议。会上，我把我的思路抛给大家，大家进行了简单的讨论，最后决定，歌词由周艳春老师主笔，音乐由郭长生老师主创，舞蹈由阳光舞蹈培训班的覃世芬和本校的音乐老师曹慧老师主编，小组的其他老师配合。

接下来，首先要完成的是歌词创作。春节期间，我和周艳春老师保持热线联系，偶尔有新的点子，都会在QQ上留言。为了赶时间，大年初六，我即召集创作小组的老师到学校开会，交流各自的思考。当时我提出，歌词来源，可以根据古代书法家就书写技法的经典语录进行提炼，比如卫夫人的“点如高山坠石”“竖如万岁枯藤”等。这次会议后，大家豁然开朗，进一步理清了思路，信心更足。同时大家希望开学初即拿出初稿。

周艳春老师不负众望，开学后把初稿发给我看。我初阅稿子，眼前一亮，欣喜若狂，稿子基本符合我的想法。同时，我把初稿发给几位“52作家”修改，后来大家提出了一些意见，很快就定稿了。

接下来，由郭长生老师进行谱曲。其实，资深的郭老师未雨绸缪，非常优秀，在文字初稿没有出来之前，他就已经开始根据我们的思路进行谱曲了。不到一个星期，整个曲子初稿就出来了。

拿到曲子后，我和陈家林老师一起学唱，第二节“笔画”有《送别》的味道，宽广甜美。为了让曲调更优美，还邀请了调离我校的胡东霞副校长提修改意见。

覃世芬老师和曹慧老师负责舞蹈动作设计。中国舞十一级水平的覃老师编起舞来并不费力。彼时，覃老师正怀着她5个月大的“二宝”。尽管如此，她依然尽心尽力编排，哪怕出差武汉时，也不忘在宾馆房间“琢磨”。录制舞蹈示范动作的视频时，覃老师不顾身体的不便，亲自上阵。后来，当我看到视频里挺着肚子的覃老师那灵动自如的样子时，不禁鼻子一酸……

词曲舞编写(排)完后，我们一边组织师生学唱，一边灌制录音。全曲共6节，每节8

个8拍，时长约5分56秒，“节拍口令”是由当时六年级的王茜同学喊的。整个曲子节奏舒缓，动作中融入了书法、太极、舞蹈等元素，柔中带刚，轻盈曼妙。

4月，全体师生开始学做这套书法操，同时进行书法操展演比赛。我记得，那次比赛，我们行政组获得了一等奖。

如今，每天大课间书法操《追逐书梦》乐曲响起，师生随乐起舞，书法文化已植入师生心灵。

二、巧妇难为无米之炊

回首创建之初，我们白手起家，基础为零，师资匮乏，阵地空白，更谈不上教材了。巧妇难为无米之炊啊！于是，学校决定大力培育书法师资，千方百计打造书法教育阵地。

1.师资培训——训练中的苦与乐

创建之初，学校会写毛笔字的人并不多，有部分老师从未拿过毛笔。陈家林、郭长生老师算是校内的“书法家”了。说是“书法家”，其实也是相对一般老师来讲的。陈老师是美术油画本科，郭老师是音乐老师，他们对书法仅仅是爱好。

学校进行师资队伍培训，主要培训师就是陈家林老师，同时也请书法名流来校讲座，比如国家级专家王维义，省书法专家廖敬彦、刘春生、李志刚、王军，市级书法家黄家喜、刘端文、刘国平、李永涛、王政文等。

学校抓培训抓得严，抓得实，学校倡导教师自修，坚持做到“三个一”，即：每天练写一页硬笔字、一页毛笔字、一学年上一个台阶。练习作品由书法教研组长批阅，并进行指导矫正。在培训策略上，坚持“四练”，即以标激练、以师导练、以赛促练、以制保练。

陈家林老师率先自修、苦练基本功的故事，我至今依然记忆深刻。创建初的几年，陈老师每天晚饭后，总是返回学校进行练字。一张张，一幅幅，严谨认真。他为了快速提高书写水平，还自费参加市内举行的书法培训。他从楷书欧体开始，后来练习柳体、颜体、隶书等。我是练柳体的，看到陈老师写的柳体，棱角分明，自愧不如。目前，陈老师进军篆书和行书，并把自己对书法的理解，融入各种字体，已经形成了自己的风格，一种新的字体“家林体”越发成熟。

作为一名语文老师、书法老师，我自己也抓紧时间进行练习，企盼不断提升自己。在师范读书时，我练习的是柳体，有一定的基础，为了提高书写水平，2000年前后我坚持每天晚上在家进行练习。

回想起2010年11月11日我在宜昌参加湖北省教育学会小学语文专业委员会成立30周年庆典的情景，至今记忆犹新。当年10月中旬省教研室李作芳老师打电话通知我，让我在庆典现场舞台上进行毛笔书法展示。满打满算，离展示只有一个月的时间了。我先拟定好要书写的内容后，就开始练习。我当时拟的内容是“布泽三十载，惠及数万师”。因为是楷书，结构必须严谨，我从图书室找来《柳公权玄秘塔碑帖》等5本字帖，对联中的10个字里找到了9个，唯有“惠”字没有找到。我先用大字本练习，每个字都写上数遍，直到默记心中为止。“惠”字没有范字我就自己创作。很快，我开始用宣纸临写。写了几张之后，发现“及”字难写，结构难以把握。我就向陈家林、郭长生老师请教，慢慢地，有了感觉，结构紧凑了，大小也适中了。但是还面临一个问题，那就是时间，现场表演只能5分钟。经过测试，我最快要用11分钟写完。智慧的董林涛老师想出了一个招：事先写完6个字，并落好款，现场只写4个字。这下问题全解决了。在准备的日子里，我断断续续练写了20多遍，每一个字的结构特点都了如指掌了，真正做到了胸有成竹。现场展示的时候，我紧张极了，“手”不由己，终于在规定时间内完成。4尺宣纸，字迹硕大，柳体楷书。当主持人读完我的作品后，现场掌声四起，我也倍感骄傲。通过这次展示，我的书写水平在强化训练中得到了很大提升，对书法也有了新的认识。

年轻教师毕春燕是来到52小学后才开始接触书法的。原先，她在陕西上学的时候，没有书法课，连毛笔都没有接触过。为了跟上52小学的书法步伐，她买了字帖和书写工具，每天练习书法。家里的书房，成了她每天约会的地方。她每天坚持练习1个多小时，有时候超过3个小时。2020年秋天学校举行“龚明工作室”读书分享会，毕春燕老师用书法展示了她的阅读体会，她书写的行草“天行健君子以自强不息”，随性、流畅、遒劲，仿佛一位成熟的书法者所书。这其间浸润着她多少汗水！

2.阵地打造——从展览厅开始

2013年前后，我校的书法特色在市内已经小有名气，来校参观的人不计其数。要让参观者有“看头”，学校书法教育的阵地必不可少。

2014年学校进行校园改造，新教学楼秋季就要竣工使用。在有限的空间里，我们决定将书香楼五楼260平方米的空间，建成书法展览厅。8月上旬，正值暑假，天气奇热，我把有关人员请到学校政教处（临时办公地，现书品楼四楼），进行策划。分10个板块进行设计：前言、学校简介、办学思想、历史沿革、历任校长书记、名师风采、学校荣誉、书法特色（创建历程、特色文化、特色活动、特色人物、特色成果）、领导关怀、结束语。

大家齐心协力，到了10月，展厅就建成了。从此，凡到校参观的领导，都会来到展厅观摩，都会驻足品赏，啧啧称赞。国家、省级专家来过，《书法报》记者何东来过，新疆的学校领导来过，省内、市内各中小学领导、老师来过。展厅，也成了师生作品的展览地，书法文化的传播地。

后来，学校于2018年建成了数字化书法教室，64张桌子，电脑储存书法资源，随时调用，方便教学和学习。2019年建成陈家林工作室，工作室成员有了专门的训练基地。

弄一些石头，放在校园，营造更浓郁的墨香氛围，是我一直的梦想。2015年春天，我决定下河“觅石”。我约上我校两位“书法家”——陈家林、郭长生，沿马小路向桃花湖进发。

我们一路寻找,来到桃花湖马家河村路段。站在公路上俯视路边的河沟,这是一处开阔的沟段,约 30 米深,沟内溪水淙淙,乱石罗列。我们脱了鞋袜,进入沟内,趟水寻觅。尽管进入仲春,但山中溪水仍然刺骨寒冷。沟里的石头可真多,奇形怪状,大小不一,圆润光滑。突然,我被映入眼帘的一块巨大的石头吸引住了。这块石头的大部分藏在溪水里,从裸露部分可以看出,石头呈完整的长条形。我想:如果把它放到校园,顽石与书法辉映,一定会给校园增色。我招呼陈老师、郭老师过来察看,他们对这块石头赞不绝口。陈老师说:“没想到,今天能找到这么大的宝石!”

石头安放在一号门入口处,正面镌刻学校的核心文化“墨香”二字,背面镌刻《52 小学赋》。这块石头是从伏龙山脚下的桃花湖附近“请”回来的,我们给它起名“伏龙石”。师生每天进校时都和这块宝石“打招呼”,享受“墨”的味道。

3.教材编印——特色有了抓手

墨课程必须有相关的教材。2018 年 3 月,我校自主开发的校本教材正式印发,这套教材共 4 本,分别是《我们的礼仪》《我们的书法》《我们的节日》《我们的 52 小学》。这套教材是根据《东风 52 小学“墨”课程体系实施方案(试行)》要求编写的,是我校“墨”课程的重要组成部分。

《我们的礼仪》这本教材由武静波、田厚礼、范学武、石婷婷四位老师负责编写,供三年级使用。《我们的书法》共 9 课,分别是文房四宝、书写姿势、书法形式与发展、汉字的演变、书体的源流、读帖与临帖、笔法与结构、书法创作、书法鉴赏。这本教材由石红丽、霍艳霞、周艳春、谢丹四位老师负责编写,供四年级使用。《我们的节日》由李蓓、涂安慧、罗卫杰三位老师负责编写,供五年级使用。《我们的 52 小学》由沈涛、刘敏、杜俊三位老师负责编写,供六年级使用。

为了编好这套教材,我校从 2017 年 3 月开始启动编写工作,学校成立编写领导小组,拟定编写大纲,召开工作会,部署编写工作。随后,各书责任编辑开始组织编写人员讨论、编制详细的大纲,搜集资料,整理编辑,归类入书。对于编写教材这活儿,编写组的老师是非常陌生的。平时大家专注“用”书,鲜少关注“编”书的技巧。编辑老师们充分利用 7 月放暑假的时间工作。暑假本应是老师们编写的黄金时间,但是,又恰逢全市“创文”,忙上加忙。李蓓、涂安慧、罗卫杰等几位老师的孩子很小,家里没有人带,她们不约而同地把孩子带到了办公室。为了不让孩子们影响编写工作,她们把孩子们安排到室外自行游戏。突然,楼下传来了孩子的哭泣声,李蓓老师赶忙跑到楼下,原来自己的孩子摔跤了,鼻青脸肿,这让她揪心不已。那段时间,李蓓老师丈夫的脚严重骨折,躺卧在家,她既要照顾丈夫、孩子,又要带班、编书,付出了多少心血!

编写组老师不负众望,于 2017 年 7 月完成初稿,2017 年 8 月完成二稿,2018 年 3 月完成三稿，并交付印刷，历时一年。

2018年4月，崭新的教材从印刷厂搬回校园，我在全校升旗仪式上，为编辑老师们每人赠书一套，并讲述了他们的编书故事。

校本教材走进了课堂，师生们学习自己学校的文化，学习自己老师编辑的教材，倍感亲切，兴致也更浓厚了。此事引起了湖北电视台的关注，新闻报道后，在原东风教育分局引起较大震动。

三、坚持就是特色

特色需要积淀，时间为积淀提供可能，持之以恒，坚持不懈，方能成就特色。我校书法特色从1998年开始，至今24年了，我们做到了日复一日，年复一年，坚持开展。不论正常年份，还是疫情期间；不论是体制变革，还是校长更替，书法教育始终站在"学校的中央"。时间在变，一茬一茬的学生在变，可是我们对书法教育经验的不断总结，对书法教育真谛的永续追求却始终未变。

回想当年，2012年7月我接任校长后，首先思考的一个问题，就是如何让书法特色做得更好。我认为，52小学书法教育走过的路，已经经历了特色起步（1998—2006）、特色形成（2006—2012）两个阶段，接下来，应该向高处走，向课程走。因为，书法教育，只有进入课堂、形成课程，从书法课走向书法课程，才能得到持久的发展。从此，学校的书法特色走向一个新的阶段："墨"课程创生阶段。

1.制度——"坚持"的保障

制度是"坚持"特色的保障。学校先后建立了一些书法教育管理制度。比如，建立了"书法领导小组——教务处——书法教研组——书法教师"组织管理制度；"一长五短"课时保障制度，即每周安排一节40分钟的写字长课，每天下午安排20分钟的写字短课；"一主多辅"的教材制度，毛笔教材以颜体字帖为主，以隶书、欧体、柳体为辅；以《52小学写字优秀班级评比制度》《52小学学生写字级别测评制度》等为主的测评制度。

有了制度，还得落实才行。每天下午的短课设置，20分钟是最佳时间。老师讲解5分钟，学生练习15分钟，正好能写完一张大字本纸12个字。有一段时间，为了加大训练的力度，增加到30分钟，老师们明显感觉到时间有多的，学生训练也有疲倦感。学校赋予书法领导小组较大的权利，每周进行巡课。在巡查过程中，还注意督导学生的"双姿"，即坐姿和握笔姿势。现在，幼儿园提前教书写的现象比较普遍，但是，幼儿园老师不太重视书写姿势的引导，导致双姿正确率有所下降。为此，我组织周边幼儿园老师和幼儿到我校观摩学生的书写，我还现场进行书写姿势的示范。我校学生的书写姿势正确率如何？廖敬彦老师在《楚天墨香——走在书法教育的路上》一书中说，他曾经对省内各地学校作双姿测评，一般学校双姿合格率在20%左右，而东风52小学合格率达57%，是其他学校的近3倍。

2.活动——特色的载体

我认为,学校应该把活动当成载体,让学生在书法教育活动中经受锻炼,得到提升,也让书法的教育功能在活动中发挥。

书法节的举行能凸显书法教育的校园地位。以“节”的形式可以把活动固定下来,形成活动文化。经过研究,我们决定把书法节定在每年的5月,借助“六一”儿童节这个平台,以书法作品展评为主,辅以讲书法故事、书法讲座、书法家现场展示、文艺节目表演、书法研讨课等活动,让书法节成为师生心中的梦想。

“六一”前夕举行书法节闭幕式。每届闭幕式,我们都精心设计,出彩出新。2013年5月第一届书法节闭幕式上,市书法家协会副主席黄家喜等为我校颁授“十堰市少年儿童书法教育培训基地”牌匾,闭幕演出现场设置“52书”超大造型。2017年5月第5届书法节期间,师生学做《追逐书梦》书法操,闭幕式上,设置“52梦”造型。2021年第9届书法节,正值建党100周年、52小学建校50周年。闭幕式上,设置“100”字样,台上歌舞表演,台下“100”造型座位上学生书写毛泽东的词《卜算子·咏梅》,台上台下呼应,全体师生齐诵,十堰电视台网络现场直播,收视点击率达27万人次,获得高度好评,赢得广泛赞誉。

承办省级活动,更能彰显学校书法教育的成果。2010年4月,学校承办了湖北省教育学会书法教育专业委员会第五届会员代表大会暨第九届“楚风杯”师生书画大赛颁奖大会。

时间到了2019年,学校书法教育的硬件设施有了更大的进步,建起了数字化书法教室,具备了再次承办省级活动的条件。省书法教育专业委员会秘书长李志刚决定将湖北省中小学书法教育现场观摩活动安排在我校举行。5月9—10日,来自全省书法教育实验学校的200多位领导和老师云集我校,十堰市教育局副局长刘荣到会祝贺,全体师生进行现场书法展示,沈涛老师讲研讨课《高低相顾》,我代表学校作题为《从书法课走向书法课程》的经验交流。

两次承办省级活动,极大地激发了全体师生练习书法的热情,促进了“墨”课程的成熟,提升了我校书法教育的知名度。

3.墨课程——让“坚持”成为永恒

墨课程的建设,有实质性动作,还是2016年。那时,原东风教育分局开启了“打造东风教育品牌”的征程,各学校都开始着手思考各自学校的品牌定位。我一直在思考如何整体构建我校的课程体系,用一个什么字眼来概括、凝练学校的课程?我苦思冥想,先后尝试使用“墨香”“雅”等词,都觉得不是很贴切。最终选用了“墨”文化、“墨”课程。因为“墨”,是“文房四宝”之一,代表着优秀的中华传统文化,也可引申为书法、书写之意。

字眼选好了，接下来“构建体系”，就可以顺着字眼去思考了。课程设置，一方面，要符合国家确立的三级课程体系，即国家、地方、校本课程；另一方面，要符合“德智体美劳”五育并举的思想。

学科类课程包括铅笔课程、钢笔课程和毛笔课程，活动类课程包括书法节课程、书法操课程、书法故事课程、书法社团课程、书法竞赛课程、书法研学课程、楹联书法课程。

墨课程在建设中慢慢成熟。2018 年 4 月，十堰市教育局决定推荐我校申报国家基础教育教学成果奖，我们积极准备，将《“墨”课程体系的建设与实施》成果上报省级评选。全省各地各校共申报参评成果 91 件，只评出 51 件向教育部推荐，我校的成果名列其中，十堰市仅 2 件。教育部评选的最终结果，湖北省仅有 4 个成果获奖。我们虽然无缘国家奖项，但我们的成果得到了省级认可，后来十堰市教科院将我校“墨课程”成果评为一等奖。

四、向青草更青处漫溯

越过春秋，走过四季，20 余载创建历程，奋进的 52 小学人，一直在追寻书法梦，成就学生、老师和学校。

——成就 52 学子的书法梦

《十堰晚报》记者张潇潇在撰写的新闻《东风 52 小学：助力学生“写好人生每一笔”》（2021 年 6 月 28 日）稿中提到三个事例。

因为从小练习书法，李峥妍总能长时间保持高度专注和自律，学习、做事都能心无旁骛，不仅让老师和家长十分放心，学习成绩也一直名列前茅，2018 年被北京第二外国语大学录取。

学生柏佳丽与“闺蜜”同学竞争，每次都因为几分名落孙山，2020 年高考，因为书写的优势，她一举超越了同学，并被北京大学医学院录取。她骄傲地表示，是书法在关键时候让她占了优势。

黄舒娜毕业多年仍热爱书法，练习书法，时常在微信朋友圈里展示她的书法作品。一手漂亮的毛笔字总是她身上的加分项。她常常说：“书法学习影响了我一生。”

——成就教师成长的梦

陈家林、郭长生老师成为湖北省书法教育名师，蜚声十堰教坛。张娜老师小楷清秀，沈涛老师颜体楷书遒劲，谭婷老师隶书轻盈，毕春燕老师行书洒脱……广大老师能书善讲有品位。

——成就 52 小学发展壮大的梦

今天的 52 小学，规模不断扩大，目前已经达到 36 个教学班，2100 余名学生，较十年前翻了一番。今日之书写水平，能摘取国家一等奖。今日之名气，远近闻名，海外有声，香港教联会倍感兴致。

沉舟侧畔千帆过！展望未来，我们必须思考，学校的书法特色教育、“墨”课程如何发展？我认为应该继续以书法教育为特色、以“墨”为线索，以“笔正——心正——行正”为探索路径，以培育具有“静气、灵气、文气、豪气”的墨香少年为目标，通过“墨色润品——构建文化体系、墨缘炼品——构建培训体系、墨韵敦品——构建教学体系、墨迹砺品——构建活动体系、墨香养品——构建评价体系”五大举措，推动墨课程生发，以墨启智，以墨励志，以墨怡情，以墨审美，以墨健体，全面落实立德树人根本任务，全面提升学生核心素养，全面提升教育质量，继续打造52小学“墨”教育品牌，努力实现“一四百千”的宏伟愿景：“一”即一个目标：努力把学校办成十堰一流、湖北示范、全国闻名、走向世界的墨韵特色学校；“四”即四大工程：墨之文化、墨之特色、墨之队伍、墨之质量；“百”即构建以茅箭区为核心、遍及省市区域内一百所学校参与的“中华优秀墨文化研究”共同体；“千”即培育一千名书法功底深厚、博雅多才的墨香学子。

“寻梦？撑一支长篙，向青草更青处漫溯。”这是诗人徐志摩在《再别康桥》中的抒怀。睿智的52小学人，也怀有同样的情愫，正擦亮双眸，溯向青草更青处……

主编 龚 明

2022年2月1日

目　　录

上篇　墨课程理论探索

下篇　墨课程实践成果

上篇　墨课程理论探索

1998 年，开启一段关于“墨”的寻梦旅程。一路追寻，一路收获……

第一章　墨课程目标

第一节　墨课程性质

一、墨课程的由来

汉字和以汉字为载体的中国书法是中华民族的文化瑰宝，是人类文明的宝贵财富。

何谓书法？书法是中国及深受中国文化影响过的周边国家和地区特有的一种文字美的艺术表现形式。包括汉字书法、蒙古文书法、阿拉伯书法和英文书法等。其中“汉字书法”是中国汉字特有的一种传统艺术。

从广义讲，书法是指文字符号的书写法则。换言之，书法是指按照文字特点及其含义，以其书体笔法、结构和章法书写，使之成为富有美感的艺术作品。汉字书法为汉族独创的表现艺术，被誉为无言的诗、无形的舞、无图的画、无声的乐等。

书法教育则是对中小学生进行书写基本技能的培养和书法艺术欣赏，是传承中华民族优秀文化，培养爱国情怀的重要途径；是提高学生汉字书写能力，培养审美情趣，陶冶情操，提高文化修养，促进全面发展的重要举措。

书法蕴涵广泛深刻的育人因素。书法之道与做人之道有共通之处：书法重法度，做人讲规矩；书法讲究横平竖直，做人则要刚正不阿；书法讲究端雅飘逸，做人讲品位高雅。唐代书法家柳公权说：“用笔在心，心正则笔正。”这说明，书写、书法和品德修养是密切关联的。因此，练习书法对培养学生的书写能力、审美能力和文化品质具有重要作用。

为了更好地融合书法功能与教育功能，我们构建一种新的课程——墨课程。用“墨”作课程名称，是因为“墨”是书法教育的代名词，书法即墨，墨即书法。墨是“文房四宝”之一，代表中华传统文化；墨，可以引申为书法、书写，它既是书法的必备之物，又是书法、书写之源泉。52小学依“墨”衍生出的办学理念“墨砺人生”，与校训“写好人生每一笔”契合。不仅如此，“墨砺人生”与“磨砺人生”谐音，含有百炼成钢的意思。教育是磨砺人生的一种途径，社会实践更是，而教育的主体则是学生自己，以“墨”为基，引导他们充分认识到不畏人生坎坷、不惧岁月峥嵘、经得起磨砺的人生，才是完整的人生；在狂风骤雨中洗礼，在惊涛骇浪中历练，经得起考验的人生，才是壮美的人生……“墨砺人生”，能激励教师和学生勇敢地面对人生的挑战，勤奋学习、努力工作、率真地生活，过好人生每一天，写好人生每一笔。

我校经历 20 多年的书法教育，浓郁的墨文化已经弥漫到校园的每一个角落，滋养着每一位师生的心灵，一路墨香一路歌，如今墨课程已然生成。

二、墨课程意义

（一）墨课程建设是传承书法文化的需要

书法艺术是中华文明的精粹，在国际上享有崇高的地位，也是世界艺术之林的奇葩。千百年来，高雅的书法表现出中华艺术最潇洒、最灵动的自由精神，成为中国文化最具东方特色的艺术。

当今社会，随着信息技术的普及，书写工具的多元化，“键盘书写”成为主流，现代人的书写能力急剧下降，提笔忘字、提笔错字的现象屡见不鲜。

为了拯救书法传统文化，党和国家先后颁发了一系列关于加强书法教育的文件。《关于中小学开展书法教育的意见》(教基二〔2011〕4 号)、《教育部关于印发〈中小学书法教育指导纲要〉的通知》(教基二〔2013〕1 号)的印发，吹响了推进书法教育的号角。进入新时代后，书法教育作为传统文化的一员，被推到更高的位置。中共中央办公厅国务院办公厅《关于全面加强和改进新时代学校美育工作的意见》(2020 年 10 月 15 日)把书法列入美育范畴，中共中央国务院《关于深化教育教学改革全面提高义务教育质量的意见》中则指出：“增强美育熏陶。实施学校美育提升行动，严格落实音乐、美术、书法等课程，结合地方文化设立艺术特色课程。”从此，书法教育旧貌换新颜，进入一个崭新的时代。

（二）墨课程建设是课程建设的需要

《教育部关于印发〈基础教育课程改革纲要(试行)〉的通知》(教基〔2001〕17 号)指出：“大力推进基础教育课程改革，调整和改革基础教育的课程体系、结构、内容，构建符合素质教育要求的新的基础教育课程体系。”“实行国家、地方、学校三级课程管理。”作为学校，除了有国家课程、地方课程之外，还必须有符合本校实情的校本课程，以全面落实党的教育方针，全面培育学生的核心素养。墨课程就是在这种背景下应运而生的。

（三）墨课程建设是我校现实的需要

我校从 1998 年起，开始推行书法特色教育，在 20 多年的书法教育特色创建过程中，逐步形成了“墨香”校园文化特色，校园处处彰显“墨色”，“墨”已成为我校的代名词。师生强烈的认同感，为墨课程体系的形成奠定了基础。

构建以“墨”为引领的校本课程，整合国家与地方课程，并形成体系，使其相互渗透，相互补充，最大限度地发挥课程的作用，是我校课改的必由之路。

“墨”课程是指以书法教育为特色、以“墨”为线索，以“笔正—心正—行正”为探索路径，以培养具有“静气、灵气、文气、豪气”的墨香少年为育人目标，通过“墨色润品——构建文化体系、墨韵敦品——构建课程体系、墨迹砺品——构建活动体系、墨香养品——构建评价体系”四大举措，秉承“写好人生每一笔”之校训，坚持“墨砺人生”的价值追求，实现以墨启智，以墨励志，以墨怡情，以墨审美，以墨健体，从而提高学生的书写能力，提升学生的学习质量，培育学生核心素养的课程。

三、墨课程理念

墨课程在《义务教育语文课程标准(2011 年版)》《中小学书法教育指导纲要》指导下进行构建，以语文课程中识字和写字教学为基本内容，以提高汉字书写能力为基本目标，以书写实践为基本途径，适度融入书法审美和书法文化教育。

(1)关注全体。让每一个学生参与到墨课程中来，让每一个学生书写规范的汉字，书写优美的汉字。

(2)尊崇个性。尊崇学生在书法练习和书法欣赏中的体验、感悟和个性化表现。

(3)“软硬”并行。墨课程中的书写工具包括硬笔(铅笔、钢笔)和毛笔。硬笔书写从第一学段起用铅笔，第二学段起用钢笔；毛笔书写从第二学段开始。在书写过程中既要重视培养学生汉字书写的实用能力，还要渗透美感教育，发展学生的审美能力。

(4)注重技能。墨课程教育要注重学生基本书写技能的培养，从基本笔画到结构，到章法，再到创作，循序渐进，不断提高书写水平。

(5)文化传承。在教学活动中适当进行书法文化教育，使学生对汉字和书法的丰富内涵及文化价值有所了解，提高自身的文化素养，做书法文化的传承者和弘扬者。

【墨课程实例】

书法教育:指向学生核心素养的构建

写字是一项重要的语文基本功，也是一个人人生的文化起点。养成良好的写字习惯，具备熟练的写字技能，并有初步的书法欣赏能力、创作能力，是现代中国公民应有的基本素养。当前，随着核心素养教育体系的逐步构建，课程目标定位将进一步从学科中心转向对人的全面发展的关注。

一、目标建构:从“写字教学”到“书法教育”

核心素养的提出，首先打破的是我们习以为常的学科教学思维。学科教学是传统视角下一种窄化的教学思维，囿于学科知识本位。而这种学科知识、学科能力本身无法转化为“人”的素养。当我们试图变教学视角为教育视角，就能在很大程度上突破传统的知识视野、课堂视野，向整体关注人、培育人转变。从“写字教学”到“写字教育”，教师指导学生练得一手好字的过程，便成为教师教育学生怎样做人的一个循序渐进的过程，既为学生打下坚实的写字技能的基础，又培养他们正确的情感、态度、价值观。这与核心素养指向于“人的培养”是一致的。

当然，核心素养不是可直接操作的概念，它需要具体的课程实施来保障。学习素养的培养也好，道德素养的培养也好，都要有一个载体，正如成尚荣先生所言“教育和教学不可分割，学科课程结构决定学生的素养结构，要在学科教学中培养学生的核心素养”。书法教育既是一种能力训练，又是文化熏陶，还是一种习惯、修养的生成，特别是要同培养热爱祖国语言文字的感情相结合，才是针对学生核心素养进行的有效教学活动。

首先，要把书法作为锤炼品质的过程。写字的过程是“手脑双挥”（陶行知语）的产物，是一种学与习合一的活动。通过写字练习，促进学生左右脑的协调发展，养成良好的书写习惯，培养学生认真细致的学习态度及良好的意志品格。同时，要写一手好字，就要学习敏锐地观察、缜密地分析、果敢地判断，静心、沉稳地反复进行练习。这一过程是学生个性品质的形成过程。

其次，要把书法作为体验审美的过程。写字是一项技能，也是一门艺术，而“艺术教育是美育的中心内容，同时也是德育的重要内容”。艺术教育作为人文教育的重要内容，得到世界上发达国家的特别重视，这也代表着世界教育的一种趋势。写字是美的创造。中国的每个汉字都是一幅画、一支舞、一首歌，每个不同的字都有其独特的“形”，要想把字写美观，就要引导学生用眼感受美、用心领悟美、用手创造美，这个过程，就是审美水平的提高过程。

写字教育对培养学生的书写能力、审美能力和文化品质具有重要作用。可以这么说，书写有度的人，人生就有法。这是笔迹与心迹的相表里、相统一，也将是核心素养在书法教育上的成效显现。

二、价值建构：从学科内容到基础素养

核心素养是知识、能力和态度等的综合表现，是所有学生应具备的最关键、最必要的基础素养。具体到课程实施中，一方面要依赖各个学科、领域或板块来发挥独特的育人功能，发掘学科本质的魅力；另一方面，要引领学科教学，彰显学科教学的育人价值，提炼基本素养，使之自觉为人的终身发展服务。

书法教育一直是语文学科教育的重要内容。近年来，由于信息技术的发展、教育环境的影响等，写字教学受到多方面的冲击。在课堂上，写字教学一度成了阅读教学的附

庸，指导不细致，时间不充足，评价不到位，课末只用三五分钟匆匆一写的现象屡见不鲜。

在这样的情况下，我们提核心素养的构建，首先要将书法教育严谨地落实在识字写字课上，落实在每堂语文课中。我们要从关注学生正确坐姿及握笔姿势开始，认认真真地指导学生写好字，逐步培养学生认真读帖、勤学苦练以及"提笔即是练字时"的好习惯。其次，我们要进行跨学科的浸润。核心素养是一种跨学科的素养，它强调各学科都可以发掘对学生最有用的东西。书法教育的概念，它的特点是有效地书写和审美地表达，已经远超了语文的范畴，是一种普适性基础素养。每位学科教师都要担当起写字教育的责任，将"写字学做人、书法即人品"的理念落到实处。以核心素养体系为基，各学科教学实现统筹统整，才能整体发挥课程合力，综合育人。

三、过程建构：从接受学习到主动发展

"学生发展核心素养，是指学生应具备的、能够适应终身发展和社会发展需要的必备品格和关键能力。"它提示我们，核心素养要关注的是，对于一个学生来说，什么样的素养对他的未来发展更为重要，即要求我们去关注什么样的知识和经验更有价值。写字教育包含着书写知识和技能，但从学生的成长来看，更应强调获取写字的方法和能力，更应突出写字过程中由内在驱动产生的自主建构力。

书写动机素养的形成并不是一蹴而就的。首先教师要耐心细致地指导，让学生逐渐获得独立写字的能力。小学生写字，尤其是刚入学的儿童，大多是零起点，教师需要亲力亲为，不厌其烦地进行指导。正如有的老师所说："你在很认真地边示范边讲解，下面的小朋友一开始也在很努力地听，但用不了多久他们的灵魂就不知道飞到哪里去了。"这是小学低年级学生的学习特点。因此，老师在教小孩子写字的时候，不必讲"你要仔细看哦"这样的话，而直接要求他们"请你说出字跟字之间的关系"，通过具体的活动来保持学生的专心。因此，学生写字的起步阶段，需要教师更智慧地去引领。到一年级下学期就可以逐步教给学生写字前观察的步骤和方法。如可以看书后的笔顺图，掌握正确的笔画规律；充分发挥学生的主动性，通过部件分析、换偏旁、顺口溜等形式想办法记住字形；让学生观察字的结构以及关键笔画的位置；写字之后指导学生与例字相对照，进行自我评价、修正等。

在上述过程中，需要教师创造多样的活动和使用激励性的评价，让学生获得主动写字的兴趣。学生写字的效果，在很大程度上受"兴趣"的支配。教学中要通过故事、儿歌引趣，通过欣赏、鼓励激趣，通过教法、学法生趣，促使学生乐学、好学、勤学。例如，教学书写"天鹅"的"鹅"字时，老师引导学生观察"我"和"鸟"两部分组合后发生了什么变化，在学生回答的基础上教师用儿歌的方式小结笔画书写的规律："我在左边窄一点，斜钩再也别伸远，鸟做偏旁变瘦长，一横给我让地方。"如教学书写"侧"字时，教师也通过儿歌

的方式指导书写:"左中右,竖划匀,立刀挺拔有精神。"教学中,教师们通过编写这些朗朗上口的口诀、儿歌来提高学生兴趣,使学生记得牢、学得快。

随着年级的升高,要引导学生感受汉字所承载的文化意义,让学生获得精神建构的动力。作为传统文化之一的书法艺术,它与中国文化相表里,与中华民族精神成一体,是我国几千年文化的结晶,是世界艺术之林的奇葩。它有着深厚的文化内涵,从最初的文字形成到书法艺术日臻完善,有着源远流长的历史。在书法教育中,引导学生初步了解汉字的历史和文化价值,能激发学生的民族自豪感和爱国主义热情。

从某种程度上说,写字的意义超过写字本身。就如核心素养的根本特质不在于量的积累,而在于生命个体品质与气质的变化和提升。具有主动学习与探索的品质,便属于那些一经习得便与个体生活、生命不可剥离,并且具有较高的稳定性的,可能伴其一生的素养。

(石红丽)

以"墨"育人

书法,承载的不仅仅是中国几千年的厚重历史文化,更蕴含着中华民族的传统美德。十堰市东风52小学作为全国书法教育示范学校,历经23年的书法教育探索之路,发挥着独特的育人功能,即"言为心声、书为心画""书品即人品、写字学做人""书写有度、人生有法"。而练习书法的过程就是磨砺人、锻造人、教育人的过程。现如今,书法教育在52小学已经植入师生的心灵,就是因为它有全方位、多层次的育人功能。

一、以"墨"怡情

"书山有路勤为径,学海无涯苦作舟"。作为新时代育人新模式,书法教育对培养学生良好的修养和韧性,养成良好的心态和严谨治学的精神起着举足轻重的作用。练习书法前,读帖与临摹是必不可少的环节,通过让学生观察字体结构,培养学生观察能力,树立书写自信心;要想写得一手好字,书法终究是要回到手上来,通过前面读帖的过程,学生排除了内心杂念,使自己有个轻松的心境。动笔时,学生凝神专一,物我皆忘,这样有助于行笔运气,达到心手双畅的佳境。同时,又要一丝不苟,认真细致。完成任务后,不因取得一点成绩而沾沾自喜,盲目骄傲;也不因感觉不到进步而灰心丧气,过分自卑。就我校而言,每天下午2:00—2:20是写字课时间,而在日复一日、年复一年的写字练习中,那些缺乏耐心、轻浮冒进、粗枝大叶、涵养不足、有始无终等不良心理和行为习惯就逐渐改掉,慢慢的,学生内心更静了,心态更平和了,视野更开阔了,情操更高尚了。

二、以"墨"启智

中国书法被称为浓缩了的中国文化史、文明史,其中凝聚的是中国人的智慧,同时也体现了不同历史时期的人们的思想观念、社会风情等等，亦即当时的“社会存在”。因此，通过书法教育增加学生的知识广度和深度。所谓“顿悟”即“灵感”，也就是高智商、高智能素质，它是智慧的闪光，是创作者对书法艺术方法与规律的突然领悟。有了顿悟，才有书法艺术水平的飞速提高，不经意之间产生妙品，这就叫“字愈精神人愈灵”。学校里，字写得好的学生，成绩一般都不错。因为书写的过程，就是智慧启迪的过程。

三、以“墨”健体

书法教育能促进人的健康成长。书法习得过程中，要保持良好、正确的写姿，灵活自若地运用手、脑、肘、臂来调动全身的气和力。因此，书法教育有利于促进学生心、脑、手及身心各个器官的协调统一，能够调动学生身体的各个部位，调经理络，心手相应，益于学生的身体健康。练笔与创作时，全身的气力，通过笔端，有机地输送到字的各个点画，很自然地通融全身的血气，使大脑神经细胞和手臂乃至腰部的肌肉得到活动和锻炼。我们常常看到，练习书法的人总是精神矍铄，阳光向上，容光焕发，仿佛比同年龄的人小得多。

四、以“墨”审美

学会写字也能感受美、创造美。从古今名家的作品中汲取美的精华和神韵，感悟自然之美、生活之善、情感之真，在学生学习书法技法的同时，训练心的智慧、眼的敏锐、手的灵巧，从而形成自己的审美体验和审美观念。书法教育可使学生获得道德、心理、身体、文化等多方面的良性素质，促进全面发展，实现书法教育的审美功能。如每学期，我校都会开展一年一度的“墨香杯”书法节活动。全校师生以每个年级为单位进行书法展示活动，评出优秀作品，在校园展示，全校师生参观欣赏。学生在欣赏书法作品的过程中，学会欣赏美、感受美。他们先从远处欣赏，从总体上把握欣赏作品的和谐美；再从近处观看，欣赏笔画粗细方圆变化的美，虚实强弱用笔的美，疏密穿插结构的美，真正理解了“墨香”的内在含义。

墨以载道，以墨育人。我校将继续秉承“写好人生每一笔”之校训，坚持“墨砺人生”的价值追求，全面培育学生核心素养，全面育人，育全面的人。（武静波）

学书养志

——培养三个书法好习惯

“学书养志”的意思是在学习书法的过程中培养良好的品性。中国书法教育自古以来都被认为是培养良好行为的途径。古有“身正才能心正，心正才能字正”“腹有诗书气自华，笔墨到处自生花”，我在书法教学过程中注重培养学生的以下 3 个习惯，以塑造学生良好的个性品质。

一、养成整理的习惯，让人生有条理

学会整理看上去与字写得好坏没有直接关系，实际上它直接决定了学生能否写好字，也是一个学生做事是否有计划性的体现。从细处着手，培养学生整理书法用具的习惯，是在潜移默化中影响学生过一个有条理有计划的人生。

准备毛笔书法工具对于刚进入三年级的学生来说可以说是复杂的“大工程”了，要提前洗毛笔、铺毡布、倒墨汁、拿书本。小小的一张书桌要“挤”很多用具，一不小心就会有东西掉下来。甚至有的同学要歪着身子写字才能勉强将练习纸铺平。所以，在上三年级第一节书法课时，我不是教学生怎样写字，而是教他们怎样提前做好准备，摆好学习用具，下课怎样收拾东西，养成做事有条理的习惯。课前 5 分钟洗毛笔、倒墨水，将毛笔和砚台放在书桌右上角，将书法书放在桌子左上角，练习纸铺在毛毡正中央。收拾桌面的时候先收毛笔、砚台和墨水，再收其他工具。每节课的前后 5 分钟我都在班上监督学生整理书桌，这样坚持了 2 周，班上几乎没有掉东西的了，书法课的学习效率也提高了。

这样的习惯也影响到了学生的整个学习生活，我发现有些学生受到整理书法工具的启发，桌面越来越整洁了，丢三落四的情况也越来越少了，做事越来越有条理了。

二、养成细致观察的习惯，让人生有“静气”

初学书法最重要的一步就是要养成细致观察的习惯，与“看”不同，观察需要专注力和耐力以及一定的方法。在书法教学中重视观察能力的培养，鼓励学生沉着思考，在认真观察和练习中培养“静”气。

在学习书法之初，我先教学生观察笔画该怎么写、笔画的占位、笔画在不同字中的样子，然后引导学生观察单字的大小、结构、笔画的粗细变化，进而对比观察相同偏旁在不同字中的相同和不同之处。课堂上我称赞最多的是能够沉下心细致观察，发现总结别人没有发现的规律的同学，正面引导学生形成细致观察的意识。

学习一段时间后，我开始放手让学生当小老师，激励学生主动自觉进行观察。把学生分成书法学习小组，提前布置学习任务，由小组同学讨论推选一位同学讲授、范写。在准备的过程中，小组成员们积极思考，认真观察，交流各自的观察心得，为了争取到当小老师的机会而努力练习。学生逐渐对书法更上心，观察的意识也慢慢在学生心中落地生根。

做事懂得先观察先思考，改掉草率鲁莽的习惯，不仅能提高学生的书写水平，这种能静心思考的习惯也会使学生一生受益。

三、培养比对修正的习惯，让人生多进取

书法的进步不是一蹴而就的，要懂得时刻反思。书法成就需要有知难而进的精神才能有精进之日。要在不断的反思和练习中养成沉着、稳健、认真的个性和克服困难、勤奋耐心、积极向上的人格特征。

练字在“精”不在“多”，只要对每个字不断地比对反思，书法就会取得很快的进步。在书法教学中，为提高学生比对反思的意识，我采用了以下3种方法：一是在课堂教学中不断渗透强调。重视书法学习中的比对反思，比对自己的字和字帖上的是不是一样，笔画和字帖比起来是粗了还是细了，结构和字帖上的字比起来是松了还是紧了等。我也经常展示进步同学的作业练习，不吝言辞地夸奖他们会学习、会反思。二是明确作业要求。布置作业的时候我要求学生将比对的结果用红笔在作业上勾出来，批改作业不仅仅是批改学生自己写的字，也批改比对过后的记号。教学生可以蒙在书本上将字的轮廓用红笔描出来，这样学生一眼就能看出与字帖的差距，在接下来的练习中慢慢修正。我常常说的一句话是“不求练多，但求进步”，并以此作为评判作业的标准，真正达到“精炼”的效果。三是利用好班级群这个展示平台。在班级群里建一个专门展示书法作业的相册，隔三岔五将学生的作业拍照上传，让家长看到孩子的进步，让同学能看到自己的进步，在和之前作业的比对中找到学习书法的自信，更加努力地练习书法。

好习惯成就好品质，在书法教学中我努力培养学生的好习惯，养成有条理、沉着进取的品性，使学生在墨香中心灵得到滋养，心性得到磨炼，人格得到提升。（马乐乐）

第二节　墨课程目标

墨课程是以书法教育为特色、以“墨”为线索的课程，其目标是全面提升学生核心素养，实现“一四百千”的宏伟愿景。“一”即一个目标：努力把学校办成十堰一流、湖北示范、全国闻名、走向世界的墨韵特色学校；“四”即四大工程：墨之文化、墨之特色、墨之队伍、墨之质量；“百”即构建以区域为核心、遍及省市区域内一百所学校参与的“中华优秀墨文化研究”共同体；“千”即培育一千名书法功底深厚、富有“静气、灵气、文气、豪气”的博雅多才的墨香学子。

一、墨课程的总目标

（一）总目标

（1）学习和掌握硬笔、毛笔书写汉字的基本技法，提高书写能力，养成良好的书写习惯和书写态度。

（2）感受汉字和书法的魅力，陶冶性情，提高审美能力和文化品位。

（3）激发热爱汉字、学习书法的热情，了解十堰地区书法名家，珍视中华优秀传统文化，增强文化自信与爱国情感。

（4）以墨启智，以墨励志，以墨怡情，以墨审美，以墨健体，全面落实立德树人根本任务，全面提升学生核心素养，全面提升教育质量，全力打造“墨”教育品牌，培育书法功底深厚、富有“静气、灵气、文气、豪气”的博雅多才的墨香学子。

（二）硬笔书法的学习目标

（1）掌握执笔要领，使学生会写铅笔字和钢笔字，书写姿势正确，不急不躁，专心致志。养成“提笔就是练字时”的习惯。懂得爱惜文具。

（2）培养学生正确书写汉字的能力。学习正确的运笔方法，逐步体会起笔、行笔、收笔的运笔感觉，逐步感受硬笔书写中的力度、速度变化，逐步体会铅笔、钢笔书写的特点。

（3）培养学生热爱祖国语言文字的情感，陶冶情操，培养审美能力和文化品质。

（三）毛笔书法的学习目标

（1）砚等常用书写用具的常识，学会正确使用与护理，并注意保持书写环境的整洁。

（2）以学习楷书（颜体）为主，隶书、篆书、行书为辅。比较熟练地掌握运笔方法，能体会提按、力度、节奏等变化。借助米字格，较好地把握笔画之间、部件之间的位置关系，逐步做到笔画规范，结构匀称，端正美观。

（3）从笔画、结构、章法以及书法文化等方面欣赏书法作品，感受书法的魅力。尝试书法作品的创作，提升素养，感受中国书法的丰富内涵。

二、墨课程的分学段目标

（一）硬笔书法的分学段目标

1. 第一学段（一至二年级）

（1）认识田字格，练习用铅笔写字，执笔方法及坐姿正确，养成正确的写字姿势和良好的写字习惯。

（2）通过描红和临摹练习，字体大小基本一致，没有错别字，书写格式整齐、规范，卷面整洁。

(3)掌握汉字的基本笔画和常用偏旁部首,能按照笔顺规则书写。书写时,注意偏旁变化,掌握左右、包围、上下结构字的间架结构特点。

(4)初步感受汉字形体美。

2. 第二学段(三至四年级)

(1)练习用钢笔书写,掌握汉字笔画、偏旁的变化规律,要求写得正确、端正、整洁。

(2)字的笔画和结构书写基本准确,掌握避让技法,用笔略有提、按、顿、挫的变化,力求美观。

(3)掌握行款格式,注意横写、竖写形式的格式要求,把握字间距、字体和留白的均匀,提升书写速度。

(4)掌握汉字笔画、偏旁的变化规律,注意把字写得平稳端正、大小均匀,感受格式美和字形美。

3. 第三学段(五至六年级)

(1)继续练习用钢笔书写,掌握基本写法,要求写得正确、端正、整洁。

(2)笔画的起、行、顿、收清楚正确,结构合理,且有一定的速度。书法作品符合要求,章法安排得当,有一定的书法美感。

(3)抄写全篇文章,注意标题和作者要写在醒目的位置,段落要分明。注意行款整齐,布局合理书写要正确,不出现错别字和不规范字,养成自我检视的习惯,不断提高书写水平。

(4)有兴趣的学生可以尝试用硬笔学写规范、通行的行楷字。学会欣赏书法作品,感受书法的艺术美。

(二)毛笔书法的分学段目标

1. 第二学段(三至四年级)

(1)掌握毛笔的执笔要领和正确的书写姿势,了解笔、墨、纸、砚等常用书写用具的常识,学会正确使用与护理。注意保持书写环境的整洁。

(2)学习用毛笔临摹楷书字帖,掌握临摹的基本方法。学会楷书基本笔画的写法,初步掌握起笔、行笔、收笔的基本方法。注意利用习字格把握字的笔画和间架结构。

(3)开始接触楷书经典碑帖,获得初步的感性认识。尝试集字练习。

2. 第三学段(五至六年级)

(1)继续用毛笔写楷书。比较熟练地掌握毛笔运笔方法,能体会提按、力度、节奏等变化。借助习字格,较好地把握笔画之间、部件之间的位置关系,逐步做到笔画规范,结构匀称,端正美观。保持正确的书写姿势和良好的书写习惯。

(2)尝试临摹楷书经典碑帖,体会其书写特点,逐步提高临摹能力。在临摹或其他书写活动中,养成先动脑再动手的习惯。

(3)学习欣赏书法作品。了解条幅、斗方、楹联等常见的书法作品幅式。留意书法在社会生活中的应用。通过欣赏经典碑帖,初识篆、隶、草、楷、行五种字体,了解字体的大致演变过程,初步感受不同字体的美。

(4)有初步的书法应用意识,在学习和生活中运用自己的书写技能。

【墨课程实例】

浅谈书法里的人生功夫

伟大的教育家陶行知先生曾经说过:“我们的教育,就是要构建生活之园地,传承艺术之气息,塑造真善美之人格。”而书法则是一门高雅艺术,它涵盖了天地万象之形,融入了古今圣贤之理,有提升人的道德素质、文化素质、审美素质等多重功效,还能弥补千人一面之弊端。“书品即人品、写字学做人”。作为一名书法教师,在多年的教学实践中,我一直注重引导学生在写好字前,先学会做人。

一、字,是书者人品的写真

书法与做人息息相通,俗话说:“见字如面、字如其人。”字如其人,其实最早源于西汉文学家扬雄讲的一句名言:“书,心画也。”这句话的意思是说书法是人的心理描绘,是以线条来表达和抒发作者情感心绪变化的。“字如其人”,意谓人与字,字与人,二而一,一而二,如鱼水相融,见字如见人。王羲之说过:“把笔抵锋,肇乎本性。”提笔写字,始于或体现人的本性。苏轼对这个问题也有论述,他说:“观其书,有以得其为人;则君子小人必见于书,是殆不然。”意思是看一个人的字就可知道他的为人,甚至还可以看出是君子或小人,这句话说出了书品和人品有着密切的关系。怎么从字看出作者的人品呢?人品高,书品自然高雅。品德清纯,书法就潇洒。漂亮的手写字不单自己瞧着顺眼,别人看了也悦目。记得之前听过这样的一件趣事,后来在一次书法课上,我讲给了学生听:美国有个女士违反了交通规则,收到一张罚款通知。该女士寄了一封手写的信,向当地交通警察的负责人说明缘由。那位警官一见如此漂亮的书写体,当即决定免去她的罚款。这就是字如其人的道理。

记得在学生第一次上书法课时,我给学生讲上面的故事,学生兴致极高,我借机教学“字如其人”的“人”字。学生刚开始写“人”字时,总是摆不正,分析其原因,就在于一撇、一捺的位置与长短不正确。我把我的理解告诉学生:长的一撇是人思想中自私的部分;一捺是人思想中正义、公正的部分,它决定着一个人能不能站得正、站得稳。因此,在书写的时候,一定要注意一捺的位置和角度。千万不要有多的私心,否则你的“人”字就会歪斜。听完后,学生在写“人”字时便非常认真,注意到了角度,关注到了位置。我想他们在练字的过程当中，应该也会体会到一点儿做人的道理。

二、字，是书者情感的体现

字，就是书写人的意志、情趣、追求。清代文学家刘熙载在《艺概》中指出："写字者，写志也。"他并举出张旭教诲颜真卿的一句话："非志士高人，讵可与言要妙?"非有远大志向、高尚情怀，书法怎么可能做到精妙呢？其实，好的书法都有深刻的含义，可以从中看出作者的情感，而且往往能一目了然。写字方方正正，一笔一画，想来行事也会是循规蹈矩，行得端，走得正。笔画注重过程，有始有终，也能体现人的心情状态。喜即气和而字舒，怒则气粗而字险，哀即气郁而字敛，乐则气平而字丽。如果心情舒畅，写的字必定是行云流水，像鱼儿畅游大海，像鸟儿翱翔蓝天，神清气爽；倘若心情低落，写的字必定是笔力深重，像老牛吃力拉车，像鲸鱼搁浅海滩，前后不连接。总之，人的喜怒哀乐都会从字的神采、风格上反映出来。

汉字比较复杂，汉字中的一笔一画，凝聚了大自然的灵气，再现了书写者的情感。笔画排列要么疏可走马，要么密不容针。在教学字的结构、章法中，我根据字的结构规律和美学原则，寻求字形同做人处事的契合点，把写字和学做人紧密结合起来，使学生在趣味盎然的字形分析中掌握写字的规律、领悟做人的道理。如通过"爽、寞"两字中"大"字的拉长和压扁，相机进行集体主义教育；通过"三"字中 3 个横画"主副配合"的原则，相机进行团结协作的教育；在讲上下结构时强调中心在一条线上——上下齐心；在讲左右结构中的穿插避让时，如通过"林"字中左边"木"字末笔改捺为点，对学生进行谦让互助、团队精神的教育……这样的分析引导形象生动，学生容易接受，也收到了良好的教育效果。

三、字，是学生美德的指引

在书法课上，我会让学生广泛涉猎古今名人的碑帖或书法作品，不同风格的书法会给他们带来不同的情感体验。如有的作品苍老，有的威武，有的酣畅……通过欣赏各种优秀作品，学生得到奋发、开阔、愉悦等不同艺术享受。在指导练习时，尽量渗透一些美学观点，如讲笔画、偏旁、章法时，要讲究轻重、粗细、穿插、避让、向背等；讲运笔时，要指导学生讲究提按、顿挫、藏露、转折等。通过长期的写字训练，学生逐步形成对写字艺术的不懈追求，在潜移默化中提高了欣赏美、创造美的能力。

我还注意将历代名家的书法逸事融入书法教学当中。比如，相传东汉书法家张芝从小就爱写字，日日临写从不间断。清晨一起身，就磨好满满一砚台墨汁，一直把磨好的墨汁写完了才休息。写完字他就到院中的池水里洗笔、洗砚台。日子久了，池子里的清水都被墨染黑了。后人用的"临池学书"就是指张芝练字的故事。还有很多这样的例子，如"钟绍京破产求书""虞世南习字划破被""智永退笔成家"等。一幅幅优美形象的图画，一个个饶有趣味的故事，使学生对书法产生了浓厚的兴趣，引领他们步入书法殿堂的大门。

学生练书法表面上看是教学的一部分，实质上则是一个民族文化的延续和承袭。“抬头堂堂正正做人，低头认认真真写字”。书法教学中，老师要引导学生培养细心的学习态度和良好的意志品质，渗透对汉字的热爱，激发学生热爱祖国语言文字的情感，陶冶学生情操以及审美能力。书法与我们的生活、学习紧密联系，它涉及对人生的态度和做人的品格。牢固树立“一笔一画写好字，一生一世做好人”的信念，对掌握书法创作的要领大有裨益！

（李会萍）

第二章　墨课程内容

第一节　墨课程内容的编排原则

墨课程作为学校的特色课程，是学校课程体系的重要组成部分。它的开发一定要从学生的需求出发，从教育的实践出发，从客观的实际出发。墨课程的开发，要坚持以学生为本、以实践为本、以学校实际为本，要遵循以下几个原则。

(1)循序渐进的原则。书法学习坚持从写铅笔字开始，之后再学习写钢笔字；坚持从写结构简单的字开始，之后再学习写结构复杂的字；坚持从观察字开始，到描红、仿影、临帖，再到背临。

(2)实践性原则。安排丰富的书写实践活动，让学生在实实在在的书写实践活动中提升书写的技能。

(3)全面育人的原则。书法学习内容要从培养习惯态度开始，在具体的书写过程中体会“书品即人品、写字学做人”的道理，以墨化人，以墨载道。

(4)文化传承的原则。书法是中华优秀传统文化，要安排汉字的演变、书体的变化、书法家的介绍等内容，让学生感受书法文化的博大精深，传承优秀的书法文化。

第二节　墨课程内容

一、墨课程设置

墨课程设置见图 2-1。

墨课程包括学科类课程和活动类课程。

(一)学科类课程

学科类课程包括硬笔课程和毛笔课程。其中，一、二年级开设铅笔课程；三年级开设钢笔课程；三至六年级开设毛笔课程，同时进行硬笔课程的教学。

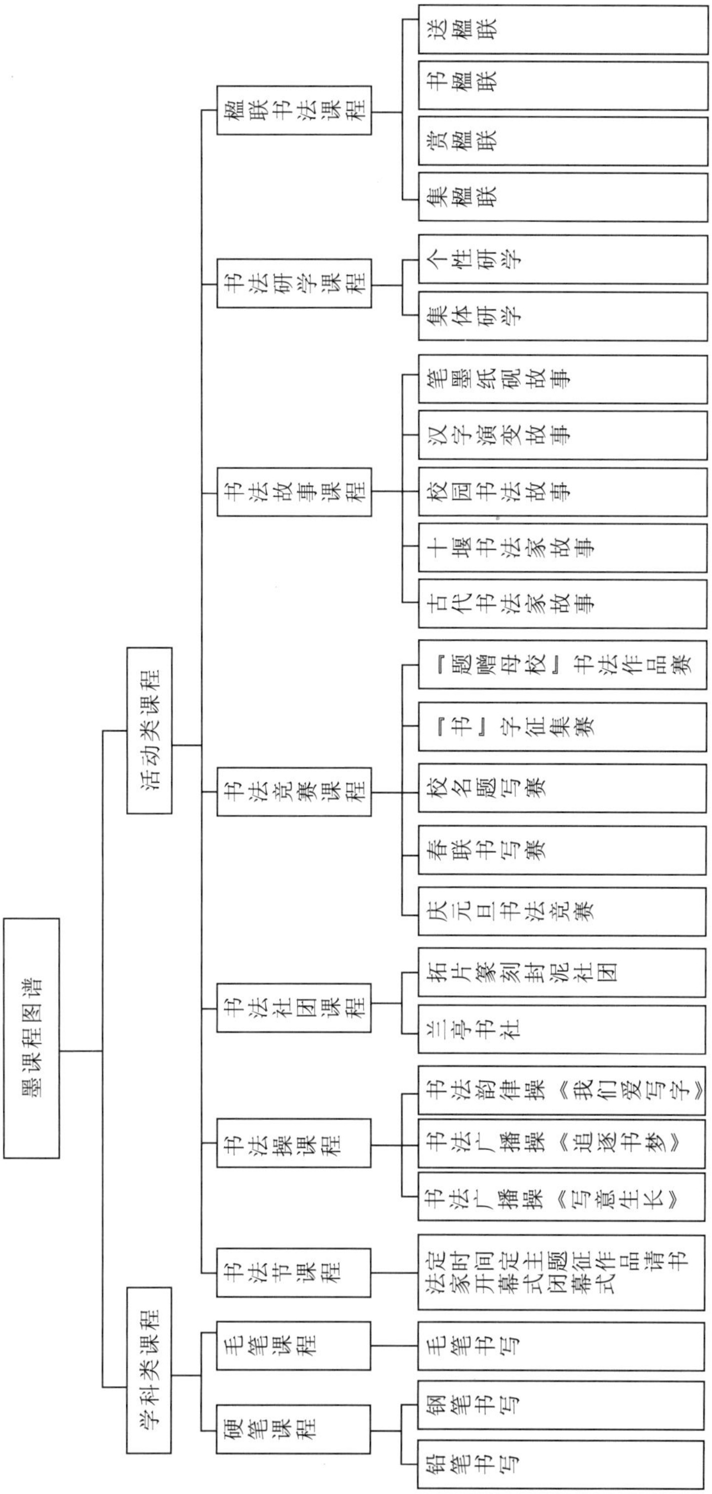
墨课程图谱
活动类课程
学科类课程
楹联书法课程
送楹联
书楹联
赏楹联
集楹联
书法研学课程
个性研学
集体研学
书法故事课程
笔墨纸砚故事
汉字演变故事
校园书法故事
十堰书法家故事
古代书法家故事
书法竞赛课程
『题赠母校』书法作品赛
『书』字征集赛
校名题写赛
春联书写赛
庆元旦书法竞赛
书法社团课程
拓片篆刻封泥社团
兰亭书社
书法操课程
书法韵律操《我们爱写字》
书法广播操《追逐书梦》
书法广播操《写意生长》
书法节课程
定时间定主题征作品请书
法家开幕式闭幕式
毛笔课程
毛笔书写
硬笔课程
钢笔书写
铅笔书写

图2-1　墨课程图谱

(二)活动类课程

活动类课程包括七大类课程:书法节课程、书法操课程、书法社团课程、书法竞赛课程、书法故事课程、书法研学课程、楹联书法课程。

书法节课程。每年 5 月学校会举行书法节,书法节期间,以书法作品征集、展评为主,辅以讲“书法故事”、文艺演出、书法讲座、书法家现场展示等活动。闭幕式上,邀请著名书法家进行现场书写展演。

书法操课程。共 2 种书法操,一是书法韵律操,每天下午写字短课后做。二是书法广播操,大课间时全校师生在操场做。52 小学共有 2 套书法广播操。一套书法广播操是《写意生长》,于 2011 年创编,这套书法操以激发学生的书法情感为主。另一套书法广播操是《追逐书梦》,于 2017 年创编。学校要求师生做到“三会”:会背诵歌词、会演唱歌曲、会做操。

书法社团课程。学校开设了兰亭书社、拓片社团、篆刻社团、封泥社团等。社团活动在每周的晚托时间进行,学生根据自己的爱好选中社团,每周安排一次活动。

书法竞赛课程。一是“庆元旦书法竞赛”,每年年底举行庆元旦书法大赛,征集师生书法作品,评比展出。二是春联书写赛,写春联,送春联,贴春联,校内教室、办公室门前张贴红红的春联,充满喜庆气氛。三是校名题写竞赛,由学生题写学校校名,悬挂校门口。四是“书”字征集赛,毕业年级学生写“书”字,将优秀作品篆刻在学校“尚书广场”的大理石地面上永久留存。五是毕业生“题赠母校”书法作品赛,六年级学生即将离开母校时,给母校题写书法作品,把最好的作品作为礼品悬挂在校内醒目处。

书法故事课程。编印校本教材《书法故事课程》,包括古代书法家的故事、当下十堰书法家的故事、汉字演变的故事、笔墨纸砚的故事、校园书法故事、书法轶闻趣事等,利用班会和书法课活动时间学习。

书法研学课程。确立研究主题,走出校门,走进社会,走进名胜古迹地,通过实地参观,研究书法渊源、楹联书体、书法家故事、书写背景等,增强对书法传统文化的认识。

楹联书法课程。楹联是中华传统文化,与书法有着密切的联系。楹联课程以传统的楹联为抓手,从集楹联—赏楹联—书楹联—送楹联活动中,让书法与楹联相得益彰。

二、墨课程计划

墨课程的学科类课程按计划开设。硬笔课程在一至三年级开设,其中,一、二年级开设铅笔课,每周一节 40 分钟长课,每天下午 20 分钟短课;三年级开设钢笔课,每周一节 40 分钟长课,每天下午 20 分钟短课。毛笔课程在三至六年级开设,每周一节 40 分钟长课,每天下午 20 分钟短课。(表 2-1)

表 2-1　墨课程计划表(学科类课程)

序号	科目	年级	课时	备注
1	铅笔课程	一、二年级	1+1	每周一节 40 分钟长课，每天下午一节 20 分钟短课
2	钢笔课程	三年级	1+1	
3	毛笔课程	三～六年级	1+1	

墨课程之活动类课程大致分为 7 类。每一类课程都有相对固定的活动时间和参加对象。书法节课程每年 5 月举行，为期 1 个月，全校师生参加。书法操课程以做书法广播操和书法韵律操为主，书法广播操在每天大课间进行，时长 5 分钟；书法韵律操在每天下午书法短课后进行，时长 40 秒，书写学生参加。书法故事课程开启时间与书法节同步，一同策划，一同进行，全校学生参加。书法社团课程每天下午晚托时间进行，每班每周一次课，部分学生参加。书法竞赛课程根据赛事特点适时开设，全校师生参加。书法研学课程中的集体研学课程由学校统一策划，与学生春游同步，全校师生参加；个性研学则由学生自行决定，学生在家长的带领下，到碑林、故居、圣地等地方实地考察学习，一般在假期进行。楹联书法课程一般在元旦、春节前夕进行，全校师生参加。(表 2-2)

表 2-2　墨课程计划表(活动类课程)

序号	课程名称	课程内容	活动时间	参加对象
1	书法节课程	征集作品为主	每年 5 月	全校师生
2	书法操课程	书法广播操《追逐书梦》 书法韵律操《我们爱写字》	每天大课间、书法短课后	全校师生
3	书法故事课程	书法家故事、校园书法故事等	每年 5 月	全校师生
4	书法社团课程	兰亭书社，拓片、篆刻、封泥等	每周一次， 每天下午晚托时间	部分学生
5	书法竞赛课程	庆元旦书赛、 校名题写、“书”字征集等	适时安排	全校师生
6	书法研学课程	集体研学、个性研学	春天、节假日	全校学生
7	楹联书法课程	收集楹联、欣赏楹联、 书写楹联、赠送楹联	元旦、春节前夕	全校学生

三、硬笔书法教学内容要点

见表 2-3

表 2-3 硬笔书法教学内容要点

年级	要点	各年级教学要求
第一学段	习惯	1.认识田字格,练习用铅笔写字,执笔方法及坐姿正确,养成良好的写字习惯 2.通过描红和临摹练习,字的大小基本一致,不写错别字,行款格式整齐、规范,卷面整洁
	技法	1.学习汉字的笔顺规则(从上到下、先横后竖、从左到右、先中间后两边、先外后内、先外后内再封口等) 2.学习左右结构字的间架结构特点(左窄右宽、左宽右窄、左短右长、左长右短、左右相等) 3.半包围、全包围字的间架结构特点 4.学习偏旁的变化规律,笔画的大小和形态的变化
	文化	初步感受汉字形体美
第二学段	习惯	开始练习用钢笔写字,懂得钢笔的使用技巧和保管技巧知识,掌握钢笔的执笔、运笔方法,保持正确的写字姿势
	技法	1.掌握汉字笔画、偏旁的变化规律(横平竖直、撇捺舒展、笔画之间的等距、长短变化、大小均匀) 2.书写注意行款整齐(注意字间距、字体大小、留白等行款方式) 3.学习竖写书签。竖写时要自右向左书写、字距均匀、上下对齐,注意作者名字的位置 4.掌握穿插避让的书写技法,用笔略有提、按、顿、挫的变化 5.学习提高书写速度的方法(集中注意力、掌握正确的运笔方式、连贯地写一句话、书写速度均匀)
	文化	学会款式书写,感受格式书写的美观
第三学段	习惯	1.继续练习用钢笔书写,掌握基本写法,要求写得正确、端正、整洁
	技法	1.笔画的起、行、顿、收清楚正确,结构合理,且有一定的速度 2.抄写古诗的行款格式。每行诗句都居中,注意上下、左右对齐 3.抄写整篇的行款格式。书写正确、行款整齐、布局合理 4.练习作品,提高书写速度 5.有兴趣的学生可以尝试用硬笔学写规范、通行的行楷字
	文化	1.用款式书写,格式正确,力求有一定的书法美感 2.学会欣赏书法作品,感受书法的艺术美

四、毛笔书法教学内容要点

表 2-4　毛笔书法要点

年级	要点	各年级教学要求
第一学段	习惯	1. 掌握毛笔的执笔要领和正确的书写姿势 2. 了解笔、墨、纸、砚等常用书写用具的常识，学会正确使用与护理。注意保持书写环境的整洁
	技法	1. 起笔、行笔、收笔的方式 2. 基本笔画(横竖撇点捺提)的写法 3. 竖提、竖折、横折弯、竖弯的写法 4. 撇折、撇点、横撇、横折的写法 5. 横折折撇、横钩、竖钩、弯钩的写法 6. 斜钩、卧钩、竖弯钩、横折钩的写法 7. 竖折折钩、横折弯钩、横折折折钩、横撇弯钩的写法 8. 独体字的结构特点(重心平稳、突出主笔、斜中求正、左右对称) 9. 单人旁与双人旁、示字旁与禾木旁、提土旁与石字旁、王字旁与足字旁 10. 提手旁与木字旁、左耳旁与竖心旁、女字旁与弓字旁、日字旁与目字旁 11. 学习写春联 12. 三点水、绞丝旁与方字旁、言字旁与金字旁、右耳旁与单耳旁 13. 立刀旁与力字旁、页字旁与隹字旁、反文旁与欠字旁、斤字旁与月字旁、宝盖头与雨字头、草字头 14. 尝试进行集字临摹练习和创作
	文化	1. 了解书法是我国传统文化艺术 2. 激发练字兴趣，磨炼坚持练字的毅力
第二学段	习惯	养成卫生书写的习惯，保持正确的书写姿势
	技法	1. 运笔的提、按 2. 人字头与登字头、四点底与皿字底、八字头与八字底 3. 日字头与日字底、心字底与贝字底、山字头与京字头 4. 厂字旁与广字旁、走之底与走字旁、同字框与门字框、方框 5. 合体字的结构(左右结构、上下结构、包围结构、品字形结构) 6. 章法(疏密相间、向背有致、伸缩自如、高低相顾、开合有度、避就相让、虚实相生、纵横变化)

续表

年级	要点	各年级教学要求
第二学段	技法	7.集字临摹练习和创作 8.临摹碑帖
	文化	1.学习欣赏书法作品。了解条幅、斗方、楹联等常见的书法作品幅式。留意书法在社会生活中的应用。通过欣赏经典碑帖,初识篆、隶、草、楷、行五种字体,了解字体的大致演变过程,初步感受不同字体的美 2.通过创作,品尝到成功的喜悦。培养学生良好的审美情趣

【墨课程实例】

书之法度　写之有效

为了帮助学生打好书法基础,提高书法修养,在书法教育中,我遵循"四有"原则,即有序、有法、有度、有效,全面落实书法教育的规律,促进学生综合素质的发展。

一、有序

书法教育进入课堂后,书法的地位提升了。书法教育有其自身规律,无论是习惯培养,还是学习目标,教师必须循其规律,有序进行。

(一)书写习惯,双姿优先

《义务教育语文课程标准(2011 版)》(以下简称《语文课程标准》,对小学生书法提出了明确的要求:养成正确的书写姿势和良好的书写习惯,书写要做到规范、端正、整洁。学校倡导"练字先练姿"。"双姿"即执笔姿势和坐的姿势。在书法教学中,我始终把"双姿"训练放在重要位置,要求学生书写时坚持做到:①坐姿正确,即头正、身直、臂开、足安;②执笔规范,即执笔点正确、笔杆扣点正确、角度正确、掌心留空缝、手腕正确。在每一节课里,我都一丝不苟地指导学生,通过亲自示范、口头提醒、强化训练等措施,狠抓学生"双姿"习惯的培养。

(二)循序渐进,落实书法目标

书法教育必须遵循由浅入深、由简到繁、由易到难、由局部到整体的规律。如硬笔书法年段不同,教学目标也有侧重:低年级要求会用铅笔写字,要写得正确、端正、整洁;中年级开始学习使用钢笔写字,要把字写得正确、端正、整洁,还要有一定的速度;高年级能熟练地写钢笔字,要把字写得正确、端正、整洁,还要求间架结构合理,写出独特的风格。学生从三年级开始写毛笔书法,毛笔练习从笔画开始,再到偏旁、结构;从写好独体字到合体字,最后到作品创作。经过一个循序渐进的过程,真正落实书法教育的目标和内容。

二、有法

练习书法，要想少走弯路的话，就必须临帖、临好帖。“看、思、范、练、评、改”是书法课堂教学的六字箴言，是学生书法临帖的基本步骤，是书法教育实践中总结出来的练习法则。

看：观察字的结体，看清结构，找准主笔，看准位置，定好重心。如“明”字，左窄右宽，关键笔画是写好一撇。

思：记住字形，做到意在笔先，胸有成竹。如“木”的竖画要写在竖中线上。默默地想，把字的样子与笔顺牢牢记在脑子里，把“眼中之字”变成“心中之字”。

范：“示范”很关键也可多样性：示范者可以是教师，也可以是学生；老师既可以正确示范，指明正确的运笔动作，也可以“纠误”示范，让学生发现其中的不足；可以请书写水平高的学生示范，也可以请书写不理想的学生示范，前者能起到榜样作用，后者则让大家“会诊”，指出不足之处；可以在训练前示范，引导启发，也可以让学生先尝试，然后带着问题看示范。在实际的教学中，我们也总结出了一些较好的书法教学方法，如直观演示法、描红仿影法、正误对比法、画辅助线法、数字分析法、反复练习法等。

练：学生练习，教师巡视指导。在练习中，培养学生的书写习惯，如用笔习惯、书写卫生、运笔方式等。字写得好差，重在运笔，基本笔画的训练应严格要求，让学生懂得笔画的位置和形状，体会起笔、行笔和收笔，以及用笔的轻重、缓急和提按，从而把每个基本笔画写得规范、顺利。在练习中让学生进行比较，提升学生的鉴赏能力和书写水平。

评：从笔画的书写、结构的合理、布局的合理等方面进行评价，评价字的优劣，有自评、互评、师评，充分调动学生主观能动性，激发写字兴趣。

改：评价后，找到书写中的不足，改写一两遍，加深书写印象，是评定后的一个再发现、再改进、再创造的过程。

在书法课堂教学中，为了增加书法教育的趣味性，教师用口诀或儿歌概括书写规律和要领，同时穿插对汉字发展史的介绍、名帖、名家作品的欣赏或书法家的故事等，使学生受到感染，激发学生学习书法的兴趣。

三、有度

学生的书法作品到底写得如何？如何评价学生的书法作品？我遵循面向全体、以鼓励为主的原则，坚持书法教育的评价和测试工作，规范书法评价的尺度，促使学生的书法水平呈现螺旋上升的趋势。

（1）评价有利于写字指导的延续和提高。在教学中，要充分调动学生的主观能动性，开展自评、互评、点评，提高学生的写字能力。

自评。学生在仿写的过程中，随时将写好的字和范字对照，找出哪个结构、笔画写得好与不足之处,然后进行改进。自评除了横向对比评价,还可以进行纵向比较评价。如让学生把每次练习的字都记上日期,并保存好。过段时间拿出来与现在写的字比较,进行自我评价。

互评。在仿写后,引导学生同桌或小组之间对练写的字互相评议,取长补短,促进互教互学。评议时,教师要给学生提供评价的标准及评价原则。如"书写是否正确,结构是否合理,主要的笔画是否突出,运笔是否到位,字面是否整洁,要善于发现别人的长处等。当学生有了评价的准绳之后,评价就能有的放矢。

点评。在评字过程中,教师的点评要抓住书写的汉字的某个方面进行评议,要抓住要害之处。教师的点评,要做到恰当准确,捕捉孩子的闪光点;对孩子写得不足的地方,要委婉地指出,帮助其改进。

(2)书法测试有利于书法练习的促进和提升。每年的6月和12月参加教务处组织的书法级别"升级赛",合格者才予以书法等级升级,并评出"小小书法家"。期末班级评选全面发展好学生时把书法升级作为一项硬性考核指数,未升级者"一票否决"。这样,促使学生积极参加书法练习,从中找到书法练习的目标。

四、有效

日复一日、持之以恒的书法练习,会带来良好的效果。

(1)书品之效。大书法家王羲之"骨硬";虞世南"德行忠直";颜真卿"忠义光明";柳公权"心正则笔正";黄道周"不谐流俗",均留下了千古美名。正所谓:"学书不过一技,立品才是第一关头。"也即"书品即人品"。学生学习书法,要从一笔一画练起,十分讲究规矩,起笔、行笔、收笔都有书写要领。这就好像做事,"起笔"像做事的开端,"行笔"恰似做事的过程,"收笔"如做事的结尾。通过练习书法,锻炼了学生做事认真、沉稳、有始有终的品格。练字必须是全身心投入,必须心静气和,端正姿势,持之以恒,让学生养成了严谨认真的好习惯。

(2)赛事之效。班级建立了日练习、周评比的书法练习制度,及时更新书法宣传栏内容,举办以书法为主的黑板报、优秀作业展览等班级活动,在不同的活动中展示学生的书写水平。我鼓励学生积极参加各级各类书法比赛,如全国书法作品大赛,湖北省"楚风杯"书法赛,十堰市书法比赛,学校"墨香杯"书法节等,以赛促练,以赛促提高,激发了学生参与书法练习的热情和兴趣,增强了学习书法的成功感,形成了人人都参与,人人都有提高的良好局面。

(3)传承之效。书法是中国的传统文化。在书法课堂上,我们对学生传授书法技能的同时,灵活运用教学方法,让学生了解到传承传统文化的内在价值与修身养性的情操。作为全国书法教育示范学校的教师,我们有责任把传统文化传播到社会大课堂中。

春节，我们组织学生为社区居民写春联、送春联，受到了居民的热烈欢迎；我们通过校园书法展览活动引发社会人士对书法的兴趣，带动社区书法爱好者和家长的参与，让他们也共同领略和感受书法艺术的魅力。现在，学校已形成课内与课外结合、校内向校外辐射的书法教育新格局。

在书法教育中，我遵循书法教育规律指导学生写字，注重规范书写姿势，激发书写兴趣，掌握书写技能等方面的指导，做到“有序、有法、有度、有效”，达到书之有道，写之有效，从而全面提高书法教育质量。

（石红丽）

第三章　墨课程实施

第一节　教学体系

一、教学管理

（一）组织保障体系

学校建立"墨课程领导小组——教务处——书法教研组——书法教师"纵向管理体系。墨课程领导小组组长由校长亲自担任，成员包括分管领导、处室主任、语文教研组长、书法教研组长、优秀书法教师等。领导小组每月召开一次墨课程建设及书法工作会议，研究学校墨课程建设事宜，商讨书法教学工作。学校成立了书法教研组，由校内"书法家"担任组长，组长在教务处的领导下具体指导书法教学工作，制定学校书法教学工作计划，检查教师书法教学工作情况，开展书法竞赛活动。

（二）课时保障体系

在课时上，保证"1＋1＋1"书法课时，即每天下午安排一节 20 分钟的书法短课，每周安排一节 40 分钟的书法长课，每周安排一节书法社团活动课。短课时，前 5 分钟教师讲评上次习字情况，或介绍书法知识、书法家趣闻轶事，或指导当天学习内容。随后优美的古典音乐响起，全校师生开始书写（非书法课教师在自己的办公室写）。短课结束时做书法韵律操。长课由书法教师严格按照学校的书法教学模式开展书法教学。社团则吸纳学生中的书法爱好者和特长生，进行书法专业素养训练和书法作品的创作。书法课包括：硬笔书法课和毛笔书法课。硬笔教学方面，一、二年级练习写铅笔字，三年级以上写钢笔字；毛笔教学方面，三至六年级写毛笔字。

（三）教材保障体系

教材体系"一主多辅"。毛笔教材以西泠印社出版社出版的《书法》（主编：江吟）为主教材（颜体），以隶书、欧体、柳体等为辅（书法教师根据自己擅长的书体选择）；硬笔教材可以选择《小学硬笔书法》（湖北省教育学会书法教育专业委员会编写），也可以选择《写字课课练》(赵国祥编著　武汉出版社)。

(四)用具保障体系

文房四宝,须样样配齐;练习纸张,可自行设计。学校专门设计、印制了供师生练习用的毛笔字本、钢笔字练习本和竞赛用的作品纸。纸张格子的大小设计科学合理,方便练习。除此之外,学校每学期为教师配备练习书法所必需的笔墨纸砚,如各种型号的毛笔和钢笔、白笔,毛笔练字本和钢笔字练习本,毛边纸和宣纸,以及各种墨汁、毡子等。

(五)制度保障体系

学校制定了一系列的书法方面的制度,如《学生书法级别测评制度》《书法教研制度》《书法优秀班级评比制度》《墨香少年评选办法》等。教师辅导学生参加各级书画大赛成绩均与绩效奖励挂钩。

二、课堂教学

(一)书法课堂特征

52小学研究出了"知墨——读墨——书墨——赏墨——趣墨"为内容的"五墨"课堂特征,打造魅力书法课堂,让每个走进52小学的人时刻被浓郁的"墨香"包围,被书法这一传统文化的魅力折服。

1.知墨——追根溯源明初心

在书法课堂教学伊始,教师用书法名家故事激趣可以大大激发学生学习书法的兴趣。书法名家的故事是培养学生学习兴趣的法宝,教师引导学生搜集书法家的故事,或文字或音频或视频,为课堂教学所用,服务于我们的书法课堂。例如,在执教西泠印社出版的书法教材四年级上册第二单元的第一课《单人旁和双人旁》时,为了充分调动学生学习书法的积极性,执教者将书法大家《王羲之的故事》引入课堂,学生在听故事看视频的同时,被故事中的人物深深吸引,教师带领学生追根溯源,一起探索深藏在书法世界里的无穷奥秘,书法素养日渐提高。

2.读墨——成"字"在胸意在笔先

通常在书法教学中,书法教师首要任务是要引导学生学会"读墨",即学会读帖。读帖是指临摹者在写前对字帖静观默察,细想体味,对范字形成清晰的印象,做到成"字"在胸,意在笔先。无论是硬笔还是毛笔书法教学,在教学时我们都要引导学生认真读帖,从"结构、笔画、占位"三个方面进行观察,这样有顺序的观察,可以全方位,不遗漏任何细节,让学生深入掌握汉字的笔画、部件及结构规律,让学生在"笔下有字"之前先做到"眼中有字""心中有字",成"字"在胸,意在笔先。

3. 书墨——千锤百炼觅真金

书法课堂,"书"是关键。书法途径,书写实践为基本。优美的书法来自亲笔书写实践。书法课堂应该把更多的时间让给学生书写练习。从基本笔画到间架结构,到章法创作;从描红到仿影,从临帖到背临。一遍一遍地写,一页一页地书。

作为一线书法执教者,我们给学生灌输的理念是"提笔即是练字时",每个学生树立这种思想,每一次作业,作业中的每个字,每个字的每一笔,都用心地书写,把日常书写当作练习书法、提升自己书法水平的契机,在日复一日的练习中,千锤百炼觅得属于自己的那块书法"真金"。

4. 赏墨——识形赏质寄书情

在很多人看来,书法高深莫测,觉得是内行人的事。殊不知,中国书法是我国历史上一颗璀璨的明珠,我们可以不写书法,但是必须学会欣赏书法。书法欣赏可谓"仁者见仁,智者见智",不可一概而论,但书法欣赏仍有规律可循。书法美的表现,不外乎有"实"与"虚"两个方面。"实"的方面包括:用笔、结构、章法等内容;"虚"的方面包括:神采、气韵、意境等内容。两方面互相依存,共同表现出书法作品的审美价值。欣赏书法,是书法在人脑中"再"创作的过程,必先"识形",而后"赏质",最后"寄情",三步逐行,渐入佳境。

我们在平时的教学中,除了引导学生学会写书法,也比较注重培养学生书法鉴赏能力,引导学生学会欣赏,学会评价,在欣赏中收获,在评价中提高。课堂教学前,以欣赏名家书法作品导入,让学生感受书法艺术的魅力;课堂教学中,欣赏同伴的书法作品,让学生看到自己的差距与不足;在课堂教学结课前欣赏本校师生的优秀作品,明确书写的目标,增添书写的勇气。

5. 趣墨——趣味操韵品墨香

"点横撇捺书真意,趣味操韵品墨香。"在书法学习之路上,52小学的学子,决不做埋头苦学的"书呆子",而是争做"静、灵、文、豪"的"墨香少年"。课堂里,老师"节外生枝",让学生猜一猜关于文字和书法的字谜,做一做关于书法的拓展活动——折纸、扇面书写、春联书写张贴、校名题写,有时候还走出课堂到社区、郊外去进行"翰墨研学"。做书法操,是最大的"趣墨"——学校领导带领书法组和音体美组的老师共同研发自编自创了《写意生长》和《追逐书梦》两套书法广播操和一套书法韵律操。将书法和中国传统舞蹈结合,引导学生在点、横、撇、捺等基本笔法动作中,伸展腰身,活动筋骨。每天迎着朝阳,和着优美的旋律,2000余名学生齐聚操场共做书法广播操,时而静如止水,时而行如流云,时而舞如龙蛇,用自己的形体与力量完美地诠释了中国书法形美如画、音美如歌、意美如诗的内涵与精髓。书法广播操让学生在运动中感受书法的经典美,提高了他们的文化修养,在增强体质的同时,构建了文明和谐的校园,全面推进了素质教育,同时也弘扬了中华传统文化。

魅力书法，多彩课堂，“五墨”并举，共谱华章。一代代的52小学人笔耕不辍，初心不改，一直坚定地行走在书法教育的道路上。

每个学生的心田已经播下一粒书法的种子，书法之花已经悄然绽放，墨香校园已经芬芳四溢。

（二）书法课课型

《中小学书法教育指导纲要》指出：“中小学书法教育以语文课程中识字和写字教学为基本内容，以提高汉字书写能力为基本目标，以书写实践为基本途径，适度融入书法审美和书法文化教育。”因此，中小学书法教育课堂教学，应该做好3个方面的事：书写技法指导、书法艺术欣赏、书法文化学习。据此，我们把书法课型分为3类：书法指导课、书法欣赏课、书法文化课。

1. 书法指导课

书法指导课，就是教师对学生进行书写技法指导的课型。书法教育的实践性很强。学生只有在具体的书写实践中锻炼，才能写出合乎要求的字，才能逐步提升书写水平。

书法指导课，主要任务是指导学生练就良好的“双姿”，养成良好的习惯，学会基本的书写技法，包括基本笔画、间架结构、布局章法等。

2. 书法欣赏课

书法欣赏课，就是教师引导学生欣赏书法艺术作品的课型。学生不仅要会写字，还要会欣赏字。

书法欣赏课的主要任务是要让学生懂得从哪里入手、怎样欣赏一幅优秀的书法作品，即从笔法、字法、章法等方面进行欣赏，在书法的线条、墨趣中感受情感意蕴，获得特定的审美感受，从而提升学生欣赏美、鉴赏美的能力。

3. 书法文化课

书法文化课，就是教师引导学生学习中华书法文化知识的课型。

书法是中华文化的瑰宝，博大精深。教师应在书法课程中相机渗透书法文化的知识。这种渗透，可以在书法指导课、书法欣赏课中进行，也可以在专门的书法文化知识讲授中进行。如果是专门的书法文化知识传授课，那就是书法文化课型。

书法文化课的任务主要是向学生传授中国书法文化知识，比如，中国文房四宝的知识，汉字、书体演变的知识，著名书法家的成长之路、艺术特征与人格修养关系方面的知识等。

书法课课型虽然分为3类，但是这3类课型也是相互关联、彼此联系的。书法指导课最为常见，占整个书法课的绝大多数。书法指导课主要指导学生的书写技法，但也要引导学生进行书法欣赏，也要进行书法文化知识传授；在欣赏课中会很自然地进行书法文化知识讲授；在书法文化课中，既要讲授书法技法，又要关注书法欣赏。这3类课型，各有侧重，又相互渗透，融为一体，共同担负起书法教育的重任。

本节的书法教学设计范例中，列出了3类课型的教学设计，供阅读。

（三）书法课堂教学模式

书法教学是有规律的，根据学生的学习心理和书法课程的特点，书法教学一般要经历四步，即一看二范三练四评四步教学模式。

1.第一步：看

看，是获取知识的重要途径。毛笔字教学中的“看”，就是要用眼睛看范字，看范字美在何处，看范字如何表现这种美。

范字即字帖上的字、课本上的字或教师书写的字。教学时，可引导学生看字帖上的字，教师也可以将字帖上的字写到带米字格的白纸上，贴在黑板上让学生看。看范字时，教师应引导学生看结体、观结构、找主笔、定重心。

（1）看结体。汉字是由若干基本笔画组成的，笔画之间如何结成一体，是有讲究的。教学中一定要引导学生看清字的结体特征。毛笔字的结体特征有很多，如①上紧下舒，即上部写得紧凑，以表现下伸部分结构的敞朗和舒展，如“布”字。②口儿上宽下窄，“口”字的上“横”要稍长于底“横”，如“田”字。③中间靠拢，四面伸出，如“丞”。④框首撇尖进框，如“自”。⑤竖左一撇，竖右起笔，如“柱”，⑥舒敛。“舒”即舒展，“敛”即收缩。如“地”字的“土”部应左舒右敛，而“也”部应左敛右舒。结体特征还有“开合”“避让”“补空”“长短”等。

（2）观结构。字的结构形式有很多种，除独体外，有左右、左中右、上下、上中下、半包围、全包围等。在教学中，要引导学生观察字的结构比例。①左右结构：又分为左右基本相等、左右不等（又有左宽右窄、左窄右宽两种）。②上下结构：又分为上下相等、上下不等（又有上大下小、上小下大两种）。以上结构的字在书写时，米字格内窄部占1/3或稍多些，宽部占2/3或稍小些。③半包围结构：主要有上包下、下包上、左包右、左上包右下、右上包左下、左下包右上六种形式。左上包右下的字，内部要写得大些；右上包左下的字，内部略靠左；左包右的字，外框要写正，框内部分要略写得小些；左下包右上的字，走之底要托住上面的部分。④全包围结构。这种结构字的大小、宽窄，内框中的空白，都要因字制宜，分布匀称，不要布满全格，注意协调。

（3）找主笔。一个字可能由许多笔画组成，这些笔画书写得好坏，对整个字的美观都有影响。但这些笔画中，有一笔最关键，这一笔就是主笔，其他是副笔，对重心起辅助作用。例如：“言”字的第一笔“点”是主笔，它必须写好。当然，还必须把“横”写长，写平，整个字才能稳。教学中，要重点引导学生找出字的主笔，并知道这笔如何书写才美。

（4）定重心。书法家的字“斜而不歪，歪而不斜”，究其原因，就是因为书法家能正确把握字的重心。重心把握好了，字就写正了。例如“夕”字的笔画少，看似好写，实际在书写中最易写歪。仔细观察，我们发现“夕”的主笔是第一笔撇，要稍平。但写好了这笔，还不能保证字稳，还要靠“横撇”来牵制，“横撇”的“撇”要稍倾斜些，使重心落在米字格的中心线上。又如“名”的“口”要尽量左移。

2.第二步：范

“范”即示范。写毛笔字，仅从理论上知晓如何运笔，如何结构，是不行的，还必须看老师的示范。无论老师讲述得多么生动，终究代替不了示范。例如教基本笔画“竖钩”“横折钩”等，学生不亲眼看到教师如何书写，很难将其写好。

(1)示范的形式。在黑板上贴带米字格的白纸，用毛笔现场示范；教师坐在讲台上书写，用投影放大；或在学生座位上单个示范，或组织一拨(五六名)学生围在老师身边看老师示范。教学中常采用的形式是给一拨学生示范，这样既可以让学生看得清楚，又节省时间。

(2)示范的要求。教师示范时要向学生提示写该字的要点、写该字的关键点及注意事项。教师在示范的过程中，应边示范，边讲解，有时甚至可以将本不该断开的笔画断开，使学生能清楚地看到运笔过程。

3.第三步：练

俗话说：光看不练假把式。写毛笔字是一项实践性很强的教学活动。学生唯有练，才有长进，才有收获。但练习不能盲目，要讲技巧。

(1)基本笔画与整字练习的交叉性。笔画是构字的基本元素，初学写毛笔字必须从基本笔画练起。汉字的基本笔画主要有点、横、竖、撇、捺、提、折、钩八种。基本笔画的书写，要求要严，运笔要到位，该逆锋起笔的，要逆锋起笔，该收笔的要收笔。基本笔画的练习是相当枯燥的，教学中不必将全部基本笔画练完后再写由基本笔画组成的整字，如果这样将抑制学生书写的兴趣。教学中可以将基本笔画的教学与汉字书写教学结合起来，交叉进行，以增强学生练习的趣味性。如学完“横”后，可练汉字“二”“三”；学完“竖”后，可练汉字“正”“十”等。

(2)整字练习的层次性。练习完某种基本笔画后，可以开始练习由这一笔画组成的汉字，即整字。教学中，学生练习整字可分描红—仿影—临帖—背临四个层次进行。

描红。描红就是让学生直接在字帖的红模子上描着写字。这是初学者写字的第一步。描红可以分为 3 种：实心字描红、空心字描红、线条字描红。描红的总体要求是“不变形”，每个笔画都要与字模一样，粗细、长短等都不能突破，即“山正是那座山”。

仿影。就是将白纸蒙在字帖上，照着字帖上的字写，这种方式较描红稍难些，它要求学生熟悉字帖上的字的笔画结构。仿影的总体要求“基本不变形”，笔画与字帖大体一致，不能有大的突破，即“山仍是那座山”。

临帖。就是另外用纸照着字帖写。这一步是很难的，它要求学生熟练掌握基本笔画的书写，较为熟悉字的结构特点，能“依葫芦画瓢”。这一步的总体要求是“不走样”，即“山还是那座山”。

背临。就是不看字帖而写出字帖上的字。背临的总体要求是：能找到所临字的影子，即“山好似那座山”。

以上 4 个练习层次呈梯级发展，在教学中可以视学生的学习水平，灵活安排。一节课内初学者可以整节课描红、仿影；基础好的可以直接临帖、背临；一般的同学可以先描红、仿影，然后临帖、背临。只要学生前一个层次的练习到位、达标，后一个层次的练习就不难了。

(3)日常练习的持久性。写毛笔字的诀窍就是一个字：练。要苦练、巧练，要持之以恒，每天须坚持练习 20 分钟，写一张字，千万不能“三天打鱼、两天晒网”。经验告诉我们，基本笔画过关，需要一年半左右时间，而且起点年级越高，效果越明显，所需时间越短。

4.第四步：评

评就是评点、讲评。评是整个写字教学中至关重要的一步，是写字指导的延续和提高。评，可以找到不足，看到优点，还可以提高鉴赏能力。

(1)评价标准。评的标准有 3 条：①笔锋。要看笔画是否有笔锋，运笔是否合乎规范。②结构。要看结构是否合理，重心是否稳当，主笔是否突出，部件搭配是否得体，是否充分体现了避让、穿插、呼应、收敛等原则。③布局。要从整体上看一张字是否能给人以美的感受，基本要求是大小匀称、规范、整洁、端正。

(2)评价形式。在教学中，我们可以采取以下 3 种方式行评价。

自评：即自己评价自己的字。当然，自评得有一个参照物，以做对比。这个参照物可以是字帖，可以是同学的字，也可以是老师的字，还可以是自己前段时间写的字。自评可以随时进行，写完一字即评；也可以写完一张字后进行自评；还可以一段时间一评。通过自评，学生可以找出不足，以便改进；也可以从中感受到进步，增强今后学写毛笔字的兴趣。

互评：即同学之间互相评比，可以同桌互评，同组互评。在互评环节，学生的积极性最高。人都有想给别人挑毛病的心理。每每互评，学生情绪十分高涨。互评还能增进学生之间的了解，使学生了解自己的书写水平在班级中所处的位置。

师评：即老师的点评。老师的点评最具权威，最具导向性，极富激励作用。教师点评学生的优点，可增强学生写好字的信心；教师委婉指出不足，学生记忆深刻。教学中，教师要巡视，对学生书写中有代表性的问题应及时点评。作业的批改是最常见的点评。批改毛笔字，有多种形式，可以把写得好的字用红毛笔画圈，也可以打分或评等级(“优”“良”“及格”“不及格”)。画圈是针对单个字的评价，运用于日常教学；打分、打等级是针对整张字的评价，适用于阶段评价或复习迎考时。每次写字前，教师一定要对上次作业进行简短讲评，或表扬“圈圈”多的，分数高的，得“优”的，或将写得特别好的字张贴于黑板。每到上毛笔字课时，教室里安静极了，同学们都在静静等待，老师今天表扬的人中有没有自己；相反，要是连续几次不总结，学生会降低积极性。

评过之后再进行修改，再练习，再评价……以此循环反复，最终达到熟练书写的目标。

当然，评过之后，我们可将学生中的优秀作品展示出来，供全校师生及家长参观。展示的形式很多，如毛笔字课前的作品展示，班级文化建设中的“书法作品专栏”展示，学校一年一度的“毛笔字教学成果”展示，上级部门组织的书画大赛优秀作品展示，元旦、春节、教师节等节庆时学生书写的对联的张贴等。这些展示活动，既可以检验毛笔字教学的成果，又可以激发学生写毛笔字的兴趣；既可以锻炼学生的写字能力，又可以培养学生的良好思想品质；既是语文实践活动，又是德育活动，深受学生、家长及学校领导好评。

（四）书法教学方法

书法教学是有方法可依，有规律可循的。老师们在日常教学中摸索出来一些方法，比如：四步练字法、读帖摩帖法、趣味口诀法、楷书教学法、信息技术法等，这里编排出来供读者借鉴。

1.四步练字法

读帖法：指学生在习字之前，要认真阅读字帖上的字，仔细观察字帖上的范字，包括字的占位、结构比例、笔画特点等，做到心中有数。

摹帖法：指书写时对照字帖进行描摹，包括描红、仿影，所谓“依葫芦画瓢”。

临帖法：指对照字帖临写，仿照古人的“一招一式”。

背临法：指抛开字帖，根据自己对字帖内容的记忆进行书写。

摹帖法和临帖法，要引导学生在观察、分析和表现上下功夫，用“背临”的方式检验学习的效果。

四步练字法能促进学生观察能力、审美感知能力的全面提升。

2.读帖摩帖法

学生练字的第一步是读帖，把字帖读懂，弄清字的结构特点。然后对照字帖摹写。读帖做到“烂熟于心”“胸有成竹”，摹帖做到“像模像样”。以下是教学中的一些小妙招。

（1）直观演示法。即学生练习写字之前，教师应一边讲解一边演示，会给初学写字的小学生一个直观的感受，使其迅速掌握书写要领。教师演示时应注意以下2点：①演示要准确到位，做好示范；②发现问题，针对性示范。当学生看了老师的示范后，并不能一下子就掌握所有的书写要领，会在书写时出现这样或那样的问题。教师要善于发现，有针对性地再次示范，并提醒学生注意写错的地方，纠正后强化训练。如学生在写“代”字时，普遍的会把横写的得太平直，此时再进行专门指导，帮助学生写好横画。

(2)正误对比法。即教师在示范书写后，学生们在练习时也往往会出现这样或那样的问题。因此，教师在示范正确的书写方法之后，再和学生一起一一分析他们书写时错在哪里，怎样纠正，使学生少走弯路，提高了练习效率。如“奇”字，我们一般在写有撇捺的字头时，会把撇捺写得很舒展，包住下面的其他笔画，如“会”“奈”等字，但在写“奇”字时，撇捺要短，下部分“可”字上面的横要托住上面的“大”。教师在教学时，直接把“大”盖住下面“可”的错误写法展示出来，学生在练习中就不会再犯同样的错了。

(3)画辅助线法。即有些字用语言很难说清楚它的结构，我们只要画一条辅助线就一目了然了。如左右结构的字在上面或下面画一条水平线，就知道谁高谁低。如：“何”“勤”等字。在“法”字的三点水右边缘处画一条连线就会发现三点水的结构是弧线，便于学生掌握。

(4)数字分析法。即教师在示范书写时，有时仅用语言讲解，学生很难完全理解。教师在教学中可尝试一下数字分析法，如：写“心”字时，卧钩的写法是重点，也是难点，教师在卧钩处分别标上“1”“2”“3”“4”。指出各部分的高低，学生就会很快掌握。

(5)词语概括法。即当遇到一些比较难写的笔画时，教师可以用一些简单的词来概括书写步骤。如柳体字走之底捺较难写，我在教学中用“平、斜、平、出锋”，几个步骤来概括，学生写起来就容易多了。

(6)编“儿歌”或“顺口溜”法。儿歌和顺口溜通俗易懂，学生很轻松地就能记住书写要领。如横的写法可以编成：“写横画，要记牢，左稍低，右稍高。起笔收笔应知道，轻重提按很重要。”因为它朗朗上口，易读易记，所以对学生正确理解可以起到很好的作用。

(陈家林)

3.趣味口诀法

1)口诀集萃

写字姿势口诀。①食指拇指捏着，三指四指托着，小指在后藏着，笔尖向前斜着，笔杆向后靠着。轻轻松松提起笔，平心静气来写字。②写字姿势很重要：头正、肩平、臂开、足安，一尺、一拳和一寸，牢记心头多自省。③写字时候要注意：身体坐直脚踩地，两脚分开头放正。眼睛离开书本一尺远，胸口离开课桌一拳远，还有手指握笔要正确，离开笔尖一寸远。

基本笔画口诀。汉字是由笔画组成的，要想写好汉字，一定要先练好。汉字的基本笔画有八种：点、横、竖、撇、捺、提、折、钩。

(1)点。有5种：侧点、垂点、撇点、提点和长点。

侧点写法：起笔轻轻行笔弯，重重回笔到一半。

垂点写法：与侧点运笔一样，行笔方向要相反。

撇点写法：起笔重重行笔弯，轻轻抬笔收出尖（它的轻重变化与垂点是相反的）。

提点写法：起笔重重右上斜，轻轻提起收出尖。

长点写法：起笔轻轻行笔弯，稍长稍重回一半（就是将侧点稍稍拉长）。

（2）横。横分为 2 种：长横、短横。

长横写法：起笔重重收笔重，左边低来右略高。

短横分为：左尖横和右尖横。左尖横写法：起笔轻轻收笔重，左边低来右略高。右尖横写法：起笔重重收笔轻，左边低来右略高。

（3）竖。竖分为 2 种：垂露竖、悬针竖。

垂露竖写法：起笔重重收笔重，行笔略轻挺且直。

悬针竖写法：起笔重重收笔尖，行笔略轻挺且直。

（4）撇。撇分为 3 种：平撇、斜撇、竖撇。

平撇写法：起笔重重行笔平，轻轻抬笔收出尖。

斜横写法：起笔重重行笔斜，轻轻弯弯收出尖。

竖撇写法：起笔重重行笔直，过了中线撇出尖。

（5）捺。捺分为 2 种：斜捺和平捺。

斜捺写法：起笔轻轻行笔斜，捺脚重按歇一歇。平平向前走一截，轻轻收笔尖一些。

平捺写法：起笔重按右上行，弯弯斜下右对齐。捺脚重按歇一歇，右上收笔尖一些。

（6）提。提分为 2 种：平提和斜提。

写法：起笔重重右上行，轻轻收笔尖一些。行笔要快，平提与水平夹角小于 45°，斜提与水平夹角大于 45°。

（7）折。折分为 5 种：横折、竖折、横撇、撇点、横折弯。

横折与竖折写法：横和竖画是基础，顿笔关键在折处。夹角大约 90°，是大是小看清楚。

横撇与撇点写法：横撇侧点是基础，顿笔关键在折处。横撇小于 90°，撇点大于 90°。

横折弯写法：夹角小于 90°，圆圆润润拐弯处。

（8）钩。钩分为 7 种：弯钩、卧钩、横折钩、横折弯钩、横撇弯钩、横折折折钩、竖折折钩。

写法：钩画家族形态多，关键之处在起钩。钩前一定要重按，钩锋才会显稳当。

写字笔顺口诀：

从上到下为主，从左到右为辅。
上下左右俱全，根据层次分组；
横竖交叉先横，撇捺交叉先撇；
中间突出先中，右上有点后补；

上包下时先外，下包上时先内；

三框首横末折，大口最后封底。

2)口诀编写

书法口诀是根据实践经验总结的精华，背起来不仅朗朗上口，而且言简意赅。对于学生来说，站在“巨人”的肩膀上，识记一些书法口诀对提高他们的书写能力是有很大帮助的。

(1)编写书法口诀的作用。

掌握书写技法。在教学中老师通过一个口诀破解书写难点，让学生很快掌握字的写法，理解了口诀自然就掌握了书写要领，再熟读背诵，口诀内化为学生的本领就成为永远夺不走的书写制胜的法宝了。

培养书写习惯。学生练习书法时的坐姿和握笔姿势是非常重要的，它直接决定了书写质量，也影响着学生的体态和健康。老师在巡查学生写字时，通过口诀的形式不断提醒学生的握笔姿势和坐姿，长此以往学生如雷贯耳，更有利于培养学生良好的书写习惯。

陶冶高尚情操。口诀一般讲究押韵，富有艺术的美感，有的在内容上还闪烁着思想的光芒。学生长期积累这样的口诀一定会受到熏陶，在潜移默化中，培养学生优良的品质。比如，在教学生学习如何临帖时，我们采用这个口诀：看在眼里记在心中/凝足在五指上/流淌在笔尖下/最难锲而不舍/最怕一曝十寒/要想学书有成/必得持之以恒(引自搜狐网中国书法)不仅让学生知道了临帖时要用眼观察，用心记，还要懂得练习书法需要坚持不懈、持之以恒的精神，书法功底是要靠长期练习，不断积累才能获得。

(2)编写书法口诀的方法。

把握字形编口诀。比如教学西泠印社出版社五年级上册第八课《日字头与日字底》这一课。学生对“日字头”与“日字底”字书写上的差异，很难分辨清楚，没有变化，有失字的美观。教学中，老师可以出示带“日字头”和“日字底”的例字，引导学生进行仔细观察。学生通过观察对比，得知有2种形态，一个是窄方形，一个是宽扁形，窄方“日”字的竖是垂直的，而宽扁形态“日”字的竖是稍斜的。再仔细观察笔画的粗细变化和占位等提炼出书写要领，编写出《日字诀》：

首笔要写垂露竖，横折细粗要有别。

左轻右重区分竖，中间短横左相接。

窄方日字竖垂直，宽扁形态竖宜斜。

又如：一些带有宝盖头的字，形态上基本都是上宽下窄，那么宝盖头要写宽一些，把下面的部件守护严实，不漏出来，才规范美观。根据这样形态上的规律，老师编写了口诀：“天盖天要大，覆盖宜于严。万象包在内，不准漏其边。”帮助学生掌握这类字的写法。

例字有:审、官、富、宫等。再如:一些土字底、王子底、皿字底的字,多数是上窄下宽的形态,最后一笔的横画要伸展、拉长托住上面的部件,多个横画之间的距离应该均等,纵向的竖画应该在中心位置。根据这样的形态特点,编写口诀:“地载地要广,托住万宝藏。疏密要适宜,轴线在中央。”例字有:至、皇、盂、盖。

根据笔势编口诀。笔势简单来说就是笔锋的走势,每个笔画都有笔势,指斜正、俯仰、伸缩、向背、呼应等变化。具有相同笔势的笔画可以通过口诀的形式进行总结,从而成为写某一类字的规律。如:一些带有方框的字,左右两边的竖画要稍稍倾斜,笔势向中间靠拢才会更加美观。根据这一笔势规律编写口诀:“方字不方正,左右都内行。”例字有:田、白、回、向。再如:一些左边有撇画,右边有竖画的字,左边的撇画笔势要收缩克制一些,让右边的竖画笔势能更舒展、洒脱才会和谐美观。根据这个规律编写口诀:“左撇右直者,左缩右应展”,例字有:川、升、卯、邦。还有一些根据笔势编写的口诀如下。

楷书口诀

楷书称正楷　起笔多藏锋
学书必先行　行笔用中锋
笔画形态稳　回锋要自然
字字得端正　结构讲造型
结构搭配匀　多临古人帖
章法要讲究　用笔讲技巧
笔笔得到位　楷书要写好
清朗必整齐　重在用腕上

笔顺口诀

学好笔顺写字快
不用胡抹和乱来
先上后下左到右
先横后竖才顺手
撇在先来捺在后
写罢外边写里头
写字框时要注意
等人进去再闩门

渗透德育编口诀。在教学中,教师应该渗透“书品即人品、写字学做人”的教学理念,使学生在写字的过程中,明白做人的道理。如教学生写“竖”,编一句话口诀:“中竖正直”。意思就是要“不弯不曲不斜”。以此推广到整字教学,比如“丰”“牛”“干”“中”,这几个字中的竖,教师要强调“这一中竖相当于人的主心骨,生物学我们称为骨架,社会学叫作核心价值观”。“贫贱不能移,威武不能屈”正是此举体现。我们自己要有坚定的中心骨,它就像悬在我们头顶的一把剑,要求我们一生堂堂正正做人、处事。有些字笔画繁多,但又要求紧凑,需要我们顺势下笔,穿插,避让,还要保证字的美观,协调。这就要把“穿插避让”的理念渗透在教学中,例字有:“教”“耕”“餐”。这个理念运用于生活、处事中就是要懂得灵活变通,根据具体情形,避势而为,学会智取,提倡谦让做人。

(3)编写口诀的注意事项。教学中编写书写口诀也应该注意一些事项。一是内容要通俗易懂,容易记住,也容易背诵,不可晦涩难懂,反而影响教学效果。二是每句字数大致相同,读起来朗朗上口,尽量对偶押韵。三是逻辑清晰,有条有理。

总之,编写书法口诀既体现了编写者对字的深刻领悟,又能帮助学生快速掌握书写要领，培养良好的书写习惯和精神品质，有效提高书写能力。当然需要书法老师不断学习，坚持探索，只有这样，才能总结出闪耀智慧光芒的书法口诀。（刘敏）

4.楷书教学法

我国文字各有其形，虽然由八种基本笔画组成，而结构却千变万化，仪态多姿。我们要把楷书写好，就必须了解汉字的结构规律，掌握写好汉字的方法。

汉字的笔画组合叫间架，字中笔画的组织叫结构，合起来就叫“间架结构”，简称结体。说通俗点，间架结构就是解决汉字笔画的组合搭配问题。为什么同样的字，同样形状的笔画，笔画的位置、长短不一样，字给人的感觉就大不相同，有的好看，有的就难看呢？究其原因，就是间架结构的问题。

练楷书，要从练习间架结构开始，下面从2个方面介绍。

第一个方面：写好楷书结构的几个方法。

(1)注意汉字笔画。我们在学习写字时必须注意笔画的6个方面，即笔画的形状、位置、长短、轻重、曲直和角度，这几个方面做好了，整个字也就写好了。①笔画的形状。不同的字体、不同的笔画，其写法和形状是不一样的，要写好字首先要写好每一个笔画。②笔画的位置。每一个笔画的位置安排很关键，它决定了字是否美观。笔画的位置不同，写出来的字就会千差万别。③笔画的长短。一个字中，每一个笔画都应有长短变化，不要写成一样长或把笔画的长短写错。④笔画的曲直。笔画要有曲、直变化，哪些该弯，哪些要直，应做到心中有数。⑤笔画的角度。即笔画的方向。笔画的角度不一样，字的形态也不一样。⑥笔画的轻重。楷书的笔画应该有轻重变化。不同的楷体轻重的变化规律也不一样。

(2)要了解字的结构。在写字之前把字的结构了解清楚，看是独体字还是合体字，是左右结构还是上下结构或是包围结构，看是什么偏旁，心里有数后再考虑如何组合这些笔画，就是说要做到意在笔先。

(3)利用好米字格。米字格主要是帮助我们观察和确定每一笔画位置的，入门字帖中的字都放在米字格中。米字格中的每一条线都有用。我们只有看清了字的每个笔画在字帖中米字格中的具体位置，才能使我们在练习过程中把字写得准确。

(4)写好首笔。一个字的第一笔很关键，对写好一个字影响较大，第一笔写好了就等于开了一个好头。如何写好第一笔呢？一是看第一笔是什么笔画；二是看第一笔在什么位置，是高还是低，偏左还是偏右；三是看第一笔的长短、曲直、角度、轻重如何？当你把这些基本情况了解清楚后，再看其他笔画的情况，这样下笔书写就基本没什么问题了。

(5)找字的中心。初学者把字写歪往往是因为没有注意中心。其实，在独体字和上下结构的字中，相当一部分字的中心还是有规律可循的：有些字以有形的点画为中心，第一笔或主笔主要写在米字格的竖中线上，我们可以称之为实心。如文字头、山字头等。

有些字是以无形的空间为中心，即以米字格竖中线为中心，把字的两点、两竖或两个部分平均分在米字格竖中线两侧，我们称之为虚心。如草字头、竹字头、“其”字等。如果找到了字的中心，问题就会迎刃而解。

(6)先写好偏旁部首。汉字的结构，除独体字外，多数是由偏旁部首与其他结构单位组合而成的合体字。熟练掌握汉字偏旁部首的写法，对写好合体字是很有帮助的。偏旁部首有近百个，每一个书法家在写偏旁部首时都有一些微妙的区别。我们在临摹时要认真观察，把它们的特点写出来。

(7)掌握四大楷书的不同笔法及结构特点。楷书的种类较多，除了它们遵循了共同的楷书结构规律外，在笔画和结体上也有各自的特征，所以叫不同的楷体。下面把我在学习过程中总结的四大楷书欧、颜、柳、赵的笔法及结构特点归纳如下。

欧阳询《九成宫礼泉铭》的笔法及结构特点：用笔精到，主方次圆。横竖劲挺，中宫内敛。结构精准，法度森严。重心左移，主笔外展。刚健险劲，稳中求变。

具体特征如下：①欧体用笔以方笔为主，即在起笔和收笔时棱角分明，呈方形形状，但不像魏碑字有过分的圭角。②欧体两个竖并列时，采用相背的方法书写。③欧体在字形上，往往给我们以又长又窄的感觉。④欧体字给我们的感觉比较稳，如昆、暑等这类字都写成上窄下宽、上小下大。所以不管是方形或是长形的字，个个都稳如泰山。⑤欧体字在书写时大多笔画多的写得较大，笔画少的写得较小。⑥欧体字结体大都向右扩展，制造一种险劲。

颜体《多宝塔碑》的笔法及结构特点：点画圆整，秀丽刚劲；轻重变化，对比鲜明；提按有别，方圆兼用；方正谨严，端庄平稳。

具体特征如下：①用笔多用中锋，起笔收笔有明显的按顿。②起笔藏锋为主，兼用露锋，方圆兼用。有些横画起笔稍带斜尖，不像柳体齐头方脚。③收笔用顿笔和回锋较多，尤以横画最为明显。横画收笔处常向右下方重按，顿笔回锋。④竖画粗壮，横竖笔画粗细对比鲜明。⑤颜体撇画轻盈挺健，捺画粗壮有力，捺脚较长，有蚕头燕尾之称，给人以刚健的动感。捺画的捺脚多与撇画锋尖持平或稍低呈现舒展沉稳之美。⑥转折变化较多，有提笔耸肩顿笔和顿笔消肩暗转等方法，有方有圆，方圆兼施。⑦结构上布白均匀，字形稍方，端庄平稳。⑧笔画间的宽窄收放对比欧、柳体要小，主笔相对收敛，短笔相对放长，因此中宫显得较为疏朗，外部笔画也较为规整。⑨笔画、结构、单字同中求变，结构上下收放参差、左右高低错落。

颜体《勤礼碑》的笔法及结构特点：圆笔为主，圆中有方。横轻竖重，竖多相向。外紧内松，疏密适当。字大撑格，善于避让。字形方正，豁达端庄。巧拙相生，雍容大方。

具体特征如下：①在用笔上，中锋行笔，起笔多藏锋，收笔回锋。以圆笔为主，兼用方笔。行笔雄健有力，笔画圆厚丰满，即使露锋起笔也多数为圆形。②折处多用转法，很少有明显棱角，横折处常表现为“圆肩”。③笔画轻重对比强烈，横多数较细，撇较轻，捺画粗壮且燕尾分叉，钩如鸟嘴，横竖粗细对比较大。④竖画、钩画、折画，常采用内直外曲或左直右曲的笔法，使其成为内方外圆；两竖并列时取“相向”之势。⑤碑中的字比较大，加上笔画较粗，给人以“拥挤”之感。⑥字形浑厚沉重，但不失灵动，其中主要是通过笔断意连的方法来实现的。⑦笔画布局较均匀，结构外紧内松，具有端庄豁达、舒展开朗、巧拙相生、雍容大方之特点。

柳体的笔法及结构特点：用笔讲究，提按分明；方笔为主，方圆兼用。轻重有序，均匀瘦硬；疏密有致，中紧外松。

具体特征如下：①在用笔上，以方笔为主，方圆兼备。②笔画粗细对比较大，但弱于颜体。③柳体字笔画偏瘦，故有“颜筋柳骨”之说。④柳体字形大部分方中显长。⑤柳体字的左右竖有相向和相背之分。⑥凡口形框内空无笔画时，则口框的左竖须伸出框外。如果口形框内有点画时，一般右竖脚须伸出框外。⑦柳体字的竖弯钩一路圆转，是圆的一部分。⑧“风”“凡”等字的横折弯钩，其弧度大致相当于圆周的三分之一，钩笔丰厚饱满。⑨柳体撇捺同时出现时，撇脚低，捺脚高。

赵孟頫《胆巴碑》笔法及结构特点：藏露结合，中锋见长；楷中带行，平顺流畅；结构均匀，疏密适当；纵横相间，撇捺开张；重心偏下，字形扁方。

具体特征如下：①横画的起笔多以露锋书写，有时又因笔势的连带，以藏锋起笔。横画的收笔回锋较简单。②点画之间多前呼后应，笔意相连，不少字干脆用行书写法，笔画之间牵丝映带，生动流畅。③行笔提按幅度不大，于规整庄重中见潇洒超逸。④用笔虽无大起大落，但颇具变化，以平和心态予以微妙表现，可谓平中见奇。⑤字形扁方，撇捺开张，重心偏下，结构均匀，疏密合度。

第二个方面：楷书结构的分类及写法。

汉字的结构从大的方面说可分为独体字和合体字两大类。

(1)独体字。独体字的特点是笔画少，结构单纯，为汉字中少量部分，它多为合体字字根。对独体字书写的要求是：注意外形，疏密匀称；突出主笔，重心稳定。

注意外形。字不同笔画的长短和结构，形成了不同的外形或大小。主要有：正方形：州、内；长方形：目、事；扁形：四、西；斜形：夕、刀；圆形：米、尔；三角形：夫、下；菱形：今、乎；梯形：里、玉；大：氏、藏；小：日、小。

疏密匀称。有时要注意笔画的疏密对比，如：平、已等。疏密变化的基本规律是：上紧下松：月、中、子、耳；左紧右松：也、井、林、尚；内紧外松：史、事、水、甘。有时要注意笔画的均匀布局，如重、田等。

突出主笔。主笔是一个字的主要笔画，不管笔画有多少，大部分字都有一个主笔。在写字时，应区别对待，突出主笔。只有这样，才能主次分明，结体俊美。充当主笔的笔画主要有横、竖、撇、捺、钩、折等，提和点因笔画较小，一般不会充当主笔。横为主笔：直、六；竖为主笔：车、耳；撇为主笔：夫、丈；捺为主笔：之、文；钩为主笔：水、氏、也、了、矛；折为主笔：目、函。

重心稳定。独体字大部分笔画少，空间多，如果笔画安排不当，易导致字的重心不稳。每一个字都有一个重心，书写时要注意重心平稳，左右基本对称；对于形体偏斜的字书写时更要安排好字的重心，要斜中求正。

(2)合体字。由 2 个或 2 个以上的部件组合而成。合体字数量多，笔画多，字根多，组合形式也多，是汉字结构的重点部分。合体字又分为左右结构、上下结构、包围结构三大类。

左右结构。也叫横向结构。左右结构又分左右结构和左中右结构两种。要写好左右结构的字，应做到以下几个方面：写好部件，宽窄变化；错落有致，呼应穿插。在以上几点中，“错落有致”做起来较难，我着重谈谈我的看法：左右部分是错落还是平齐，是上平还是下平，是错上还是错下，主要是看左右上下各是什么笔画或笔画的多少。上下是横向笔画的如横、平撇、竖弯钩、心钩等要向中间收缩，如仁；上下是竖向笔画的如竖、竖钩、点、竖撇、斜钩等要向上下伸展，如件等。

上下结构。也叫竖向结构。它分上下结构和上中下结构两种。要把这类字写好，除了先写好每个部件外，还要做到以下几个方面：看好结构，长短不一；宽窄有变，中心对齐。在以上几点中，中心对齐前面已经谈过，这里省略。上下各部分的宽度是个难把握的地方，我通过大量的观察、比较，发现上下结构的字在宽窄处理上有以下这些特点：①有撇、捺、横、横钩等笔画为字头的或有儿子底、心子底、长横等作为字底的为宽度放开的字头或字底，一般情况下应写宽。如金、春、登、泉、章、集、穿、学、悲、光等。②字头或字底为全包围或半包围类结构的，一般写得较窄。如兄、泉、旱、古、智、省、背、贵等。③由多个点、短横、短撇组合的字头或口形部件里有竖的字头或字底，一般写得宽度适中，不能太宽或太窄。如等、受、要、悲、崇、草、界、蜀、其、当、常等。④上面三条宽窄变化不是绝对的，有时候会随着字的不同而变化，有时写宽，有时写窄。如奄、奇；香、委；商、高；是、冒；鱼、无等。

包围结构：右上包围内左移，如气；左上包围内右去，如居；上短下长左包右，如匪；左下包围内左挤，如道；被上包围略上提，如同；被下包围内多余，如函；四方包围居中写，如国；包围规律要牢记。

（陈家林）

5. 信息技术法

书法课具有很强的动手操作性。老师的教学以讲解、示范为主，学生的学习则主要以临摹和练习为主。教学实践证明，找到信息技术与书法教育整合的关键点，运用图片、音频、视频以及 PPT 技术，多角度、多方位呈现书法教育的动态美，会激起学生学书法的欲望。

1)运用信息技术,创新书法作品的展示形式

书法教师都明白,适时适地地展览学生的优秀作品,是激励学生的有效手段。可传统意义上的书法展览,展出前一般得对作品进行一番装裱,即古人所谓的“三分字画,七分装裱”。可书画装裱手续繁、时间长、成本高,加之受时间、空间等实际条件的限制,不得不将这些“珍品”束之高阁,或者寻找教室一角,简单地张贴一下以示鼓励。即便这样,还要考虑对教室整洁美观诸方面的影响,从而书法作品的展示数量、展示的影响力等都非常有限。随着现代手段的普及,书法展示找到了一个新途径——电子展示形式。

利用“书法电子展示”的形式充分展示学生作品。笔者通过实践尝试,虽然“书法电子展示”较传统的实物展示方式,存在着作品真实性、细微度等方面的不足,但在方便、快捷、经济、高效等方面存在着独特的优势,而且又可以在展览的同时,加以声、光、电等辅助元素,对学生来说,还是具有新鲜感和吸引力的,甚至在某些方面不亚于作品直接展示的方式。52小学在“六一”、元旦等节假日期间,都会将学生作品统一展示在学校大屏幕上,让学生反复欣赏,学生兴趣浓厚,效果好。

2)运用信息技术,创新教师书写示范的呈现方式

作为书法教学,经常给学生以直观的书写示范,无疑是书法教学最常用,也是最有效的手段之一。但这样的直接示范,只适用于小范围,学生人数不多的情况下开展。另外,在以传统方式给学生书写示范时,行笔走势过程中的细微变化,学生往往无法感知。要改变诸如此类不足,我们也可以通过信息技术手段来解决。

现在,实现班班通之后,触摸一体机配一台实物展示台,教师的书写示范,便可通过展示台直接在触摸一体机上放映出来。你还可以通过实物展示台上图像的“放大按钮”,放大其中的任一点画,让学生对它们的丝毫变化,看个清楚明白。

除了通过展示台做书写示范外,我们还可以用它进行读帖、解帖的指导。比如利用它的放大功能,可以帮助教师分析字帖中笔画的起、承、转、合的关键部位,让学生更清楚地看到其中的细微变化,从而有效地提高学生在临帖过程中的准确性,做到胸有成竹,有的放矢。书法教学有它做帮手,就会显得更加得心应手,沉着自信。

例如,运用信息技术手段呈现“横折”的书写要点,掌握“横折”的书写方法。书写“横折”最难把握的是折角的力度,折笔处要做到厚实有力,学会折处顿笔要恰如其分。教师可以采取“发散联想法”,引导学生联系生活,想象身边随处可见的横折。学生想象力丰富,分别想到了“数字7”“衣架”“弯曲的手臂”“奔跑的马蹄”等物。接着相机出示图片,进一步要求学生观察图片,比较体会哪一种“横折”更有美感。学生一致认为“奔跑的马蹄”比较美,再次引导学生比较发现“马蹄”美在“折处有力度”。图片的直观对比,让学生感受到横折的重要特点:“横折有力度”,体会到“折处顿笔要有力度美”,这也是书写“横

折”的难点。

为了规范书写，让学生看清书写动作，光靠教师分段讲解以及黑板示范和书空示范是看不清楚的。所谓眼见为实，耳听为虚。那些细微的静态书写对学生来说距离太远，时间太短。是无法让小学生在短时间内掌握书写方法的。所以，在实际教学“横折”写法可以采取以下几种方法。

(1)看一看。看教师书写横折的视频，把书写动作放大看、拉近看、放慢看、重复看，清晰呈现横折的每一步书写动作。

(2)听一听。听着清晰的视频配音，随动作引导学生掌握书写方法，把握书写节奏。

(3)说一说。学生一边书空，一边巩固方法；一边写，一边说书写方法和书写节奏，把握书法的节奏美。

(4)练一练。在集体练习一行横折后，点一名学生在展示台上现场书写笔画，其他学生观看大屏幕，对他的书写进行评价与指正，进一步达到规范书写的目的。

掌握书写方法以及把握书写节奏在书法课上尤其重要。书法课上无论是看、听、练都离不开信息技术。把书写动作放大看、拉近看、放慢看、重复看、清晰看、评价看，弥补了普通书法课堂上距离远、时间短、书写快、看不清的不足。在新型书法课堂上，我们放慢书写动作，化隐性动作为显性动作，化静为动，清晰流畅地展现笔画的书写过程。让学生清楚感受书写方法和规律，信息技术让新型书法课堂焕发生机。

此外，我们还可以利用展示台，指名让学生上台做书写过程的动态展示，从而让大家更清晰地看出其在书写过程中的优缺点，方便师生间、学生间就此开展互动交流，达到扬长避短、对症下药的目的。

3)运用信息技术，创新书法课堂的教学模式

利用网络和信息技术，还可以丰富课堂教学模式，简化教师备课过程，让教学变得更加便捷高效，多姿多彩。如我们可以通过网络平台，有针对性地下载书法名家的书法讲座视频。推出以“请书法家进教室”为主题的技法展示课，让学生足不出户就能目睹这些书法名家的书写示范、技法指导和精湛书艺；如我们可以通过网络多媒体平台，下载历代书法大家们的经典之作，并制作成幻灯片，推出以“传承经典，取法乎上”为主题的书法欣赏课，为学生们奉上传统书法经典的饕餮大餐；又如我们还可以通过网络多媒体平台，下载各类书法比赛中获奖的同龄人精品力作，推出“向同龄人看齐”为主题的讨论交流课，让学生能更理性地评价自己的书写水准，激发他们不甘落后的学习热情等等。通过这样的方式，不仅可以丰富书法课堂教学的形式，充实教育内涵，而且能让他们学得更加快乐、有趣和高效。

同时，还可以利用“书法网络”，简化备课过程。如利用网络平台，可将收集到的各种书法教学资源，无论是文字，还是图片、动画、音像等电子文件，都能够方便快捷地放置到

触摸一体机上，为教学所用。此外，还可以与各大书法网站建立友情链接，开展书法网上阅读等等。

另外，我们也可以指导学生申请“博客”空间，让他们动手建立自己的“书法博客”，将得意之作搬上博客空间，供同学们一起学习、欣赏和交流，借此获得朋友们的评价和指导。

通过以上方式，可以进一步激发学生学习书法的兴趣，提高学习书法的热情，从而有效地促进学校书法教学质量的提升，而且还能从中培养对现代信息技术的动手和应用能力，可谓是一举两得。

4)运用信息技术，促进书法学习评价

传统的书法课中往往会忽略对学生作业的评价，或者只计一个分数，也有的书法课过于从专业成人的角度来专注学生学习结果的评价，把学生的练习作业进行张贴展示，请学生说说哪个写得好，为什么等等，满足一下学生的虚荣心。

现在运用信息技术，对学生的书法作业评价主要体现在两个方面：一方面是对学生练习结果的评价。用展示台进行整体的效果解说，再调整焦距放大在投影中与临写对象对比，对细节部分典型分析，请学生说说自己写出来的形与临写对象是否一致，再说说如何运笔表现这种形的。另一方面是对学生练习过程的评价。书法的技法是什么样的运笔，就会有与之相对应的笔画形状，让学生也上展示台去展示自己的书写过程，表现正确的可以作为一种强调性的示范，表现有偏差的，可以帮助学生从根本上进行技法的纠正。这样，不再让书法的评价流于形式，从练习结果上进行肯定，从练习过程中进行提升。

（石红丽）

【墨课程实例】

书法教学四步法与学生审美情趣的培养

中国小学生发展核心素养要求中明确指出，应培养学生的审美情趣，提升学生的审美能力。而在小学教学中，书法教学的地位日益凸显，它不仅能培养学生高尚的情操，而且能在长期的观察、练习和欣赏中使学生受到艺术的感染和熏陶，提高学生的审美情趣。那么如何在书法教学中渗透和培养学生的审美情趣呢？我校创立的书法教学四步法——一看二范三练四评，很好地体现了这一点。

1.看——学会观察，培养审美认知力

“看”就是先教会学生在书法练写前学会观察，唐代书法家孙过庭在《书谱》中写道：“察之者尚精，拟之者贵似。”观察时务求精细是学习书法的前提，而观察也是有规律，有章法的。

(1)从整体入手,观察形体,感受结构美。字形犹如人的体形,有肥瘦之分,但要以肥不露肉,瘦不露骨为最好,正所谓添一分则多,减一分则少。汉字的结构也是如此,每个字都有自己独有的特点,如有的字形窄方,有的字形宽扁。而观察时要求学生从整体入手,让学生首先对这个字有一个整体的认知,知道写字要讲究整齐平整、长短合度、疏密平衡、穿插避让、内紧外松等。如"故"字,从整体上看左右相等,左收右放,左侧"收紧"则核心稳固,重心平稳,右侧"外放"则显得潇洒飘逸,两者有机结合才有美感。

(2)从局部深入,观察点画,感受形态美。汉字书法的线条具有无限的表现力,变化极其丰富,虽然无声却具有节奏感,由于书写过程中用力大小及速度快慢的不同,会有轻重、长短、粗细等变化。在教学中要让学生进行细致观察、比较、分析,如"事"字中横画比较多,可以让学生观察对比,发现每个横画的长短、粗细、趋势的变化,让学生感受汉字的线条美。

2.范——观看老师范写,提高审美感受力

如果说观察是在感受书法的静态美,那么让学生在观察的基础上观看老师范写,则是在感受书法的动态美。一个笔画看起来虽然简单,但是许多笔势和指腕的运动方式,是一个动态的过程,用语言很难描述清楚,让学生自己揣摩也很难理解书写方法。如在教学"捺"画时,书写要领是:逆锋起笔,中锋行笔,至出笔处顿笔出锋,说说简单,学生很难从中领悟,如果老师可以进行示范,让学生亲眼地看到起笔、顿笔、收笔是如何完成的,学生更能从中习得书写方法,同时能更直观地感受到提、按、逆、转、轻、重、缓、急的用笔动作及行笔方式,由此感受到书法线条美形成的动态过程。

3.练——学生实践,培养审美创造力

(1)课堂实践练习。在观察和范写的基础上,学生已经做到了心中有字,然后开始练习书写。学生在对书法之美有一定的感知后就要进行大胆实践,而这个过程不仅仅是在练习一个笔画一个字,更重要的是在练指力、练腕力、练手感。在具体的练习中,亲身感受字形的结构美和笔画的线条美,真实感悟浓淡虚实、运笔的气息疾驰等,达到从感受美到创造美的一个过程。

(2)课后临摹与创作。除了课堂练习外,书法教学中要求学生要每天进行临摹练习。临帖是学习书法的必要途径之一,是通过手的描绘,加深脑的印象,通过手、眼、脑的配合运动,把优美的书法线条印于纸上。同时临帖也是在和书法家对话,让学生从优秀的作品中体会提按、转折等用笔美,轻重、粗细等线条美,疏密、穿插等章法美,俯仰、向背等结构美。最后,可以经常鼓励学生进行作品创作,既可以让学生感受谋篇布局的美,也激发了学生学习书法的激情,同时提升学生的审美创造力。

4.评——评价与欣赏，培养审美鉴赏力

(1)课堂评价。在学生练习后，教师对学生的书法练习通过自评、互评、佳作展示等方式进行交流欣赏，引导学生从整体结构、笔画占位等具体评价。如在教学“中”字时，学生对课堂练习的“中”字进行评价：有的学生说“中”字中间的竖画是主笔，要写得粗壮有力，有的学生说中字里面“口”要写得扁，有的学生说“中”字要写得上大下小……学生通过评价交流，明白了独体字往往笔画较少，靠主要的一两个笔画来支撑整个字的中心，书写时要突出主笔即“中”字中间的竖画。主笔写得端正粗壮，好像房屋的“柱子”，用来平衡重心。在交流评价中不仅能使学生清楚地看到别人的优点和不足，明白自己的学习目标，同时也是培养学生的观察鉴赏能力。

(2)欣赏作品。书法教学是一个长期而又复杂的过程，要培养学生一定的书法鉴赏能力，这就需要教师广开途径，拓宽学生视野，欣赏名家名帖。张旭草书的潇洒磊落，欧阳询楷书的严谨工整，颜真卿楷书的丰腴雄浑……通过欣赏书法作品能力的培养，既激发了学生学习书法的兴趣，又训练了学生的审美意识，培养学生的审美鉴赏力。

我校自己总结创立的书法教学四步法通过一看二范三练四评的步骤，从学生审美情趣培养的多个方面层层递进，在训练书法技能的同时培养学生的审美情趣，体现了书法教学与素质教育的有机结合。

（杜俊）

硬笔书写指导四步走

——以《写好月字旁的字》硬笔指导课为例

52小学是全国书法教育示范学校，作为一名语文老师，我也担任着书法教学的任务，学校在长期的教学实践中总结出了一看二范三练四评的书法指导模式，并在书法教学中进行推广。笔者在多年的书法教学过程中，感受这“四步走”非常适用于学生的书法学习。接下来以笔者执教的二年级硬笔书法指导课《写好月字旁的字》为例，谈谈四步如何落实与发挥的作用。

1.一看——点面结合，有序观察

要想写好字，必先学会观察。只有做到胸有成竹，才能下笔。那么如何观看呢，我们可以从3个方面引导学生进行观察：一看结构，二看占位，三看笔画，而且这三个层次之间不能互换。一看结构，就是从整体去把握，如左右结构，是左窄右宽，左宽右窄还是左右均等；二看占位，是在田字格的什么位置，找好位置才能写正字；三看笔画，就是一些主笔的变化，穿插避让等。这节硬笔指导课笔者指导学生书写“肥、胖、阴、朗、晴、青”这几个字。观察的时候先让学生进行分类，根据结构不同，观察月字旁的不同书写规律，如“肥、胖”二字月字旁在左边要写瘦长，这样通过观察归纳，可以从一个字的学习，转为一类字的学习，教给学生观察方法，提高教学效率。

在教学过程中，还要关注二年级学生的特点，他们注意力容易被分散，喜欢新鲜的东西，喜欢模仿等，所以在设计教学环节中要动静结合，要有创意，才能吸引他们的注意力。笔者在此次教学过程中，创设了参观汉字城堡的情境，带着学生一起遨游汉字王国，从汉字的演变讲起，为后来了解月字旁的演变做铺垫，也为了激发学生对汉字这种独有的文化的喜爱，在进行一看二范三练四评的教学过程中，笔者也注重层次，如观察汉字时，从手把手教观察，到慢慢扶着学生观察，直到放手让学生自己学习观察，遵循了学生的认知规律，体现了螺旋上升的教学过程。学生在这样的教学中，慢慢成长，相信自学能力会越来越强！

2.二范——多样示范，事半功倍

引导观察之后，老师要给学生进行范写。在范写时，要一边写一边让学生把刚才观察总结的要领再进行强化。老师的示范会给学生非常直观的印象，这样学生有样学样，掌握起来就更加轻松。示范的形式可以灵活多样，有时候老师亲自现场示范，有时可以借助现代媒体的先进技术，把示范字录成小视频，这样可以多角度呈现老师的书写过程，还可以反复播放，让孩子们通过多次观看，达到熟记于心，效果也很好；另外就是给学生展示的机会，每个班都会有一些书法悟性较高，书写能力较强的孩子，在教写过程中还可以让学生自己当小老师，给全班做示范，这是给学生是最好的奖励，也激发其他同学向优秀看齐，争当优秀。

3.三练——花样训练，激发兴趣

练习书写是件比较枯燥的事情，尤其是小学生，做事情三分钟热度，想要静心苦练很难。一方面要给学生布置任务进行练习，对于所教生字进行强化训练；另一方面还要开展多种形式的活动，激发学生的兴趣。在这次课中，笔者以学校书法节为契机，以争当“小小书法家”为目标，激励学生练习，还让学生书写书法作品《静夜思》，让学生感受到书法创作的乐趣。在练习过程中，还可以适当穿插一些书法知识介绍，或者名人练习书法的故事，激励学生。本节课教学中笔者插入了《肉字旁的介绍》，这样对月字旁的字为什么大多数跟身体结构有关，了解得更加清楚，既理解了字的意思，也获得了书法知识，学生学起来也兴致盎然。

4.四评——多元评价，促进提升

书写之后的评价对于练习者来说非常重要，可以让他们明确不足，也可以给他们鼓励，自信。学校的评价模式分为自评、互评、师评等多元形式。自评主要是学生书写之后，可以对照范字从结构、占位、笔画等方面比较，比完之后再进行练习，争取做到一个比一个写得好；互评是指学生之间的评价，我们引导学生评价别人的书写，一定要能够做到将心比心，学会赏识别人的优点，保护习字者的自尊心，先提优点，再说建议，学生不仅学会评价别人的字，其实也是学习做人，学习说话，一举多得。师评主要是从专业角度给予合理的修改建议，给学生指出改进的方向。多元的评价模式，让评价更有时效，也促进了学生书写水平的提升。

我们常说“字如其人”，教授书法知识的过程，其实也是教学生学习如何做人的过程。如在进行汉字的观察时，让学生关注汉字之间的穿插避让，其实就是像我们与人相处一样，需要互相帮扶，互相谦让，在学生进行互评时，引导学生用赞赏的眼光去发现别人的优点，并提出中肯的建议，这也是教给学生与人相处之道；另外练字时要做到静心凝神，也是在培养学生做事情要专注。书法中蕴含着做人的大道理，需要我们细细去品悟。

作为一名书法老师，希望通过我们的努力，能够让我们的孩子都能热爱汉字，爱写汉字。写好书法每个字，写好人生每一笔！（霍艳霞）

关于教学小学书法集字临摹课的几点思考

——以集字临摹课《我来写春联》为例

《中小学书法教育指导纲要》中指出：“学生有了一定的临摹基础后，可以尝试进行一些创作训练。”然而书法作品的创作又综合了很多方面的要素，从书写内容的选择、作品的形式以及章法的设计……这些无不体现着作品的优劣。因此，书法作品的创作需要有一定书法基础的学生才能完成。对于五年级的学生来说，书法作品创作有着相当大的难度，本课将作品创作定格为春联的集字临摹课是非常合适的，难度系数相对于作品创作降低了不少，不仅让学生熟悉了书法作品创作的一些要求，也激发了学生的创作兴趣，更为今后的学习奠定基础。以下是我在执教集字临摹课《我来写春联》后的3点体会。

1. 整合教学内容，做到多元取材，达到寓学于乐

在本课教学的教学中，我紧紧围绕“春联”这一中华民族独特的传统文化形式而展开，在教学时，通过文字资料和视频资料，先向学生介绍了“春联”的起源、寓意、对联常识、习俗讲究等相关的知识，让学生把从课堂上学到的知识与自己最喜欢、最期盼的节日——春节联系起来，让其能学以致用，充分地调动了学生的学习兴趣，一下子让教学变得生活化，并具有可操作性，同时也让学生寓学于乐。

2. 明确教学目标，学习创作章法，实践中培养素养。

教学目标是教学活动实施的方向和预期达成的结果，这是一切教学活动的出发点和落脚点，是教学活动的灵魂。在本课教学中，我从学生的实际情况出发，立足于培养学生的核心素养这一终极目的，以“从简、务实、求准”为原则来制订教学目标，让学生认识“春联”、学习书写“春联”、感受“春联”的意义，如：在指导学习书写春联时，我充分考虑到

学生书写的实际情况，先集中讲解春联中“日、春、平、年”等难写字的具体写法，然后再对春联进行章法分析：①春联包含哪几部分？②书写顺序是怎样的？③书写时要注意什么？然后再让学生对春联的内容进行临写。整堂课的设计力求达到在实践活动中培养学生书法素养，从这节课最后呈现的效果来看，学生不仅对春联有了清晰的认识，更对如何写春联有了准确的把握。

3.优化教学过程，激励春联创作，展示出精彩

苏联教育家巴班斯基曾提出了教学过程最优化的理念，就是在一定的教学条件下，寻求合理的教学方案，使教师和学生花最少的时间和精力获得最好的教学效果。在教学本课时，我分别从引“春联”、知“春联”、写“春联”、展“春联”四个环节引导学生学习。在教学过程中，我通过师生互动、生生互动、情境体验、精心示范、合作探究、多元评价等教学形式和方法，充分激发学生学习的主动性，让课堂教学精彩纷呈，很好地完成了教学目标。

本课的最后环节就是集中展示，大家一边拿起自己写好的春联，一边念着上面的文字，个个面带微笑，表达着对新年的美好祝愿。由于教学本课时临近春节，再加上我校书法文化的熏陶，大部分学生在掌握学写春联的方法后，对于写春联展现出极大的热情。于是，春联创作从课堂延伸到课外，从学校延伸到家庭，部分学生更是主动承担起家里春联的书写任务。

作为一名书法老师，我深刻认识到要在平时加强书法理论学习和书法能力的训练，要在每一次的书法教学课中不断总结，不断提高。只有这样，才能在每一次的书法教学课中更从容、更自信，才能在一次又一次的教学过程中，提高学生的书写能力和创作水平，提升学生的书法素养。

（沈涛）

论如何让识字教学绽放精彩

《语文课程标准》指出：识字、写字是阅读和写作的基础，是第一学段的教学重点。由此可见，小学低年级阶段是识字教学的重要时期，学生只有积累了一定数量的汉字，才能扫清阅读障碍进行广泛阅读，才能用书面语言表达自己的思想和情感。作为一名语文教师，我们在引领学生快乐识字，规范写字这块教学阵地上，需要不断探索，努力践行。

1.研教材，明目标

(1)部编本语文教材突出了识字教学的地位。与旧人教版教材相比，部编本做了许多有益的探索，如“先识字，后拼音”“认写分开，多认少写”“选择高频字，常用字”等等，全新的设计与编排显现了识字教学对有效阅读与写作举足轻重的作用。

(2)部编本语文教材拓宽了识字教学的途径。第一学段要求会认生字1600个，分布

广泛。新教材的各个板块都融入了识字内容，营造了一个全方位识字的环境。

(3)部编本语文教材明确了识字方法的指导。“识字课文单元”侧重集中识字策略，“阅读课文单元”侧重随文识字策略，《语文园地》侧重生活识字策略。板块之间各有侧重，也相互关联。

2. 研方法，激兴趣

(1)丰富识字方法，弘扬传统文化。与旧人教版相比，识字课文的编排改动比较大，以一年级下册为例，旧版教材分散安排在每个单元的首篇，而部编本则集中安排。一、二年级上、下两册共有 6 个集中识字单元，这让我对集中识字有了新的认识。所谓集中，就是同类型文本集中学习识字方法，同构形汉字集中学习造字规律。

吟诵识字，领略中华文化之美。以《对韵歌》为例，部编本教材“先识字后拼音”的编排特点，学习本课生字不能借助拼音，那么创设浓厚的朗读氛围不失为一种好办法，教师范读、学生跟读、师生分句对读等多种形式的诵读中读出韵律，在反复的诵读中屡屡与生字会面，从而掌握字音与字形。

溯源识字，体会汉字的意象美。以二年级下册识字单元第 4 课《中国美食》为例，本课生字“煎、煮、蒸”和“烤、炖、炸”均表示与火有关的烹饪方式，识记生字，学生了解到带有“火”“灬”的字多与火有关，但是对于“灬”的表义作用依然困惑。此时，溯源识字法便能答疑解惑——“灬”，甲骨文写作，古文写作，像火焰升腾形状。凡从火取义的字皆与燃烧、火焰等义有关。追源溯流，带着学生去探寻汉字的前世今生，让学生在“符号化”的汉字中，领略美丽的汉字文化。

归类识字，感受汉字的趣味性。如《小青蛙》中的这几个字属于同声旁，而《树之歌》中的这几个字属于同形旁。教学中，要抓住汉字音、形、义的联系，引导学生发现汉字的造字规律。

集中识字，实现从单纯教汉字到教汉字文化的转变，可以有效帮助学生形成科学的识字体系，加快识字速度，扩大识字量。

(2)带字深入语境，感悟汉字魅力。第一学段会认生字多集中在阅读课文里，斯霞老师主张识字教学要“字不离词，词不离句，句不离文”，由此可见，随文识字必然是学生识字的主渠道。

随文正字音。读准字音是识字的第一步。《语文课程标准》对小学三个年段提出了一个共同的要求，“正确、流利、有感情地朗读课文”，其实，指导朗读就是在引领学生识字。如一年级下册课文单元第十课《端午粽》的最后一个自然段：“长大了我才知道，人们端午节吃粽子，据说是为了纪念爱国诗人屈原。”这个长句子涵盖了本课 7 个生字。教学时，我们可以依托课后习题中读好长句子的朗读要求，引导学生反复朗读，一边读一边结合语境去理解字义，书声琅琅中，学生不仅可以积累语感，还能有效识字，一举两得。

随文记字形。阅读课文中的生字大都零散分布，如果在学文与识字中频繁切换，既不利于识记字形，也破坏了阅读的连贯性。《青蛙卖泥塘》的教学中，我围绕“卖”把本课需要识记的生字变成故事梗概，在阅读中强化生字印象，增添识字兴趣。

随文悟字义。汉字汇集音、形、义于一体。引领学生结合具体语境理解生字的意思，有助于深化学生学习效果的能力。随文识字，让汉字行走在课文情境中，成为学生可以触碰的具体事物或构建的意象，识字就变得具体可感，充满生机和活力。

3.研融合，促效率

(1)依托信息技术动画演示，突破汉字教学难点。学生对形近字、音近字容易混淆使用，多媒体的动画演示，可以形象展示汉字的演变，剖析汉字的构造意义，帮助学生正确识记字形，区分字义。例如学习汉字“暖”时，学生总是将右边的“爰”误记成“爱”，此时，给学生播放“爰”与“爱”的汉字演变过程，学生通过观看视频，对两个字的不同之处有了清晰辨别，日常使用也会更加正确。

(2)依托信息技术创设情境，巩固汉字学习成果。检测生字学习成效，可以依据课文情境创设游戏。枯燥的汉字复习环节融入动态的游戏模式，集中了学生的注意力，生字学习效果大大提高。

汉字是全球文字中，最具美感、最富内涵的文字。汉字书法，以独特的笔墨线条，展示着宇宙自然的神韵。而识字教学是开启学生领略中国汉字文化和书法艺术的一把金钥匙，通过多样化的识字形式，让学生能了解中国文化的精髓，感受中华文化的源远流长，并提升对书法艺术的审美力，进而提高自身的文化素养和内涵。

作为一名语文教师，在识字教学中，以丰富的教学方式带领学生遨游汉字王国，书写唯美汉字，责无旁贷。

（刘艳）

提高小学生学习书法兴趣之我见

只要是接触过书法的小学生都有这样一个共同的认识，学习书法枯燥乏味，没有玩游戏精彩刺激。一般吸引人注意力的有四大因素，即形状、色彩、声音和运动，这四项中综合因素越多越优美就越吸引人的注意力，而中国的汉字几乎一样也沾不上边，唯独“形”，汉字又不是那么突出。所以，大部分学生不愿意学书法也是可以理解的。那么，怎样根据小学生心理特征和认知能力，培养其学习书法的兴趣呢？我在教学中总结了以下几点体会。

1.多创造一些书法氛围

好的环境对孩子学习书法有潜移默化的作用。我在营造学习书法环境时，十分重视艺术情趣的体现，书画教室墙壁的四周布置书画作品，尤其是学生自己的书法作品；

书柜里陈放书画书籍；书法案子上摆放文房四宝用品和奇石，使学生学习在浓厚的艺术氛围之中，仿佛一进门就走进了“书法艺术的殿堂”。

2.多给予一些激励鼓舞

信心来自鼓励，兴趣在信心中产生。一个学生得到的鼓励越多，他学习书法的信心就会越足，而信心越足，兴趣也会越浓。所以，在教学中，我们要多看学生的优点，多鼓励和表扬他们，眼睛不要盯着学生的不足。要站在学生的角度来看待他们的进步，而不要以成人的眼光来要求他们。小学生书法，兴趣是练习书法的源泉，所以肯定学生的进步，让学生更有信心！

3.多讲一些书法家故事

在教学中，针对小学生年龄小，坐不住，注意力不集中的特点，我通过浅显的语言和形象的比喻解读书法基础理论，并灵活的穿插一些历代书法家的奇闻佚事，如王羲之“磨穿铁砚”，张芝“池水皆黑”，智永“习字十年不下楼”，怀素“退笔如冢”等。使学生从故事中懂得了学书法必须勤学苦练的道理，并使之对书法家的敬佩之情油然而生，学习书法的兴趣越来越高。

4.多发挥一些教师的示范作用

学习书法，一般都是采用临摹字帖的学习方法，教学中，如果教师不示范只让学生写，时间一长学生就疲了，兴趣也会逐渐淡化。所以，我在教学中十分注重自己的示范作用，实践证明，老师边讲边写字学生边听边跟着练习的逐字练习方式较好。事实上，小学生的模仿能力很强，只要讲得通俗易懂，示范直观，孩子一般都能做到顺利模仿。另外老师要在学生临帖时来回巡视，发现有误，要及时示范纠正。

5.多提供一些写作品的机会

常规的习字训练单调，时间又长，抑制了小学生学习书法的兴趣和表达的欲望。有一次，我在教学中，我让高年级的学生练习写作品，而刚开始练字不久的低年级学生也要求试着写作品，我问他们能写好吗？他们说能，而且写得确实比平时好。通过这一发现，我及时改变了单纯练习的教学方式，给学生提供一些写作品的机会。写作品时，我采用先临后创的方法，对基础稍差的学生以临摹作品为主，基础稍好的学生可以尝试创作书法作品。创作中，对于没有学过的字采用“笔画搭配组合法”和“偏旁部首组字法”；对于学过的字则用“集字法”，指导学生从单字到双字、多字的作品临创。临创作品完成后，组织学生观摩点评，然后再创作。不知不觉中，学生的眼界开阔了，书写技法长进了，兴趣自然更浓了。

6.多提供一些参赛展示的机会

为了巩固小学生学习书法的兴趣和成果，更好地培养他们的审美和创作能力，在教学中，经常让他们参加一些赛事和作品展览以巩固学习书法兴趣。如鼓励他们参加省教育厅和文化厅联合举办的中小学生书画大赛，省“楚风杯”中小学生书画大赛，市级中小学生书画大赛及学校组织的书画大赛等。特别值得一提的是，通过不断地摸索和实践，我校参加获奖率很低的省两厅(教育厅和文化厅)书画大赛获奖率也越来越高，尤其是毛笔书法，从原来最多获银奖到今年获得两个金奖，可以说是一个飞跃。另外，我们把学生写的作业或作品装裱后在学校展出，不仅加大了家长对学生学习书法的支持力度，同时，更加激发了学生学习书法的积极性。（陈家林）

浅谈小学低年级写字方法的指导

《语文课程标准》指出：“识字、写字是阅读和写作的基础，是第一学段的教学重点，也是贯穿整个义务教育阶段的重要内容。”写字是语文教学的一项重要内容，也是语文课堂教学不可缺少的重要环节。因此，作为第一学段的语文教师，指导学生写字就格外重要。可在具体的写字教学中，怎样才能对学生写字进行更加行之有效的指导呢？下面我就以下几个方面谈一谈。

1.注重双姿规范，让学生正确写

当孩子刚入学时，他们对于写字时的坐姿及执笔的方法都是陌生的，教师应有计划的、规范的加以指导。一定让每一位学生都养成良好的写字习惯，让他们终身受益。

(1)正确的坐姿。《全国中小学教师基本功训练教材——写字》一书中说：“写字的姿势对于练习写字非常重要。正确的写字姿势不仅能保证书写自如，减轻疲劳，提高书写水平，而且还能促进少年儿童身体的正常发育，预防近视、斜视、脊椎弯曲等多种疾病的发生。”写字本是有益身心的事，所以我们必须从低年级孩子开始学写字时就规范正确的写字姿势：头正，身直，肩平，足安；手离笔尖一寸，胸离课桌一拳；眼离书本一尺。左手按纸，右手执笔。虽然这些都是老生常谈，可对于低年级的学生，还是要时常提醒，处处注意，我们千万不可轻视或忽略。

(2)正确的执笔姿势。硬笔书法大师们说：执笔方法正确与否，关系到笔的控制能力，运笔的灵活性，书写的速度，并且直接影响书写的效果。刚入学的学生对写字很陌生，教师应正确加以指导，让其形成良好的执笔方法。否则，一旦形成了习惯，纠正起来就很难了。一年级《写字课》(上册)教材的首页就介绍了正确的执笔方法，应采用三指执笔法，即一寸距、二指圆、三指齐。具体要求是：右手执笔，大拇指、食指、中指分别从三个方向捏住离笔尖3厘米左右的笔杆下端。食指稍前，大拇指稍后，中指在内侧抵住笔杆，无名指和小指依次自然地放在中指的下方并向手心弯曲。笔杆上端斜靠在食指的最高骨处，笔杆和纸面呈50°左右。执笔要做到“指实掌虚”，就是手指握笔要实，掌心要空，这样书写起来才能灵活运笔。课堂上学生进行写字练习时教师加以巡视指导，并对学生进行严格要求，让其养成良好习惯。

2.注重方法指导，让学生学会写

写字教学如同教孩童学步，起初要你双手扶着一步一步地走，渐渐放开一只手搀着走，最后他可以放开双手独行，并逐渐学会跑，切不可急功近利，急于求成。因此，学生写字过程中需要教师细致地指导。

(1)学会合理使用田字格。低年级学生的知觉常常表现得较为笼统，不容易发现事物的特征及事物间的联系。在认字形中，往往因观察不仔细而发生增减笔画、颠倒结构等错误。再加上汉字字型复杂，笔画变化较多，这就使低年级学生掌握起来更加困难。这时的田字格会大有用处，教师要及时指导学生认识田字格。

在一年级的教材中就有用好田字格的儿歌："田字格四方方，写好汉字它来帮；左上格，右上格，左下格，右下格；横中线，竖中线，各个方位记心间。"语文教材中每个一类生字都是放在田字格里的，这时教师在教学生字时，带领学生一起观察田字格中的字的占位；起笔在什么位置，落笔又在什么位置，并且我自己要带领学生在带有田字格的黑板上板书，这样学生的记忆就更加深刻了。长期坚持下来，每次学生写字都要求对照教材中田字格里的字，让他们模仿着写，时间一长你会发现学生的字进步很快。

(2)掌握写字"四步法"。东风52小学经过多年的写字教学实践，总结出了写字的基本步骤，即："一看，二范，三练，四评"。"一看"，主要引导学生观察每个字在田字格里的笔画及整体形态。我们班总结了一个小儿歌："一看有几笔，二看每一笔，三看住哪里。"通过小儿歌，让学生清楚地明白到底要看什么，怎么看。"二范"，即老师对学生的观察成果稍做梳理和总结后做的范写。"三练"，是让学生先在书上描红，再在田字格上练写。这一步，主要是指导学生注意笔画线条在田字格中的位置关系。"四评"，低年级的孩子在评价其他同学的字时，起初只会简单地说"好看"或者"不好看"之类的话。所以，我常常引导学生从整体到局部——笔画和占位两方面对学生的字进行评价，让同学们都明白哪些字写得好，为什么好？哪些地方有不足，怎样解决等，这样既能使学生们取长补短，又能相互勉励。

3.注重书写规则，让学生规范写

(1)掌握基本的笔顺规则。笔顺正确是写好字的第一步。一年级上册语文教材第11页《语文园地一》中的"书写提示"借助"二、三"两个例字，明确了从上到下的笔顺规则；用"十、禾"两个例字明确了先横后竖的笔顺规则。其他诸如"从左到右""先中间再两边"等笔顺规则，具体的笔顺指导还应对应具体的生字。如遇特殊规则时再进行具体指导，如"医、匹"最后一笔是竖折；"这、赶"都是半包围结构的字，但书写顺序不同，"这"先写里面再写外面，可"赶"却先写外面的"走"再写里面的"干"。

(2)活用教材，掌握基本笔画及其变化。一年级上册中，对于汉字书写指导有特色、具体到位，每个汉字都有笔顺，尤其是新出现的笔画和部首也会用红色强调出来。在教学过程中一定要活用教材，引起学生对这些基本笔画的重视，做到按要求正规书写。

比如一年级上册第3课《口耳目》，课后田字格中的一类字“口、目”，就用红色在“口”字的左上方小方框里标注出“横折”这个基本笔画。同样“目”这个字里也有横折，但在引导学生观察时，我们不难发现两个字的横折在书写时不一样：一是横画和竖画的长短不同：“口”字的横折横长竖短，而“目”字的横折横短竖长；二是横画和竖画的角度不同：“口”字的横折竖画往竖中线收，整个字呈现出上宽下窄之势，而“目”字的横折竖画与竖中线平行，整个字呈现出上下同宽之势。掌握了这两个要诀，学生在书写时就更容易写好这两个字了。紧接着第4课《日月水火》课后田字格中的一类字“日、田”再次出现了“横折”这个基本笔画，根据上一课学习的横折笔画的变化，学生一眼就能看出“田”的外框和“口”字同理，而“日”字和“目”字同理。由于掌握了横折这一基本笔画，再遇到类似的情况，学生也会迎刃而解。

俗话说“万变不离其宗”，指导写字也是一样，不管是怎样的教学方式或教学方法，教材都是根，所以教师平时要多分析教材，利用教材对学生进行总结式的强化指导。让学生多学多练，并应用到实际写字中去。

总之，汉字书写不是一朝一夕就能完成的，它是贯穿整个义务教育阶段的，这需要学生在长期的书写过程中，逐步养成良好的书写习惯，感受汉字书写的魅力。身为一线低年级语文老师，更应在平时点滴教学中不断规范双姿，渗透写法指导，让学生写得一手好字。在学写字、写好字的过程中，培养出“静、灵、文、豪”的品性，进而为自己“写好人生每一笔”埋下伏笔。

（周艳春）

浅谈小学生书法观察能力的培养

书法观察能力是一种特殊的能力，它是对书法作品进行观察、比较、分析、概括，找出其特征、规律的一种能力。《书谱》云：“察之者尚精，拟之者贵似。”道出了观察能力在书法训练中的重要性，它是书法学习的先决条件，也是重要保证。

在我们的日常书法教学中，常会看到这样的现象：有的学生一拿起字帖就开始写，把练字当成写作业，应付差事；有些同学态度虽然端正认真，但写出的字总是生硬刻板，毫无美感；前者实质是按自己原有的书写陋习来抄写字帖上的文字，无视书法作品的形式美，这样练习得再多也是事倍功半。后者态度虽然认真，却由于没有习得正确的练字方法，观察不全面，临摹不深入，故而也终会是徒劳无功。两者都有共同特点，即反映出缺乏良好的书法观察能力。书法观察能力在书法教学中有重要的意义，它直接影响到学生对书法作品欣赏以及个人技巧训练和创作等。下面就如何培养学生的书法观察能力进行简要阐述。

1.激发观察兴趣

孔子曰:“知之者不如好之者,好之者不如乐之者。”教育家夸美纽斯认为:“兴趣是创造一个欢乐和光明的教学环境的主要途径之一。”在书法教学中,作为教师,我们的首要任务是用自己的学识和智慧,激发学生学习书法的兴趣。

(1)用书法名家故事激趣。书法名家的故事是培养学生学习兴趣的法宝。因此,在书法教学过程中,我们可以引导学生搜集书法家的故事,或文字或音频或视频,这样资源都可以为我所用,服务于我们的书法课堂。例如,在执教西泠印社出版的书法教材四年级上册第二单元的第一课《单人旁和双人旁》时,为了充分调动学生学习书法的积极性,我将书法大家《王羲之的故事》引入课堂,学生在听故事看视频的同时,被故事中的人物深深吸引,相信长此以往的深入了解,学生的书法素养定能日渐提高。我用这样的方法引导学生挖掘潜藏在作品背后的故事更能激发学生的观察兴趣,从而把他们成功带入书法的世界。

(2)用书法碑帖熏陶。在这个信息技术飞速发展的时代,我们可以轻松的借助信息化手段,把几千年前的书法家作品呈现在学生眼前,让他们了解书法名家们的作品笔法、章法以及气韵,其实,在西泠印社出版的书法教材里,为了让学生观察体会不同书法家的书写特点,会将不同书法家书写的同一个字呈现在一起,在这样的学习过程中,让他们学会欣赏书法,树立学习书法的信心,培养学习书法兴趣。

(3)用游戏丰富体验。众所周知,小学阶段通过多感官的学习,字词游戏,图片和元认知学习技巧等个性化的教学丰富学生的体验、丰富学生的体验,我们在低年级硬笔书法教学中时常会运用多种方法,如追根溯源法—让学生在游戏视频中了解汉字的演变过程;创编字谜法—让学生在编写谜语中牢记所要掌握的生字;趣味顺口溜法—让学生为要掌握的生字编顺口溜。用这些方法丰富学生的体验,帮助他们从整体到部分,从笔画到结构再到占位,充分把握书写特点。例如,在执教《单人旁和双人旁》时,我用图片演示的方式为学生展示了“人”字演变成“单人旁”的过程,引导学生去观察去发现,学生很容易就说出:“当‘人’字变成‘单人旁’时,撇变短,捺变成了竖。”这样的方式不仅可以有效帮助学生集中注意力,还能激发学生学习书法的兴趣,丰富他们的体验。

2.确立观察目的

对于小学生而言,观察目的的培养需要教师进行循序渐进的引导。教师引导学生充分发挥自己的主观能动性,提出观察目的,并进行有目的的观察。当然,这需要教师先进行引导,提出总的要求,让学生自己明确观察步骤,再过渡到自己明确目的,主动观察。对一个事物进行观察时,要明确观察什么,怎样观察,达到什么目的,做到有的放矢,这样才能把观察的注意力集中到事物的主要方面,以便能抓住其最本质的特征。例如,在执教《单人旁和双人旁》时,我引导学生明确这节课的主要任务是学会书写单人旁、双人旁,以及带有单人旁和双人旁的字。在明确了学习目的后，学习单人旁的书写，学写单人旁时引导学生观察，从结构、笔画和占位三方面关注撇和竖的变化，竖画是从撇的中间偏上的位置起笔的。因为带有单人旁的字多半是有两个部件，左窄右宽。这样一步一步引导学生观察，为接下来的书写奠定了基础。

3.明确观察顺序

在指导学生练习书法时，我们要引导学生学会运用合理的观察顺序。观察要有计划、有步骤地进行。我们指导学生观察一个汉字，要引导学生按照先整体后部分的顺序进行。也就是，先从整体上进行观察，观察整个字的形态特征，然后再分别观察每个部分，分析他们之间的关系。通常在我们的书法教学中，我会引导学生从“结构、笔画、占位”三方面进行观察，这样有顺序地观察，可以全方位，不遗漏任何细节，让学生深入掌握汉字的笔画、部件及结构，让学生“笔下有字”之前先做到“眼中有字”“心中有字”。例如，在执教《单人旁和双人旁》时，教材中出示的例字：“侣”，我就是引导学生从“结构、笔画、占位”进行观察，学生通过观察总结出，书写“侣”字时，要注意：左窄右宽，右半部分，上开下合，上宽下窄，上小下大。

4.掌握观察方法

在长期的书法教学过程中，作为广大一线教师，总结出了许多引导学生进行观察的方法。

（1）对比观察法。有比较才有鉴别，只有观察得细致，才会有所发现。由于学生的观察能力有限，我们在日常教学 中可以引导学生运用“对比观察法”，帮助他们去发现，去收获，去成长。这里的对比观察可以是同一个书法家在不同作品里出现的同一个字的对比，也可以是不同书法家书写的同一个字的对比。我在执教《单人旁和双人旁》时，采用了红色和黑色对比的方法呈现了单人旁的撇和竖。用这样的色彩冲击，帮助学生提高观察和分析的速度，准确进行比对。

（2）描红法。通过书法中的描红来训练学生的专注度，可以提高学生的观察力，描红需要学生先看准笔形，记住笔路，做到胸有成竹，然后一气呵成，中间不可停顿。一般在低段硬笔书法教学中，我们引导学生在写之前，用手指跟老师一起进行“书空”练习，以便对运笔的轻重、快慢、起止等做到心中有数，写的时候精神集中，加以强化练习描红，体会所谓的“手感”，从而进一步提高学生的专注力。

（3）辅助线法。汉字结构辅助线，是我们在长期学习和教学实践中发现的一种比较有效的学习方法。它可以引导学生找准字的每个笔画在田字格或米字格中的具体位置，以便更好地进行观察，练写。例如：在西泠印社出版的书法教材中，很多字都做有辅助线，帮助学生准确把握字的形态。

（4）单钩、双钩法。单钩、双钩，在某种语境下指的是执笔方法，有时也指一种书法练习方法，准确说是一种临帖的方法。单钩描骨，可以增强学生对字的间架结构进行理解，双钩描肉，用来加深学生对笔画形态的把握，这样单双并用，骨肉相连，能更好地锻炼学生的观察能力，同时也有利于加强对笔画起止位置的记忆。例如，在执教《单人旁和双人旁》时，我引导学生先用单钩法勾出单人旁的样子，再用毛笔在纸上写 2 个，学生用这样的方法准确把握住了单人旁笔画的走向、藏露。写出的单人旁效果比较好。

(5)田字格、米字格法。田字格、米字格，在分布间架结构上可以帮助学生确定笔画的位置、长短、用横线来约束横画的角度，用竖线作为竖画是否正、直的参照，用斜线来约束撇、点、捺、挑等笔画的角度。它们也是我们观察字很重要的一个辅助工具。

(6)动态演示法。在传统的书法教学中，时常是老师在黑板范写，学生在本子上练写。这样"隔靴搔痒"总是起不到事半功倍的效果。在信息技术飞速发展的今天，我们用多媒体进行演示，学生可以清晰地从屏幕上看清楚每个笔画的起笔、行笔、收笔的全过程。而且可以反复观看。同时还可以用展台进行讲授，甚至还可以用展台进行展示，学生也可以上台展示。这样更有利于学生的观察和书写，不仅如此，我们还可以用多媒体对汉字进行处理，以减少学生写字的错误率。在执教《单人旁和双人旁》时，我充分运用了多媒体进行辅助教学，录制视频"单人旁、双人旁"为学生播放，同时在亲自利用展台为学生范写：单人旁，"侣"字，双人旁，"行"字。学生通过多媒体能清晰直观地看到老师的运笔过程。这样他们再书写起来也会更水到渠成。

总之，观察能力的培养和提高关系到书者临帖和创作的水平。故曰："观察是书者的基本功。"因此要想学好书法，最主要的功夫不在手上，而在眼上，也就是要会观察，眼若看不清帖字的精妙之处，手自然临不出好字。对于初学书法的小学生来说，要特别重视观察能力的培养。只有具备敏锐的观察力才能采撷到翰墨园里最沁人心脾的花蜜。

（罗卫杰）

楷书书写实用技巧

《书法教育指导纲要》要求小学生以写好楷书为主。楷书教学在小学阶段是非常重要的。那么楷书的笔画如何写才美？以下是我在教学实践中总结出的一些规律。

(1)上下有横且左右两端没有竖画的字，宜上横短下横长。如于、半等。

(2)横画之间没有其他点画的字横要等距。如王、車等。

（3）字中右下角有钩的横宜斜，如见、武、九等。

（4）字中最后一笔为竖的可以写成悬针竖。如邪、昇等。

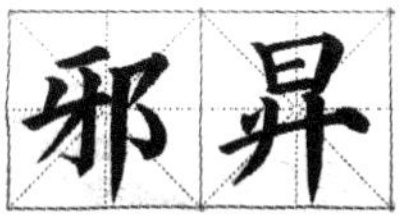

（5）悬针竖可以写成垂露竖，但垂露竖不能写成悬针竖。如印、界等。

（6）字的中竖或悬针竖应当垂直而有力。如千、坤等。

（7）字中两竖并列时，左竖短右竖长、左竖轻右竖重。如非、其等。

（8）左撇而右竖的字，左撇为竖撇，应收缩；右竖宜长而垂直。如芥、昇等。

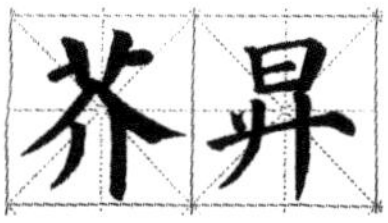

（9）左竖而右撇的字，左竖应收缩，右撇宜长。如伊、侈等。

（10）横竖相交或竖的上或下有横相接的独体字，宜横长竖短。如十、上等。

（11）横竖相交，且横多的独体字，宜横短竖长。如中、半等。

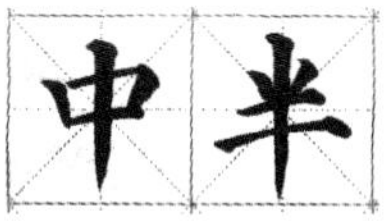

（12）横和撇相交且下部为较宽部件的字，宜横短撇长。如在、友等。

（13）横和撇相交且下部为较窄部件的字，宜横长撇短。如布、有等。

（14）撇捺相接或相交，撇捺相交点应略偏左。如夫、文等。

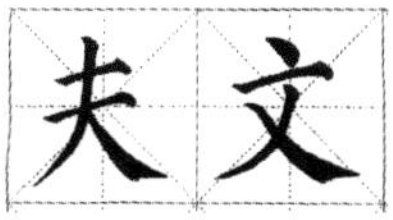

（15）同时有撇捺的字，横宜短。如大、塞等 。

（16）横竖相交且有撇捺的独体字，宜横短竖长，撇捺要伸展。如木、来等。

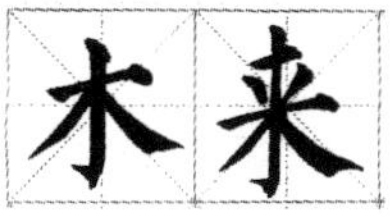

(17)横折的竖一般长者正短者斜。如古、自等。

(18)横折的竖一般短者上重下轻,长者上下等粗。如聿、具等。

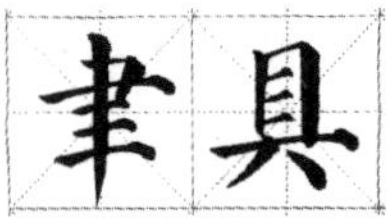

(19)竖钩应垂直。如牙、刚等。

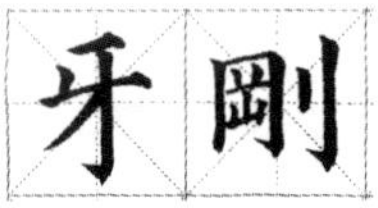

(20)凡竖钩只有左边有点画的字,竖钩的竖要偏向右边。如寺、穿等。

(21)横折钩左边有撇的字或偏旁,横折钩的竖钩部分要倾斜。如力、忽等。

(22)横短竖钩长且钩内无撇的横折钩的字,横折钩的竖钩应垂直。如同、月等。

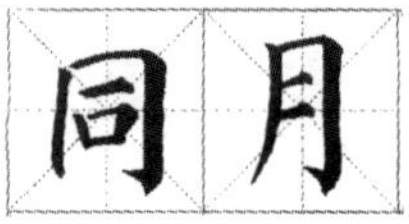

23)横长竖钩短的横折钩的字,横折钩的竖钩应斜而弯。如萬、高等。

(24)体势上倾斜的字,重心要稳,钩朝中间写。如方、乃等。

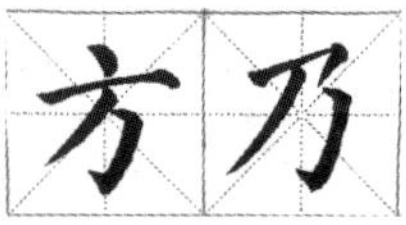

(25)斜钩一般充当主笔,要写得长而有力。如咸、武等。

(26)卧钩应写得弯曲而有力。如心、思等。

(27)竖弯钩要圆润而劲挺,竖弯钩的横向部分尽量向右伸展,上部笔画或部件宜略偏左。如先、也等。

(28)馬类竖折折钩的钩出锋方向要指向第三个点,竖钩的竖应斜而弯。如鳥、馬等。

(29)一字之中有向上的钩或向下的钩,一般上收下放。如窺、冠等。

(30)横折弯钩要弯曲而有力,弯处圆

滑、略细。如凡、风等。

(31)字的下面有钩和撇、捺的字，撇、捺的收笔处要高于钩。如永、表、家等。

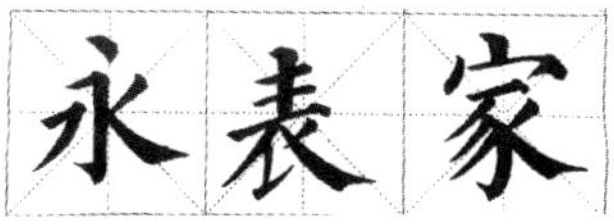

(32)一字之中出现相同的笔画应有变化。如王、及、逢等。

(33)不同左右结构的字，各部件宽度不同。如法、勛、部、等。

(34)不同左右结构的字，各部件长度不等。如財、如、衡等。

(35)左右结构的字各部件间应穿插避让。如精、崛等。

(36)左偏旁笔画少的字，左部应偏高或上部平齐。如塔、燈等。

(37)右偏旁小的字，右部应偏低或下部平齐。如動、歡等。

(38)左偏旁的竖都为垂露竖。如侍、悟等。

(39)左部的横、撇、提向左伸，右部的横、捺向右展。如探、聲等。

(40)横竖相交的左偏旁中，一般竖要靠右写。如精、相等。

(41)左偏旁的长竖或竖钩应基本垂直。如性、撰等。

(42)撇捺相接为左偏旁时，捺缩为点；为右偏旁时撇宜短，捺应长。如鎮、餘等。

(43)右部最后一笔为竖的，竖应写低。如禪、部、碑等。

(44)单人旁的竖应在撇的中间起笔。如住、依等。

住依

(45)双人旁上撇短，下撇长，两撇右侧起笔处基本在同一垂线上。如行、復等。

行復

(46)单人旁和双人旁的竖不宜太长。如伯、彼等。

伯彼

(47)示字旁和衣字旁的竖和上面的点对正，略偏右。如福、初等。

福初

(48)竖心旁的左点居中、竖向、略大，右点高。左右两点应有变化。如悟、懷等。

悟懷

(49)左耳旁偏小，弯钩的钩约在中间位置，竖为垂露竖。如陽、階等。

陽階

(50)右耳旁偏大，弯钩的钩在字的下部，竖为悬针竖。如邪、部等。

邪部

(51)言字旁上横长，上点、中间两短横和下部“口”一般偏右。如誦、諸等。

誦諸

(52)绞丝旁上撇短、下撇长，三点有呼应。如續、經等。

續經。

(53)女字旁的第一个撇接近垂直，长点较斜，横为平挑。如如、妙等。

如妙

(54)反文旁的横在撇的下面起笔，短横为左尖横，第二个撇在横的中间或偏左处起笔。如敬、教等。

敬教

(55)三点水旁的三点之间相互呼应，三点之间呈弧线。如浩、浮等。

浩浮

(56)犬字旁的两撇要有变化，弯钩起笔处较平。如猶、猛等。

猶猛

(57)火字旁上下两点左低右高，撇为竖撇，下点略高。如燈、煙等。

燈 煙

(58)单耳旁的字横折钩约为竖的一半，且偏旁较低。如印、即等。

印 即

(59)弓字旁的两折要有变化，或上小下大，或上方下园。如强、弥等。

强 弥

(60)力字旁一般短于左边部件，和左部下齐。如勋、動等。

勛 動

(61)隹字旁一般占字的一半，撇短竖长，右边最下横高于左边竖的收笔。如雜、雖等。

雜 雖

(62)欠字旁横钩起笔处接撇腰，下面的撇头和上面的撇头基本对正。如歡、飲等。

歡 欻

(63)立刀旁的短竖大概为竖钩长度的一半，偏上；竖钩一般长于左边部件。如剛、列等。

刚 列

(64)左右重复的两个部件应左小右大。如林、竹等。

林 竹

(65)不同上下结构的字各部件长度不同。如童、曾、章等。

童 曾 章

(66)不同上下结构的字各部件宽度不一。如晃、寺、常等。

晃 寺 常

(67)上下结构的字上下中心应基本对正。如帝、是等。

帝 是

(68)有撇捺字头的字，其撇捺要伸展。如金、奉、登等。

金 奉 登

(69)撇捺承上启下的字，其撇捺伸展且要对称。如容、茶等。

容 茶

(70)有横钩类的字，下面如果没有撇捺和竖弯钩，其横钩较长，盖住下面。如官、賓等。

(71)草字头的两竖要左低右高，两竖上开下合，右竖写成短撇，两短横断开。如萬、蒼等。

(72)竹字头两个“个”字应有变化。如筆、築等。

(73)山字头一般较窄。如崇、崩等。

(74)大字底宜横长撇短，捺为点。如莫、奥等。

(75)木子底应横长竖短，撇捺为点。如柔、築等。

(76)上下结构的字头或字底一般较窄。如卑、员等。

(77)有心字底的字上部分略左偏。如息、想等。

(78)马字底或鸟字底上窄下宽。如驚、鷲等。

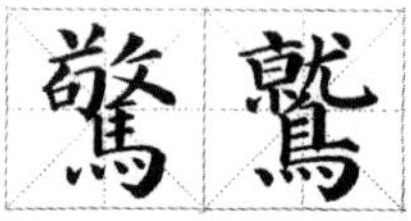

(79)豕字底的弯钩居中，撇短捺长。如家、豪等。

(80)儿字底一般较宽。如见、光等。

(81)衣字底一般较宽。如衷、表等。

(82)女字底一般较宽，撇点的点要长于撇。如要、姿等。

(83)绞丝底一般较窄。如素、絮等。

(84)贝字底一般较窄。如資、賢等。

（85）上下同形的字应上小下大。如多、吕等。

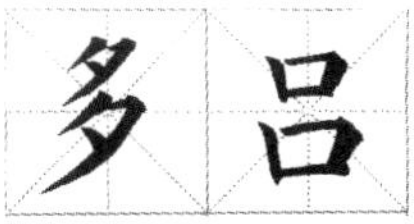

（86）右上包围的字内包部分应向左突出。如句、司等。

（87）左上包围的字内包部分应向右下突出。如慶、居、辰等。

（88）左下包围的字内包部分不得突出底边捺或钩。如建、題、趙等。

（89）左包右的字底画宜长。如匹、巨等。

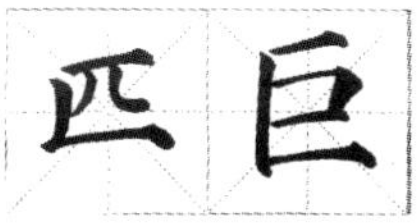

（90）上包下的字内包部分应上靠。如用、同、等。

（91）门部左短右长，左窄右宽。如門、開等。

（92）下包上的字内包部分靠下，两侧竖画应短。如函、齒等。

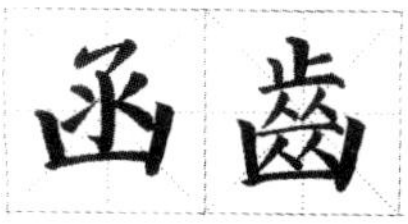

（93）全包围的字外框略小，内包部分居中。如因、圓等。

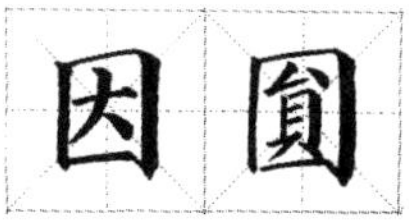

（94）笔画多者宜轻。如竊、勵等。

（95）笔画少者宜重。如山、王等。

（96）一般横画较多的包围结构的字宜窄。如目、身等。

（97）上下结构的字宜写长。如畫、亭等。

（98）一般竖画较多的包围结构的字宜宽。如四、血等。

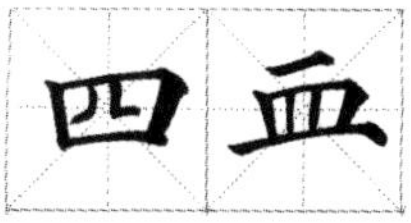

(99)左右结构的字宜写短。如法、期等。

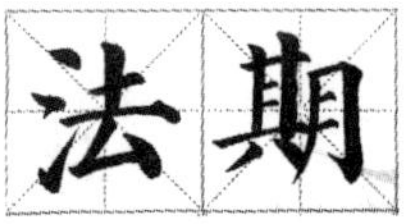

(100)笔画少且短小的字宜写小。如日、白等。

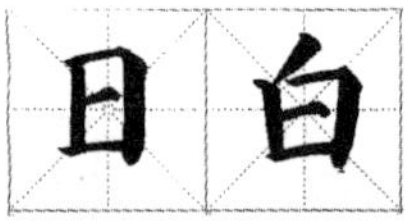

(101)笔画繁多的非包围结构或笔画少有撇捺的字宜写大。如歸、藏、大等。

(102)字长者不宜再宽。如筆、會等。

(103)字短者不宜再长。如誦、散等。

(文/毛笔字书写：陈家林)

(五)书法教学设计范例

写字第一课

(一年级硬笔书法教学设计)

沈　涛

教学目标

1.掌握铅笔的写字姿势和执笔方法。

2.能用正确的写字姿势和执笔方法练习写字。

3.培养学生良好的书写习惯,做到书写时精神集中。

教学重点

能熟练运用正确的坐姿和执笔方法进行写字。

教学难点

正确的坐姿及执笔方法的规律总结以及训练。

教学过程

1.导入

师:大家都知道,咱们学校是全国有名的书法学校,今天上课之前,老师想先带着大家一起来了解一下我们的学校。(播放介绍学校书法教育的视频)

师:看完视频,大家觉得咱们的校园美不美?

生:美。

师:老师还给大家带来了第二件美的东西,请看大屏幕。(出示学校师生的书法作品)

师：这些字都是咱们学校的师生创作的，你看写得多工整，多潇洒啊！大家欣赏完这些书法作品之后，有什么感受吗？

生：这些作品写得好，写得美。

师：是啊，一笔好字看了以后，的确会给人以美的享受，大家想不想也把字写得像这些作品一样好看？

生：想。

师：今天，咱们就一起来学习《写字第一课》，请大家跟着老师一起齐读一遍课题。

2.学习坐姿

师：请同学们认真思考一下，对于我们一年级的小朋友来说，要想写好字，首先要注意什么呢？

生：（引导学生回答）要注意写字姿势。

师：是的，我们首先得掌握正确的写字姿势，平时，老师和家长都总强调坐姿，下面请大家分小组讨论：什么样的坐姿是正确的呢？然后每一小组派一名代表发言。

（学生各抒己见，老师相机点评）

师：大家说得都非常好，老师根据同学们刚刚的发言，画了一张正确的坐姿图片（课件出示），请大家认真观察图片，说说图中的学生是怎样坐的呢？

（根据学生的回答，师总结：头正、肩平、身直、足安）

师：请大家跟着老师一起把这些词语齐读一遍。下面请大家按照我们刚刚总结的方法来试着练习一下坐姿吧！

（播放音乐，师巡视纠正）

3.认识"小伙伴"——铅笔

师：老师发现大部分学生都已经掌握了正确的坐姿了，接下来，老师还给大家带来了我们学习上的"小伙伴"，（课件出示铅笔）大家一起喊出它的名字。

生：铅笔。

师：大家可别忽视了我们的这个小伙伴，这可是我们写字必备的工具啊，但是铅笔的种类很多，一般常见的有这样四种（课件出示），但是作为我们刚开始学写字的学生来说，老师推荐大家用型号为"HB"的铅笔（提醒一下铅笔型号的位置）。

师：大家可以对照，看看自己手中的铅笔型号买对了吗？下次可不能再买错哦！

4.学会和"小伙伴"握握手——执笔方法

师：刚刚我们一起认识了我们学习的"小伙伴"，接下来，让我们和它来"握握手"，成为朋友吧！但是和朋友握手一定要握得正确，只有这样，朋友才会高兴。不过，为了大家能尽快和铅笔交上朋友，老师特意给大家带来了两样宝物，大家想不想知道是什么宝物啊？

生:想。

师:(课件出示)老师带来的第一个宝物就是一只握笔的右手,为了方便大家记忆,老师分别给五指兄弟取名为:老大、老二、老三、老四、老五。看,老师已经悄悄地在这只手上做有记号,这些做记号的地方就是手与铅笔接触的地方。

师:接下来请同学们拿出彩笔,先认真观察这些记号的位置,然后在自己手上相同的位置也做上记号。(师巡视指导)

师:大部分同学的记号已经做完了,老师还给大家带来了第二件宝物,这是一首握笔姿势歌,请大家听老师读一遍。

(课件出示:老大、老二对对齐,手指之间留缝隙,老三下面来帮忙,老四、老五往里藏。)

师:下面请大家齐读一遍,读的时候用心去记。接下来,我们把这两个宝物一起使用,大家先来读儿歌,老师来做示范。(这时要提醒学生,和小伙伴握手不要太用力,以及握笔的距离)

师:下面请大家根据我们刚讲的方法,再加上老师刚刚的示范,和你的同桌比比赛,看看你能不能和你的小伙伴正确握手!(提醒学生,做错了,同桌要及时纠正)

师:老师发现很多同学都做得很认真,下面请一位同学来为大家展示一下,你是如何和你的小伙伴握手的?(提醒学生认真观察,指名点评)

5.和"小伙伴"做游戏——用正确写字姿势练习写字

师:咱们班的学生真聪明,已经学会和我们学习的小伙伴"握手"了,下面让我们和小伙伴来做做游戏吧,让我们的小伙伴在纸上快乐地跳起舞来。在玩游戏之前,老师先给大家讲解并示范一下我们的游戏规则,只有坐姿、握笔姿势正确,这个游戏才能成功哟!接下来,先看老师给大家示范一遍这个游戏。

(用正确的坐姿、握笔姿势来书写汉字)

师:下面请大家自己在下面练习一下这个游戏吧!

(出示生字,播放音乐,提醒学生运用正确的坐姿和写字姿势)

师:经过一节课的学习,下面让我们轻松一下,一起跟着视频中的学生来做一做我们的书法韵律操吧!(出示视频)

6.总结

同学们,通过刚才的学习,相信大家都已经掌握了正确的写字姿势,希望同学们在今后的学习生活中能够多多练习,早日养成正确的书写习惯!

【点评】

《写字第一课》是小学起始年级的第一节书法课,本节课旨在让学生明白"练字先练姿"以及正确执笔。书法作为我国的传统文化之一,对于低段学生来说既是古老的,又是新奇的，更是充满想象力的，整堂课在教学时呈现出3个特点。

(1)就地取材导入，激发学生兴趣。本节课的导入先播放介绍学校书法教育的视频，激发了学生对书法的好奇心及对自己身处书法学校的自豪感。接着，通过出示本校学生优秀的书法作品，不仅让学生们初步感知书法艺术之美，而且进一步激发了学生爱书法、学书法的兴趣，学生们顿时热情高涨。

(2)教学内容紧扣童心。整堂课先让学生根据自己平时的感知，并观察图片，梳理出正确的坐姿要求；接着又带着学生认识书写工具——铅笔，并用儿童化的语言将其比喻成学习中的小伙伴，拉近了学生与学习工具之间的距离；再通过儿歌、标注记号等方法指导学生正确握笔；最后，尝试运用正确的坐姿、握笔姿势练习书写。整堂课的教学内容由浅入深，条理清晰，教学过程扎实有效。

(3)劳逸结合，轻松学习。如果一堂课都是让学生在不停地练习、学习，那么学生的身心也必然是疲惫的。这节课在教学最后一个环节让学生跟着视频一起学做书法韵律操就是一个很好的设计，这既和课堂教学内容保持了关联性，又让学生活动了身体，身心得到了放松，书法课也变得不再枯燥、乏味。（点评人：石红丽）

写好月字旁的字

（二年级硬笔书法教学设计）

霍艳霞

教学目标

1.激发学生写字兴趣，培养学生良好的书写习惯。

2.掌握月作为偏旁在汉字中的一般书写规律。

3.了解月字的演变过程。

4.初步尝试创作作品，感受书法的魅力，激发书写兴趣。

教学重点

1.掌握月作为偏旁在汉字中的一般书写规律。

2.巩固正确的“双姿”和运笔方法。

教学难点

1.指导学生用“一看、二练、三评、四改”的方法进行书写。

2.创作作品，感受书法的魅力。

教学准备

课件、笔、练习纸。

教学过程

1.激趣导入

(1)介绍汉字演变。孩子们,你们喜欢旅行吗?今天让我们一起走进奇妙的汉字王国,来一次神奇的汉字之旅吧。

我们今天的第一站是“古老的汉字城堡”,说汉字古老是因为,我们中国的汉字已经有几千年的历史了,汉字最初是什么样子的呢?汉字经历了怎样的变化?让我做导游带大家参观一下吧!

请看大屏幕,这是我国发现的最早的文字,叫甲骨文,因刻在龟甲兽骨上而得名,甲骨文的文字大小不一,形态各异;到商周时期出现了铸刻在青铜器上文字,称为金文,金文较甲骨文笔画柔美,形体庄重。到了秦朝,秦始皇统一六国,小篆成为全国通用的文字。小篆字体清秀,笔画圆润。东汉时期,隶书兴起,其字体略微宽扁,讲究蚕头燕尾一波三折。到了北魏时期,形体方正的楷书出现了,直到今天,楷书仍然是我们汉字书写的典范,这是随后出现了行笔流畅的草书,以及介于草书和楷书之间的行书。

【设计意图:一方面为了感受汉字的神奇,增加对汉字的兴趣,另一方面,为后面“月”字的演变做铺垫。】

(2)观看学校师生书法作品。同学们了解了汉字演变的历史,接下来我们来参观一下学校里书法展厅里咱们的老师以及哥哥姐姐书写的书法作品。①欣赏作品。②谈感受:了解了汉字的演变,欣赏了作品,你有什么感受?③总结:从同学们的眼睛里老师看得出来,同学们都希望有一天毕业的时候,将自己的字也能够篆刻在咱们的尚书广场上是吗?千里之行,始于足下。那我们就要从现在开始,认真写字,打好基础,相信你们的梦想都能实现。

【设计意图:让学生欣赏自己学校师生的作品,更能让学生体会到写作品并不难,只要自己努力,也可以做到,激发同学们的信心。】

2.指导“月”字的写法

复习“月”字写法。接下来我们继续旅行,瞧,是谁?我们来跟“月”打个招呼吧!同学们“月”字我们一年级就学过,它想考考大家,还知道怎样才能把它写漂亮吗?

看:“月”。①引导学生从结构、占位、笔画这三个方面有序观察。(板书:看:结构 占位 笔画)。②学生交流。③教师总结:同学们都说得特别到位,现在老师把同学观察的要点总结如下:月字窄长横偏上。撇脚钩底平稳当,横画布局要均匀。

范写“月”。师范写,生书空,边书写边提示按照总结要领进行书写。

练习“月”。①强调写字姿势:出示写字儿歌:(身正肩平,臂开足安,一尺、一寸、一拳、牢牢记心间)(板书:写)。②学生练习书写3个。

【设计意图:复习月字的写法,引导学生观察要按照一定的顺序,从结构、占位、笔画

三个方面有序观察，为后续写带有月字旁的字做铺垫。】

3. 指导月字旁的字。

(1)整体把握月做偏旁时候的书写规律。①出示9个带有月字旁的字。同学们，看到大家把月写得这么漂亮，现在"月"要跟大家变个魔术。看！它跑到了很多合体字中，仔细观察这些带有月字旁汉字，你能把这些汉字分成三组吗？②给字进行分类。带有月字的汉字分成3个小组，红色一组是月字在左边的字，蓝色一组是月字在右边的字，绿色一组是月字在下的汉字。

(2)指导书写"月"在右边的字。我们以一个"朗"字为例，找找规律。大家仔细观察，独体字的月在右边，发生了什么样的变化。

看。①观察月在字中的变化。②总结：月字在右也变瘦，笔画穿插要团结。③观察"朗"字如何书写美观。可以从结构、占位、笔画方面去观察。

范写。请同学们伸出小手，跟老师一起书空。

练习。下面请同学们自己写3个。

评价。①出示评价表。谁想把自己的字接受大家的点评呢？大众评审团们，咱们不仅写字专业，点评也要专业。请根据老师的评价表来进行点评。(板书：评)②学生评价。引导学生评价用语：评价的时候注意用词，可以先表扬一下写得好的地方，再提修改意见，这样委婉提出更容易接受。③修改。听了同学们的点评，相信你能改得更好。请同学当场改一个，其他同学也改一个。(板书：改)

总结策略：当我们学习生字时，就是通过这样四步来，分别是一看、二练、三评、四改。其中看时我们要从结构、占位、笔画等方面去看。这个方法你学会了吗？

【设计意图：以"朗"为例，把握左右结构，月在右边的规律，交给学生观察字从整体把握字的规律，提高书写效率。在指导书写过程中，进一步强化一看二范三练四评的书写步骤，为学生自己学习生字打好基础。交给学生方法。】

(3)学习月在左边的字，以"肥"为例。

a. 总结一类字的规律。

我们先看月字在左的汉字？你觉得发生了月字发生了怎样的变化？

总结：月字在左要减肥，要给右边让位置。

b. 请学生自己教"肥"。

这个字老师想请一个同学教大家，谁愿意当小老师？注意观察时也要按照咱们刚才学习的方法来教。①小老师总结书写要点。②小老师范写。③其他同学练习。

【设计意图：在指导月字旁在左边的字时，换了一种教学形式，由小老师教，激发了学生的学习兴趣，也将教字的"四步走"再次强化。】

c. 自学"月"在下面的生字，以"睛"为例。①自学观察，并总结规律：调皮的月字还会跑到下面去呢，这时它的变化有点大，看看谁能发现？（撇变成了竖）总结：月字在下撇变竖，上下中正要对齐。②自己练习。③同桌互评。

【设计意图：这个字完全放手交给学生自己去学，让学生运用方法，从扶到放，学以致用。】

4.拓展月字旁字的含义。

（1）游戏《我指你说》。

鼻子鼻子，小脸、脖子、肚子、肩膀

大家仔细看大屏幕的这些词语，你发现了什么？

生：我发现了这些词语都与身体有关系，“月”要告诉大家一个小秘密，其实他还有一个名字叫“肉月旁”想知道原因吗？

（2）观看视频。通过观看视频，我们发现中国的文字是不是非常有趣呢？

【设计意图：作为二年级的学生，注意力容易分散，加入小视频介绍，既可以对月字旁的字含义有了深刻的了解，也可以让学生放松一下，为后续学习提精神。】

5.创作作品

（1）创设情境，激发写字兴趣。今天旅行的最后一站，就是我们的书法大舞台。马上就是书法节了，同学们想不想在书法比赛中取得好名次，那接下来我们就一起来书写作品。在这首《静夜思》里，有很多我们今天学习的月字旁的字，请同学注意我们总结规律，认真书写。

（2）创作《静夜思》。

（3）欣赏学生作品。

【设计意图：创设情境，与学校的实际情况相结合，借助学校书法节这个活动平台，一方面激发学生写好字的兴趣，另一方面让孩子们感受到写好字带来的自豪感和满足感。】

6.总结

孩子们，今天我们参观了古老的汉字城堡了解了汉字的发展变化，欣赏了很多名家作品。我们和月字做朋友，学写了月字作为偏旁的字。还知道了月字旁的含义。今天的旅行收获不少呀。希望我们每个人都能热爱我们的汉字，爱写我们的汉字，养成提笔就是练字的好习惯，争取每个人都能写出一手漂亮字！

【教学反思】

本节课总体来说，感觉还是非常成功的，整节课学生的兴趣非常浓厚，回答问题积极，书写，点评都非常到位，而且对于写字的四步骤：一看二范三练四评，落实得比较到位，尤其是关于“看”，从看结构，看占位，看笔画入手，能做到从宏观到微观进行有序，细致的观察，效果很好，最后书写作品也非常棒！

不足之处，因为想要呈现的东西比较多，所以课堂容量较大，给学生进行练习和修改的时间稍显不足。

【点评】

霍艳霞老师这节二年级的硬笔书法指导课，教学环节清晰，环环相扣，尤其是对学校的写字教学指导的四步走一看二范三练四评落实非常到位，在写字教学中不仅教给学生写好字，还教给学生方法，如何去观察字，观察时做到从“结构、占位、笔画”几个方面入手，从整体到局部，这样有序的观察，不仅培养了孩子的观察能力，还培养了学生的思维能力，锻炼了学生自主学习写字的能力，也提高了写字效率。　　（点评人：周艳春）

左右结构

（三年级硬笔教学设计）

石红丽

教学目标

1. 学习并掌握“掠、偶、翩、割”字的写法，从而能正确书写左右结构的字。

2. 通过观察分析左右结构的字的形态，掌握左右结构字的书写要领。

3. 通过学习左右结构的字，培养学生的审美能力，教育学生学习书法要体现汉字的和谐美。

4. 教育学生人与人之间要相互谦让、相互包容。明白谦让是我们祖国的传统美德。

教学重难点

重点：学习“掠、偶、翩、割”字，掌握字的左右宽窄适当。

难点：学习“掠、偶、翩、割”字，掌握左右结构两部件怎样书写才能体现汉字的和谐美。

教学准备

实物投影仪、多媒体课件、作业纸、自制的书签

教学过程

课前：猜字谜游戏。

1. 情境导入

中国汉字的每一笔，每一画都深具美感。欣赏一些硬笔书法作品。这节课我们一起来上一节写字课，看看谁能成为这节课的小书法家？

2. 观察比较，揭示结构特点和书写要领

（1）出示课文，提炼生字。第一课《燕子》：掠、偶、沾、稻；第三课《荷花》：翩、静、飘；其他：割、卧、郁。

（2）请同学们仔细观察，这些字有什么共同的特点？这些字都属于左右结构（板书课

题:左右结构)。再请同学们仔细观察,这些字的左右宽窄有什么不同?

(3)左右部件的大小与它在田字格中的占位宽窄有多少关系吗?总结:部件大,相对宽;部件小,相对窄。左右部件差不多,各自占一半。

(4)揭示书写要领:出示"割"的笔顺动画。请同学们仔细观察"割"这个字,分析这个字在田字格的占位。以"割"字为例,分别展示3种不和谐状态的字,让学生进行比较,分析如何让这个字更美,更和谐。

小结:要想把"割"写好,必须做到结构紧凑,间距均匀,这样,这个字才比较和谐,美观。

齐读儿歌:左和右,互谦让。部件大,靠一靠。部件小,让一让;左右差不多,各自占一半;写字细观察,书写更美观。

3.练习写左右结构的字

(1)练习写左宽右窄的字。①教师示范"割"。②学生练习,教师巡视。教师提醒"双姿":握笔姿势和写字姿势。③展示评议:以师评为主。④改写:同桌互评后改写一个。

(2)练习写左窄右宽的字。①出示"掠、偶"。提问:下面我们要学习来写"掠、偶"的这两个字,谁说说左窄右宽的字,如何写才更好看?②师范写"掠、偶"两字。强调要点。③学生练习每个字写5遍,教师巡视。④展示评议:以自评为主。⑤改写一遍。

课间休息:做52小学写字韵律操

(3)练习写左右相等的字。①出示"翩、静"。请同学们看"翩、静"这两个字,谁来说说翩和静这两个字在田字格中的占位?②师范写"翩、静"两字。强调要点。③学生练习每个字写5遍,教师巡视。④展示评议:同桌互评。⑤改写一遍。

4.自主创作,巩固练习

(1)学生完成书签。

(2)教师巡视、指导。

(3)互相欣赏、交流。

小结:你们的字把小书签装扮得更漂亮。希望这个小书签能成为你课外阅读的小伴侣。

5.总结

同学们,教育专家提出"堂堂正正做人,规规矩矩写字"的教育理念,指出中国人应该写好中国字。让我们一起来读(出示课件):

堂堂正正做人,规规矩矩写字。中国人应该写好中国字。书法是第一国学,我们写好汉字就是爱国。

是的,中国人应该写好中国字,写好字就是爱国。俗话说"字如其人",我们的汉字横平竖直,就像做人要堂堂正正。练字不是一朝一夕之事,提笔就是练字时,相信只要我们努力，不久的将来，咱们班一定也会涌现出了不起的书法家。

【点评】

石红丽老师这节三年级的硬笔书法指导课，教学目的明确，通过观察分析左右结构字的形态，掌握左右结构字的书写要领。教学方法充分体现一看二范三练四评。在指导学生书写的过程中，通过观察、编儿歌、范写等方法，培养学生对汉字的审美能力，明白汉字的和谐美。同时在教学书写时渗透德育教育，通过汉字部件之间的关系，让学生明白人与人之间要相互谦让、相互包容。（点评人：霍艳霞）

日字头与日字底

（五年级毛笔教学设计）

刘　敏

教材分析

《日字头与日字底》是西泠出版社五年级上册第8课。本课要求学生掌握日字头与日字底两个部首的形状，笔顺以及笔法，练习含有日字的汉字，教材从部首到汉字进行编排，逐步分解书写难度，同时教学生学会协调汉字内各部分的关系，培养学生观察、思考及探究能力。

教学目标

1.掌握日字头与日字底的书写要领，了解带有这两个部首的字的一般书写规律，训练学生举一反三的能力，逐步提高学生的观察能力和审美能力。

2.临写“是、书”这两个字，要求写得正确、结构比例适当。

3.学生通过自主探究，积累书写经验，训练学生观察、思悟能力，激发学生对书法的喜爱之情。

教学重难点

重点：掌握两种形态日的书写要领。

难点：会举一反三学写带有日的字，准确把握部件之间的比例。

教具准备

笔、墨、纸、砚、垫毡、多媒体、视频展台等。

教学过程

1.猜一猜 激趣导入

（1）猜字谜，激发学生学习兴趣。大家好，非常高兴我们又来到了书法课堂，今天老师带来了一个有趣的谜语，请大家读一读，猜一猜。

谜语：劳动英雄面孔红，天一亮来就出工。

从东到西忙不停，直到傍晚才收工。请学生猜一猜。

生：太阳……

师：是呀，就是太阳，我们汉字中“日”字就表示太阳。让我们来看一段视频

(2)看“日”字的字源(出示视频)，感知“日”字的造字过程及含义。看完后(课件出示)“日”字的演变过程，甲骨文→金文→篆书→隶书→楷书→草书→行书。

教师讲解：太阳一直被古人视为神明来膜拜和供奉，日字在远古时期就被人创造和使用，甲骨文中画了一个圆圆的轮廓像太阳的圆形，中间一点表示太阳中心的能量，后来为了书写方便和美观，发生了一些变化，如今的日字还是能看出它最初的模样。它可以做部首。

(3)今天我们就来学习第八课《日字头与日字底》(指板书)。

2.学习两种形态日的写法

(1)观察日字的形态。看！黑板上这些带有日字头和日字底的字，仔细观察一下，“日”字有哪些形态或者叫形状呢？

生：是字的日字头，横短竖长，形态瘦长。

生：书字的日字底形态有些宽扁。

生：有的日字头是宽扁，有些日字底是窄长，方正的……

师：不管日字头还是日字底我们会发现根据与其搭配单位的长短、大小、肥瘦的不同形态，日字本身是有所变化的，有宽扁的 有瘦长的，瘦长这种形状跟宽扁比起来，它窄一些，方正一些，所以我们把日归结为2种形态：窄方和宽扁。(板书并贴上相应的道具)

(2)掌握2种形态日字的书写要领。过渡：我们只要掌握了这两种形态的日字的书写要领，基本上就能写好所有字的日字头和日字底了。请同学们再仔细观察，这两种形态的日字，想一想它们的笔画有什么相同和不同之处？

生：左竖轻，右竖重……里面的短横都是左相接……

师：为了让同学们更好地掌握这两种形态日字的写法，我给大家准备了一个口诀，请同学们自己先读一读，看能不能理解每句话的意思？

出示：

《日字诀》

首笔要写垂露竖，横折细粗要有别。

左轻右重区分竖，中间短横左相接。

窄方日字竖垂直，宽扁形态竖宜斜。

指名说对对每句话的理解，再齐读。

(3)练写2种形态的日字。

看视频学写。

师：日字头和日字底到底该怎么写呢？我们来看视频。视频播放完后 请同学们拿

出练习本把窄方和宽扁的日各练写 2 遍，视频停下展示出两个形状的日。教师口头提示学生握笔姿势和坐姿，顺势表扬同学的姿势。

评价。练习完后，拿一个同学的字到前面展示，请同学们看这里：他有没有写出这两种日的特点呢？指名学生评价（2 个）。

生：这位同学窄方日字写得瘦长，横细竖粗，突出了颜体的特点……

师：给他一些提升的方法。

生：日字的左竖和横折的折画粗细是不同的。

巩固并小结。过渡：为了让同学们更熟练地掌握日字的书写方法。我们再把口诀读一遍！

相机抽查背诵，激发记住口诀的热情，再次巩固口诀。

3. 拓展学写“是”和“书”

过渡：相信通过刚才的学习我们已经初步掌握了日字做头或者底的写法。接下来我们就来练写带有日字头和日字底的字。

(1)学写“是”。

a. 读帖。

师：在动笔之前我们先要干什么？

生：要观察。

师：观察什么？

生：观察结构、形态和占位。

师：是的，这就叫读帖。

师：请大家看是这个字，它属于哪种类型的日字头？要写出日的什么特点？

生：窄方的日字头，两竖要垂直……

师：这个字除了写好窄方日字头，还应该要注意什么呢？

生：它是上宽下窄的结构，要把握好，横画要舒展，朝上倾斜。

师：是的，笔画要做到舒展有度。

生：竖画在竖中线上。

师：你观察得很准确，这个笔画是这个字的重心，要稳稳地写在竖中线上就像我们做人一样要端端正正。

b. 教师范写。先写垂露竖，折画横细竖粗，横画要伸展，竖画重心要稳，撇和捺舒展开来。

c. 学生练写。请同学们在练习本上练写两个。

d. 评价。投影展示 1～2 个同学的字，其他同学根据要点评一评。

(2)写“书”。

a.读帖 。

师:请同学们观察一下“书”这个字。它的日字底属于哪种形态?

生:宽扁形态。

师:要写出它的什么特点?

生:两竖上开下合,折画横细竖粗。

师:是的,这个宽扁的日字底要稳稳地托起整个字,那么其他的部件还需要注意些什么呢?

生:横画较多,各横画长短变化明显,第二笔长横伸展,上部的横画之间平行,中部的横画之间平行,下部的横画之间也是平行的。

师:你观察得真准确!横画特别多,但是每一个横画长短不一,就像我们每个同学都是不一样的,只要找准自己的位置,做最好的自己,那我们每个人都是最棒的!

b.师范写。请同学们看老师来写:折画横细竖粗,第二笔横要伸展,第三笔横有一个小小的尾巴,这一横贴着横中线,这一横稍微长一点,这一笔书要稳稳地下来,下面是一个宽扁的日,你要写出它的特点。

c.学生练写两个字。同桌互相评价。

(3)分组练习、改写、评选。

过渡:同学们看看自己写的“是”和“书”有没有需要改进的地方呢?每人在“是”“书”中任选一个字进行重点练习并改写一遍,组长评选出本组最优秀的“是”和“书”,集体点评反馈。

4.临摹带日字部的作品

过渡:通过刚才的学习活动,相信同学们已经掌握了如何去临写毛笔字。

师:我们平时在临摹作品的时候会遇到很多日字头和日字底的字,想不想观摩一下这些作品?

生:想!

师:这是龚校长的作品—“书智”;这是书法名师陈家林老师的作品—“是昔”;这是刘老师的作品—“春日”。请同学们自由选择一幅在作品纸上进行创作。

出示作品,播放音乐,学生练写并展示。写得较快,创作完的同学,老师可以拿到前面进行展示。再过一会,写完的同学起立,把作品拿起来向大家展示。

5.总结

这节课,我们通过学习,掌握了汉字“日”字的演变过程以及两种不同形态的日字的写法,感受了中国汉字的魅力。中华文化博大精深,源远流长,在国庆节这个隆重的节日前夕,老师想送给大家一句话:幸福的我们勿忘今日之幸,勿忘往日之苦。希望每位同学做个是非分明,勇于探索的墨香好少年。这节课就上到这里,下课!

【板书设计】

日字头与日字底

窄方　日

宽扁　曰

【教学反思】

简约清晰的教学流程紧紧围绕教学重难点展开，渗透学生的书写习惯和做人理念，既培养了学生的书写基本功又提升了学生的素养，但是学生在举一反三，练习写带有日的字时，对内部结构及部件之间的比例把握还不够准确，欠缺一些指导和认识。

【点评】

这节课教学内容明确，教学方法简约，教学流程紧凑。课前，通过比较日字头与日字底两个部首的形状，总结书写要点，编撰书写要领的口诀，便于固化学生行为。课中，练习含有日字的汉字，教给学生观察汉字部件之间的关系，学会协调部件之间的位置，同时渗透德育教育，培养学生观察、思考及探究能力。课后，学生创作带有日字的作品，临摹身边书法家的作品，激发学生创作的兴趣，提高创作的水平。　　（点评人：罗卫杰）

集字临摹练习

（五年级上册毛笔教学设计）

李洁珺

教材分析

《集字临摹练习（一）》是五年级上册第一单元的第3课。本课板块包括了“集字解读、临习指导、作品展示、课外拓展”四个部分。学生经过三至四年级的学习，有了一定的基础，集字临摹练习是书法作品创作的一种方法，学生既能得到书写技法的训练，又能获得成功的体验，还能掌握书法创作的一些基本章法。

教学目标

1.初步掌握集字临掌的基本方法。

2.集字创作“中国梦”三字书法作品，掌握“中国梦”三字的书写特点。

3.恰逢国庆佳节，感悟习近平总书记提出的“伟大中国梦”内涵，体验中国书法的无穷魅力。

教学重难点

重点：写好“中国梦”三个字。

难点：处理好三个字的大小、笔画粗细、字距宽窄等章法布白。

教具准备：笔、墨、纸、砚、垫毡、视频展台、课件、示范作品图片、红色作品纸等。

教学过程

1. 导入新课

(1)教师出示集字作品“中国梦”，请学生欣赏。

教师：过几天就是祖国妈妈的生日了，今天我们一起来完成一幅

内容为“中国梦”的集字作品，以此向祖国母亲献上我们的祝福！

(2)出示本课课题：《集字临摹练习(一)》。学生齐读课题。

2. 学习新知

(1)了解含义。师：同学们，集字作品中“中国梦”的含义是什么？

生(预设)：习近平总书记把“中国梦”定义为“实现中华民族伟大复兴，就是中华民族近代以来最伟大的梦想”。

(2)观察分析。

师：这幅作品是什么幅式？

生：这是一件横幅作品。

师：这幅作品是由哪几部分组成的？

生：这幅作品由正文、落款、印章三个部分组成。

师：请同学们观察并思考：“中国梦”三个字大小有何变

化？生：笔画多的字线条略细，笔画少的字线条略粗。

师：字与字之间布白有什么特点？

生：字间距略小于一个字的大小。

师：请学生思考，落款的内容可以写些什么？落款字的大小有什么要求？

生1：时间、内容出处、作者姓名等。

生2：正文字的1/4到1/3大小较合适。

(3)分析“中国梦”三个字的写法。

请学生书写这三个字，并分组讨论。

教师示范书写(或播放相应视频)并小结：“中”字“口”部呈扁状，上宽下窄，悬针竖从“口”部中间穿过，挺拔有力。“国”字为全包围结构。方框呈长方形，横细竖粗，左右两竖左细右粗，左短右长，内部笔画紧凑。“梦”字形态较长，上部紧密，笔画之间的距离小，中间的秃宝盖伸展；“夕”部横撇的撇画向左下伸展，斜中求正。

学生练习这三个字，教师巡视指导。

评一评：对学生在书写中的共性问题进行点评。

3.集字创作

(1)分发事先准备好的红宣纸。

(2)教学生折格子。注意正文、落款、左右边、天地等处的折法。

(3)学生临写,教师巡视指导。重点检查学生字的大小、布白是否统一协调。

作品点评:通过鼓励性评价、作品展示等方法进一步培养学生学习书法的兴趣,体验书法创作带来的成就感。

集体展示:请同学们自信地拿起自己作品进行全班留念,并拍摄祝福祖国妈妈生日快乐的视频进行保存。

4.拓展延伸

(1)拓展训练:展示“中国梦”在不同格式中的注意事项。

写成条幅如何安排,写成扇面如何安排。回家后试着进行二次创作。

条幅

扇面

(2)延伸思考:利用今天学习集字创作的方法,试着从《多宝塔碑》中集字进行练写。

5.课堂小结

师:今天学习了哪些内容,书写过程中我们最需要注意什么?

教师小结:今天,我们集字临摹创作了“中国梦”的书法作品“中国梦”不只在同学们的嘴里,也不只在我们的笔下,它要靠我们每一代中国人民的开拓进取,奋发图强的实际行动来实现!希望同学们能牢记自己社会主义建设者和接班人的民族使命,为实现中国梦的伟大理想好好学习,天天向上!

清洁、整理学具。

【板书设计】

集字临摹练习(一)

作品的组成:正文、落款、印章。

中:“口”部呈扁状,悬针竖写正中间,挺拔有力。

国:呈长方形,两竖左细右粗,左短右长。

梦:上部紧凑,横钩伸展。

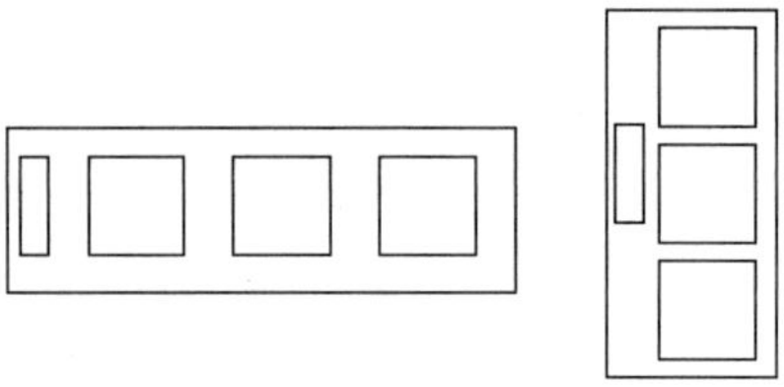

横幅　　条幅

【教学反思】

国庆节前夕，我通过创设“我为祖国妈妈送祝福”的情景，激发学生创作的热情，效果显著。在教学中，我按照书法教学模式，做到了“一看、二范、三练、四改”，例举范式，让学生掌握书法创作的基本章法和作品的款式。通过练习，大部分同学写出了作品，并自信地进行了展示。

但是，在教学中仍存在着一些问题。例如，个别同学把“国”字笔顺写错，这就要求教师在学生练写时，一定要仔细巡查，及时发现问题并给予指导。还有几个同学把落款写在了右侧，教师可以提前安排学生指一指落款应该写在哪里，以检查并确保全部学生的格式没有问题。

【点评】

这是一节集字书法课，也是一节书法创作课。教师以“我为祖国母亲送祝福”为情景，让书法与生活紧密联系，激发学生创作热情和爱国情感。在集字练习环节，教师严格按照一看二范三练四评的过程扎实教学，指导“中国梦”三个的书写。在进行作品创作环节，教师以范例示范，让学生了解创作的基本章法和作品款式，对学生欣赏作品有一定指导意义。

（点评人：刘敏）

书法的章法

（西泠印社出版社五下第三单元书法欣赏课设计）

陈 杰

教学目标

1. 了解书法章法布局的知识。

2. 赏析不同书法章法布局之美。

教学重点

了解什么是章法。

教学难点

赏析不同书法章法布局之美。

教学准备

多媒体课件、文房四宝等

教学过程

1.欣赏图片，了解章法。

(1)故事导入(据说清代有一个姓廖的人善于写字，有人问何绍基:“廖某的字写得怎么样?”何绍基笑着说:“廖某只知道写一个字，写许多字就不成篇”)

(2)出示廖某作品。学生谈感受。

据学生回答，师总结;廖某只知道字的结体，而不懂字的布局。结体讲的是如何写好一个字，而布局则讲的是如何安排好一篇字，故又称“章法”。

2.指导观察，归纳方法。

(1)出示不同幅式(条幅、横幅、对联、中堂、斗方)的书法作品。

(2)生观察，交流自己的发现。

(3)全班交流，师就布局形式进行总结:①“纵有行，横有列”。②纵横有格。强调:一是每个格子内的字不易撑足，要留适当的空间:二是纸的天地左右要留稍多的空间:三是楷书字要有长短、大小、肥瘦、斜正、疏密的变化。③纵有行，横无列。强调:一是要平头齐脚。尤其是要注意到“脚”的把握。二是行距要大于字距。但不能过大。

(4)师提示:意在笔先，一气呵成，自然真实，笔画的变化，学生接着观察，用心感受，同桌交流意见。

(5)全班交流，生说发现谈感受，师就布局原则总结:①书法布局讲究“贯气”。字与字，行与行之间的行笔走向，体势俯仰，笔意相通，行间虚实来实现。一气呵成，意在笔先，方能使作品浑然一体。②书法布局讲究“自然”。字形有大有小，有长有短，有疏有密，有偏有正，体态各异。不得丝毫矫揉造作，错落中有变化。③书法布局讲究“变化”。一篇作品中相同的笔画要有变化，相同的偏旁要有变化，相同的字要有变化，不雷同，才显得不呆板。

3.方法实践，赏析作品

(1)出示学生的作品。学生谈优点及不足之处。

(2)师点评。

4.交流总结。

(1)你最喜欢哪位书法家?你最喜他的哪幅作品?谈原因。

(2)师总结。

【板书设计】

书法的章法

章法:整篇字的安排方法。

1.纵有行,横有列

2.纵横有格

3.纵有行,横无列

4.“贯气”

5.“自然”

6.“变化”

【教学反思】

本节课重在指导学生对书法章法布局的欣赏,我先让学生观察,自己谈发现,谈感受,再在学生已有的审美基础之上,细化学生对美的感悟,拓宽了学生对书法美的着眼点。不至于让学生只知道很美,但不知道美在哪。教给了学生方法,我又及时让学生接着欣赏作品。巩固了方法,最后再让学生谈谈喜欢的书法家及作品。学生就很容易说出深层的原因,也进一步激发了学生学习书法的兴趣。

书法家颜真卿的成长之路

(书法文化课——四年级上册第13课教学设计)

周小英

教学目标

1.了解颜真卿的生平及学习书法的故事,了解其代表作品以及高尚人格。

2.引导学生通过颜真卿理解“书品即人品、写字学做人”的道理。

3.激发学生对书法的热爱,树立高尚的道德情操,传承优秀的中华传统文化。

教学重难点 让学生了解颜体的基本特点,提高学生的书法文化水平。

教学准备

教师:制作课件、视频,搜集颜真卿的资料。

学生:搜集颜真卿的资料,讲一讲,演一演。

教学过程

1.情境激趣导入:走进校园文化——墨香

(1)(出示52小学校园图片)同学们,你们看,这是哪里?

(2)学生齐答。

(3)没错,这就是我们的东风52小学。请问我们的校训是什么?

(4)学生回答。(预设:我们的校训是:“写好人生每一笔”)

(5)你们知道我校的特色是什么?

(预设:我们学校的特色是书法;我校是全国书法教育示范学校;全国百强特色

学校。)

教师相机介绍学校的书法文化,如伏龙石等。

(6)介绍书法文化墙。(出示图片)

(7)师小结:同学们,这是我们的校园书法文化,我们在这墨香校园快乐学习,健康成长,书法水平也在逐步提高。希望同学们认真练习书法,传承书法文化并将其发扬光大。

【设计意图:从学生熟悉的校园入手,了解我校的书法文化,调动学生学习书法文化的积极性。】

2.探索书法文化:走进书法家——颜真卿

(1)认识颜真卿

①今天,我们就来聊一聊书法文化。书法,是我国的四大国粹之一,2009 年就已经被列为世界非物质文化遗产呢!(出示图片)

②书法文化博大精深,你们知道书法主要有哪几种书体吗?

③你们知道悬挂在故宫大殿上的牌匾“正大光明”四个字是哪种书体?

没错。学书法,必须先学楷书。说到楷书,不得不说说千百年来,被世人称为天下第一楷书的唐朝大书法家——颜真卿,他的楷书被称为“颜体”。你们知道吗,很多大殿、牌匾上的字大都是楷书中的颜体,也就是书法家颜真卿所创的一种字体。

④(颜真卿生平简介)今天,我们一起来认识这位书法家——颜真卿。(视频课件,画像)

(2)了解颜真卿的书法成长之路

①同学们,长城不是一朝一夕建成的,书法也不是一年半载就能练好的。颜真卿的书法能有如此卓越的成就,有什么秘诀呢?下面有请几位同学给我们讲一讲颜真卿学习书法的故事。

②学生讲演 3 岁的颜真卿《黄泥习字》的故事。

③学生讲演颜真卿 26 岁辞官拜师学书法的故事。

④同学们,听了故事,你认为颜真卿学习书法的秘诀是什么?

⑤学生交流。(预设:勤学苦练、持之以恒地练习,虚心向他人学习……)

⑥的确如此!颜真卿之所以能成为书法家,除了他本人的天赋之外,离不开他的刻苦和努力。在中国书法史上,从不缺书法家,尤其是在唐朝,但颜真卿是继“二王”(东晋书法家王羲之、王献之)之后成就最高、影响最大的唐代书法家。被誉为书法“亚圣”,给后人留下了许多珍贵的作品,他的书法也得到书法家欧阳修和苏轼的赏识。下面我们一起来了解他的代表作。

【设计意图:通过讲演的形式,展现颜真卿的成长历程,比单纯的介绍,更加生动、有趣,学生感受会更深。】

(3)解颜真卿书法代表作及字体特点

①(出示课件)这是颜真卿早期书法作品,是颜体初步形成阶段,代表作《多宝塔碑》。介绍《多宝塔碑》。

②(出示课件)这是颜真卿中期书法作品,此时颜体已经走向成熟阶段,其代表作是《麻姑山仙坛记》。介绍《麻姑山仙坛记》。

③(出示课件)这是颜真卿晚期书法作品,此时颜体已经进入出神入化阶段,其代表作《颜家庙碑》《自书告身帖》《勤礼碑》《东方塑画赞碑》。简要介绍这些碑帖。

④有一种说法,叫“人书俱老”。什么意思呢?就是人随着年龄的增长,书法水平也随着提高,越来越纯熟。颜真卿也不例外,他的书法特点经历了18次改变,我们一起来看看。

⑤播放视频,学生观看。

⑥(出示课件)谁来说一说,你觉得颜体字有什么特点?

⑦师小结:颜体字以篆书笔法入楷,是中锋用笔的典范,一般横画略细,竖、点、撇与捺略粗,内松外紧。总的来说:它的特点是结体宽博、丰腴雄浑、气势恢宏、骨力遒劲。

⑧(出示书法家作品)了解了颜体字的特点,你能找出下面哪幅作品是颜体吗?

⑨看来大家已经对颜体字的特点有所了解。颜真卿不仅楷书写得好,他的行书也是一绝(出示颜真卿行书代表作品《祭侄文稿》)。这篇《祭侄文稿》,被称为“天下第二行书”,(王羲之的《兰亭序》是“天下第一行书”,因为现存不是真迹,而是拓本,因此,也就有了颜真卿的《祭侄文稿》是现存真迹中的“天下第一行书”这一说法。(天下第三行书,是苏轼的《寒食帖》)(视频介绍这幅作品的内容和背景)

⑩这幅作品有多处涂改。他的行草书,笔画遒劲有力,结构沉着稳定,点画飞扬,蕴含真情实感。

【设计意图:通过介绍颜真卿不同时期的代表作品,了解颜体的特点,为以后学习颜体、鉴赏颜体做准备。】

(4)了解颜真卿的高尚人格

①在书法界有一种说法,叫“字如其人”,什么样的人,能写出这么气势恢宏、骨力遒劲的字呢?我们看一段视频,一起来了解一下颜真卿是个什么样的人。

②(播放视频)学生看视频,谈感受。(预设:忠贞爱国,刚正不阿,大义凛然)

③他秉性正直,笃实纯厚,有正义感,从不阿于权贵,屈意媚上,颜真卿的楷书结体宽博而气势恢宏,骨力遒劲而气慨凛然,与他高尚的人格契合,是书法美与人格美完美结合的典范。有这样一则小故事,请一位同学来跟大家分享。(分享:朱熹和刘共父学颜体书法的趣味小故事)

④明代书法家傅山提出“作字先做人”的观点,意思是学习书法应该先学会做人,而

学好颜真卿的书法，要先学习颜真卿做人。我校的写字教育理念“书品即人品、写字学做人”也正体现这一观点。简单来说，就是笔正则心正，心正则行正，这也是我校评选“墨香少年”的标准所在。

⑤自古以来，诗书不分家，颜真卿既是书法家，也是诗人。送给同学们一首颜真卿写的诗《劝学》。这首诗，既能自我励志，也是他勤奋求学的写照。

⑥出示课件，生齐读。

⑦希望同学们也能学习他勤奋刻苦的精神，在书法上有所作为。

【设计意图：通过了解颜真卿的高尚人格，让学生明白“书品即人品、写字学做人”的道理，知道书法不仅是一门艺术，更能修身养性，塑造高尚人格。】

3.整理与反思

(1)同学们，学了这节课，你有什么收获？

(2)生谈收获。

(3)师小结：同学们的收获可真多。书法作为中国传统文化的一种独特表现艺术，被誉为"无言的诗，无形的舞，无图的画，无声的乐"。书法艺术需要我们用心、用一生去追求，去传承。一代忠臣和书法巨匠颜真卿，虽已离我们远去，但他那集天地正气与人间骨气于一身的伟大精神，还有他为我们留下的书法文化瑰宝，必将永生。

4.课后作业

(1)给家人讲述颜真卿书法成长路上的故事；练习写 10 个“颜体”字。

(2)搜集感兴趣的书法文化常识。

【板书设计】

颜真卿

人物简介　成长故事　代表作品　字体特点　高尚人格

【教学反思】

这节课，是我围绕四年级上册第 13 课的知识链接，展开的书法文化课教学。书中只是对"颜筋柳骨"进行解说，因为我们主要学习的是颜体，而学生对颜真卿及其字体不是很了解，甚至在书法文化知识这一块比较匮乏，导致学生学习书法的热情并不高，也不够重视，所以想通过这节课，弥补这一短板并达到我的教学目标。

我认为这节课的设计，对颜真卿的介绍比较全面、丰富，环节安排紧凑，思路清晰流畅，教学方法灵活多样、生动有趣，符合四年级学生的年龄特点，易理解、易接受，基本能够达到教学目标。因为我校是书法特色学校，因此，我从学生熟悉的校园书法文化入手，让学生找到“文化自信”，让学生油然而生一种身在这样一个墨香校园的自豪感，因“书法”而自豪，因与书法结缘而庆幸，激发他们对学校、对书法的热爱之情。再转而聊到书法的价值、聊到颜真卿的书法成长之路、代表作品、字体特点以及高尚人格，从不同的角度去了解颜真卿，充实了学生的书法文化知识，激发了学生热爱书法的情感和练习书法的积极性。“学书养志”，意在学习书法的过程中培养良好的品性、树立高尚的道德情操和人生志向。

当然，本课也有很多不足之处。课堂容量有点偏大，讲解偏多，也不够透彻。

针对以上问题，今后我首先要解决的就是自身书法文化知识欠缺的问题，以后要多钻研、多了解、多请教，不断充实自己。

三、教学研究

（一）校本教研

1.研究要求“四个一”

书法教研要求“四个一”，即每位老师每学期要讲一节书法研讨课，写一篇书法教学设计，写一篇关于书法的论文，书写一幅优秀的硬笔和毛笔作品。每学年学校举行书法教育论文发布会，交流教学所得。并进行评奖，把优秀的论文、设计送到上级单位参评，或集结成册。

2.坚持“四个倡导”

(1)倡导“双姿”优先 。“双姿”即书写时坐的姿势和握笔姿势。正确的“双姿”对提高书写水平很有帮助；错误的“双姿”，尤其是错误的握笔姿势不利于学生流畅书写，也影响书写美观。《义务教育语文课程标准(2011年版)》就对学生书写姿势提出了明确的要求：“努力养成良好的写字习惯，写字姿势正确，书写规范、端正、整洁。”《中小学书法教育指导纲要》指出：“掌握执笔要领，书写姿势正确，不急不躁，专心致志。”

所谓“双姿”优先，就是在进行书法教学时，先进行“双姿”训练，即“练字先练姿”。先做到姿势正确，然后动笔写字，以便事半功倍。

正确的坐姿，即头正、身直、臂开、足安。就毛笔坐姿而言，要做到身体坐正，两腿自然平放，头和上身稍向前倾，两臂平放在桌面。右手执笔写字，左手按纸，纸要放正。就硬笔而言，还应做到“三个一”，即胸部离桌子一拳，眼离纸面一尺，手离笔尖一寸。

正确的毛笔握笔姿势。五指执笔，从大拇指到小指五个手指都承担任务，即“按、压、勾、格、抵”，同时做到执笔点正确、笔杆扣点正确、角度正确、掌心留空缝、手腕正确。

在写字教学中，我们始终把“双姿”训练放在重要位置。一是讲解。从一年级开学起，教师通过讲解让学生知晓正确的“双姿”，并用几个关键字词描述。二是示范。老师、同伴分别进行示范引领，也可以把正确的“双姿”拍成图片张贴室内。此外，持之以恒进行训练。任课教师时时提醒学生注意“双姿”，学校随机对学生的“双姿”进行抽查，确保“双姿”正确。

(2)倡导“全员教字”。“全员教字”即所有任课教师都承担写字教学的任务，无论是书法课、语文课老师，还是数学课、英语课老师，甚至是体育课老师，只要是上课，只要涉及写字，都要带上“书法课”老师的影子，主动承担教学写字的任务。一是教师在板书时用优美的书写为学生示范；二是教师在批阅学生作业时，把书写纳入批阅范围，对书写错误、不规范的字进行纠正；三是老师在批阅学生作业时把书写水平、书写态度列为评价内容，即使答案全部正确，如果在书写上存在问题，也不能得满分。

(3)倡导“提笔即是练字时”。《中小学书法教育指导纲要》中指出，要让学生“养成提笔就是练字时的习惯”。

“提笔即是练字时”是一种良好的书写习惯，也是一种良好的书写态度。练字，尤其是硬笔书法，不要刻意的安排专门的时间去练，平时每写一个字，都是书法练习。把日常书写当成书法练习，可以培养良好的书写习惯，也可以消除书写练习的功利性。

要做到“提笔即是练字时”，首先要树立良好的书写心态。老师要教育学生把字写端正、写美，不只是给书法老师看的，是给所有人看的，时时处处都要把字写好，这也是对看你字的人的尊重。其次，要跟学生算时间账。提笔练字可以节省大量的练字时间。一天中，真正练书法的时间是有限的，而提笔书写作业的时间远远长于书法课时间。把写作业当成练书法，静心书写，不慌不忙，既完成了作业，又练习了书法，一举两得。第三，要学会迁移。要引导学生把书法课中学到的书写要领、技法运用到作业的书写中去，把写作业当成书法课的巩固练习活动。

(4)学科渗透“两做到”。注重书法教育与德育、美育等的融合。一方面在书道传授中渗透德育、美育。中国的书法文化博大精深，书以载道，教化人生，适时渗透，效果颇佳。如在讲用笔的训练时向学生传授“锋不偏、芒不露、形不滑、姿不媚”的书写之理和做人之道；在讲“主副配合”的原则时，进行团结协作的教育；在讲上下结构时强调重心在一条线上，进行“上下齐心”的教育；在讲穿插避让时，对学生进行“谦让互助”“团队精神”的教育；在讲“点画、笔法要规范”时教育学生做人也要守法，切勿越规。同时进行美育教育。

另一方面在技艺练习中渗透德育。练习书法贵在坚持，要对同一帖、同一字，甚至同一线条进行反复地书写，不厌其烦，持之以恒，坚持不懈，切忌三天打鱼，两天晒网，一曝十寒。学生可以从反复的练习中悟出许多道理：坚持就是成功；办事要认真负责，一丝不苟；学习要有恒心，要静心、虚心、细心和专心。不少顽皮的学生通过练习书法，性格变温和了，动作变含蓄了，修养提升了。

【墨课程实例】

浅谈书法教育中的德育功能

加强德育，立德树人，提高学生素质，是学校教育的根本问题。德育和提高学生素质的途径、方法各式各样，其中重视书法艺术的学习、实践、体验是十分有效的途径之一。二十三年的风雨历程，今天的52小学已经在翰墨香林的沐浴中成长为一朵奇葩，学校以书法作为创建品牌的切入点，走上了内涵式、特色化发展的道路。写字教育、书法艺术成为学校德育的源头活水，也是品牌学校特色中的最大亮点！

1.学习书法可以使学生增强自豪感、自信心

“王羲之”“柳公权”“欧阳询”“苏轼”……走进52小学，靠近每个班的教室门口，黄底黑字的班牌映入眼帘，教学楼走廊的墙壁上分布着书法家们的图片和介绍。这些德艺双馨的书法家们以他们特立独行的写字艺术赢得了后人的尊崇，从而形成了我国重视书法艺术的文化传统，我国的书法艺术更是早在一千年前就影响了日本、韩国等国家。52小学以“秉承传统文明、弘扬民族精神”为主题开展传统教育，每年开展书法节，布置文化长廊，让学生沉浸在翰墨飘香之中。当孩子们拿起笔，想起这些赫赫有名的大人物，了解他们在历史文化及人类发展史上的巨大贡献，学生的自豪感和自信心油然而生。

在秉承中华民族传统文化的精神感召下，52小学结合实际坚持走在了书法教育特色的道路上并且收获了累累硕果：“全国写字教育实验学校”“全国书画教育明星学校”“全国写字教育先进集体”“湖北省写字教育名校”“湖北省写字教育示范学校”“湖北省语言文字工作先进集体”“全国百强特色学校”“湖北省‘书法教育策略研究’课题实验先进学校”……在升旗仪式上，当这些光荣的称号被宣读，当知道被授予的是52小学时，哪个学生、哪个老师不欢呼雀跃。正是这些成功的喜悦让他们充满自豪的同时，更加坚定了写一手好字的信心。近年来随着学校取得更多的荣誉，影响力不断扩大，学校在书法教育道路上又进一步开创了“墨”课程体系，创新了以培养具有“静气、灵气、文气、豪气”品格的学生为目标的办学理念。全校师生一定会以更强劲的自信心和进取心在书法特色的道路上留下坚实的印迹。

2.书法艺术可以引导学生做人做事、培养良好的习惯

我国自古就有“字如其人”“书品即人品”的说法。在写字教学中，52小学的老师们充分发挥写字教学的教育作用，坚持德育的首要地位：推行“ 端端正正写字，堂堂正正做人”“讲普通话，写规范字，做文明人”“一手好字，一生受益”的教育理念，教育学生“会做人、做好人、做人好”。让学生从学习书法中体会和掌握做人艺术。

学校创建了书法教育这个平台，也让学生通过书法培养了自己良好的习惯。郭沫若曾说过：“培养中小学生写字，不一定人人都成为书法家，但要把字写得合乎规范，比较端正、熟练、易认。”这句话不但道出了写字教学的目的，而且也包含着对写字习惯的要求：规范、端正、美观。52小学的老师们，在写字教育的实践中，注重在指导学生写字时培养他们良好的习惯，强调：头正、身直、臂开、足安，要求学生按此要求做。学生们在书写的过程中，能端坐其中，注目凝神，久而久之，自觉形成了专注的习惯。写字需要临帖，

临帖的过程也让学生学会观察，锻炼观察能力、思维能力、审美能力，并养成良好的书写习惯。

学校还注重以书法为媒，树廉洁之风。举办以“廉洁文化”为主题的书法展，征集百余幅优秀的软笔、硬笔书法作品。唐代书法家柳公权曾劝谏穆宗：“用笔在心，心正则笔正。”可见，书法与人的心境有着密切的联系，书法是思想教育的重要工具，通过“廉洁”书法展，全校师生更懂得黑白之分，方正之美！学校还建立了完善可行的长效机制：制定了《廉洁文化与书法教育整合实施方案》，组建了廉政书法创作小组，让廉洁文化进入书法课堂，进入书法活动，融入学校的书法文化中。

3.书法的书写内容，成为学生最简洁而丰富的精神营养

“积善成德”“天道酬勤”“书山有路勤为径，学海无涯苦作舟”……每次进行书法展的时候，这些好诗好句、格言警语都会被同学们信手拈来。毫无疑问，这些积极向上的励志励行的美好诗句已经耳熟能详，也充分体现了学生们的人生观念、价值取向，也许他们还未察觉，通过书法，在那一笔一画的喃喃自语中，在视觉艺术的潜移默化里，他们的心灵更加纯净，思想受到启迪，他们对待人生的态度更加积极、进取。

过去凡受过教育的文化人，一般都能写一手好字。今天在学校里要学的内容越来越多，我们不可能要求所有学生再像过去那样，都用很多时间去练习写字。在52小学，抽出每天20分钟和一周一节书法课的时间，在老师的引导下，让学生练习写字，为的是让每一个学生都徜徉在书法的海洋中，增进学生对中华传统文化的认识、理解，培养他们的兴趣爱好，并为之坚持，让书法的美好和精华通过日积月累的点滴渗透融进学生的骨子里，融进他们的血液之中，为学生今后全面素质的发展奠定良好的基础。

对于中华民族来说，书法水平是民族文化素质的一个标志，也是教育质量的体现。对于52小学来说，写字教育、书法艺术已然成为52小学德育源头的一股活水，将更有力地推动学校在特色化发展的道路上越走越远……（刘敏）

浅谈如何在常规书法教学中进行德育渗透

在书法教学过程中，教师必须具备德育意识，做到学书法与学做人并行，让德育在书法教学中生根开花，让书法教育在培养社会主义现代化人才的教育浪潮中发挥独特作用。作为一名书法名校的语文老师，同时又是一名班主任，我就来谈一谈我在常规书法教学中是如何进行德育渗透的。

1.讲述书法历史，激发爱国情感

书法教学任务，不仅是教学生写字，还要让学生了解中国书法的历史，学习古今著名书法家的民族气节和爱国主义精神。我在正式上书法课之前，会先对学生进行书法

文化的专题教育，包括古今书法家，书法的发展历程及中国书法的地位等。当讲到中国书法是世界非物质文化遗产，随着经济全球化，汉语已经在全球普及，世界已开办了上百所“孔子学院”，很多国家都兴起了书法热，中国书法已经走向世界时，学生心中的那种民族自豪感不由得从晶亮的眼神和表情中散发出来。

三年级起步阶段，主要以颜体为主。在教学颜体书法时，我为了激发学生学习的兴趣，收集了大量资料，在课堂上讲述颜真卿的故事，让学生知道颜鲁公宁死不屈，“以死明志”的民族气节“惊天地，泣鬼神”，与日月同辉。其书法结构方正茂密，笔画横轻竖重，笔力浑厚、挺拔开阔雄劲。这更好地诠释了“书品即人品”，让学生感受颜真卿的人品，从而学习他的书品。

每次书法课，我都不忘讲一讲关于中国书法的故事和元素，在他们幼小的心灵中留下中国文化元素，让他们在敬畏书法的同时，渐渐走近这一古老艺术，感受书法教育，受到爱国教育。

2.讲授书写技巧，塑造美好心灵

书品即人品、写字学做人。以书载道，教化人生，确实写字和做人有着千丝万缕的联系。我在课堂教学中始终贯穿这一教学理念，因为学习书法本来就是一个很好的育人载体。举个例子，学生刚开始练习书法时，稍不留意就会把墨汁弄到桌子上、手上、作品上、衣服上等，学生很无奈，家长很难过。究其原因，学生倒墨没有度，做事粗心毛躁，因此我就从教学生倒墨、用墨开始，把握适度原则，培养专心致志的学习态度和认真细致的办事风格。

中国汉字比较复杂，汉字中的点与线，凝聚了大自然的灵气，再现了书写者的情感。笔画排列要么疏可走马，要么密不容针，笔画之间的穿插避让，结构章法中可寻求平衡与稳定，这与做人处事相契合，使学生在趣味盎然的自行分析中掌握写字规律，明白做人道理。如：在讲左右结构时，“林”字左边“木”字末笔改捺为点，以求和谐美观，从而引导学生平时与同学相处时也要学会谦让互助，才不会引发不必要的矛盾。让学生在汉字书写中明白穿插避让的特点及道理。再比如写字之前先让学生观察汉字的结构占位，左窄右宽的字，左边要给右边让位等，这也体现了互相谦让的道理。

通过每次的教学实践，每个字的写法讲解和不断练习，让学生明白做人的道理，陶冶情操，美化心灵。

3.鼓励学生尝试，增强书写信心

对于大多数学生来说，会写字不是难事，写好字却比较难，尤其是对三年级毛笔书法刚起步的学生来说，让本就枯燥乏味的事情变得更加有压力。很多学生因为不熟悉、不擅长而望而却步，缺乏信心。因此，我走近学生身边，告诉他们老师的秘密——十年前我来这个学校当老师的时候，才真正接触毛笔字，在这之前也是连毛笔都没摸过，和同学们一样。但来到这个学校之后，看到这么多老师还有高年级同学们的毛笔字都写得很好，我感到很惭愧，因此从那时起勤学苦练，向老师请教，坚持每天练习，从点横撇捺到一幅完整的作品，我用了一年多的时间，相信大家也可以。

我通过自己的故事，鼓励学生不要把书写当成一件很难的事，要敢于尝试，并且下定决心，坚信别人能做到的事，自己也可以做到。我鼓励他们勇于尝试，从最简单的笔画开始，反复练习，从笔画到一个个的字，再到一幅幅书法作品。对于学生的点滴进步，我总是及时予以鼓励，并耐心地指出他们的不足，告诉他们怎么改进，慢慢地学生不再那么害怕和抗拒了，我明显地感受到他们的自信心增强了。

在平时的教学中，我坚持在学生面前范写，并且敢于直面和反思自己的不足。比如我在教学某个字的时候，会先讲要领，然后亲自示范，由于自己也是一个学习者，所以不一定每次都能写得完美，对于一些失误，我在学生面前从不避讳，会直接告诉学生老师也在尝试和学习，自我反思哪些地方写得不好，然后反复改写两遍，再让学生练习。学生通过这个过程放松了许多，并且能够学习老师那样尝试和修改，直到写好为止。

通过书法教学和练习，我将我自己的故事分享给学生，并以身示范，给他们树立正确的人生观和价值观，让学生在书法练习中锻炼自己，增强自信心，并且这种自信心也可以映射在其他学科上，映射在生活中，让他们能够有克服困难的勇气，自信地面对今后的人生。

4.要求静心练习，磨炼坚强意志

古人关于修身养性之道的论述可谓汗牛充栋，而“静”和“忍”则是他们特别强调的。“静”对人的身心是非常有益的，可以克服急躁的心理，而学习书法，既要讲求入静，又要讲究坚持。对书法的学习，基本功训练非常重要。如何掌握正确的书写姿势，如何写出精美、有力的笔画以及怎样临习前贤书法等等。这些技能的习得都要在心平气和、不激不励入静的状态下，通过长期的不辍临池才能达到。

因此在每天学生书写之前，我都会带着学生“静心”。学生经过课下的放松喧闹，变得心浮气躁，于是我带领学生闭上双眼、手脚放松、深呼吸一分钟之后再开始书写，学生会很快进入静心的状态。这种静心训练不管是对其他学科的学习，还是生活中的为人处世都大有益处。除此以外，我还跟学生讲很多书法家刻苦学习的励志故事。如：草圣张芝苦练书法，池水尽墨；智永和尚为练书法足不出户，退笔成冢。通过这些故事可知，凡是成就大事者，不惟有超世之才，亦有坚韧不拔之志。通过这些耳熟能详的故事，让学生逐渐练就坚毅的品质，直面人生挫折。（毕春燕）

（二）课题研究

课题研究是探索书法教育教学的方法，拓宽书法教育的途径，提升书法教育水平的重要途径。学校可组建书法、语文教师团队，以课题的形式对书法教育进行专项研究。

52小学的书法教育水平就是在课题研究中得以提升的。2005年5月—2010年7月承担湖北省教研室《提高写字教学质量研究》的课题研究。通过研究，学校探索出了书法师资建设的一套做法，研究出书法教学四步法。2007年5月被湖北省教研室授予湖北省写字教学先进学校，学校在全省书法教学工作会上做经验交流，书法教学四步法向全省推介。

2013年3月—2016年10月，我校承担中国教育学会书法专业委员会“十二五”书法教育规划课题《以书法教育促进校园文化建设》。2014年3月26日，我校承办原东风教育分局教研室书法教育课题研讨暨“书法教育策略研究”课题（中国书法教育专业委员会立项课题）开题仪式。我校教师田厚礼展示了一节毛笔书法课《示字旁的写法》。2014年11月，湖北省书法教育专业委员会组织的课题“书法教育策略研究”中期评估暨表彰会在我校举行，我校获得课题研究先进学校称号。课题研究过程中，我校突出书法课堂教学研究，营造书法文化氛围，梳理书法教育教学体系、培训体系、文化体系、活动体系，推动书法教育品牌的建设，为墨课程建设打下坚实的基础。2016年10月课题如期完成结题，并被评为一等奖。

【墨课程实例】

《以书法教育促进校园文化建设的研究》课题研究方案

课题组

（2013年3月13日）

1.课题的提出和研究的价值

《中小学书法教育指导纲要》中指出：“汉字和以汉字为载体的中国书法是中华民族的文化瑰宝，是人类文明的宝贵财富。书法教育对培养学生的书写能力、审美能力和文化品质具有重要作用。”我们以书法教育为抓手和切入口，通过本课题的研究，使学生在整个小学阶 段有步骤地掌握书法知识技能，发展书法的感知、欣赏、表现、创造等能力，接受书法艺术熏陶，提升文化艺术修养。

2.课题的界定

(1)关于“书法教育”。开展“书法教育”，作为基本点，首先要落实《语文课程标准》对不同学段的书法教学制定的具体目标与要求，并充分利用和挖掘我国书法的内在价值，发挥学校、家庭、社会教育资源功效，进行有效整合。通过丰富多彩的书法教育活动，让学生受到艺术之熏陶，汲取书法之精髓，逐步挖掘学生的潜能，张扬学生的个性，提升学生的品位，从而形成一种提高学生文化艺术修养，促进学生整体素质全面发展的一种教育模式。

(2)关于“校园文化建设”。校园文化主要由观念文化、制度文化、物化的环境文化、文化活动系统、校本课程系统等要素构成。它具有共性与个性同在，隐性与显性兼容，感化和强制共存，单项与综合交织等特点，我们开展以书法教育为特色的校园文化建设，将坚持以深化课程改革和发展学校文化为依托，互相促进，不断优化校园环境，使之成为一门蕴涵着无言之美和智慧创新的潜在课程。

3.课题研究的目标

(1)加强和发展学校以书法教学为基础的书法教育，促进以书法教育为特色的校本课程建设，持之以恒，有效深化新课程改革。

(2)进一步发挥书法教育的综合功能，有效提高师生的综合素养和人文素养，不断深化素质教育，倡导“端端正正书法，堂堂正正做人”，传承中华文化，弘扬中华美德。

(3)推进学校以书法教育为主的校园文化建设和特色建设，把学校办成全国特色学校。

4.课题研究的主要内容和策略

(1)书法教育环境建设。充分开发和利用各种教育资源，建设以书法文化艺术为核心的校园环境。校园内增建古今著名书法家画像廊，古今著名书法家名品欣赏墙，学校师生优秀书法作品厅等，让学校的走廊、墙面、书法教室、展览室等充分展示书法传统艺术的魅力。利用各班教室，建设书法文化角，介绍书法名人故事、文房四宝史和书法习字技能，展示班级学生习作和学生书法心得。

(2)书法教育动态性文化建设。一年一度举办全校师生书法节。通过中国教育学会书法教育委员会、湖北省书法教育委员会、十堰市书法协会举行专家指导和展示活动，和小书法家见面活动。组织参加各级各类师生书法比赛活动，利用课余时间开展学生书法兴趣小组活动，进行书法启蒙教育，培养书法新苗。在学生中建立“小书法家”评选制度，开展星级评比。根据本校实际情况，制定书法星级班集体评比条例，每学期评选星级书法优秀班集体，注重整班性学生书写质量的提升，鼓励各班互相学习，不断进步。

(3)书法教育校本课程建设。①书法教育结合现行小学语文教学中关于书法教学的要求和规定，进一步 发展教学课程体系，加强书法教育校本课程建设。组织有经验的教师编写校本书 法教材。开设“1＋5”(每周一节 40 分钟长课和 5 节 20 分钟短课)书法特色教学活动课。②各学科教师人人关注学生书写方面应有的良好态度、习惯、姿势，力求每个学生各科书面作业都能写出一手规范、端正、美观的字体。改革学生作业评价，实施各科书面作业均有对学生书写评价。③改进课堂教学，探索书法教学模式。把握书法教学特点，运用现代教学手段，突出欣赏、品味、感悟、熏陶的教学方式或方法，提高学生的文化艺术修 养，升华爱国情感，提高审美情趣，催化人格人品，实现教人化人。

5.课题研究的方法

(1)文献资料法:通过对本课题相关理论的学习,一方面指导课题研究工作,另一方面丰富充实课题研究的理论,提高课题组成员的研究能力。

(2)行动研究法:针对教育活动和教育实践中的问题,在行动研究中不断地探索、改进和解决教育实际问题。

(3)观察法:全面地、有目的地、有计划地对实验对象进行观察,了解掌握实验进展情况,不断总结,及时发现不足并改进实验。

(4)经验总结法:对其所从事的教育管理活动过程加以主观回顾,通过分析和思考,将教育管理措施、教育现象和教育效果之间关系的感性认识,上升到理性认识的一种研究方法。

6.课题研究的保障措施

(1)学校建立以校长为组长的书法课题组,成立校长亲自挂帅的"教师书法协会"。

(2)课题研究的组织机构科学,人员分工合理,管理制度明确,本课题研究人员年龄结构合理,且都为学校骨干教师。

(3)本实验是学校发展规划中的重要内容之一,在实施过程中,将得到最大限度的时间保证,并将得到学校各方力量的支持和配合。

(4)加强课题管理。做好各阶段小结及资料收集整理工作,开展好成果展示活动,完善奖惩制度。

(5)崭新的校园和硬件设施优化了办学条件,也为发展书法教育创设了更为有利的平台。

7.研究步骤

(1) 准备阶段(2013.3－2013.9)。①收集有关资料,组织相关人员学习和培训 ;②完成课题的申报;③完成课题的开题报告和实施方案。

(2) 实施阶段(2013.10－2016.7)。①按照课题实施方案全面开展研究工作 ;②阶段评估、小结,中期成果展示;③撰写阶段总结、经验论文、个案分析 。

(3) 结题阶段(2016.9－2017.3) 。①课题资料收集、整理、汇编 ;②撰写课题研究报告工作总结。

第二节　培训体系

"工欲善其事,必先利其器"。开展书法教育的先决条件,就是要有一支能写字、会写字、会教字的书法教师队伍。学校必须高度重视师资培训,提高教师书写水平和教学水平，组建一支由书法老师、语文老师、美术老师为核心的书法教育师资队伍。

一、培训路径

校本培训。学校组建“兰亭书社”，每学期都安排书法专项培训，学期中每月安排一次；学期结束时，集中安排2～3天，培训近40课时。此外，学校安排训练任务，教师自行练习。特别是寒、暑假，学校布置一定数量的书写任务，开学初进行考核、讲评和展览。

校外培训。即派老师到市外，参加书法骨干教师培训，参加国培书法班培训和其他各级各类的培训。当然，学校还组织全校教师赴市外其他书法名校取经学习。

二、激励措施

一是以标激练。树立“三个一”目标，即：每天练写一页硬笔字、一页毛笔字、一学年晋升一个书写级别。二是以师导练。学校安排本校优秀书法教师给老师们作书法专题讲座，指导老师们规范使用书法专业术语，提高书法教学水平和自身书写水平。同时，学校还邀请校外著名书法家王军、廖敬彦、李志刚、黄家喜、刘端文等到校对全校教师培训。三是以赛促练。学校每年开展两次大型的书法比赛——书法节和“迎新春”书法作品征集赛。四是以制保练。制定《52小学教师绩效奖励条例》《52小学学生写字级别测评制度》《52小学写字教研制度》《52小学写字优秀班级评比制度》等相关制度，确保练有实效。

通过一系列扎扎实实的培训，书法师资队伍逐渐建立起来，并形成梯队。

三、工作室培训

由湖北省书法教育名师陈家林挂帅组建“陈家林名师工作室”（原东风教育分局授牌）。工作室10名成员定期开展培训，举办笔友会，交流练习心得，开展书法教学研讨活动，在学校起到领航作用。工作室成员进步快，深深吸引着工作室外的老师，让他们羡慕不已。

【墨课程实例】

陈家林名师工作室

位于52小学书香楼五楼的陈家林名师工作室，是目前十堰市教育系统官方成立的唯一的小学书法名师工作室。该工作室自成立以来始终坚持以小学书法课堂教学研究、培养小学书法学科骨干教师为目标，始终坚持以弘扬中国传统书法文化为己任，不断前行，至今已走过3年有余。

时间回到2018年，根据原东风教育分局关于名师工作室实施方案的指示精神，并结合52小学书法教育特色，陈家林名师工作室便应运而生。主持人陈家林是该校资深书法教师，也是远近闻名的书法家，他不仅精通欧、颜、柳、赵的楷书，对篆、隶、行、草书也是驾轻就熟。从教30多年的他，在书法创作、书法教学等方面都有很深的造诣。不仅如此，他在书法理论方面也有自己的研究，先后在各类教育杂志发表书法教学论文多篇，并被十堰城区多所学校聘为书法教学培训教师。工作室成立时共吸收了来自原东风教育分局4所学校的8名老师，他们有的是学校的教学骨干，有的是刚走上教学岗位不久的教坛新秀，虽然这些老师所在学校彼此相隔很远，但都因为书法而相聚在一起。

近年来，书法教育越来越得到全社会的重视。作为地级市的书法名师工作室，自然得到了不少同行的关注，城区周边不少兄弟学校主动联系工作室老师，要求到校进行书法教学交流。2018年12月13日至14日，应竹溪县教育局的邀请，工作室主持人陈家林及工作室成员罗卫杰前往竹溪清凉小学参加"送教下乡"活动，罗卫杰老师执教《单人旁与双人旁》一课，课中将一看二范三练四评五改五步教学法精彩呈现出来，深受在场老师的好评。

在3年的时间里，陈家林名师工作室努力帮扶成员以及其他老师成长为学科合格教师、优秀教师。这期间开展了扎实有效的活动——每月一次的书法基本功集训及研讨、每学期一次的兰亭书社青年教师书法培训、每年一度的庆元旦书法展、迎新春写春联等，并鼓励教师积极参加全国各类书法比赛。

"功夫不负有心人"，工作室每一位成员不仅在活动中练就了扎实的书法功底，在各校组织的书法活动中开始崭露头角，而且已经基本掌握书法课的教学步骤以及教学方法，在学校组织的竞赛课中有精彩表现。工作室成员宋鹏程、谭婷、沈涛已多次承担学校组织的各类书法研讨活动，罗卫杰、张娜等成员甚至已经成为学校的书法教学骨干力量，参与学校书法教学课题的研究。

2020年7月，陈家林名师工作室所在的52小学正式划归为茅箭区教育局管辖，工作室也因此有了另一个充满书香气息的名字——翰墨轩。与此同时，又有五所学校的数十名老师加入工作室中，队伍的壮大意味着责任的提升，陈家林名师工作室必将以更加饱满的热情，更加昂扬的斗志，为书法教育事业贡献更大的力量！（陈家林　沈　涛）

墨香点点　点点墨香

素纸轩墨，诗韵绵绵，抚一曲暗香疏影，书一段韶华流年，使得心也沉醉。——题记

少年时，与他相遇

世间万物总有一种缘分，在不经意间悄悄来临，与你相遇。

10岁那年，我回老家借读，认识了一位书画爱好者——莫爷爷，他是爷爷的一位好友。有一天，我跟着爷爷奶奶去拜访他，走进他家，屋子里墨香萦绕，墙壁上一幅幅字画赏心悦目。眼前，莫爷爷稳如泰山般站在桌前，正手握修长的毛笔，蘸墨、调笔，稍思片刻后，手快速抖动。他手腕灵活至极，用力巧妙，笔走龙蛇，似清风般灵动飘逸；笔尖点点，极尽变化，如练醉拳，时快时慢。顷刻，一行刚劲有力的行书跃然纸上。站在一旁观看的我，如痴如醉，竟忘了和莫爷爷打招呼。

“喜欢吗，丫头？”莫爷爷的话唤醒了沉醉的我，我重重地点了点头。

“来，试试吧。”

“我……我不会。”

“没关系，就像你平常写字那样。”莫爷爷和颜悦色地说道。

墨香中，我轻轻提起毛笔，在粗糙的宣纸上写下重重的一笔，那是我与书法美好的邂逅。从那以后，我一有空就去莫爷爷家，跟他学写字。莫爷爷教我怎样握笔、运腕、行笔。轻巧的毛笔握在莫爷爷手中，如施了魔法般，在宣纸上行走自如，可一到我手中，它好似牵着我狂奔的野马，忽而粗忽而细，忽而墨迹一团，忽而坑坑洼洼。几个回合下来，我有些毛躁了。

“孩子，写字须静气凝神。”莫爷爷叮咛道。

“嗯。”我再次把笔蘸上些许墨汁，深呼吸一口气，提笔，再落笔，一笔一画，享受手腕腾挪的快感，感受笔锋翻覆的意趣，心灵随着笔的提按渐至平静。虽然我的技巧还不纯熟，但是一个个字倒是有点模样了。

一年后，我从老家回到十堰读书，拜师学艺的路断了。但我依然谨记莫爷爷的教诲：“字如其人。端端正正书写，堂堂正正做人。”练习毛笔字的条件不成熟，我就认认真真写好钢笔字。美观工整的作业一次次受到老师的赞许，迎来同学的羡慕后，我更加坚定：我要和书法成为挚友。

青年时，与他相识

中华上下五千年的历史中，文字也在不停地发展，篆书、隶书、楷书、行书、草书，每一种字体都有它自己的韵味。它们有的圆润，有的端庄，有的豪放，有的娟秀。它们有灵动的跳跃，也有短暂的停顿。犹记少年时与它相遇，实在不懂那藕断丝连般的连带关系，也看不出一横一竖里的学问与规律。直至上师范以后，我接触了硬笔书法这门课程，懵懵懂懂认识了它。

那是开学的第一堂书法课，一位瘦瘦高高、十分和蔼的长者，夹着教本神采奕奕地走进教室，这便是我的书法老师。他走上讲台，在黑板上信手写下了两个苍劲有力的大字——书法。我顿时感受到他瘦弱的身躯里迸发出的那股强劲的力量，这不正似书法里的刚柔并济吗？我恍如又见到了莫爷爷，那样亲切。

每次书法课，老师给我们讲书法的历史与传承，讲书法家故事和书写技巧，每一堂课都似饕餮大餐，余味缭绕。

大饱耳福之后，便是潜心练习，方可真正吸纳消化。课余闲暇时，我独自一人坐在桌前，拿出字帖，一笔一画，认认真真地临摹，尽心地描，尽兴地写。老师告诉我们，书法与汉字密不可分，书法为汉字而生，能写出汉字就是一种美，写出汉字再加上独特的方法就变成了书法。我徜徉在汉字的海洋里，静静地聆听着汉字的窃窃私语，细细地品味着书法的神奇魅力。

日复一日地练习，我渐渐领悟了老师的话："横是平静却暗潮汹涌的湖面——悠长；竖似高耸的青松——挺拔；撇捺如同战场上勇士的刀刃——尖锐又锋利，寒光四射……所有的笔画都有属于自己的特征和性格。"真正认识了这些基本笔画，书写也更加得心应手了。提笔，挥下，写出生动美丽的汉字，斟酌，再写，一个个汉字在纸上欣然游走，引出无数遐思。

师范毕业，我加入了52小学这个温暖的集体。幸运至极，1998年，学校领导在仔细研究之后，做出了果断的选择，把书法这一中华民族的传统文化作为学校品牌建设的起点。而我，顺理成章地成了学校书法品牌建设路上一名光荣的参与者。我决定：硬笔书法继续练习，毛笔书法重操旧业。

想到又要挥毫泼墨，我内心莫名地兴奋。更令我兴奋的是，学校里有好几位书法专家，能给予我更专业的指导。我跟着专业老师从一笔一画开始练习，水墨在宣纸上随笔锋渲染开一丝一丝的纤维，而墨香气息也通过呼吸沁人心脾。

中年，与他相知

白驹过隙，渐入中年，书法已成了我生活中不可缺失的一部分。墨香韵长，纸笔交织，软硬互衬。书法，正美之时。

当心灵被各种的压力和焦灼填满时，我就会摊开一页宣纸，抖腕挥毫，随笔尖而舞。看墨迹的曲折变幻，听笔纸摩擦时的低吟浅唱，身心在瞬间便会感到无比的惬意和轻松。恍惚间，仿佛"独坐幽篁里"，仿佛"明月松间照"，仿佛"禅房花木深"……一切的不快早已烟消云散。

练书法的时日愈久，我的内心也愈发宁静，更喜欢沉浸在这种无法用言语表达的书法味道里。老子说过"大巧若拙"，真正的智者都是老老实实做功夫。我不仅要做好自己的功夫，也要带着我的学生做足功夫。

想象一下，在一个安静的教室里，学生们都在认真写字。整个教室里只有写字的沙沙声，所有的人都沉浸在中华文化的博大精深中，一撇一捺都认真地写着，每一个字都尽自己最大的努力写好。这样的场景，太美了！

每当想到这样的画面，我就会暗暗告诉自己："在孩子们学习书法的路上，我要做他们的榜样，成为他们的引路人。”课间，我常常在教室的后黑板上，一撇一捺，工工整整地写上一首古诗，我能感受到背后孩子们追寻的目光：有反思、有惊叹、有效仿、有行动……师生相互默默地较量中，我们教学相长。课上，我在投影下铺开宣纸，让笔锋似尖刀一般切入，像龙蛇一样游走，或轻或重，或急或缓，一气呵成……耳边传来孩子们啧啧称赞，我分明能感觉到孩子们悄悄给自己鼓劲，立志也要写出一手漂亮的毛笔字。

路漫漫其修远兮。在书法学习路上，我和孩子们不忘初心，让我们的笔端洋溢正气优雅的翰墨情怀，让沉淀千年的书法文化在我们认真书写的笔尖中流淌传承。

清代张潮在《幽梦影》中说：“花不可以无蝶，山不可以无泉，石不可以无苔，水不可以无藻，乔木不可以无藤萝，人不可以无癖。”人不可以无癖，无癖则生活寡然无味，无癖则生命黯然失色。

墨香点点，点点墨香。于我而言，书法是磨砺，是挑战，更是挚友，它教会我成长，也见证了我的成长。我与书法，如影相随……

（刘艳）

追逐书梦，我在路上

书法作为中国传统文化的独特表现艺术，被誉为：“无言的诗，无形的舞，无图的画，无声的乐。”有多少人在追逐书法之梦的路途中勤奋着、坚持着、快乐着……很幸运，我就是其中一员。

2012年金秋十月，我走进了52小学——全国书法教育示范学校，并担任书法教师，开启了我的书法之路。当我得知学校从1998年开始，便致力于打造书法特色教育品牌，且取得了诸多荣誉和成就，就被这浓郁的墨香校园深深吸引。虽有一点书法功底，看到老师和同学们的书法作品，我也只能汗颜。同时，也开始隐隐地担忧——我的书法水平如此薄弱，如何承担书法教师之职？如何起到示范引领的作用？

后来证明，我的担忧是多余的。学校为了提高老师们的书法水平，每周组织一次“兰亭书社”书法培训，分为基础班和提高班，毫无疑问，我在基础班，是专门针对五年以内入职的青年教师，由我校书法名师陈家林执教。除了练习提高我们的书法水平，还传授我校自创的书法教学“四步法”。学习书法，并非易事，教好书法，谈何容易？俗话说，师傅领进门，修行在个人，剩下的，就靠自己勤学勤练勤钻研了。于是，跟其他老师一样，一有闲暇，即铺纸蘸墨，提笔练字。

不久后，在一次语文素养大赛中，要求现场展示书法，我又犯了难——以我现有的水平，展示书法水平，那不是给学校丢脸吗？石校长看出了我的心思，便找陈老师沟通，每天下班，帮我指导一个小时，陈老师爽快地答应了。于是，每天下班后，我都去书法室练字，陈老师耐心地给我示范、讲解、指导……回家的路，洒满了月光，也照亮了我前进的路。在陈老师的指导下，我的书法水平显著提高，现场展示书法时，受到了评委老师们的一致好评："不愧是书法特色学校！"我笑着说："我算是我们学校书法水平比较差的了！"不是谦虚，是确实如此。从那时起，我更加为我是52小学的一名老师而骄傲，也更加坚定地要走好我的书法之路。

路漫漫其修远兮，吾将上下而求索。每天中午，短短20分钟的写字课，我都会精心备课、反复练习、讲解示范，认真上好每一堂课。每周一节书法课，没课的时候就去听别的老师讲课，或者课余时间向陈老师请教指点。每年一度的书法节，要交书法作品，总是一遍又一遍地练习，就像交一份考卷一样慎重……虽然还没做到如龚校长所说的"一年像样，两年出样，三年榜样"，有些惭愧，但看到自己一点一滴地在进步，也有些许的成就感。转眼，十年过去了，我自认已成长为一名"及格"的书法老师。这十年里，无论多忙，每天最惬意的事、必做的事就是练练毛笔字，在办公室练，在家练，上班时练，放假时也练，这已然成了我无法割舍的习惯和爱好。因为大家都在进步，我跟别的老师的书法水平还是存在很大差距。书法文化博大精深，学贵有恒，需要长时间去练习、去探索、去参悟，才能不断进步。

"书品即人品、写字学做人。"学习书法，并非人人都要成为书法家，更不仅仅是要写一手漂亮的中国字，重要的是培养良好的行为习惯、审美情趣和内在品质。这是我在这十年的书法学习生涯中最大的感悟，也是我秉承的教学宗旨。练字先练姿，正襟危坐、静心书写、修身养性，我也慢慢地变得更加专注、更有耐心、更是严谨。从笔画的形态与笔法中，体味"锋不偏、芒不露、行不滑、姿不媚"的美感和做人的道理。只有我真正体会到了书法的魅力，才能做好书法教育的"摆渡人"，让学生也在书法的熏陶下，做一个更优秀的人。

书法之路勤为径，学海无涯"持"作舟。在追逐书法梦这条没有尽头的道路上，没有坦途，没有捷径，我告诉自己：唯有勤奋，唯有坚持，你才能走得更远，才能看到更多更美的风景。学校是那奔流不息的水，我们是那乘风破浪的舟，让我们扬帆远航，一起追逐书梦吧！

（周小英）

我与书法的故事

中国书法历史悠久，源远流长，被认为是中国传统文化的结晶，是一门具有极高文化品格的艺术。古人亦有云，古之善书者多寿，心故定也。人能定其心，何事不可为？书法作为我国的艺术瑰宝，其修身养性的作用不言而喻，也深深地影响了书法爱好者的品质与精神。52小学作为全国书法示范学校，其"墨"文化不仅影响了一届届学子，更为我校爱好书法的教师提供了成长的摇篮。自从踏入东风52小学，我便与书法结下了不解之缘。

初识书法让我动其意。

我虽出生于一个农村家庭，但我的外公和父亲却酷爱书法。记得那是我孩童时代，每当春节来临前，各家各户都忙里忙外，到处张罗着准备门画，贴春联可是一项最重要的“工程”。那时家庭经济条件并不宽裕，为了节省买对联的开支，自己动手写对联便成了我家每年腊月二十八的主要任务。那天，父亲早早地起来，把家里最大的桌子搬到门外，找一处略平的地方支得稳稳当当，我也跟着忙得不亦乐乎，裁红纸、找毡子，准备笔墨。外公则拿一把椅子端坐在门口翻阅着一本写满对联的书，时不时嘴里还念叨几句，一会儿问道这副咋样，一会儿又说这不够福气。挑来选去，终于选好了称心如意的一幅，准备动笔时已日过竿头。周围的邻居们也都围了一圈。只见外公卷起袖子，整平纸张又提起来，对折几个来回，一张火红的纸上便呈现了几个方方正正的格子。接着又铺好纸，沾沾墨，弯下腰开始了第一幅大作。我站在外公的对面看着毛笔在纸上如一条小黑鱼来回游走着，外公时而提笔时而重按，一个字写好了，他又来回审视，只见他皱起眉头，又用笔尖填补了笔画，接着微微一笑地说：“拉——”，我便把写好字的纸往我这边拉一下，外公接着沾沾写写，旁边的邻居们也都静静地看着。一会儿上联就写好了。外公又放下笔，双手捏着对联的顶端从上到下扫视一遍，嘴角扬起一丝丝微笑，还不时地点点头。周围的邻居也不停地赞叹：“这字写得好，帮我们一起写了。”外公则哈哈大笑起来毫不谦虚地说：“把纸准备好，中午把酒也准备好啊！”顿时全场变得更热闹了。看着外公一脸的骄傲，我顿时心里有了一股羡慕之意，如果我也能写出这么漂亮的毛笔字该多好呀！我心里暗暗想着。从此，在闲余之时我也会拿出父亲的毛笔，找出一块白纸，在上面随意地挥舞着。

再会书法让我动其心。

踏入湖北师范学院，我选择了中文系。刚接触汉语言文学专业，其丰富多彩的文学活动便深深吸引了我。最让我难忘的就是加入了书法社团。每周会有两次书法课，我从不缺席。在一间充满墨香气息的书法室里，我们可以欣赏到雍容大度、舒展流畅的魏隶；还可以领略到草书的潇洒豪放，秀逸清奇。每当看着书法老师开怀畅写时，心中如同春风来袭，激荡着我的内心深处。但在我看到社团同学的作品时，更使我对书法动了眷爱之心。记得那是一节书法课结束后，我和两位室友一起走在回宿舍的路上。忽然一句宣传语映入我的眼帘。“运动更快，更美，更精神。”其笔力雄强圆厚，气势庄严雄浑。我不禁赞叹道：“这字写得真好！”走在一起的室友说：“这不就是王奎写的嘛！”我睁大了眼睛看着他：“真的吗？”看着他也在盯着那一行字，嘴里还叨咕着：“写得确实好呀”。我才相信了这确实是出自王奎之手。瞬间我心里一股敬佩之情油然而生。端详着一列列遒劲的黑字，他们仿佛像摄人心魂的魔法棒，那无形的力量使我蠢蠢欲动。渐渐地，书法成了我的一项业余爱好。

重逢书法让我动其情。

2016年我有幸通过教师招聘考试，当被通知分配到52小学时，我便迫不及待地找到了学校。刚踏入校门，“写好人生每一笔”几个大字映入眼帘。我环顾四周，依次看到“书香楼”“书品楼”“书道楼”。“难道这个学校与书法有关?”我心里默想。接着往里走，尚书广场的一个个“书”字及文化墙上各种与书法有关的内容让我坚定了自己的看法，也让我对这所学校产生了好感。上班第一天，作为新教师，在学校领导的带领下，欣赏了书法展厅，观摩了书法室，让我感受到了学校浓郁的墨香文化底蕴，学校的每一棵树，每一面墙，每一角的空气都蕴含着浓浓的文化气息。我爱上了这所学校，更爱上了这里的一切。从此，我每天都会揭开砚台，闻着墨香，唤醒头脑，砥砺前行。

开学不久，便进行了新教师书法培训。首先，书法教师陈老师向我们展示了各位老教师的作品，看着方劲古拙，如龟如鳖的隶书，那蚕头燕尾的长横如同荒漠中的一抹新绿，映入我的眼帘。这是我第一次认识隶书，其扁平的字体，重浊轻清，斩钉截铁。它们就仿佛充满魔法深深吸引了我。这节课中我不停地端详周围的作品，他们都是出自学校的前辈之手，让我倍感压力，同样也让我感觉到幸福。培训结束后，我便在网上购买了一本曹全碑的隶书。我也通过网络搜集了很多曹全碑的资料以及他的作品特点。几天后，拿到了书我便开始研究起来。圈圈点点，并不断地描摹基本笔画，蚕头燕尾的长横是其主要笔画。我便时常把笔墨纸砚放在桌面上，空闲之余我就写上几笔，渐渐地开始入门了隶书的用笔方法，并能描摹出长横，心里如同沾了蜜罐一般，也增长了我的信心，这也促使我学得更加有滋有味，读帖的枯燥之感也烟消云散。课外我也会从抖音等视频上观看一些与隶书相关的内容。日复一日，经过半年的学习，我对基本笔画有了初步的掌握，我便开始了集字练习。起初，每一个字到我的笔下变得歪歪扭扭，于是我加强了练习，每天一字，每字50遍，每写完一个，我对照着范字细细观察笔画的长短、占位、高低等。逐渐忽大忽小的字变得字体均匀。开始写得有模有样了，心里从开始的不安也逐渐平静下来。从那以后，闲暇之余我总会不由自主地拿出毛笔静静地写着，写着……

转眼，练习书法已经四年有余了，练书法已成了我生活的一部分。每当提起毛笔，心里的舒适感，愉悦感也不禁油然而生。

（陈杰）

我和书法的故事

2012年懵懂的我踏进了52小学，很荣幸成了这里的一名老师！这所学校有着一个响亮的名号——书法示范学校，这个称号是独一无二的！

走在翰墨飘香的校园，映入眼帘的3栋楼——书香楼、书道楼、书品楼；走到尚书广场，被镌刻在广场上的“书”字所吸引；走上每层楼走廊墙壁上悬挂着许多优秀师生书法作品，赏心悦目；踏进教室，每个班的门上都悬挂着以古代书法家命名的班牌；回到办公室，同事们也在教学办公之余沉浸在书法中。整个学校无不弥漫着书法的魅力。

我和书法的正式相遇是在学校的书法展览室。当我第一次参观这里时，就被墙上悬挂的一幅幅书法作品所吸引住了。首先映入眼帘的是《兰亭集序》，长长的卷幅在远处看起来密密麻麻，走近一看，每个字都遒劲飘逸，字迹工整却又不失灵动，我受到了深深的震撼。

我也好想写出这样的字啊。我打量着这幅作品，这纸和平时的其他纸张不同，微微泛黄，一面粗糙，一面略光滑。泛黄的色彩，给人一种古朴的感觉。我禁不住抚摸它……

当时的我还不懂书法文化的博大精深，听着学校书法大师陈家林老师讲解书法的历史，我被深深地吸引住了。原来书法是中国汉字独有的一种艺术形式。每个人每天都要说话写字，但书法这种表达汉字之美的形式却被很多人忽略了。我被这一个个中国汉字的美丽形态吸引住了，不禁有一种相见恨晚的感觉。

在这浓厚的书法氛围中，我第一次开始尝试书写几个字。我用笨拙的姿势拿起笔，落笔提压，笔法连绵，只见墨色流连于泛黄的宣纸上，纸上呈现出几个字，这种感觉真是奇妙，仿佛我与汉字相融了，笔尖与纸摩擦的声音仿佛都能听见。但是，初次尝试的字看起来并不美观，看起来很不协调。和蔼可亲的陈家林老师不知何时走到我身边，拿起笔给我示范。在他的笔下，每一个笔画都被安放在了适合的位置上，显得那么的完美。我感叹于原来简简单单的书写背后，也蕴藏着技巧和讲究，我暗下定决心：有朝一日也要像陈老师一样，能用笔表现出中国汉字独特的美！

作为一名书法初学者，陈家林老师指导我可以先从字形活泼、风格多样的隶书开始学习。在此后的日子里，闲暇之余我就练习隶书。“方劲古拙，如龟如鳖；蚕头燕尾，笔毕三折；燕不双飞，蚕无二设；重浊轻清，斩钉截铁。”这四句口诀我牢记在心。经过练习，我之前不协调的字有了一些进步，笔画看上去不那么别扭了，整个字体看上去流畅了不少。

日复一日，年复一年。在坚持不懈的练习中，我渐渐地体会到书法就好像我的精神必需品。书法本身是没有感情可言的，但当你以饱满的热情、亢奋的激情去注入，书法才会被赋予鲜活的生命情感。

隶书带我走进了书法殿堂的大门，作为书法示范学校的一名老师，我还同样肩负着指导学生练习书法的任务。学生主要以学习楷书为主。这又给我了一个新的挑战，楷书用笔方圆并施，点画棱角分明，结构精妙，与隶书的圆润扁平不同，从隶书到楷书的变化时常让我写成了“四不像”。学生在学习书法，我同样也在学习书法，因此我立下志愿，一定要给学生做出好的示范。

选择一本喜欢的楷书字帖，然后就是练，照着写，专业术语叫临帖。不管能不能写像，但一定要认真地，努力地去写“像”。这样练下去，一定会有所收获。

我坚信未来！

（王蕾）

第三节　活动体系

一、书法节

书法节是一年一度的书法教育盛会，更是书法教育成果的展示会。从2013年开始，学校每年5月坚持举行为期1个月的书法节活动。

每年的书法节活动主题鲜明，时代感强。

举行书法节的目的是为弘扬中华优秀传统文化，坚持以美育人、以美化人，引导学生树立正确的审美观念，陶冶高尚的审美情操。每届书法节，学校都紧扣时代脉搏确立主题，围绕主题开展书法教育活动。例如，第一届书法节（2013）主题“书品即人品、写字学做人”、第二届书法节（2014）主题“写好人生每一笔”都充分展示了书法与做人之道。第四届书法节（2016）的主题“信息技术让书法教育灵动起来”，借助信息技术手段，让书法教育大放光彩。第六届书法节（2018）主题“走进新时代，绘就书法梦”、第八届书法节（2020）主题“云中课堂传墨香”、第九届书法节（2021）主题“从小学党史，永远跟党走”，紧扣时代脉搏，以书法为媒，唱好主旋律，增强文化自信，助推书法教育的展示领域，彰显书法文化的软实力，对学生的教育意义深远。

每年的书法节活动特色鲜明，参与率高。

书法节是一场学生唱主角、书法为主色的盛会。全校性现场硬笔书法比赛和毛笔书法作品征集是书法节的规定项目。征集作品后，开展优秀作品评选和优秀作品展示活动，学生人人参与，参与率达100%。同时，每年的书法节举办书法特色活动。如，演讲“我和书法的故事”，讲“书法家故事”，展示“书法研究性学习”成果，创作书法手抄报，举行《追逐书梦》书法操比赛等。各具特色的书法活动，拓宽了书法教育的途径，延伸了书法教育的领域，从而打造了一批批具有“静气、灵气、文气、豪气”的墨香少年。

2020年5月，学生居家学习，但是书法节并没有停办。学校组织开展以“云中课堂传墨香”为主题的线上书法节。以“墨香”的名义战“疫”。各级同学提笔抗疫，以墨传情，创作书法作品，用一幅幅抗疫书法作品表达对抗疫战士的崇敬和爱戴，凝聚力量，践行“墨励人生”。

每年的书法节活动场面隆重，仪式感强。

九届书法节，每一届都举行隆重的开幕式和闭幕式，场面隆重，仪式感强，让人印象深刻。闭幕式上，有师生齐聚操场现场挥毫泼墨，有书法文艺节目表演，有书法名家现场展示，有优秀书法作品展示，有优秀书法作品的表彰，活动形式不一，精彩纷呈！

2013年5月28日第一届书法节闭幕仪式上，学校操场中心用课桌椅摆放着醒目的"52书"的造型，寓意52小学人对书法教育的孜孜追求和热爱。会上，十堰市教育局原副局长刘端文、原东风分局副局长王晋江到校祝贺，并为52小学颁授"十堰市少年儿童书法教育培训基地"牌匾。52小学聘请十堰市书法家协会常务副主席黄家喜、副主席刘端文、副主席刘国平、副主席兼秘书长李永涛等4位同志为52小学书法教育校外辅导员，聘请他们对52小学师生进行书法教育培训，指导学校开展书法教育特色建设。闭幕式上，学生朗诵《赞汉字》、吟唱古诗，表演书法广播操《写意生长》、舞蹈《中华少年学书法》与书法相关联的节目，书法家现场书法演示，指导书法技法。部分师生现场书法展演，把活动推向了高潮！

2019年的第七届书法节恰逢湖北省书法教育示范学校校长培训暨现场观摩活动在我校举行。当天，学校悬挂着第七届书法节书法作品展，1000余名学生齐聚操场上研墨习字，横竖撇捺尽显书法之美。学生正确的"双姿"和书写水平，受到来自全湖北省120多名的书法教育专家的一致好评。其间，与会专家欣赏了学校自编自导的舞蹈《墨舞人生》，和自编自创的书法操《追逐书梦》，整个活动奏响书法教育的乐章，彰显书法盛会的华彩！

2021年第九届书法节以"从小学党史，永远跟党走"为主题开展"童心向党"主题庆祝活动。操场中心摆放出"100"的图案造型，象征中国共产党建党100周年，学生现场书写并吟诵毛泽东的诗词《卜算子·咏梅》，表达永远跟党走的初心。

每年的书法节活动串联成册，延续性强。

从2013年开始，我校陆续编制了系列书法"墨迹册"——《墨韵》《墨缘》《墨润》《墨品》。书册中记录了学校书法教育特色建设的足迹，诠释了学校"墨"课程体系，展现了学校一校三风等。书册中有"校园文化""学校荣誉""教师队伍""教学活动""德育活动""书法活动""五节活动""教师作品""学生作品"等内容，图文并茂，充分展示了学校书法教育的成果，也记载了学校书法教育的心路历程。一页页飘着墨香的书册，一点点品味，一点点回忆，见证着学校书法教育发展壮大！两年一本的书法册，是书法节里的美味。

5月书法节，校园氤氲在墨香中，沉浸在墨韵里。全校师生在一届届书法节的活动中成长着、提升着，认真践行"写好人生每一笔"的校训。（表3-1）

表 3-1　52 小学历届书法节统计

届次	时间	主题	特色活动
1	2013.5	书品即人品、 写字学做人	1.征集教师作品 55 幅，征集学生作品 1090 幅 2.闭幕式摆“52 书”造型 3.市书法家协会领导为 52 小学授牌：十堰市少年儿童书法教育培训基地
2	2014.5	写好人生每一笔	1.开展为好作品点赞活动，被《十堰晚报》报道 2.征集教师作品 57 幅，征集学生作品 1220 幅
3	2015.5	墨香溢童年	1.征集教师作品 61 幅，征集学生作品 1288 幅 2.创编写字韵律操
4	2016.5	信息技术 让书法教育灵动起来	1.征集教师作品 63 幅，征集学生作品 1359 幅 2.邀请刘国平、黄家喜几位书法家现场书写展示
5	2017.5	翰墨飘香溢满校园	1.征集教师作品 73 幅，征集学生作品 1449 幅 2.创编《追逐书梦》书法操 3.开展书法社团进社区现场书写活动
6	2018.5	走进新时代 绘就书法梦	1.征集教师作品 75 幅，征集学生作品 1787 幅 2.书法文化墙再次设计建造 3.廉洁文化书法作品展
7	2019.5	墨润书梦	1.征集教师作品 75 幅，征集学生作品 1852 幅 2.与湖北省书法教育现场观摩暨培训活动同步举行 3.编制《墨润》书法册
8	2020.5	云中课堂传墨香	1.征集教师作品 80 幅，征集学生作品 1973 幅 2.举行班级线上书法展示
9	2021.5	从小学党史 永远跟党走	1.征集教师作品 85 幅，征集学生作品 2343 幅 2.举行“童心向党”主题庆祝活动 3.参加湖北省烽火实验杯书法竞赛活动

【墨课程实例】

十堰市东风 52 小学第七届“墨香杯”书法节活动方案

1.活动宗旨

(1)在新时代背景下，推进“墨”课程体系建设，全面展示我校书法特色教育成果，丰富书法活动，努力打造“墨香”精品课程，为特色品牌化奠基。

(2)为了迎接湖北省中小学书法教育工作现场会在我校的召开，充分展示我校书法教育风采，展现师生的书写水平。

2.活动主题：墨润书梦

3.活动时间：2019年4—5月

4.活动内容及日程安排

(1)“墨香杯”书法节开幕式。

时间：4月7日(周一)升旗仪式上。

(2)教师“兰亭书社”书法社团活动。

培训内容：书法专业素养(分层次培训)。

时间：具体通知以周历为准。

培训指导教师：陈家林。

(3)尚书广场“书”字征集。

时间：5月中下旬。

六年级：征集“书”，为母校留下墨香。

(4)书法课堂教学展示。

时间：5月上旬。

主讲教师：沈涛、田厚礼。

(5)书法广播操、书法韵律操展演。

时间：5月9日。

对象：全校学生。

比赛要求：动作整齐，一致；有可观性。

(6)现场书法书写。

时间：5月9日。

四至六年级学生及全校教师。

要求：各班认真练习书法，各班收集一套本学期已批改的作业本并上交教务处。

(7)“墨香书法”作品征集。

第一类：学生硬笔作品征集。

时间：4月18日。

参赛对象：一至六年级全校学生。

书写内容：要求主题健康向上，词语、成语、古诗词、散文等。

形式要求：学校统一发放纸张。

评比办法：以年级组为单位进行评比，由教务处负责，为获奖者颁发奖状。

第二类：学生毛笔作品征集。

时间安排:4 月 18 日。

参赛对象:三至六年级学生。

书写内容:主题健康向上,成语、古诗词、名言警句等,字数不做规定。

形式要求:宣纸,四年级根据学生情况,学校下发书法纸张。

评比办法:以年级组为单位进行评比,由教务处负责,为获奖者颁发奖状。

第三类:教师毛笔书法作品比赛。

参赛对象:全校教师。

书写内容:主题健康向上,成语、古诗词、名言警句等。

统一宣纸尺寸:三尺、四尺、斗方(四尺对裁)。

作品上交时间:4 月 18 日。

(8)编印《墨润》“墨迹”册。

完成时间:5 月 6 日。

主编:霍艳霞。

相关部门提供图片资料。

(9)闭幕式。

时间安排:时间待定。

5. 评奖事宜

(1)凡是提交书法作品的教师均发放“书法节”纪念品一份,严禁代写。

(2)学校根据所有比赛项目得分,以年级组为单位进行汇总,视得分情况给予不同层次的奖励,另外得分前 2 名评为第七届“书香班级”,颁发奖状。

二、书法操

52 小学第二套书法操《追逐书梦》于 2017 年春天创编完成。这套书法操以寻梦书法——追梦书法——圆梦书法为主线,以书写的技法为重点,共 6 节,每节 8 个 8 拍,时长 5 分 56 秒。

第一节寻梦书法和第六节圆梦书法,节奏明快,表现了 52 小学师生追寻书梦高远的理想和圆梦书法的无限愉悦。第二节到第五节,分别是双姿、笔画、结构、章法,是学生学习书法的技法,节奏舒缓,动作中融入了书法、太极、舞蹈等元素,柔中带刚,轻盈曼妙。

歌词：

追逐书梦

——十堰市东风52小学第二套书法操

（歌词：龚　明　周艳春　　音乐：郭长生　　编舞：覃世芬　曹　慧）

第一节　寻梦书法

来吧来吧，我们一起学书法

甲骨文是祖先，大篆小篆优雅

汉隶有章法，兰亭多潇洒

（诵）

张旭草书是飘逸的画

唐诗唐楷传天下

欧颜柳赵吐芳华

书道方圆是一家

第二节　双姿

（坐姿）头正—— 身直——

臂开—— 足安——

（握姿）按压钩格抵

第三节　笔画

横如勒马之缰绳

竖如万岁之枯藤

点如高山之坠石

钩如长空新月明

（诵）

一撇风展翅

一捺走四方

一提把鞭扬

一折蕴沧桑

第四节　结构

上有天，下有地，左右两边留空隙。

疏要展，密要细，笔画匀称才合理。

前呼应，后承启，笔断意连融一体。

有穿插，有避让，参差变化真美丽。

第五节　章法

意在笔先首字领篇行气贯通变化多端

第六节　圆梦书法

来吧来吧，我们一起学书法

字如其人，书为心画

追逐书梦，纵情挥洒

来吧来吧，我们一起学书法

写好人生每一笔

写出一个精神抖擞大中华

（诵）

字如其人，书为心画

追逐书梦，纵情挥洒

写好人生每一笔

写出一个精神抖擞的大中华

编舞：

第一节 寻梦书法

来吧来吧，我们一起学书法，甲骨文是祖先，大篆小篆优雅，汉隶有章法，兰亭多潇洒(诵)张旭草书是飘逸的画，唐诗唐楷传天下，欧颜柳赵吐芳华，书道方圆是一家

动作说明：

【来吧来吧，我们一起学书法】向左跑跳步，双手搭肩，随后，双手在身体两侧打开，逆时针跑跳步一圈；第二遍动作重复(向右跑跳)。

【甲骨文是祖先，大篆小篆优雅】双腿并拢，半蹲，向左边跳一步；右手背后，左手抬起食指点向头部；随后动作交换。

【汉隶有章法，兰亭多潇洒】双腿并拢，原地拍手小跳；随后两手位于身体两侧，跑跳步逆时针一圈。

【张旭草书是飘逸的画，唐诗唐楷传天下】向左迈左脚，同时左手背后，右手抬起，从左上方向右点四下，身体重心从左向右偏移；随后收右手右腿，双手背后。

【欧颜柳赵吐芳华，书道方圆是一家】动作同上，从右向左。

第二节 双姿

(坐姿)头正—— 身直——臂开—— 足安——

(握姿)按——压——钩——格——抵——

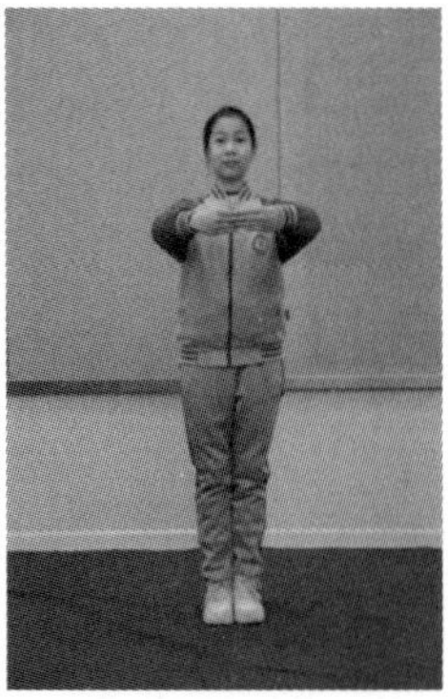

图示 1

图示 2

图示 3

握姿动作说明：

【按】(图示 1)：双手环于胸前握笔，右手握笔从右下侧向上过头顶划于胸前抱拳；随后换左手做同样动作；最后定位图示 1。(注意眼随手走，定位平视)

【压】(图示 2)：向左迈弓箭步，左手从左下侧向上过头顶划于胸前，同时收左腿；随后换右做同样动作；最后定位图示 1。(同样眼随手走)

【勾】(图示 1)：在图示 2 的基础上，双腿立正姿势，双手从胸前同时向两侧拉开画圆后收于胸前抱拳；随后向前推笔，收于胸前。

【格】(图示 3)：向左迈左腿左弓箭步，向左转上半身，双手握笔向左上侧推出。

【抵】：动作与“格”相反。在图示 3 的基础上向右转身，双手向右上侧推出。

第三节　笔画

横如勒马缰绳竖如万岁枯藤点如高山坠石钩如长空新月明

(诵)一撇凤展翅一捺走四方一提扬起鞭折折蕴沧桑

动作说明：

【横如勒马缰绳】向左侧迈左腿做弓箭步(图示 4)，同时右手握笔从左侧向右侧横向滑动，动作变为图示 5。

图示 4

图示 5

动作说明：

【点如高山坠石】右脚绷脚，脚尖虚点地，重心在左腿，右手握笔笔尖向下(图示 6)。

【钩如长空新月明】左侧迈步，双手从胸前向两侧划开，勾右脚，脚尖向上翘起(图示 7)。

图示 6

图示 7

动作说明：

【撇】向左侧迈弓箭步，同时右手握笔从右上方向左下侧划撇(图示 8)。

【一撇凤展翅】向左侧转身，立左腿，提右腿，右脚绷脚，脚尖贴左腿关节处；左手平伸指尖向前，手心向下；右手握笔向上立，笔尖向下，眼睛平视(图示 9)。

图示 8

图示 9

动作说明：

【一提扬起鞭】向右侧微转身，立右腿，提左腿，左脚绷脚，脚尖贴右腿膝关节，右手握笔向上立，笔尖向上，眼睛平视(图示 10)。

【折折蕴沧桑】身体向左侧立正转身，同时先左臂向前伸平，五指并拢；右臂从身后侧向前划圆，同时身体向下折 90°，眼看地，双手手心向下(图示 11)。

图示 10

图示 11

第四节　结构

上有天，下有地，左右两边留空隙。

疏要展，密要细，笔画匀称才合理。

前呼应，后承启，笔断意连融一体。

有穿插，有避让，参差变化真美丽。

动作说明：

【上有天，下有地】左手从左侧向上划到头顶，手心向上；右手向身后划，手心向上（图示 12）

【左右两边留空隙】向左迈左腿侧弓箭步，身体同时向左侧转身，双手同时向左侧划，手心向外（图示 13）；随后向右转身，交换动作。

图示 12

图示 13

图示 14

图示 15

图示 16

动作说明：

【疏要展】双手从身前向上打开至两侧平开，手心向上，右脚绷脚身前点地，重心左腿，眼睛平视（图示 14）。

【密要细】右腿在前，十字交叉踏步位，重心后移；双手身前，左手手心向下（外），右手从胸前（里）向上掏，定型动作为左手手心向下压，右手五指并拢，手心向左扬起（图示 15）。

【笔画匀称才合理】双手从右侧向左侧划，双腿交叉踏步位蹲，做亮相（右手手心向外，指尖立起，左手手心向上，向上推），身体向左微微侧弯，眼看地（图示 16）。

【前呼应，后承启，笔断意连融一体。有穿插，有避让，参差变化真美丽】(动作从第四节开头重复一遍)

第五节　章法

意在笔先　首字领篇　行气贯通　变化多端

动作说明：

【意在笔先】先左手手心向下，从身侧向身前划，再右手同动作，双手身前手心向下，双臂弧形，随后向身体胯骨划贴(图示17)。

【首字领篇(两遍)】双手身前交叠，掌心向内，随后左弓箭步，双手身前向外划，右手心向下压，左手五指并拢手心向右，向上划至头顶；第二遍换右边做(图示18)。

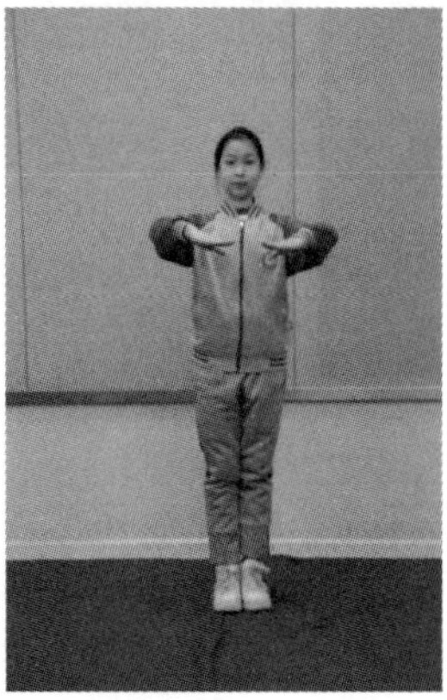

图示 17

图示 18

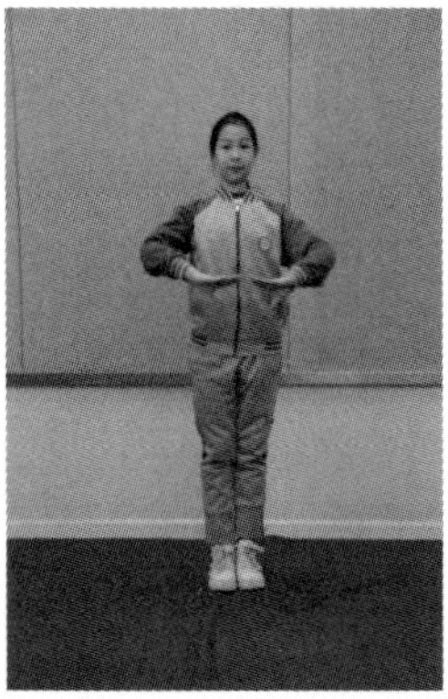

图示 19

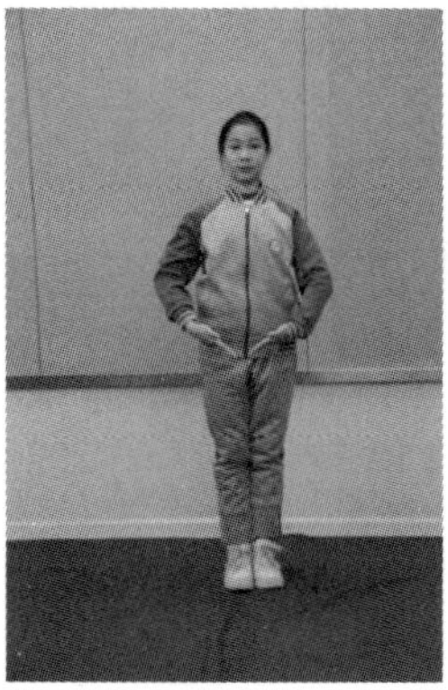

图示 20

图示 21

动作说明：

【行气贯通】双手掌心向下，从身侧划至胸前，双臂弧形(图示19)；随后双手立掌，掌心向前，指尖带动小臂向外画圆后掌心向上提(图示20)。

【变化多端】向左侧迈左脚半蹲，双手胸前向两侧划开，随后身体向上立，右手掌心向

下平抬，左手掌心向外扬起，抬头眼看手(图示 21)

第六节　圆梦书法

来吧来吧，我们一起学书法，

字如其人，书为心画，追逐书梦，纵情挥洒

(诵)字如其人，书为心画，

追逐书梦，纵情挥洒，

写好人生每一笔，写出一个精神抖擞的大中华

动作说明：

【来吧来吧，我们一起学书法】向左跑跳步，双手身体两侧打开，左手在上，右手在下，左后做招手状；随后，双手上举，跑跳步从左侧转身逆时针转一圈。第二遍重复动作(向右)。

【字如其人，书为心画】向左侧迈左脚半蹲，双手胸前向两侧划开，随后身体向上立，右手掌心向下平抬，左手掌心向外扬起，抬头眼看手；随后，左腿后移，放在右腿的后面，踏步半蹲，双手点向右方。

【追逐书梦，纵情挥洒】左手掌心向外，夹臂位于左侧，右手背后；随后从左侧逆时针一圈追鱼。

【字如其人，书为心画，追逐书梦，纵情挥洒，写好人生每一笔】学生按班级单双数交叉起伏。

【写出一个精神抖擞大中华】全体立正，左手背后，右手平举；随后逆时针转体一圈；随后向上抬起右手。

第二遍动作与第一遍动作一致。　(编舞：曹慧　演示：柯雯君　刘蓓凝)

三、书法社团

为拓宽书法教育的途径，弘扬和传承传统文化，学校开设了兰亭书社、拓片社团、篆刻社团、封泥社团。社团活动在每周的晚托时间进行，学校外聘辅导教师。在专业教师的指导下，学生兴趣浓厚，参加积极。

拓片社团。拓片是我国一项古老的传统技艺，距今 1000 多年，是使用宣纸和墨汁，将碑文、器皿上的文字或图案，清晰地拷贝出来的一种技能。通过拓印技术活动，让同学们学会如何制作拓片和欣赏拓片，帮助同学们丰富传统文化知识，加深对中国传统文化的了解，培养学生对待学习的耐心，克服困难的毅力。同时在活动中培养学生细心操作的科学态度。

书法与篆刻社团。活动过程中，同学们体验书法与篆刻技艺，体验中国博大精深的

书法技艺，传承传统文化和技艺。在现场篆刻的过程中，在刀锋与金石的碰撞声中，同学们体验到了篆刻方寸间的大智慧和大技艺。

学校聘请汉江师范学院文学院的“非遗传承人”曹国军教授、黄振东老师、王刘涛老师作为社团的指导教师。他们带领同学们学习书法、篆刻创作，同学们在学习技艺的同时，也增强了文化认同和文化自信。

【墨课程实例】

记一次拓印活动

四(5)班　岳浩然

11 月 29 日下午，老师带领我们在学校的报告厅里，参加了“书法文化传承与实践”活动。活动开始前，老师告诉我们今天会展示历史悠久的“金石传拓”技艺。拓片是什么？怎么制作拓片？拓片有什么作用呢？我带着满腹的疑问，跟随老师一起走进了活动现场。

我一进门，就看到桌子上摆放着各种工具，有的像雪白的大蒜，有的像常见的木头摇扇，有的像精致的碑石，还有各种形状的刷子。它们是干什么用的？为什么需要这么多的刷子呢？我的心里充满了疑惑。除此之外，我还看见桌子上还有浆水、喷壶、宣纸等工具。

首先，老师为我们播放了一段关于拓片的精彩视频，看完视频我恍然大悟：原来各种工具都有它的名称和用途，像雪白大蒜的工具是拓包，它用来打墨；像木头摇扇的工具是拓板，它用来匀墨；像精致碑石的工具是拓体，它用来拓印；还有各种刷子和小工具都有它的用途。

接下来，来自汉江师范学院书法专业的黄振东教授，他先向我们详细地讲解了拓片的历史渊源。据黄教授介绍，拓片技艺距今已有 1500 多年的历史，是我国一项古老的传统技艺，是使用宣纸和墨汁将碑文、器皿上的文字或图案清晰地拷贝出来的一种技能。然后，黄教授一边讲解一边向我们展示拓片的具体制作过程。经过拓印的一系列步骤，一张平淡无奇的宣纸上面竟然出现了一个优美的汉字。我们看得目瞪口呆，情不自禁地鼓起掌来。看到同学们的热情表现，老师把我们分成两个小组，鼓励我们轮流动手做拓片。听到这个消息，大家高兴得手舞足蹈，都忍不住跃跃欲试了。

“别激动，慢慢来。”班长说完就打起了头阵。只见她拿起鬃刷，细心地清理拓体，生怕一丝一毫的尘土影响了拓印的效果。之后，同学递给她一把毛刷，她小心地蘸些浆水，慢慢地涂到拓体上，那动作轻柔极了，犹如春风拂面。接着，轮到下一个同学了，“别……不要啊，你慢点……”还没等大家说完，他已经把宣纸直接放在涂满浆水的拓体上了。果不其然，宣纸的表面出现了许多大大小小的气泡，大家急得像热锅上的蚂蚁，不知道怎么办才好。正在这时，我们的“大救星”黄教授出现了，他耐心地说;“别担心，同学们，再做一次。只要紧贴着拓体，轻轻地、慢慢地放，就没有气泡了。”听完老师的话，同学们纷纷鼓励他，刚才那位同学鼓起了勇气再次尝试。

只见他小心地拿起宣纸，缓缓地将它放在了拓体上，同学们屏息凝神，目不转睛地注视着宣纸，生怕他砸锅的“历史”重演。还好，这次宣纸表面十分平展，大家终于都长长地松了一口气。紧接着，另一个同学拿起早已握在手中的喷壶，对准宣纸小心翼翼地喷水。之后，我们又在上面叠放了一张纸，目的是吸走多余的水分。接下来，班长拿起一把刷子，均匀地拍打着宣纸并时不时掀开，看看有没沾上浆水的地方。这一步完成之后，我和几个同学轮流用拓包蘸上了红墨，轻轻地、有序地拍打着宣纸。重复两次拍打动作后，完整的拓片基本上就形成了。到最后一步了，我们既紧张又激动地等待班长把它揭下来。此时，周围安静极了，仿佛只能听见轻微的呼吸声和心脏怦怦跳动的声音。随着班长轻柔的动作，宣纸上一个大大的“寿”字映入我们的眼帘。“哇，成功了！成功了！我们终于成功了！”大家都兴奋地欢呼起来。

最后，我们拿着拓印的“寿”字和各位老师及同学合影留念。通过这次的活动，我既学会了拓印的技艺，又感受到了中华文明的巨大魅力。拓印技术真有趣！它促进了人类社会的进步和文化的发展，体现了中国古代人民的智慧和才干！以后，我还要多多参加这类活动，不断学习，真期待下次的活动啊！

（指导教师：黄筱）

四、书法竞赛

举行丰富多彩的书法竞赛活动，是提高师生书写水平的最佳路径。依据学校特点，可以举行迎新年书法赛、春联书写赛、校名题写赛、毕业生题赠母校书法作品赛等。这里介绍一些赛事活动。

迎新年书法赛

每到年末岁首，学校组织“墨韵书香”迎新年书法作品征集活动，活动历时近1个月。学生在练习书法——现场书法——展评书法的过程中，以书为舞，浓墨饱蘸，表达对新年的期盼与喜悦。

“墨韵书香”庆元旦书法作品征集分硬笔书法和毛笔书法作品两类。书写内容有传统诗文、迎新吉祥语、经典话语等。在练习书法的过程中，学生不仅感受汉字的文化魅力和传统文化的博大精深，也品尝到了书写水平提升的快乐。特别值得一提的是，刚刚接触不到4个月的三年级学生，也积极参加毛笔书法作品征集，作品以四字词语为主，虽稚嫩，但她们的热情足以说明只要行动就有收获。

活动高潮就是现场书写。学生、教师齐聚一堂，执笔挥舞，挥毫泼墨，笔画之间尽显书法的飘逸与灵动，凸显书法的遒劲与浑厚，整个会场沉浸在墨香的氤氲之中。现场书写之后，学校组织评委老师对学生作品进行评审，评出一、二、三等奖。

优秀作品展，掀起一轮新的高潮。学校把师生作品悬挂在一楼走廊里，从书香楼到书品楼，好几百幅作品，让人目不暇接。作品有时候是装裱好的；有时候是半装裱的；有时候时间紧，来不及装裱，就直接把作品纸挂在线绳上。宣纸在冬风中舞动，成为校园一道独特的风景。逢大雪纷飞的极寒冬日，展览则会移到学校的报告厅，报告厅的四周、中间都会拉上线绳，悬挂作品。翰墨在灯光的映衬下，别有一番味道。

春联书写赛

每年元旦和春节前夕，学校都会举行“迎新春、写春联、贴春联、送祝福”活动，喜迎新年的到来。

春联贴班级，喜迎新一年。元旦前，学校教务处就会组织各班开展“庆元旦迎新年春联书写张贴”活动，挑选写得好的春联张贴在本班教室门口。一、二年级的学生比较小，毛笔书法还没有开始练习，就由五、六年级的大哥哥、大姐姐给他们送春联、送祝福。看着班班教室门口鲜红的春联，孩子们个个脸上洋溢出幸福的笑容。一时间，下课欣赏春联也成了孩子们的必修课，走班串门，互相欣赏，互相评价，互相学习。大家用这种传统的方式喜迎新年的到来。

春联进社区，社区喜洋洋。新春佳节到来之际，学校“兰亭书社”的同学，在学校大队部的带领下，带着自己的文房四宝，走进小区现场为居民义务写春联。2018年新春佳节来临之际，孩子们来到距离学校不远处的“泰安花园”小区，开展新春送福活动。大家刚来到小区的小广场，摆好桌椅，社区的工作人员就来了，得知孩子们要给大家送福写春联，纷纷掏出手机给孩子拍照，还找来了音响，号召小区里宅家的人们都来围观。一时间，小小的广场上人山人海。孩子们挥毫泼墨，写了一副又一副，有的还没写完就被小区的业主预定了。浓浓的墨香和着浓浓的节日氛围，成了冬日里的一抹暖阳，温暖着在场的每一个人。

春联送老师，师恩永不忘。老师，孕育智慧的芬芳，助力梦想的远航。“饮其流者怀其源，学其成时念吾师。”有的教师虽已退休，但他们为着教育事业奋斗了一生，在新春佳节到来之际，学校工会都会暖心地组织孩子们书写代表着新春祝福的春联和“福”字给退休老师们送至家中，跟老师们话家常，拍照留影。

迎新纳福送春联，翰墨飘香暖人心，坚持开展这项活动，既提高了学校师生的书法技艺，又增添了社区的新春氛围。“赠人玫瑰，手有余香。”送出的是祝福，换回的是幸福。

“学生题写校名”赛

为了更好地推进书法教育，激发全校师生的写字热情，发挥书法的教育功能，2021年初，学校组织开展了“学生题写校名”竞赛活动。

“学生题写校名”就是学生用毛笔题写校名“十堰市东风52小学”，学校将优秀作品张贴在学校门口专门制作的校名牌板上。

2021元旦前后开始此项活动。为了提升学生的书写水平，学校兰亭书社组织培训，讲解款式要求，提示校名中的数字“52”书写要领。同学们积极性高，短短半个月的时间里，就征集到了10余幅优秀作品。3月底学校专门举办“学生题写校名”作品征集活动揭晓暨作品悬挂仪式。仪式上，优秀作品的作者上台展示了自己的作品，赢得台下同学的阵阵掌声。巧的是，当天省教育学会书法教育专业委员会的老领导廖敬彦先生正好来校讲学，廖老给同学颁发入选证书，意义非同一般。

随后，学校把一等奖获得者毛雨馨同学的作品悬挂到学校门口的校牌上，供全校师生、家长、社会人士欣赏，毛雨馨同学的脸上露出了喜悦的笑容。

学校将“学生题写校名”作品征集活动固定下来，每年征集2次，上半年在书法节期间进行，下半年在迎新年书法作品征集活动期间进行。作品悬挂每2周更换一次。在书体方面，可以是楷书，也可以是隶书、篆书、行书，只要符合审美标准的，都可以入选。

校名作为学校重要的文化标识，不仅彰显学校的文化底蕴，还具有符号互动的功能，是一个学校的“脸面”，具有社会表现和社会竞争的作用。正是因为校名如此重要，许多学校都会千方百计提高校名的身价，邀请功成名就的杰出校友、知名人士和著名书法家题写校名，已然成为一种“标配”。但是，由身在校园内“乳臭未干”的学生书写，更能彰显教育的本真。

“书”字征集赛

学校的“尚书广场”40余平方米，面积不大，由大理石铺就，周围迎春花环抱，小巧玲珑。

这里，是毕业生们大显书法本领的舞台。学校在历届毕业生中开展评选书法作品“书”字活动，入选的“书”字将会被镌刻在尚书广场上，供人欣赏。这项活动始于2012年，至今已经走过十年的历程，广场上已经篆刻有27个“书”字，虽书写的是同一个字，但孩子们却诸体兼修，篆、隶、行、草、楷，样样都在行。

2012届学子杨涛年，用体势劲媚、骨力道健的楷书呈现，写出了他的“劲瘦风骨”；

2015 届毕业生王飞歌，用流跌宕落、运转龙蛇的草书，展现了他的“潇洒豪放”；2016 届学子滕智林，用舒展流畅、行云流水的行书，描绘了他的“豁达奔放”；2019 届学子郭容綵用起笔蚕头、收笔燕尾的隶书，书写了她的“秀美活泼”；2021 届毕业生周银宇，用婉转流畅、古拙多变的篆书，体现了他的“艺术魅力”……

每一个“书”字的背后，都有一个令人感动的故事。

2019 年“书”字征集活动中，学生贺天勤书写的篆书“书”字入围，并被篆刻在学校的尚书广场，他兴奋不已。他利用周末时间专程邀请自己的爸爸妈妈一起前往学校，见证自己的“成就”，一家三口人站在尚书广场与自己书写的“书”字合影留念，这无疑是给他自己的小学生涯画上了浓墨重彩的一笔。

2019 届学子昝丽丽，与书法有着特殊的情缘。据书法老师陈家林介绍，她的家庭条件不算殷实，但是家长对于孩子练书法特别支持，只要有书法活动，家人都全力支持。在老师的精心栽培、家长的全力支持和孩子的努力之下，她在毕业时已经达到了可以独立创作书法作品的水平。看着自己撰写的隶书“书”字被镌刻在尚书广场上，激动的泪水滑过脸庞。她说：“品尝这幸福的新滋味，我觉得曾经辛苦的付出是那么值得。”

2020 年毕业之际。在尚书广场“书”字征集活动中，共收到学生书写的“书”字作品 20 余幅，经过学校书法组老师反复地初选、复选，最终六(4)班李书荟、王海娜两位同学的作品成功入选。2021 年同学们借“墨香杯”第九届书法节的契机，认真参与学校组织的尚书广场“书”字征集活动，活动中，学校教务处共收到学生书写的“书”字 100 余幅，经过学校书法组老师反复地初选、复选，最终六(2)班毛雨馨、六(3)班周垠宇两位同学书写的“书”字，脱颖而出。

据六(2)班的语文老师毕春燕说，毛雨馨本是一个内向胆怯的姑娘，在班里一直都是文文弱弱，沉默寡言，她亲眼见证了毛雨馨在学习书法路上一点一点的进步。最后当全班同学看着毛雨馨的书法，向她投来欣赏羡慕的眼神时，她的心灵之门被瞬间叩开。书法这束光，点亮她的童年，更点燃了她的梦想。

一个小小的尚书广场，承载着一个个 52 学子的书法梦，走在追逐书梦的路上，勤奋好学的 52 小学人必将越走越远，越走越宽。

毕业生题赠母校赛

每年毕业季，学校要在六年级学生中开展“浓墨浓情赠母校”毕业生书法作品题赠母校活动。六年级学生积极参与，纷纷提笔挥毫，献给母校。最优秀的作品，学校会装裱好，并在散学典礼上举行隆重的赠送仪式，最后悬挂在母校的走廊墙壁上。

写什么内容？这是同学们首先必须考虑的。离别之际，同学们更多想表达的，就是对母校的感激，对老师的感恩，对同学的依依不舍，对未来的憧憬。

用什么书体，如何布局？这涉及书法的技艺。同学们十八般武艺，各显神通。同学们诸体兼修，楷、隶、篆等字体均有，笔画形态、风格各具异趣，有的潇洒流畅，有的苍劲有力，有的安静祥和，有的古拙厚重，在毕业离别季，他们对母校、对老师的感恩之情尽在其中。

2019 届昝丽丽同学作为毕业生代表题赠母校一幅 40 字书法作品，她用方劲古拙的隶书笔墨摘录了当代女作家冰心的一段感谢恩师的经典语录："玉壶存冰心，朱笔写师魂。谆谆如父语，殷殷似友亲。轻盈数行字，浓抹一生人，寄望后来者，成功报师恩。"字字句句流露出对恩师的赞美与感恩，感谢母校的孕育，感谢恩师的恩情。

2020 届毕业生代表李书荟用端正大气的楷书书写下一副对联："鹤发银丝印日月，丹心热血沃新花。"短短 14 个字讴歌了老师对学生的关爱与真诚之心，赞扬了老师的兢兢业业、死而后已的奉献精神。

2021 届毕业生代表周垠宇同学用齐整、圆转、流畅的篆书，书写了唐代诗人白居易的《奉和令工绿野堂种花》："绿叶堂开占物华，路人指道令公家。凌工桃李满天下，何用堂前更种花。"一首古诗，一份恩情，表达了对老师桃李天下、芳名远播的赞美。在散学典礼上，周垠宇同学展示了自己的书法作品，解读了作品内容，表达了对恩师、对母校的感激之情。之后学校把作品悬挂在学校的文化墙上，成为永久的纪念。

点点墨韵润童心，缕缕墨香书童年。"毕业生为母校题赠书法作品"是一份特殊的"礼物"，是 52 小学的专属定制，已成为学校的一张闪亮的名片。

【墨课程实例】

湖北省教育学会书法教育专业委员会
第五届会员代表大会在十堰市东风 52 小学举行

武当桃花映日红，太极湖畔柳烟浓。2010 年 4 月 8—9 日，湖北省教育学会书法教育专业委员会第五届会员代表大会在十堰市东风 52 小学隆重举行。来自全省 150 余所写字教育实验学校的校长、老师共 300 余人参加了会议，湖北省教育学会常务副会长黄元棋、湖北省教育学会书法教育专业委员会第四届理事会全校成员到会，中国教育学会书法教育专业委员会秘书长杨淑琴、中国教育学会书法教育专业委员会副秘书长王维义，湖北省教育学会小学语文专业委员会教研员段宗平和李作芳，十堰市教育局副局长刘端文和张西庆，东风教育分局领导姚守义、周正晓、莫郧襄、孙开绪应邀出席会议。

会上，5 个单位交流了各自开展写字教育的经验。十堰市东风教育分局教育科学研究室黄春娥副主任、十堰市东风 52 小学种立春校长、蕲春县枫树林小学黄秀梅校长、宜昌市中南路小学屈敏校长、建始县民族小学刘运玲校长先后发言。会上，52 小学的石红丽老师、宜昌市中南路小学的王素兰老师各讲一节讲硬笔研讨课，52 小学的范利老师讲了一节软笔研讨课。全校与会代表还观摩了 52 小学师生现场书法表演。

会议期间，还举行了湖北省第九届“楚风杯”师生书画大赛颁奖仪式，十堰市东风 52 小学等 8 所学校获得书画教育特殊贡献奖，32 所学校获得书画教育明星学校奖，52 所学校获得书画教育先进学校奖，宜昌枝江市教研室主任王润红等 75 人分别被授予湖北省书法教育领军人、领军校长、模范教师称号，蕲春县枫树林小学等 3 所学校被授予湖北省书法教育示范学校称号，恩施市施州民族小学等 18 所学校被授予湖北省写字教育实验学校称号。

这次会议参加人数多，内容丰富，研讨深入，必将为打造湖北书法教育强省奠定坚实的基础。（来源：东风教育信息网，作者：龚明，时间：2010 年 4 月 10 日）

湖北省中小学书法教育现场观摩暨培训活动举行

秦楚网讯图/文记者张潇潇报道：5 月 10 日，伴随着古色古香的背景音乐，东风 52 小学 1000 余名师生现场挥毫泼墨，拉开了湖北省中小学书法教育现场观摩暨培训活动的序幕。此次活动由湖北省教育学会书法教育专业委员会主办，为期两天。十堰市教育局副局长刘荣及相关科室负责人，省中小学书法教育实验、示范学校校长及东风 52 小学师生共计 2000 余人参加活动。

活动伊始，东风 52 小学的师生通过舞蹈《墨舞人生》和书法操《追逐书梦》，展示了该校书法教育的优秀成果及深厚的文化底蕴。省教育学会书法教育专业委员会副秘书长许启虎宣读表彰决定，潜江市园林五小被评为“湖北省书法教育示范学校”；十堰市汉江路中心小学、武汉市洪山区井冈山小学等 19 所学校被批准为“湖北省书法教育实验学校”。

随后，东风 52 小学校长龚明简述该校打造以书法校园文化、书法教育活动、书法教育课程为架构的书法教育体系的过程，武昌实小执行校长曾莉、武穴实小校长陈平等分享书法教育工作经验。与会校长还参与书法教师队伍建设、书法课程及活动落实、书法教育条件保障等问题的研讨，切实提升自身书法教育管理水平，促进书法教育良性发展。

书法教学研讨课上，52 小学青年教师沈涛给与会人员带来了一节别致的书法课《高低相顾》。沈老师借助先进的数字化书法教学设备，让六年级的学生感受到书法的呼应之美，创作热情高涨。湖北省书法协会孙延辉对这节课进行了精彩点评，高度赞扬了沈涛老师的专业素质和 52 小学专业化、现代化的书法教学条件。“此次书法教育观摩活动的开展，极大激发了学生学习书法的兴趣，促进了教师书法教学水平的提高，进一步推动中华优秀传统文化的传承和发展。”东风 52 小学副校长石红丽说。

多年来，十堰市教育局十分重视学生写字教育，城区多数学校都开足开齐了书法课，并配备有专业字帖、毛笔等，52小学等一批特色学校还建设了全国一流的数字化书法教室，让孩子们在现代科技的引领下练习书法。本次活动的承办方东风52小学是十堰写字教育的领头雁，也是全国百强特色学校、全国书法教育示范学校，其书法教育课程体系——“墨”课程体系获湖北省基础教育“教学成果奖”，根据学校特色自创舞蹈《墨舞人生》去年曾代表十堰参加湖北省黄鹤美育节展演。

（来源：十堰晚报2019年5月14）

五、书法故事

我校以“书法故事”为主题开展书法活动，主要包括搜集、整理古代书法家的故事、当下十堰书法家的故事、汉字演变的故事、笔墨纸砚的故事、校园书法故事、书法轶闻趣事等，编印成册，供同学们学习。

古代书法家的故事，主要搜集古代书法家学习书法的故事、他们的成长经历、对书法文化的贡献等，供各班学习之用，同学们在学习的过程中，体会书法传统文化，感受书法家高洁的品性。

十堰书法家的故事，主要搜集当下十堰籍书法家的故事和他们的作品，比如十堰书法家协会主席黄家喜，以及刘国平、刘端文、李永涛等。

书法故事讲述的时间除了书法课堂之外，还可以在班会、晨会进行。学校在举行书法节期间，也把讲书法故事作为活动内容之一。

这里，在“墨课程实例”板块中编排三篇学生学习书法故事，供阅读。

【墨课程实例】

与书法为伴，做自己喜欢的事情

2002届毕业生　黄舒娜

我学习书法的时间并不长，当时小学开设了书法课，大学时期又学了一个暑假的隶书，再次拿起笔就是2019年冬了。总共加起来的时间可能也只有两三年，可能是属于大部分人口中的“童子功”。

记得在我很小的时候，我就求着妈妈让我学习写毛笔字。当时跟着老先生学了大概有几个月吧，学会了握笔和基本笔画，没想到不久后学校便开设了书法课。

我的小学是在东风52小学上的。记得当时每个星期都有一节书法课，每天下午上课前二十分钟也是写字的时间。书法课是我最喜欢的课程了，这也让我对下午满怀期待！每当优美的古典音乐响起，我们就拿出笔墨纸砚，开始感受书法的魔力。我当时真的很高兴，源于自小对书法的喜爱，我学习得也格外认真。记得当时每次的语文考试卷的最后一题就是写字，分值是5分。别的同学都小心翼翼，我却丝毫不慌，我知道这是我的强项，试卷发下来后看到写字轻轻松松拿到了满分，心里满满的成就感。这样的书法课一直持续到了六年级，我的基本功也越来越扎实，以至于成年后再拿起笔写字，笔力依然很稳。写得好了，兴趣越来越浓，兴致越来越高了。感谢小学的书法课，在我童年时就埋下书法的种子，练就了我的“童子功”！

很多东西一开始的时候都没办法去理解，只能靠着日复一日地重复。小时候练字的我也只是单纯地听老师父母的话好好练字。而为什么要练字，哪种书体我最喜欢，在当时我并没有概念。当时的我觉得方方正正、中规中矩的楷书是最好看的。每当我的练字作业收到满页的红圈圈时，就是我最开心的时候。

离开52小学后，学习任务日渐繁重，我渐渐放下了毛笔。大学里虽然又学了两个月隶书，但是我发现将书法作为我一生所追求的，是在我工作了几年之后。那是在2019年的冬天，我报了网课，和一群来自五湖四海、不同年龄的同学成了志同道合的朋友。那时我才发现，原来铺开毛毡拿起笔墨，便是自己的一片桃花源。

我惊奇地发现，童年时练的一些基本功竟都没有忘！我再次拿起毛笔时，仿佛又回到了那个蝉声不绝的午后，小小的我们坐在教室里，夏日的阳光把走廊晒得刺眼，手上沾满了墨汁，小心翼翼地写下一个稚嫩的大字……在接下来的几年，我接触了隶书、小楷、行书、章草以及小篆，越学越有滋味，从开始的只会写中楷，慢慢地开始写横幅作品、条幅作品，写扇面，写书签，甚至写春联……

一入书法深似海，自此沉迷不自拔。没有想到，在十几年前埋下的种子，如今枝繁叶茂，长成了参天大树，一日不写，思之如狂。成年后的练习，不再是幼时机械的模仿，有了自己的思考、顿悟，加入自己的理解还可以创作出自己的作品。成年后的审美也是在改变，如今我不再喜欢千篇一律的印刷体，我更觉得，横平竖直皆风骨，撇捺飞扬是血脉。颜筋柳骨，字如其人，乃是修行！

与书法为伴，与古人印心。书法根基于中国的五千年文化，是艺术中的艺术，它给人以审美的愉悦，给人以精神的享受。我们欣赏着古人的书法作品，便仿佛能触摸到作者的感情脉搏，在与古人跨越时空的往来交流中，学到为人的修养、风骨和趣味。

文化艺术是相通的，尤其是中国的古文化。书法的法度和美学是最吸引人的，练字的初衷是为了延续小时候培养的兴趣爱好，从而演变成了我对这种美学的向往与探究。书法与我国古代文化历史分不开，书体的演变史也是一部文化发展史，书法能够折射出传统文化的方方面面，中国人骨子里的世界观、美学、人生进退取舍都在其中。这让我加深了对我国古代史的兴趣，审美也向古人靠近；而对于古代书家的文人风骨，我更是心向往之。苏东坡曾说：“明窗净几，笔砚纸墨，皆极精良，亦自是人生一乐。”快节奏的生活即使让人倍感疲惫，在夜晚铺开一张宣纸，感受笔锋在雪白的纸上抑扬起伏，漆黑的墨水渐渐渗化开来，心中的郁结于是慢慢消散。

分享梁漱溟先生的一句话：

我以为凡人都应当就自己的聪明才力找个相当的地方去活动。喜欢一种科学，就弄那种科学，喜欢一种艺术，就弄那种艺术，喜欢回家种地，就去种地，喜欢经营一桩事业，就去经营。总而言之，找个地方把自家的力气用在里头，让他发挥尽致。这样便是人生的美满，这样就有了人生的价值，这样就有了人生的乐趣。

足火的东西之所以好，是因为该花的时间该下的功夫，一点都没有少。当我们知道自己将要去往何处、为什么而努力时，就只管负责好每一刻的当下，把其余的交给时间——它会自行积累，如实生长，把那些一点一滴的作为，熬煮出应有的滋味。

（指导老师：龚明）

最美的时光

2019 届毕业生　郭容绥

时光慢慢走过那静默的窗。转眼，离开小学校园已经 3 年了。每每回到母校，总要在学校的“尚书广场”流连，因为广场大理石的瓷砖上赫然镌刻着我的毕业书法作品“书”字——这是我小学学习书法的最好见证。那一刻，我情不自禁想起在这里度过的最美时光。

初见隶书，我便被他的美震撼了——细腻的笔画，秀美的字体，灵动的姿态……“我要学隶书！”就这样，一段美好的时光启程了。

凝视，那宣纸上古朴的纹理氤氲着熟悉的味道；凝神，回忆着那些技巧，起笔，顿笔，回笔……凝思，“日日临池把墨研，何曾粉黛去争妍”。一遍遍琢磨着隶书的特点，一遍遍品味隶书的气韵。微风拂煦，我眉头微蹙，轻抿嘴唇，左手轻轻按住宣纸，右手拿起那支熟悉的“紫豪”，那笔管上似乎还留着昨日的余温，回忆也随着余温渐渐散开。

“难道笔画不够到位？布局不够美观吗？为什么？”三年级第一次参加书法节比赛的失利，让我的热情仿佛浇上了一盆冷水，看着自认为满意的作品，眼眶泛酸，开始怀疑自己……

“立志欲坚不欲锐，成功在久不在速。”与书法相伴的时光漫长又辛苦，执着又幸福。那些时光，汗水与晨光相伴，却浸染出梦的味道；那些时光，疲惫与暮色相随，却勾勒出梦的轮廓；那些时光，初心与拼搏相依，渲染出青春的底色。晨暮更迭，四季轮转，在我看来，学习书法，不仅仅是一次次临摹和创作，更是一次次反省与回归。

隶书讲究一气呵成却又不能急躁，线随腕动，或悬腕于空，或附肘于桌，短笔求精，长画求净，线条都需要力感与美感。笔尖在纸上游走，微微酸胀感从手臂传来，却并不影响我继续投入练习。顿——抬——转——折，终于一幅作品终于完成，每个字都像有了生命，栩栩如生，好似一朵待开未开的牡丹，似是不胜凉风的娇羞。那一刻，我再次体会到写隶书的快乐，不禁莞尔。

“学书养志，端正做人。”书法不仅让我明白了坚持的意义，更让我明白了做人的道理。感谢书法一路相伴，陪我度过最美的童年时光。（指导教师：霍艳霞）

毕业书赠

2021届毕业生　周垠宇

记忆里雾淞沆砀，天与云与山与水，上下茫茫然。惟旧事一篇，时光一点，与事中人无算而已。

在这即将离别之际，思索再三，想为这伴我成长的校园留下点什么……

提笔落墨，可思绪万千…

忆往昔，是母校及各位敬爱的老师们在这2190个日日夜夜里伴我们成长。当我第一次走入校园，看到连成一片的书法墙时，便惊羡于书法之奇崛奔涌。于是乎，王羲之的矫若游龙，欧阳询的险峻刻厉……无不向我展示了书法之博大。年幼的我便被这浓厚墨香气息所感染震撼，从此便爱上了书法，爱上这个以书法为“魂”充满墨香的52校园，同时也以自己是一名52小学学子而自豪。

“携来百侣曾游，忆往昔峥嵘岁月稠。”谢谢您，亲爱的老师，是您用母亲般的爱抹走了我们的幼稚青涩，是您用自己辛勤的汗水拭去了我们的年少轻狂，您默默地付出陪我们茁壮成长。

回首六年，您不但教给我知识，让我爱上书法，迷恋上这墨香四溢的校园，在学习书法过程中，不仅让我感受到中华书法文化的博大精深，而且让我从中领略到许多做人的道理，古语“字如其人，书为心画。”

六年饮冰，难凉热血。我相信，这里的每位同学都能在52校园这个大熔炉中，在我们身边这些可敬老师们的陪伴下，指引下，砺出棱角，砺出成绩。

记忆里，墨香氤氲一片，挥之不去，碑帖上的，宣纸上的范字起身走来，声音或古拙沧桑，或稚嫩清脆，共声唤着：“回来吧，回来吧……”

我一挥而就，墨香四溢，无限祝福回荡在字里行间，留给亲爱母校不仅是这四尺宣，还有一片情。

明日，我们即将扬帆远航，朝着您为我们指引方向……

无论身在何方，我们将以自己曾是52学子而自豪，将让墨精神不灭，让墨文化代代传承。

赞曰：黔娄之妻有言：

不戚戚于贫贱，不汲汲于富贵。

其言兹若善书者之俦乎？

夫习书者，静心明性，猝然临之而不惊，无故加之而不怒。挥毫泼墨，以乐其志。无怀氏之民欤？葛天氏之民欤？

是为序。

（指导教师：石红丽）

六、书法研学

读万卷书不如行万里路。为了让学生开阔视野，丰富知识，厚植书法文化，学校组织“课堂小天地，研学大舞台”主题翰墨研学活动，走出校门，走进社会，走进名胜古迹地，通过实地参观，体验书法传统文化。

学校先后组织同学们到襄阳古隆中探寻“翰墨古迹”，到襄阳唐城里驻足观赏诗词书法作品，走进竹溪茶场感受“茶香墨韵”，走进房县西关街细品牌匾的历史沧桑……同学们每到一处景点，看牌匾，赏门联，寻书法元素，增书法底蕴。

2017 年，同学们来到襄阳古隆中，探寻三国时期杰出的政治家、军事家诸葛亮的足迹，站在石碑前，品读着历史学家谭其骧对诸葛亮“躬耕”的论断，无不为他的聪明才智所折服。

2018 年，同学们来到有着“女娲采石补天之地，悠悠千年古庸国”美誉的竹山上庸古镇。踏进全国唯一的庸文化博物馆——上庸文化博览园，一睹古国荣光。有两百年的三盛大院是清末当地富商王三盛的庄园，慈禧太后亲笔题书“王三盛”三字相赐。古朴的匾额和古老的庄园历经百年，依然熠熠生辉。

2019 年，同学们来到有山有水还有诗的始祖尹吉甫的故里——房县。周朝太师尹吉甫是著名的政治家、军事家、文学家，是《诗经》的主要采集者和编撰者，被后世尊称为“中华始祖”。漫步在诗经广场，那惟妙惟肖的石雕，那活灵活现的塑像，那整齐排列的编钟，那风格迥异的书法作品，无不传达出“礼容天下、乐得宾朋、诗礼传家、经纬天地”的文化主旨，透视出《诗经》中厚重古朴的文化意蕴。

同时，同学们还充分利用假期，在家长的带领下，开展个性化的翰墨研学活动。在游览名家名园时，同学们会有意识地在家长的指导下，关注景点的碑帖、铭文。有的同学前往山东曲阜，感受屹立于世界东方的文化艺术殿堂——孔庙。庙里有大学士党怀英篆书的“杏坛”，有清乾隆皇帝的手书巨匾“万世师表”。置身其中，感受孔子这位至圣先师带给我们历久弥新能穿越时光的宝贵精神财富。

在市内，同学们会就近研学。到十堰市博物馆，进一步了解十堰的三张闪亮的名片：

仙山、秀水、汽车城。到十堰的人民公园观赏，登上九九重阳塔，屹立在山巅，俯瞰着整个公园。驻足在人民公园的《人民公园赋》前，久久不愿离去，认真品读石刻上的文字，仿佛穿越时空，浮想人民公园的前世今生。

研学旅行——行走的课堂。一次研学旅行，就是一次行走的课堂。翰墨研学，学知识，学文化，长本领，长见识。在这行走的课堂上，孩子们学习着，收获着，更成长着。

第四节　文化体系

一、理念文化

思想决定行动，观念引领方向。一所学校怎么办，往哪里走，是由学校的办学理念决定的。

我校在长期的教学实践中，构建以墨为魂的办学理念文化。

(一)办学理念

我校的办学理念是“墨砺人生”。“墨砺”与“磨砺”谐音。“墨”跟书法有关，与学校的书法特色相映生辉。学生的核心素养在磨砺中培养。人生需要磨砺，生命在磨砺中精彩。“墨砺人生”既表达了积极向上、不畏艰难的正气，又凸显了学校以书法为特色，以翰墨为文化的底蕴。

(二)校徽

图 3-1　52 小学校徽

橙色、白色与蓝色搭配的圆形内是一个小篆“书”字，代表 52 小学是一所以书法为特色的学校，“书”字下面的三条白色折线代表三本书，书法、书本、书道同在圆形内，寓意“书道同源(圆)”。橙色代表朝阳，寓意 52 小学师生积极向上的生活状态；蓝色代表蓝天，寓意目标高远，未来可期。整个图案主题突出，个性鲜明，色彩明丽，搭配合理，反映了 52 小学的校风校貌。校徽的主要设计者为 52 小学美术教师张娜。

(三)校训

我校的校训是“写好人生每一笔”。

“写好”：从狭义上讲，就是教育学生要认真写字，把每个字，写端正，写整洁，写美观；从广义上讲，是教育学生做真人，做优秀的人。

“每一笔”：从狭义上讲，是指书法的每一个笔画；从广义上讲，可引申为每一言、每一行、每一事、每一天，以至于人生的每一个不同阶段。

这句话包含的范围很广：从书法教育，到做人教育；从少年到青年、到中年直至人的一生；从学生到老师。总体希望是：52 小学的学生要从学习书法的过程中，感受汉字的优美，感受中华文化的博大精深，从中悟出做人的道理，认真写好人生的“每一笔”。

校训是在一次征集活动中诞生的。

凝练以“墨”为核心的校训等校园文化，引领全校师生向前向上，是学校一直的追求。

2013—2014 年春天，我校新教学楼开始施工。学校乘着原东风教育分局“校园文化建设年”的东风，开始了“校训、楼名、路名、景观名”的征集活动。

征集期间，学校通过校园网、校讯通、QQ 群、寒假作业等多种途径，向社会广泛发布征集信息，得到了全校师生、家长和社会各界人士的积极响应，最终收到应征作品 2000 余份。为了体现公平、公正的原则，校训作品在征集过程中采取匿名评审的方式，经过“初审（政教处把关）→大众评审（家长、学生、老师投票）→校内专家评审（校内资深书法专业人士和语文教师代表）→校外专家评审（分局相关人员）”金字塔式的层层筛选方式，逐级评选。

2014 年 5 月 5 日，校外专家与 52 小学书法专业人士，面对面、零距离地对入选的 109 份作品进行终极评审。专家们紧紧围绕书法特色，或引经据典，或旁征博引，阐述理由，最终达成共识，将其中一份作品“写好人生每一笔”确定为校训，并沿用至今。当评委们核对作者后，大吃一惊，原来此作品的作者竟是我校六（4）班张璟怡（2014 届毕业生）同学。那天，专家们还从入选的作品中评出了我校的校风、教风、学风以及路名、楼名、景观名。学校两条路名分别命名为墨缘路、墨韵路，三栋楼楼名分别为书道楼、书品楼、书香楼，景观名有翰墨园、羲之池、尚书广场、枫杨树等。

至此，学校以“墨”为核心的校园理念文化初具雏形。

张璟怡同学当时是怎样写出这条校训的呢？她的时任班主任李会萍老师深情地回忆起那段往事。

2014 年春天，我正担任 52 小学六（4）班的班主任。

在一个春暖花开的全校升旗仪式上，校长龚明向全校师生发表了公开征集“校训”的讲话，他对校园主题文化征集活动的意义及办法说了很多。他说，为体现公平、公正的原则，校训作品采取匿名评审的方式，通过层层筛选，逐级评选产生。校长最后号召全校师生积极参与此次活动。

听到这一喜讯时，我班张璟怡同学按捺不住内心的激动与喜悦。她回顾自己进入 52 小学后学书法学做人的历程，回想起在书法室里曾下定决心认真练字，写好每一笔的情景，张璟怡在校训征集表上坚定地写下了“写好人生每一笔”！

经过逐级评选，最终，张璟怡同学创作的“写好人生每一笔”脱颖而出，夺取征集活动的桂冠，成为 52 小学的校训。专家们在筛选时一致认为，这则校训朴实、符合学校特色、蕴含育人深意。后来学校请省教育学会书法专业委员会的廖敬彦秘书长书写，制作成红底、金色铜字，高悬在该校书道楼楼顶。启用学生创作的作品作为校训，一时成为52小学的佳话。毫无疑问，张璟怡为我们六(4)班争了光。

在我的记忆里，张璟怡是我们六(4)班的语文课代表，是一个聪明、自信、有思想的女生。2008年9月1日，张璟怡同学满怀着希冀迈入52小学，按照52小学一直以来的惯例，一年级的新生会在班主任的带领下参观校园。来到书法室，里面陈列的是52小学师生优秀书法作品，张璟怡同学立即被或刚劲有力，或清新飘逸的字深深吸引，并久久伫立在这些作品前。从那一刻开始，书法就像一粒种子牢牢地扎根在她稚嫩的心里。她下定决心，要像大哥哥大姐姐们一样，认真练字，写好每一笔！她是这么想的，也是这么做的。

每天下午20分钟的写字短课，每周一节的40分钟的写字长课，是她最喜欢的。在书法课中，教师会在书道传授中渗透德育、美育，会向学生传授书写之理和做人之道，对孩子们施以润物无声的教育。

我曾经问张璟怡：你是怎么想到要用“写好人生每一笔”作为校训的？她说，在每天周而复始地练习书法的过程中，她感受着汉字的优美，感受着中华文化的博大精深，也从中悟出做人的道理：学书法，不仅是写好字，更是写好人生。用“写好人生每一笔”，能激励每一位同学奋发进取。

是的，整个小学阶段，张璟怡都认真地书写着每一笔，也认真地书写着人生的“每一笔”。

关于校训的深刻含义，作为小学生的张璟怡只能想到这么多。后来，学校对校训的含义做了深入挖掘：“写好”：从狭义上讲，就是同学们要认真写字，把每个字写正确，写端正，写整洁，写美观；从广义上讲，同学们要做真人，做优秀的人。“每一笔”：从狭义上讲，是指书法的每一个笔画；从广义上讲，可引申为每一言、每一行、每一事、每一天，以至于人生的每一个不同阶段。

龚明校长后来在一次开学典礼上讲话，用“三个用”完美地阐述了52小学校训“写好人生每一笔”的奥秘，那就是：“用自信作阳光，美好的种子才能顺利生根发芽；用行动作土壤，美好的种子才能长成参天大树；用坚持作雨露，美好的种子才能结出累累硕果。”

2014年7月，张璟怡同学以优异的成绩毕业了，在即将离开培育她六年的母校之际，她依依不舍地对我说：我骄傲，因为我是52学子；我快乐，因为我在52小学。是52小学，从我们踏入校园起，就在我们内心播种了书法的种子，点亮了我们前进的路，开启新的征程。我一定会牢记校训，写好人生的每一笔，做好每一件事，走好每一步路！

书法之道，乃为人之道；书法之品，乃做人之品。“写好人生每一笔”之校训将永远激励、鞭策张璟怡同学和所有曾经的、现在的52师生们做最好的自己，写精彩的人生！

（李会萍）

（四）校风

我校的校风是“行止有范、曲直有度”。

行止：从书法的角度讲，指书法的起笔、行笔、收笔。从做人的角度讲，“行止”即行为、举止。

范：规范，法度；典范，示范，榜样。书法讲究法度、规范，做人也需有规范的约束。

曲直有度：书法讲究中和，讲究平稳；做人应遵循中庸之道，和谐共处，处事不急不躁。

校风“行止有范、曲直有度”的意思是：师生的行为应该有法度，有规范，有约束，也强调示范；但是，强调法中有变，随机而变，灵活多变，不可一成不变，但应在适合的法度内。校风八个字包含了儒家思想的中庸之道，道家思想的“道法自然”“随性自然”，体现了教育规律，是传统观念与现代思想、共性与个性的有机结合。

（五）校歌

我校的校歌为《放飞梦想》，由种立春、龚明作词，郭长生作曲。歌曲初创于2009年年初。2014年进行修订，同时由我校学生演唱录制音响版本和伴奏版本，在降旗或大型活动中唱响。

歌词体现学校书法特色，体现新课程改革内容。歌谱以大调式、进行曲风格谱曲，表现少年儿童充满朝气，在校园里自主学习、个性飞扬、全面发展、树立远大理想的形象。曲式结构为两段体结构，情绪先抑后扬，第二部分适当融入小调元素，大小调结合，增强抒情性色彩，结尾处拉宽节奏，形成高潮并在高潮中结束歌曲。

（六）教风

我校的教风是“立字立人、德艺双馨”。

“立字”就是要规规矩矩写字，达到立方正之字、立规范之字、立工整之字、立端雅之字、立艺术之字的目的。

“立人”即培育人，在练字的过程中历练人，达到立德高之人、立智明之人、立体健之人、立美鉴之人、立勤劳之人的目的。

“立字”与“立人”有必然联系，正字者，正人心也。立字者，立伟人也。

德艺双馨：德行和技艺都有良好的声誉。

教风八字的意思是：老师的根本任务是既要教学生“立字”，更要教学生“立人”。如此，才是德艺双馨。“立字立人”是“德艺双馨”的具体内涵和评判标准。

52小学教师誓词

我是一名光荣的东风52小学教师
武当仙山的空灵
丹江秀水的澄静

52小学学生誓词

我是一名光荣的东风52小学学生
武当仙山的空灵
丹江秀水的澄静

车城东风的豪迈	车城东风的豪迈
滋养我墨香教师“静灵文豪”的品性	滋养我墨香少年“静灵文豪”的品性
站在新时代的起点	站在新时代的起点
我将坚守“墨砺人生”之理念	我将坚守“墨砺人生”之理念
我将铭记“写好人生每一笔”之校训	我将铭记“写好人生每一笔”之校训
我将传承“行止有范、曲直有度”之校风	我将传承“行止有范、曲直有度”之校风
立字立人，德艺双馨	学书养志，端正做人
准备着，为中国梦的实现奋斗终身	准备着，为中国梦的实现奋斗终身

（七）学风

我校的学风是“学书养志、端正做人”。

“学书养志”意思是：学习书法的过程是陶冶人的情操、塑造健全人格的过程，是养志的过程。

学风之意：学生要通过读书学习提高自身素养，确立自身的志趣，做行为端正的人。

（八）书法教育理念

我校的书法教育理念是“书品即人品、写字学做人”。意思是，书法的风格与书写者的品性相关联，有一致性。所以，在书法教育中教师要引导学生在书写的过程中，体悟做人的道理。

关于书法教育理念，可以作如下解读：

“书品即人品”

学习书法，不仅是要学习书艺，练一手好字，还要学习古人崇高的人格，磊落的胸怀和高洁的情操，要做一个人品端正的人。

唐代著名书法家颜真卿，为人刚正，宁折不弯。他的字笔势雄浑，庄重有力，体现了他那刚正、坚贞的个性。公元782年，年近八十的颜真卿去说服叛军，而叛军首领李希烈企图迫降这位刚毅的老人。颜真卿面对叛军的威胁与谩骂，面不改色，毫无畏惧。他厉声谴责、唾骂李希烈的可耻反叛行径，李希烈技穷之余恼羞成怒，残酷地缢死了坚贞不屈的颜真卿。消息传回，举国哀痛。此后，颜体楷书备受推崇，居为四大楷书之首。而颜真卿为祭奠侄子和兄长（也为叛军所杀）所写的《祭侄文稿》更被誉为“天下第二行书”。

然而，从“人品即书品”来说，也绝非完全如此。如宋之蔡京、秦桧，明之严嵩等人。蔡京被百姓称为“六贼之首”，秦桧是投降派的代表，并迫害抗金名将岳飞，严嵩也是明代大奸臣。这几人爵位尊崇，书法文学皆擅长，然而为什么后人唾弃，湮没不传？是因为这些人丢掉了名节，其书法技艺便也一文不值。

“书品”与“人品”虽不能画等号，但是，书之重人品，这一古来“正统”的观点，却从未泯灭。书，不重人品，又怎能传乎其道、立足其根呢？我们要从学书法中学习颜真卿、王羲之那种高尚的品格。

"写字学做人"

俗话说"冰冻三尺，非一日之寒"，写字也是如此，要想把字写好，需要长年累月地学习和训练，每一个笔画，每一个字，每一种字体，都需要锲而不舍地练习。如"钟繇入山练字十年，木石皆墨""王羲之临池书写、池水尽墨""怀素退笔成冢"等。书法大家的艺术功底不是一朝一夕练就的，而是长期坚持、刻苦磨炼的结果。我们学写字，也是在学习他们身上那坚持不懈的品质。

古人常讲："学须静也。"学写字首先要做到静心专一。"静心"就是使心沉静下来，"专一"就是排除一切杂念，专心练字，身心随之得到锻炼和陶冶。我们学写字，也是在培养自己的静心和专一。

"写字学做人"，端端正正写字，堂堂正正做人。字要写稳，做人也要稳。每一个字，都有一个中心点，这个点起着支撑整个字的作用。这一支撑点在书写时处理得端正，整个字也就工稳了，否则字就偏于一边，立足不稳，那就无美可言了。字的笔画布局也会影响到这个字的工稳，布局不当，字也会看上去偏于一边，损害字的整体形象。所以写字时要有全局观念，落笔之前就得胸有成竹，就如写文章一样，得有个"谋篇布局"的过程——熟练的书家，这个过程是瞬间完成的，甚至心到手到。做人不也是这样的么？做人也得对自己的人生负责，堂堂正正做人，稳稳当当做事，行得端，做得正，才是一个"人"。

让我们时刻谨记"书品即人品、写字学做人"，写好自己人生的每一笔。

（九）学校愿景

我校的愿景是：努力实现"一四百千"的宏伟愿景："一"即一个目标：努力把学校办成十堰一流、湖北示范、全国闻名、走向世界的墨韵特色学校；"四"即四大工程：墨之文化、墨之特色、墨之队伍、墨之质量；"百"即构建以十堰市为核心、遍及省市区域内一百所学校参与的"中华优秀墨文化研究"共同体；"千"即培育一千名书法功底深厚、富有"静气、灵气、文气、豪气"的博雅多才的墨香学子。

二、环境文化

（一）浓郁的书香文化

随着学校书法特色的形成，学校的书法景观文化也已形成。走进校园，你会被浓郁的翰墨书香文化吸引。

一是石刻文化。育人目标、路名（墨韵路、墨缘路）均由名书法家书写，镌刻在石头上。伏龙石岿然躺卧于校门口，上书"墨香"二字。伏龙石的背面是《52 小学赋》，学校的发展变迁、创业历程、校魂特色全部浓缩在 200 余字的短文里。"尚书广场"上铺褐色大理石，专门镌刻每届毕业生中最好的书法作品“书”字。墨缘路右侧的花坛里陈列着四个石刻，分别写着“静”“灵”“文”“豪”四个字，代表学校旨在培养具有“静气”“灵气”“文气”“豪气”的墨香少年。

二是园林、花木文化。翰墨园里花草芳香，“羲之池”故事给人启迪，桂花树翠绿飘香，百年老树枫杨苍劲挺拔。枫杨树上，悬挂着由我校老师撰写的诗歌《咏枫杨》。

三是墙壁、廊道文化。进校门即可见到一道长70余米的书法文化墙，上布设有名家碑林、求书故事、主题浮雕、文房四宝、汉字演变、书写双姿、永字八法、武林风韵（太极拳、武当剑、八卦掌）等板块。最引人注目的“主题浮雕”上，篆、隶、楷、草、行五大书体，及其代表人物与代表作品一一呈现。

廊道里也有文化：书香楼楼道分别展示“墨”课程、阅读节、书法节、英语节、体育节、科技节等内容，图片均是师生当年学习生活的照片。书品楼每一层辟有介绍书法历史、书法家、书写知识（基本笔画、偏旁、结构书写要领）等的书法知识长廊。每一栋楼的走廊墙壁上，悬挂有装裱好的师生书法作品，包括硬笔和毛笔。

四是楼宇文化。我校教师题写的楼名大字“书道楼”“书品楼”“书香楼”分别悬挂在三栋楼上，办学理念“墨砺人生”、书法教育理念“书品即人品、写字学做人”都挂在书香楼上。楼内每个班级门前挂有用书法家命名的牌匾，比如“王羲之班”“柳公权班”“怀素班”等。

五是网络文化。我校充分利用现代媒体，比如校园网站、微信公众号、QQ群、微信等平台，展示校园文化。

六是人文文化。每天下午写字短课之后做的《写字韵律操》是我们独创的。“我们学写字，姿势很重要，身正肩要平，臂开两足安……”，每天学生练字完毕做一做，松松筋骨，劳逸结合。大课间全校师生做书法操。书法操共有两套，第一套书法操《写意生长》清新抒情，重在阐述写字与做人关系。第二套书法操《追逐书梦》则以寻梦书法——追梦书法——圆梦书法为主线，以书写的技法为重点，节奏时而舒缓时而明快，动作中融入了书法、太极、舞蹈等元素，柔中带刚，轻盈曼妙。

七是班级文化。各班根据自身书写水平，建立自己的书法展示台，张贴优秀练习作品，悬挂本班“小小书法家”创作作品。

八是展厅文化。学校2014年新建楼面积130平方米的书法展览厅，分为“学校概况”“发展沿革”“书法名师”“特色历程”“特色学生”“特色活动”“书法作品”“特色荣誉”等，特别是历年师生的优秀书法作品让你目不暇接。这间展览厅，留下了北京、天津、新疆等省区的领导、专家的脚印。

52小学的书法文化已形成自己的特色，已经深深扎根于这片土壤，扎根于每一个52小学人的心灵。

【墨课程实例】

52小学赋

巍巍武当，浩浩汉水，百里车都，钟灵毓秀。七一年立校，两三番迁建，四五度更名。一路坎坷，弦歌不辍。

数十载风雨，旧貌换新颜。廊宇错落有致，院落豁亮敞阔。花圃葱葱，曲径通幽绕藤萝；桃李暄妍，亘古参天见幻变。生眷恋于师，师缱绻于校，行止有范，风清气正，幸福绵长。

气正必有为！运筹兴校战略，擎举创新大旗，打造书法特色，传承国粹经典。植校魂，"写好人生每一笔"；追苑梦，"墨香"飘逸华夏地。立字立人，德教合一，莘莘学子成大器！嗟乎，沧海桑田，续著新篇！

（此赋篆刻在校内伏龙石上，作者：52小学龚明，书写者：十堰市书法家协会主席黄家喜）

伏龙石

"好大的石头啊！""这么大的石头，是从哪里弄来的？是哪个大力神搬来的？"

那是一个普通的早晨，我们东风52小学的师生踏进校园，被安放在大门口的这块巨大石头吸引，大家围着石头仔细打量，议论纷纷……

寻　觅

自2014年新校园建成以来，我总想弄一些石头，放在校园，营造墨香校园氛围。到哪里去弄呢？我琢磨着，十堰山多，小山沟更是不少，应该可以寻觅到一些。一番思索之后，我决定：到大自然中寻找，到深沟丛林中寻找！

2015年3月27日，阳光明媚，春风和煦。我约上我校两位"书法家"陈家林、郭长生，进马家河，沿"马小路"（马家河——小川）向桃花湖进发，在沿途十多里长的山沟"觅石"。我们边走边找，石头的形状怎样，色泽怎样，质地怎样……我们用眼看，用手摸，用脚踩，我们用挑剔的目光审视每一块石头。

我们一路寻找，来到桃花湖马家河村路段。站在公路上俯视路边的河沟，这是一处开阔的沟段，约30米深，沟内溪水淙淙，乱石罗列。我们脱了鞋袜，进入沟内，蹚水寻觅。尽管进入仲春，但山中溪水仍然刺骨寒冷。沟里的石头可真多，奇形怪状，大小不一，圆润光滑。突然，我被映入眼帘的一块巨大的石头吸引住了。这块石头的大部分藏在溪水里，从裸露部分可以看出，石头呈完整的长条形。我想：如果把它放到校园，顽石与书法辉映，一定会给校园增色。"快过来，看看这块石头怎么样？"陈老师、郭老师听到我的招呼声，赶忙蹚水而来，细细打量，对这块石头赞不绝口。郭老师说："这块石头的形状比较好，放到校门口，显得大气！"陈老师说："本来是想找一些小型的石头，没想到，却找到了这么大的宝石！"

拖　运

石头身处近 30 米深的山沟，如何运上岸？如何运回学校？这是一道难题。我想：这石头有价值，花多少钱、花多少力气都是值得的！

在经过一系列的准备之后，我们决定于 3 月 29 日进行拖运。早上 7:30，我和石红丽副校长以及陈家林、郭长生老师带领两辆大吊车、两辆平板拖车开赴马家河村，展开工作。6 名工人师傅先把两辆吊车开进河段，停稳，调式支脚，伸开吊臂；给石头系上 2 根钢丝"吊带"，2 台吊车的吊钩分别钩住其中一根"吊带"。准备工作就绪后，吊运工作开始，只见巨大的石头从深埋的水沟里艰难拔起，徐徐移向前来"接应"的平板拖车车厢里。

中午时分，起吊完成，开始返程。由于马小路凹凸不平，路面狭窄，拖车自身又长，会车十分艰难，会车时，拖车只能停下，让来车缓缓开过，而且会车只能在直道上进行，拐弯处是绝对不行的。因此，施工单位专门派一辆小车在前面指挥。听师傅说，拖车行至紫薇岛附近的一个山路拐弯处时，由于前面的指挥车一时疏忽，拖车与来车在弯道会车，花了 30 分钟才通过的。下午 5:30 时，拖车进入小区，眼看就要进入校园了，但是，在学校侧门路口处，拖车的轮胎被地面的利器戳穿了，轮胎瘪了。师傅们又临时更换轮胎。经过半个多小时的努力，拖车终于可以继续前行了。就这样，从桃花湖到学校 20 多公里的路，走了近 7 个小时。晚上 7 点多才进入校园。当平板车进入校园的那一瞬间，我心里悬着的那块石头才真正落地。

30 日早晨，当师生走进校园，看到这个"庞然大物"时，惊讶不已，纷纷围着石头观看。

安　装

经测量，这块石头长 4.95 米，宽 1.3 米，高 1.5 米，重约 30 吨。难怪两辆吊车才能"使得动"！

我们对石头进行清洗、打磨。又在石头的周围砌个椭圆形的小花坛，种上花草，装上射灯。在石头正面镌刻学校的核心文化"墨香"二字，这是时任十堰市教育局副局长刘端文先生书写的；石头的背面镌刻《52 小学赋》，此赋由我起草，经大家修改而成，最后请十堰市著名书法家黄家喜先生书写。

这块石头是从伏龙山脚下的桃花湖附近"请"回来的，我们给她起名"伏龙石"，安放在这里。

从此，伏龙石成了学校一道亮丽的景观，前来参观的人，都会对这块石头品评一番，

都会在这块石头前拍照留念。（龚明）

主题浮雕

正对着书香楼的校园文化墙上，主题浮雕显得格外引人注目，铜色的立体人物图像配上各自的代表作品更是增加了校园浓浓的墨香气息。看，最中间，也是最尊贵神圣的位置留给了被奉为“书圣”的王羲之。他的代表作品《兰亭集序》中“引以为流觞曲水，列坐其次，一觞一咏……”的抒怀雅致和即兴的行书体，据说后世再也没人能够超越。

主题浮雕是用玻璃钢仿铜材质（GRC着金属色）构成，看上去大气厚重，很有质感。从右到左铜像依次是李斯（篆书）、蔡邕（隶书）、王羲之（行书）、张旭（草书）、颜真卿（楷书）。

关于浮雕书法作品详尽资料，从右至左，说明如下。

李斯，秦朝丞相，右下角是他写的篆书《会稽刻石》中的首句，文字为“皇帝休烈，平一宇内，德惠攸长”。其意为：皇帝创业美且盛，境内平定大一统，德泽恩惠长又长。

蔡邕，东汉书法家，呈现的两块书法作品，上面的是《郭有道碑》，书法讲究九势，落笔、转笔、藏锋、藏头、护尾、疾势、掠笔、涩势、横鳞。文字内容为首句：“先生讳泰，字林宗，太原介休人也。”下方是《熹平石经》残石：最早被当作石刻教科书，儒经、书法两用，其整体呈不规则四边形，上面用隶书体刻有“王正月，暨齐平”等字眼，经考证出于《春秋》——被列为“五经”之一的古代中国儒家典籍。

王羲之，东晋著名书法家，被奉为“书圣”，他的行书体选自《兰亭集序》，内容为：“永和九年，岁在癸（guǐ）丑，暮春之初，会于会（kuài）稽（jī）山阴之兰亭，修禊（xì）事也。”

张旭，唐代书法家，以草书著称，右上角文字选自《千字文》，内容为开篇几句：“天地元黄，宇宙洪荒，日月盈昃（zè），辰宿列张，寒来暑往，秋收冬藏。”

颜真卿，唐代杰出书法家，擅长行、楷，自创了“颜体”楷书。右边书法作品为人们耳熟能详的《多宝塔碑》，为盛年所作。

另外，此浮雕关于图腾的造型采用中国传统古典龙纹，龙纹饰为中国传统特有符号，同时也象征着书法书写笔走龙蛇，龙飞凤舞。

翰墨园

走进52小学，沿着墨缘路前行至大约50米处，道路右侧有一个精致的小园子。园子边角苍翠茂密的树丛中横卧一块椭圆形的石头，由十堰市书法协会副主席刘端文题写的“翰墨园”三个红色大字赫然在上。哦，这就是52小学的翰墨园！

园内修建有“羲之池”，配套设施有圆桌，圆凳以供歇息。其中羲之池的设计是根据东晋书法家王羲之“临池学书，池水尽黑”的典故来的，意在教导学生热爱书法、勤奋练习。羲之池已成为学校文化的一部分。园内有一处古香古色的白墙黑瓦，它被半遮了景致，若隐若现，唯有踏上曲径通幽的小道才看得出白墙的“真面目”。拱形的园门别致小巧，叫“正心门”，白墙黑瓦素雅质朴，颇有点像一位古典静雅的女子，秀气、内敛、含蓄而又神秘。莫不是她也在经常思索“羲之”笔法的精髓？

走在弯曲的小径上，各色花草频频入目：春暖花开时节，粉色的樱花一团团一簇簇，肆意绽放枝头，吸引来不少孩子们驻足观赏。寒冬腊月，这里依然绿意浓浓。苍翠高耸的竹子是这座园的卫士，红艳艳的蜡梅傲立枝头，随时都在向各位小书法家们倾吐“宝剑锋从磨砺出，梅花香自苦寒来”的深意。翰墨园并不大，却栽种着十多种花草树木，莴竹、石楠、茶树、蜡梅、石榴、紫薇等传统花草收录其中。夏秋季节更是美不胜收，需要你用心观赏。

坐在石凳上，感受着园子带来的季节变换的美妙，寓情于景的典雅情调，再吸上一口清新的空气，真是令人心旷神怡。目光穿过林子向远处看，就是尚书广场，光滑的红色地砖上刻有不同字体的“书”，这都是我校历届学生的作品。同学们上学放学途经此地，都会驻足观赏，啧啧称赞。课余时分，他们也会不约而同地来到这里，嬉戏玩耍，仔细玩味。

翰墨园里，无论树上还是花下，都挂有名牌，标注植物的名称、科属、习性。有的树上挂着“我与小树共成长”的领养牌，有的树上还挂着写有本校老师原创小诗的“叶形”牌。普及科学知识，渗透学校文化，一箭双雕。（刘敏）

咏枫杨

校园里，有一棵古老的枫杨树，高大挺拔，枝繁叶茂。据园林工程师估测，古树有70余年树龄。这棵树曾经在校园围墙之外，只看得见四季轮回的枝叶变化，看不到她的真实面目。后来校园扩建，围墙推倒，枫杨树成了校园的一部分，成了校园文化的重要组成部分。

我不知道你的来历，
你却一直在那里。
每次转角遇到你，
你都稳稳抓住脚下一小方泥。
你——
像一位伟大的母亲，
为我们御冬寒，挡炎日。
盛夏，你总是带头氤氲一树的茂密，
倒挂串花如鞭炮样的外衣。
你——
根深叶茂，遮天蔽日，
如枫树般坚强挺拔，
似杨柳样婆娑飘逸。
莫不是书道里刚柔相济风骨的写意？

（周艳春）

一枝一叶总关情

“我的孙女在52小学上一年级，正赶上新校园建设竣工，能在浓浓的书香校园里学习，真是前世修来的福啊！”该校一（1）班学生勾睿捷的奶奶如是说。

52小学新校园是2014年9月1日正式竣工并启用的，全新的校园，浓郁的书香文化氛围，吸引着每一位老师和学生。

一花一木皆有情

走进52小学，沿着墨缘路前行，道路两侧的法国冬青、金森女贞、毛杜鹃等花草在微风中会向你频频点头，倍感亲切。翰墨园是学校重点打造的一处景点，园子不大，却栽种着十多种花草树木，筼竹、石楠、茶梅、石榴、紫薇等传统花草收录其中。园内修建有“羲之池”、棋牌桌凳，古香古色的白墙黑瓦半遮了景致，若隐若现，唯有踏上曲径通幽的小道才看得出园林“真面目”。墨韵路前，一棵高大的香樟树正“五花大绑”保温过冬天呢！两棵桂花树立在花坛两侧，将石刻“尚美”遮盖其下。“花草树木文化”别具一格，树上、花下挂有名牌，标明学名、别名、科属。百年古树“枫杨”上还配有周艳春老师拟写的小诗《咏枫杨》，普及科学知识，渗透学校文化，一箭双雕。课余时分，同学们会不约而同地来到这里，嬉戏玩耍，仔细玩味。

一墙一廊都说话

"同学们请看书品楼楼顶墙面,'写好人生每一笔'是我们的校训,这是我校 2014 届六(4)班学生张璟怡创作的。"政教主任李蓓在升旗仪式上向全校师生讲解道。

让每一面墙、每一条走廊说话,是 52 小学人打造校园文化的初衷。该校书法教育理念"书品即人品、写字学做人",挂贴在"书香楼"侧墙面,"千里之行,始于足下"古语则在"书道楼"上。"翰墨苑"主题文化墙长达 20 余米,分前言、写字姿势、写字方法、文房四宝、汉字演变、古代书法家、写字级别测评七个板块,观看橱窗,就仿佛徜徉在书法艺术的境界里。墙面上还有用花岗岩雕刻的各种体例的"书",让人真实地感受汉字的变迁。十堰市书法家黄家喜题写的"忠""孝""雅""诚"分挂在书品楼楼道的一至四楼。走廊也有文化,走廊的墙壁上分布着师生硬笔书法作品展,共有 40 多块。墙壁的对面是书法教学口诀,从基本笔画到偏旁到结构,一一举例说明。

一室一厅均有调

"哇,太漂亮了,太现代了!"五(3)班的李嘉惠同学第一次走进美术室后不禁感慨。新装修完工的美术室桌子采用花瓣型,利用美术三原色,将红、黄、蓝巧妙搭配,显得时尚、绚丽多彩,凸显了美术室的"美",富有情调。

在新教学楼修建的同时,该校同步开始专用教室的设计与装修,书法室、书法展览厅、美术室、音乐室、整合实验室闪亮登场,齐齐亮相。书法室墨韵飘香,美术室美轮美奂,音乐室激情跳跃,每一间教室都有独特的情调。130 平方米的书法展览厅,分为"学校概况""发展沿革""书法名师""特色历程""特色学生""特色活动""书法作品""特色荣誉"等,置身其中,你能总览 52 小学书法教育的历程与成就。

各班、各专用教室、各办公室都散发着浓浓的书香味道。班级门口有"班级名片",教室里辟有书法专栏,专栏里张贴有同学们日常的习字作品,有装裱的、由老师或同学书写的名人名言等。办公室里贴有由老师自己拟定、书写的人生感言。

一颦一笑总关情

浓郁的书香文化氛围,熏陶着每一位师生,师生的言行举止都在这浓浓的氛围中走向高雅、大气。

"我原来是个好动的孩子,练了书法后,我变得安静多了,学习成绩也提高了不少。"六(3)班的游永元同学说。

大课间时分,全校学生聚集操场做"少年书法操"《写意生长》,"纸上日暖暖,笔下风轻轻,一撇一捺人之初,一笔一画写人生。"全校学生边唱边跳,歌舞与书法结为一体,心灵与书法完美融合,书法文化悄悄植入师生心灵。

2014 年 11 月 21 日,湖北省书法家协会少年分会首批会员入会测评活动暨中国教育学会书法课题中期评估总结表彰会在 52 小学举行。千余名学生云集操场现场书写,一笔一画，一招一式，诠释了书法的理念，诠释了52小学人对书法的理解，也诠释了52小学“行止有范、曲直有度”的校风，“学书养志、端正做人”的学风，“立字立人、德艺双馨”的教风。

“52小学的老师在练习书法后，坐姿、行走的姿势都不一样，气质非同一般，颇显内涵！”东风分局副局长周正晓如是说。

（龚　明）

（二）在“变”中提升学校文化的价值

校园文化建设，要始终突出一个“变”字，在“变”中构建，在“变”中推进，在“变”中提升价值。

1. 变“色”——凸显学校文化的主题价值

校园文化，内容深广，涵盖宽泛。校园文化必须有一个主题，而主题，应该富有特色，与众不同。换句话说，校园文化主题应围绕学校的特色来确立。

1998年，52小学人即把书法教育定为学校特色，把书法教育作为校园文化的切入点，构建以“墨香”为核心的主题校园文化。18年来，52小学人在墨香文化的滋润下，逐渐长大成熟。如今，52小学已经成为全国书法教育示范学校、全国百强特色学校。在主题文化构建的操作层面上，体现两个“变”。

（1）变“高堂”为“庙宇”。文化本身就很深奥，书法作为中华民族的国粹，更是博大精深。古人对书法的研究已经很深刻，从中悟出的道理深不可测。作为一所小学的校训，不能晦涩难懂，不能远在高堂，要走进庙宇，接地气，要一目了然，朗朗上口。为此，52小学建构了富有特色的学校主题文化体系。确立了“写好人生每一笔”校训。这一校训涵盖面广：从书法教育，到做人教育；从少年到青年、到中年直至人的一生；从学生到老师。校训要求52小学的学生，要从学习书法的过程中，感受汉字的优美，感受中华文化的博大精深，从中悟出做人的道理，认真写好人生的“每一笔”。此训外延很小，内涵丰富，通俗易懂，已经成为引领师生前行的指明灯。

同时，学校提出了“书品即人品、写字学做人”的书法教育理念，提出了做“四气”学子（静气、灵气、文气、豪气）的教育目标，确立了校风“行止有范、曲直有度”，学风“学书养志、端正做人”，教风“立字立人、德艺双馨”，以及52小学精神“爱岗敬业的奉献精神，团结合作的团队精神，精益求精的科学精神，争创一流的进取精神”。

（2）变“施与”为“自创”。主题文化是学校的核心文化，是校魂，倍受学校的重视。或请著名专家学者站在“课改前沿”，“居高临下”，引经据典，“闭门造车”；或成立校级创作专班，查阅档案，采访老人，了解校情，日夜苦熬。以此撰写出来的主题文化，对于师生来讲，是“施与”，是强加，是“他的”，不是“我的”。让师生参与主题文化的凝练过程，甚至自己创作，一定会增强文化的认同感。

2014年春天，52小学面向全国公开征集“校训、路名、楼名、景观名”。学校召开全校师生大会，宣讲校园主题文化征集活动的意义及办法，号召大家积极参与。历时5个月，共征集到稿件2000余份。在评选方式上，先进行师生匿名投票，再请专家终评。最终，该校2014届六(4)班学生张璟怡同学创作的“写好人生每一笔”被评为一等奖，并请省教育学会书法专业委员会的廖敬彦秘书长书写，制作成红底、金色铜字，高悬在该校书道楼楼顶。“启用学生创作的作品作为校训”一时成为52小学的佳话。同时，活动还评出了由本校老师创作的路名“墨缘路”“墨韵路”，楼名“书品楼”“书道楼”“书香楼”等。

2.变“形”——提升学校文化的表现价值

校园文化须有一定的呈现形式。在小学校园，呈现形式如果活泼多变，立体多维，会收到更好的效果。

(1)变“平面”为“立体”。文化的设计应用立体的思维，变幻的视野，在“形”上做文章，从地上、树上、墙上、楼上(楼内)、网上，从景观到人文，通过不同的形式予以呈现，让文化的校园不单调。

一是地上的石刻文化。石刻，育人目标、路名(墨韵路、墨缘路)均由名书法家书写，镌刻在石头上。镇校石岿然躺卧于校门口，上书“墨香”二字，告诉进校的人们，这里是一所书香飘逸的学校。镇校石的背面是《52小学赋》，学校的发展变迁、创业历程、校魂特色全部浓缩在200余字的短文里。“尚书广场”上铺褐色大理石，专门镌刻每届毕业生中最好的书法作品“书”。二是地上的园林、花木文化。翰墨园里花草芳香，“羲之池”故事给人启迪，桂花树翠绿飘香，百年老树枫杨苍劲挺拔。花草树木上均挂有“树名牌”，包括树的别称、习性和分布。枫杨树上，还有由该校老师撰写的诗歌《咏枫杨》。三是墙上的墙壁、廊道文化。进校门即可见到一道长70余米的书法文化墙，上布设有名家碑林、求书故事、主题浮雕、文房四宝、武林风韵(太极拳、武当剑、八卦掌)五大板块。廊道里也有文化。书香楼楼道分别展示课堂教学、德育天地、艺术风采、阅读节、书法节、英语节等内容，图片全部采用师生当年学习生活照片。书品楼每一层辟有介绍书法历史、书法家、书写知识(基本笔画、偏旁、结构书写要领)等的书法知识长廊。四是楼上(楼内)的楼宇文化。三栋楼的楼名自然是要显示在楼上的，写字教育理念“书品即人品、写字学做人”则挂在书香楼侧面。楼内每个班级门前挂有用书法家命名的牌匾，比如“王羲之班”“柳公权班”“怀素班”等。五是网上的网络文化。该校充分利用现代媒体，比如校园网站、微信公众号、QQ群、微信等平台，展示校园文化。六是人文性文化。学校独创了“写字韵律操”“少年书法操”《写意生长》。大课间到了，全校师生齐聚操场，边歌边舞，艺术与心灵完美融合。“一草一木都含情，一墙一廊都说话，一室一厅均有调，一颦一笑总关情”成为52小学校园文化的真实写照。

(2)变“单向”为“多维”。如果把校园文化定格在校园内，则显单向。如若能构建多维的文化形式，则能提升其价值，比如把文化的表现形式由校内延伸到校外，做到家庭、社会共同打造，互动联通，形成网格式的局面。

52 小学充分构建多维的文化。一是做好家长这篇文章。组织成立家长学校，传递家教信息与理论，提升家长教育子女的能力。成立家长委员会、关心下一代工作委员会。定期举行家长会，定期举行家长开放日，家长与孩子、老师、学校领导面对面沟通。二是利用社会这个资源。充分发挥学校的地理位置优势，让良好的社会文化影响学生。学校周边有央企、区政府机构、三甲医院、大型超市、中小学幼儿园、标准足球场、大型广场等单位，有老红军、老干部、老专家、老劳模等知名人物，有卡车之都汽车城、世界遗产武当山、恐龙蛋化石群、南水北调中线源头、神秘神农架等景观。通过走出去，请进来等方式，表现校园文化，传递校园文化。春节前夕，组织学生写春联、卖春联，送“福”字。在送出祝福的同时，也送出了 52 小学独特的文化。

3.变“态”——丰盈学校文化的功用价值

校园文化的力量是无穷的，功能是庞大的。改变文化的功能状态，变被动影响为主动施用，变静态为动态，让学生在活动中体验成长，进而丰盈校园文化的功用价值。

(1)变“被动”为“主动”。52 小学充分利用立体的校园文化，主动接受文化的影响，开展教育活动。学校经常利用书法文化墙对学生进行书法知识、书法文化的教育。学生在书法老师的带领下，靠近文化墙，仔细阅读、品味。“书家碑林”里有哪些书法家的碑帖，这些书法家的书写风格有何不同，“求书故事”里都讲了哪些治学故事。主题浮雕是整个书法文化墙的精华。从浮雕里，学生能了解中国的五大书体及其代表人物与代表作品。学校 250 平方米的展厅更是艺术的集散地。展览厅里，布置精美，内容丰富，悬挂着师生作品，陈列着荣誉奖牌，记载着书法名师和书坛优秀学生。班会课时，学生走进展厅，品味同伴的书法作品，欣赏自己曾经参加的书法活动照片，激励自己加倍努力。学校组织开展“文化校园我的家”师生征文活动，主动接受文化的洗礼。

在书法教学中，教师会充分利用书法中蕴含的做人的道理，主动对学生施以润物无声的教育。一方面在书道传授中主动渗透德育、美育。如在讲用笔的训练时向学生传授“锋不偏、芒不露、形不滑、姿不媚”的书写之理和做人之道；在讲“主副配合”的原则时，进行团结协作的教育；在讲上下结构时强调重心在一条线上，进行“上下齐心”的教育；在讲穿插避让时，对学生进行“谦让互助”“团队精神”的教育。另一方面在技艺练习中渗透德育，告诫学生要持之以恒，坚持不懈，切忌三天打鱼，两天晒网。

(2)变“静态”为“动态”。文化景观是静态的；依据节庆、围绕特色常年开展相应的活动，所形成的活动文化是动态的。学生在动态的活动文化中足以体验文化的魅力与价值。

52 小学开展活动，注重活动前，精心设计，广泛动员；活动中，科学组织，有序参与；

活动后，隆重颁奖，大力宣传。

一是节庆系列活动。依节日举行的活动有：每年3月的“德育五个一”活动（围绕“3·5”“3·8”“3·12”“3·22”“3·29”五个重要节日开展学雷锋、爱妈妈、植树护绿、保护水资源活动、安全教育日活动）。4月的春游扫墓、汉字听写大赛活动，5月的阅读节、书法节，6月的“六一”庆祝活动，10月建队日鼓号队展示活动，11月大家唱大家跳展演活动，12月的英语节等。

二是精品系列活动。近年来，学校精心打造“3＋1”精品系列活动（又称“三节一会”，包括一年一度的书法节、英语节、阅读节和运动会）。学校年复一年地开展，年复一年地丰富内涵，让其形成常规，形成传统，形成精品，形成文化。

书法节。学校每年都举行关于书法的系列活动，2013年起举办第一届书法节，至今已经举办4届。书法节期间，举行开幕式动员，闭幕式汇报演出，活动成系列，以书法作品展评为主，辅以讲书法故事、文艺演出、书法讲座、书法家现场展示等活动。闭幕式上，邀请著名书法家进行现场书写表演，成为全校师生向往的精神盛宴。国家级书法教育专家王维义、省级书法专家王军、廖敬彦、市级书法专家黄家喜等都在舞台上进行了表演。2016年第四届书法节闭幕式上，100余名书法优秀学生云集操场中央，摆成巨大“52梦”造型，在蓝天映衬下，美轮美奂，震撼心灵。作为书法节延伸活动的“迎新年书法作品征集”也颇具期盼。2016年元旦前夕，该校举行“翰墨润灵、初冬逸香”书法作品展评会，来自十堰市83岁高龄的老书法家王政文为全校师生挥毫表演，老书法家身体健硕、声如洪钟，震撼每一名师生心灵：原来，书法艺术真的能修身养性。

阅读节。每年4月23日全民阅读日前后举行阅读节。通常开展“好书推荐”“亲子背诵擂台赛”“春之歌”诗文朗诵会、改编故事、经典诵读手抄报、经典知识竞赛、“好书漂流”活动、“原创诗歌展示”活动等。其中，“淘书乐”活动最为精彩。

英语节。每年12月25日圣诞节前后举行。英语节用英汉双语开幕动员，期间举行讲英语故事、英语书法比赛、英语日常交流、闭幕式文艺汇演等活动。

运动会。每年10月举行，至今已经举行27届。开幕式团体操表演、运动项目竞技。赛运动水平，竞班风班级。

（此文发表于《湖北教育》2016年第11期 作者：龚明，石红丽）

与书法节媲美的文化盛宴——作家到访

学校一年一度的“墨香杯”阅读节，可以与书法节媲美。阅读节不仅开展丰富多彩的活动，还积极创造条件，邀请全国著名作家到我校举办讲座。粗略统计，来过我校的作家有6位，分别是王一梅、雪野、张国龙、曹文轩、伍剑、沈石溪，著名作家的造访，让我校师生沸腾，也让外校羡慕。

王一梅走进52小学。王一梅是中国作家协会会员，2013年6月12日，王一梅来到52小学。当时新校园还没有建成，会场安排在服务楼5楼的老报告厅。硬件条件很差，但是师生的热情高涨，会场里座无虚席，第一次能与著名作家面对面交流，大家都很兴奋。王一梅老师给师生做了一场《想象，让文字飞翔》的报告，在报告中传授学生在作文中如何加入想象的秘诀，就是从现实世界、幻想世界和心灵世界去思考。这为大家打开一扇想象的大门……会议结束，同学们还久久不愿离去，与王一梅老师合影留念，并邀请王老师经常来学校做客。热情的师生也让王老师深受感动。

雪野老师三顾校园。雪野，是儿童文学作家，诗人。2014年、2015年、2016年，只要雪野老师有机会到十堰一定会走进52小学，与师生见面交流。2014年，新校园已经建成，新的报告厅已经建好，同学们在报告厅里静心聆听讲座。雪野老师给同学们讲了一堂课《如何写童诗》。孩子们的创作热情被点燃，当时就有不少学生纷纷动笔创作。后来几次，雪野老师来到学校与同学们互动。作为书法爱好者，雪野老师还给学校题字"墨砺人生"，勉励52学子。

张国龙参观校园，点赞墨香文化。张国龙，文学博士，中国作协会员，主要从事儿童文学和中国当代散文研究。2017年张国龙来到我校，因张老师时间比较仓促，没有时间举办讲座，但还是在百忙之中抽空来到我们校园，参观校园之后，对学校浓郁的墨香文化赞赏不已。

曹文轩到访引轰动。曹文轩老师作为部编中小学语文教材主编之一，我国首位安徒生奖获得者，应邀于2018年4月14日走进52小学，与同学们进行亲切交流，整个十堰仅此我们一所学校。曹文轩老师的到来引起轰动。为了这次活动，学校做了精心的安排。从前期的准备，到学生的阅读书目，到会场的布置，到交流的形式，都精心设计，获得了良好的效果。此次见面会，为了满足学生们与名家见面的心愿，活动安排在学校大操场进行，以沙龙形式开展，曹教授和几位学生老师代表上台，就关心的问题进行提问解答。主要涉及作家生世与作品关系、作品内容、阅读与人生、语文教材等问题，他还为学校留言："万家明灯书灯乃为灯中灯，千种情缘书缘乃为缘中缘。"最后，曹教授给部分在阅读曹文轩作品活动中获奖的同学颁奖，还给读者签名。能目睹曹教授的风采，亲耳聆听曹教授的教诲，对于每名师生来说，都是一辈子的记忆。

伍剑老师与学生见面。伍剑老师是著名儿童文学作家。2019年4月18日伍剑老师走进52校园，先是参与了52小学2019年的墨香阅读节活动，与全校师生一起聊聊阅读，接着又在报告厅给四年级的学生做了一场《阅读与写作》的讲座，学生受益匪浅。伍剑老师为学校题词"墨香书香"，夸赞52小学是他见过的最有文化的校园。

沈石溪老师见面会，再掀阅读高潮。沈石溪老师，被誉为"中国动物小说大王"。他的作品深受学生喜爱，许多作品是进入小学、初中语文课本的，大家都非常喜欢他。2019年6月3日，沈石溪老师受邀来到学校。听说沈石溪要来学校，校园里早已沸腾。一进校园，同学们夹道欢迎，小导游出神入化地介绍，每一处景点，沈石溪都认真观看，发表自己的观点。羲之池、尚书广场、伏龙石、主题浮雕、枫杨树都让沈老师流连。在报告厅里，沈老师给五年级的同学讲了自己的经历，自己与动物友好相处的岁月。遇见沈石溪，遇见最美的阅读，润泽最美的童年！

一个人的一生能有机会与名家面对面，这样的机会不多，而我们学校从2014年以来，尽最大能力邀请名家到访，积极创造条件让尽可能多的学生与名家见面，让学生记忆一辈子！

在孩子们心中种下阅读的种子，我们静待花开！（霍艳霞）

第四章　墨课程评价

第一节　课程评价

一、评价目的

墨课程评价的目的，是激励学生学习书法的兴趣，养成良好的书写习惯，提高书写水平和审美情趣。要充分利用评价的检查、诊断、反馈、激励、甄别和选拔等多种功能，考查学生实现课程目标的程度，检验并改进学生的学习和教师的教学，改善课程设计，完善教学过程，有效地促进学生的发展。

二、评价重点

第一、二学段的书写评价，要重视对基本笔画、结构的正确把握；关注认真的书写态度和良好书写习惯的养成。第三学段还要关注书写的流利与美观。

三、评价的主体

评价的主体可以是老师，也可以是自己、同学、家长，还可以是社会专业人士，从不同的角度来完成评价。

四、评价方式与方法

形成性评价与终结性评价。形成性评价和终结性评价都是必要的。在形成性评价中，收集、积累相关的资料，采用成长记录袋等方式，记录学生的成长过程。终结性评价主要是通过每学期末等级测评来完成。

定性评价和定量评价相结合。评价方法除了点评指导每日书写的作品以外，还有平时的行为观察与记录、问卷调查、面谈讨论等，尤其把学生的书写习惯和书写态度作为评价的一项重要内容。

方法灵活多样。墨课程评价可以灵活采用多种评价方法，比如圈点法、批注法、示范法以及作业分析法,也可以采用展示激励、反思总结以及建立成长记录袋等方法。评价过程中要综合采用自评、他评、互评等方式。

第二节　书法课堂教学评价

一、书法课堂教学评价表

书法课堂教学评价,包括对教师教的评价和对学生学的评价。对于一节课而言,一般应该考查教学目标的设定是否合理,教学内容的选择确定是否恰当,教学方法是否得当,教学过程设计是否合理,教学效果如何。就一节具体的书法课而言,要看学生是否学会、会学、乐学。(表 4-1)

表 4-1　小学书法课堂教学评价表

<table>
<tr><td>学校</td><td></td><td>执教者</td><td></td><td>班级</td><td></td><td>日期</td><td></td></tr>
<tr><td>课题</td><td colspan="3"></td><td>评价者</td><td colspan="3"></td></tr>
<tr><td>评价项目</td><td colspan="5">评价内容</td><td>权值</td><td>得分</td></tr>
<tr><td>教学目标</td><td colspan="5">1. 教学目标明确具体,体现书法课堂特点
2. 注重“身法、笔法、字法、章法”教学
3. 善于激发学生书写热情,引导学生传承书法传统文化</td><td>10</td><td></td></tr>
<tr><td>教学内容</td><td colspan="5">1. 对教学内容进行深入解读,教师清楚“教什么、什么难教”
2. 对教学内容进行科学取舍、整合,适合学情
3. 对内容进行适度拓展,与日常书写、日常生活结合</td><td>10</td><td></td></tr>
<tr><td>教学方法</td><td colspan="5">1. 营造浓郁的书法课堂氛围
2. 充分引导学生进行观察、思考
3. 充分发挥示范引领作用
4. 给予学生充分的练习时间
5. 注重评价与改进</td><td>20</td><td></td></tr>
<tr><td>教学过程</td><td colspan="5">1. 教学环节设计合理,书法指导课应创造性体现“四步法”(一看、二范、三练、四评)
2. 教学活动安排力求体现“五墨”(知墨、读墨、书墨、赏墨、趣墨)特征</td><td>20</td><td></td></tr>
<tr><td>教学效果</td><td colspan="5">1. 学生学会,掌握了书写要领,教学目标达成
2. 学生会学,掌握了书写方法,提升了能力
3. 学生乐学,学习兴致浓厚,积极性高</td><td>30</td><td></td></tr>
</table>

续表

评价项目	评价内容	权值	得分
教师素养	1.教师知识面广,文化底蕴深 2.教师书写水平高,能示范,效果好 3.合理运用各种教学媒体,操作得当	10	
总分		100	

二、书法教学评价中存在的问题与对策

《语文课程标准》在“评价建议”部分指出:写字教学要“关注学生写字的姿势与习惯,重视书写的正确、端正、整洁,激发学生识字写字的积极性”。当今的写字教学评价,还存在诸多问题。

(一)存在的问题

1.重考核,轻书写

一张试卷中,凡是专门用于考书写能力的题目,学生、老师都比较重视,而其他题目不被重视。比如抄写一段5分值的古诗或一小段话,学生基本能认真对待,做到正确、工整、美观,基本不扣分。但其他不是专门考核写字的题目,学生的书写则比较乱,老师也不扣分。

2.重师评,轻自评

在教学中,教师批改、口头评价成为评价的主体,而学生自我评价、相互评价则不被重视。

3.重书写结果,轻习惯养成

教师评价学生的字,往往看这个字写对了没有,写得好不好看。而对于写字时的姿势,写字时的态度,书写的笔顺则不太重视。

4.重定量评价,轻定性评价

评价中教师往往对学生的书写效果做结论性评价,如评以适当的等级或分数;而较少做定性分析,如描述扣分的原因,是字的笔画不到位,还是结构不合理。该怎么写好看。

(二)对策

1.评价标准要全面

(1)评姿势、习惯。《语文课程标准》十分重视学生建立良好的写字姿势,培养良好的习惯。写字的姿势包括“坐姿”和“握姿”。“双姿”要求做到“头正、身直、臂开、足安”和“一尺、一寸、一拳”。在习惯方面,要求学生养成良好的书写习惯和书写态度,做到干净、

整洁，提笔即练字。

（2）评笔画。基本笔画是否有笔锋，运笔是否合乎规范，“提”“按”是否有变化等。

（3）评结构。结构是否合理，重心是否恰当，主笔是否突出，部件搭配是否得体，是否充分体现了避让、穿插、呼应、收敛等书写原则。

（4）评布局。从整体上看是否大小匀称、规范、整洁、端正，字形是否和谐，布白是否匀称，结构是否严密，章法是否美观。

2. 评价方法要灵活

（1）不同的目的，评价方法不同。比如评价学生的字，可有多种方法，可以把写得好的字用五角星标出，也可以打分数或打等级（“优”“良”“及格”“不及格”）。在日常教学中，针对独个字的评价，可以选用“画五角星”的方法；进行阶段评价或等级测试，要针对整张字进行评价，可选用打分、打等级的方法；为了纠正学生的错误，则应选用定性评价，对存在的问题进行具体描述。

（2）不同的阶段，评价重点不同。低年级学生处于练字的起步阶段，则应重点评价“双姿”、基本笔画和描红、仿影的能力。到了高年级，则应重点评价临帖和背临的能力，评价书写速度等。

（3）不同的对象，评价标准不同。对写字后进生的评价标准要低，哪怕只有一点进步，都要予以鼓励，要大胆给“优”或满分，以激发其写字积极性。对优生，标准则要高，要求要严，不断给其提出新的目标。

（4）不同的学科，评价要求相同。让学生树立“作业即是练字”的观念，不论是写语文作业，还是写数学作业，都要认真书写。不同学科的任课老师也要在批改学生作业时，把书写纳入评价范畴，评价标准不变，做到全校同步抓写字，共同促提高。

3. 评价形式要多样

（1）自评。即自己评价自己的字。自评的“参照物”可以是字帖，可以是同学、老师写的字，还可以是自己前段时间写的字。自评可以随时进行，写完一字即评，也可以写完一张字后进行自评，还可以一段时间一评。

（2）互评。即同学之间互相评比，可以同桌互评，同组互评。在互评环节，彼此之间互相评价，互相学习，积极性最高。有的学生模仿老师的样子，圈圈画画，还写上评语“真漂亮”“有进步”“要努力”……

（3）师评。即老师的点评。老师的点评最具权威性，最具导向性，极富激励作用。教学中，教师要巡视，对学生书写中有代表性的问题应及时点评。对学生的作业，教师要根据情况，进行定量评价或定性评价。

（4）展评。即将学生中的优秀作品展示出来，供大家参观、学习、点评。展示的形式很多，如：写字课前的作品展示，班级文化建设中的“书法作品专栏 ”展示，学校一年一度的“写字教学成果”展示，上级部门组织的书画大赛优秀作品展示，元旦、春节、教师节等节庆时学生书写的对联的张贴等。

（5）赛评。即参加写字大赛，通过大赛来评价。这种评价的结论由于是专家做出的，有获奖证书，其结果备受关注。大赛可以是校级的比赛，也可以是市级、省级、国家级的比赛。

（6）级别评。即写字等级晋级测评。就我校而言，我们把学生的硬笔分为十级，软笔分为六级，每一级别标准不同，每学期进行一次升级测评，学生竞相升级，积极性很高。

（7）荣誉评。即对写字成绩突出、进步大的学生给以一定的荣誉进行表彰。比如，可授予“星级”学生——习惯星、描红星、行款星、整洁星 、进步星等，可授予“小小书法家”“书法优秀班级”等称号。

（“书法教学评价中存在的问题与对策”这部分内容发表于《书法报》2009 年第 6 期，作者：龚明）

【墨课程实例】

论多样化评价在小学毛笔书法教学中的作用

毛笔书法是中国特有的一种传统艺术。古往今来，中国汉字是劳动人民创造的，开始以图画形式表示文字，经过几千年的发展，演变成了当今的文字，古代长期用毛笔写字，便产生了书法。书法作为中国传统文化的瑰宝，蕴自然之灵，凝艺术之智，养浩然之气，积渊博之才。在小学教育中，学好书法会促进学生综合素质的提升。

《语文课程标准》明确提出：“语文课程要受到优秀文化的熏陶感染，提高学生的思想道德修养和审美情趣”，并且在教学中要“努力建设开放而有活力的语文课程”。

但是伴随着科技的飞速发展，书写工具更新换代，学生对于毛笔书法这一中国文化的瑰宝兴趣不够浓厚，在课堂上表现出的状态也不尽人意。所以，在一线教学的摸索中，笔者逐渐开始尝试通过多样化评价来提高小学生对于毛笔书法的兴趣和能力。

笔者将从教师评价、学生互评、学生自评、家长评价、集体赏评五个方面，谈谈多样化评价在小学毛笔书法教学中的作用。

1. 教师评价

首先，教师评价必须要专业化。这里的专业主要是指在备课上，教师要对课程有完整和深入的把握，教学语言、教师范写和指导语言要专业，以便给学生创造良好的毛笔书法学习环境。例如，当教学皿字底时，学生观察偏旁后认为，皿字底在书写时上面宽，下面窄。教师应指导学生，让其明白他所说的“上面宽，下面窄”，其实就是书法中皿字底的标志性特点——“上开下合”，为学生表达语言的专业化奠定基础。

其次，教师评价必须要准确化。一节书写大课有40分钟，午写练习小课20分钟，时间是非常有限的。那么为了提高课堂的教学效率，教师在点评时一定要注意用语的准确。例如，某生在展示练写时，对于学生呈现出来的优缺点，教师要迅速把握，然后从结构、占位、笔画三个维度分别给出恰当的评价，语言要简洁、准确。

最后，教师评价必须要有激励性。小学生多是年满6岁至12周岁的儿童，正处在身心快速发展的阶段。中年级开始学习毛笔书法，高年级要提高毛笔书法水平，伴随着其他科目的学业压力，如何让学生保有对毛笔书法的兴趣呢？教师的激励性评价十分重要。字体结构好，就夸奖学生的结构把握到位；书写占位好，就夸奖学生的观察细致；书写笔画规范，就夸奖学生基本笔画掌握熟练。实在找不出鼓励点，可以从文具摆放、听课状态、发言积极性等多个方面进行激励性评价。激励性评价作为一种正向的语言输出，笔者认为对于孩子的引导作用是至关重要的。

2.学生互评

新课标提出小学语文课程要“积极倡导自主、合作、探究的学习方式”。美国著名学习专家爱德加·戴尔在他的“学习金字塔”理论中提出，“听讲，也就是老师在上面说，学生在下面听，这是我们最熟悉最常用的方式，学习效果却是最差的，两周以后学习的内容只能留下5%”，而“小组讨论的方法，可以让学生记住50%的内容”。由此可见，学生互评在毛笔书法学习中的重要作用。

学生互评具有自主性。这一特点激发了学生在学习时的兴趣，调动了学生的学习积极性。例如，在教学“八字头”时，学生通过小组互评，发现“八字头”的左点要再短些，才能做到“左点短，右点长”。这对于学生接下来的改写，起到了直接的指导作用。

学生互评具有多样性。由于不同学生的思维逻辑能力不同，他们在互评环节中给出的反馈也截然不同。有人能从整体到部分地进行评价，也有人能从笔画细节上提出自己的评价，这样就给了被评价者十分多样化的指导，更有利于被评价者综合书写能力的提升。

学生互评具有发展性。“人不会重复踏入同一条河流”，事物在不断发展，人也一样。伴随着学习程度的不断加深，学生互评的能力其实也在不断提高。也许刚开始学习毛笔书法时，很多评价都略显稚嫩，但是伴随着教师和伙伴之间不断的互帮互助，学生互评的能力也会不断攀升。

3.学生自评

“我写得好不好？”这个问题不仅可以请教别人，还可以请教自己。学生自评在所有评价方式中是最核心的一种评价方式。不论别人怎么评价，自己对自己的书写水平究竟有怎样的判断，这一点非常重要。

首先，学生要学会纵向自评。纵向评价是指对同一个体在不同时期的同一学科成绩或同一教学内容的测验成绩进行比较，以确定个体的学习进步情况与学习成绩的稳定性的一种评价方式。通过纵向自评，学生能够显著看到自己的进步和不足。这有利于激发学生的内在学习动力，伴随着教师和同学的指导和帮助，能够有力地提升学生学习毛笔书法的效率。

其次，学生要学会横向自评。横向自评指将自己的学习成绩和处于同一阶段的同学进行比较。其最直接的方式即排名次。这种用排名次来反馈学习效果的方式，最大的作用就是可以排除考试分数的误导。由于“双减”的推行，分数和名次在评价方式中“黯淡”了。但是，等级评测，从A到D的四级划分，还是能给学生一个明确的判断方向。对于自评等级高的学生，要鼓励其继续提升书写和审美水平；对于自评等级一般的学生，要给予认可和继续提升的鼓励；对于自评等级较低的学生，要帮助其重新树立起学习的自信心，探索适合自己的字体，提升审美能力。

4.家长评价

在现代教育中，家庭教育是孩子教育的基石。在小学阶段，学生的学习习惯和方法还没建立起来时，家长的正向评价对孩子的毛笔书法学习起着举足轻重的作用。当学生周末把书法本带回家后，家长是否翻阅，是否配合老师的评价对孩子进行赞美和鼓励，对于学生学习毛笔书法的持久性有很大的影响。例如，我们班有个男孩，学习成绩并不突出，可是毛笔书法写得还不错，每个周末家长翻看完他的大字本，都会夸奖他的进步，甚至还会发在朋友圈展示。这给了学生很大的认可，这个男孩的书写也有了前所未有的进步。由此可见，家长的正向评价对学生的巨大影响。

5.集体赏评

每周一节书法课后，对于学生的优秀作品，教师可以进行集中收取，并在教室里进行张贴，以供教室内或者是来访人员欣赏和点评。这样做不仅增强了学生的自信心，也有效地营造了良好的毛笔书法学习氛围。例如，我们学校的走廊、围墙、教学楼外墙等处，无不彰显着毛笔书法的魅力。既有名家大师的千秋之作，也有教师学生的怡情之作，这使得整个学校透着一股子“翰墨飘香”的文化气息。

总而言之，通过实际教学，笔者认为多样化评价在小学毛笔书法教学中的作用至关重要。在今后的教学工作中，会继续不断地积极探索和反思。希望毛笔书法，这一中华民族的瑰宝，能够在每一代人的传承下发扬光大！（李洁珺）

第三节　学生书法成绩评价

一、书法等级评价

学校制定《书法等级测评实施办法》，把硬笔和毛笔各分成十个级别，从低级往高级晋升。硬笔十级从一年级开始，毛笔十级从三年级开始。《办法》主要考查学生的书法技法，包括笔法（用笔方法、笔画方法）、字法（笔顺规则、结字方法）、章法（字距行距、全篇布局、款识题写）。

为了激发学生的书写积极性，将书法与传统文化结合，借用古代科举考试应试者的身份名称，给不同书写等级的学生授予不同的名称——童生级、秀才级、举人级、贡士级、进士级，分别对应不同的等级。

其中硬笔：一、二级，对应童生级、童生级＋，正常情况下在一年级完成晋级；硬笔三、四级，对应秀才级、秀才级＋，正常情况下在二年级完成晋级；硬笔五级，对应举人级，正常情况下在三年级完成晋级；硬笔六级，对应举人级＋，正常情况下在四年级完成晋级；硬笔七、八级，对应贡士级、贡士级＋，正常情况下在五年级完成晋级；硬笔九、十级，对应进士级、进士级＋，正常情况下在六年级完成晋级。

毛笔：一、二级，对应童生级、童生级＋，正常情况下在三年级上学期完成晋级；毛笔三、四级，对应秀才级、秀才级＋，正常情况下在三年级下学期完成晋级；毛笔五、六级，对应举人级、举人级＋，正常情况下在四年级完成晋级；毛笔七、八级，对应贡士级、贡士级＋，正常情况下在五年级完成晋级；毛笔九、十级，对应进士级、进士级＋，正常情况下在六年级完成晋级。

学期期末由教务处和书法教研组组织书法等级评价。符合晋级标准的，准予升级。正常晋级的由本班书法教师决定，越级晋级的由学校评审小组评审决定。学生若没有正常晋级，在评选墨香少年时予以“一票否决”。越级晋级的，由学校在全校集会上颁发证书。

二、硬笔书法级别标准

一级：掌握正确的握笔姿势及坐姿，有良好的写字习惯。基本掌握汉字的笔画和常用偏旁部首的书写方法，能用铅笔按笔顺规则书写正楷字，没有错别字，纸面整洁。

二级：能按笔顺规则较熟练地书写正楷字，笔画形态清晰完整。字的大小基本一致，纸面整洁，没有错别字，写字姿势和执笔方法正确。

三级：能用铅笔工整地书写正楷字，字的笔画、结构基本正确。字的大小匀称，纸面整洁、较美观。写字姿势和执笔方法正确规范。

四级：字的笔画和结构书写基本正确，用笔略有提、按、顿、挫的变化，掌握字的间架结构特点，注意偏旁变化，字形一致。写字姿势、执笔方法正确规范。

五级：学会钢笔书写，汉字笔画和偏旁书写基本正确，用笔有提、按、顿、挫的变化，掌握避让技法，结构基本合理，汉字书写整体美观。

六级：掌握笔画、偏旁的变化规律，结构合理。掌握行款格式，注意横写、竖写形式的格式要求。把握字间距、字体和留白的均匀，提升书写速度。

七级：笔画的起、行、顿、收清楚正确，结构合理，具备较好的把握字形、字势能力。书写有一定的速度。书法作品符合要求，章法安排得当，有一定的书法美感。

八级：笔画、结构书写正确，有一定书法功底。书法作品章法及题款、钤印符合书法作品要求，有一定的书法美感。

九级：笔画、结构、章法符合楷书作品要求，字体特征鲜明，富有个性，笔法到位，运用自如，具有较强的情感色彩。书法作品行款整齐，布局合理，书写正确，题款、用印正确。

十级：笔画、结构、章法符合楷书作品要求，字体个性鲜明，作品内容与形式统一。有能力的学生可以尝试用硬笔学写规范、通行的行楷字。会欣赏书法作品，感受书法的艺术美。

三、毛笔书法级别标准

一级：笔画形态基本正确。起笔、行笔、收笔基本符合规范。掌握独体字的结构特点，字的大小基本均匀。书写姿势、执笔方法正确，书写环境整洁。

二级：笔画形态正确，起笔、行笔、收笔符合规范。掌握独体字的结构特点，字的大小基本均匀。书写姿势、执笔方法正确，书写环境整洁。

三级：字的笔画形态正确，掌握独体字的结构特点。掌握部分偏旁部首的写法和结构方法，初步掌握整体协调能力，字形端正。书写姿势、执笔方法正确，书写环境整洁。

四级：掌握部分偏旁部首的写法和结构方法，字的结构基本合理，符合要求，基本掌握起收、提按、转折等笔法。整体和谐，字形端正。书写姿势、执笔方法正确。

五级：字的笔画书写正确，基本掌握偏旁部首的书写特点，掌握起收、提按、转折等笔法，字的结构基本合理，与所临字帖相仿，能基本体现出字帖的笔法特征。

六级：字的笔画书写正确、掌握偏旁部首的书写特点，结构与所临字帖相仿，提、按、转折、承启基本到位，基本体现字帖的笔法特征。

七级：掌握毛笔运笔方法，能体会提按、力度、节奏等变化。借助米字格，较好地把握笔画之间、部件之间的位置关系，逐步做到笔画规范，结构匀称，端正美观。保持正确的书写姿势和良好的书写习惯。

八级：比较熟练地掌握毛笔运笔方法，能体会提按、力度、节奏等变化。笔画粗细长短变化自然，把握笔画之间、部件之间的位置关系，做到笔画规范，结构匀称，端正美观。初步具有书法创作能力，基本掌握题款、钤印。有欣赏书法作品的意识。

九级：字体笔画规范，结构匀称，端正美观。掌握书体书写特点，学会临摹经典碑帖。学会书法创作，有一定的书法创作能力，书法内容与形式比较统一。基本掌握题款、钤印。能欣赏条幅、斗方、楹联等常见的书法作品幅式。

十级：字体笔画规范，结构匀称，端正美观。掌握一种书体书写特点，学会临摹经典碑帖。学会书法创作，有一定的书法创作能力，书法内容与形式比较统一。掌握题款、钤印。能欣赏经典碑帖，初识篆、隶、草、楷、行五种字体。

四、学生书法成绩评价

学生的书法成绩每学期考核一次，由书品、书级、书赛成绩决定，其中“书品”包括坐姿、握姿、习惯态度、文化品性；“书级”即书法等级；“书赛”即参加书法大赛，根据获奖的级别，授予相应奖级——国家级：状元奖；省级：榜眼奖；市区级：探花奖。（表 4-2，表 4-3）

表 4-2　小学生书法成绩评价表

项目	评价维度	评价内容	分值	评价要点	评价方法	得分
书品	身法	坐姿	5	头正身直臂开足安；硬笔做到“三个一”（一尺一拳一寸）	任课教师课堂观察	
		握姿	5	能正确掌握执笔法（软笔五指执笔法）	任课教师课堂观察	
		习惯态度	10	书写习惯良好，书写态度端正	根据平时上交作业情况由课代表和教师共同评定	
		文化品性	10	热爱书法文化，品性良好，静灵文豪	由任课教师和同学根据日常观察进行评价	
书级	笔法	用笔方法	10	正确起笔、运笔、收笔	根据《书法级别测评实施办法》的要求进行书法级别测评，达到相应的级别，可以给 50～60 分，没有达到相应的等级，给 50 分以下	
	字法	笔画写法	20	认识笔画，能按标准笔形写出来		
		笔顺规则	10	能按规范的笔顺规则书写		
	章法	结字方法	10	结构匀称，端正美观		
		字距行距	3	字距行距适宜		
		全篇布局	4	全篇布局合理		
		款识题写	3	款识题写得当		

续表

项目	评价维度	评价内容	分值	评价要点	评价方法	得分
书赛	赛法	作品整体美观，有功底	10	参加国家、省、市区校级以上大赛获奖	以获奖证书为准，同时授予相应奖别——国家级：状元奖；省级：榜眼奖；市区级：探花奖	
					总分	

注：分数转换成等级，90 分以上为 A，80～89 分为 B，70～79 分为 C，70 分以下为 D。

表 4-3　小学书法比赛获奖授予称号对照表

序号	获奖层次	授予称号
1	国家级书法比赛获奖	状元
2	省级书法比赛获奖	榜眼
3	市级、区级书法比赛获奖	探花

第四节　其他评价

一、书法优秀班级评选

（一）评选条件

（1）班级书法氛围浓厚，班内有写字作品展示专栏，定期更换。

（2）书写“双姿”合格率高，书写习惯好，认真书写每科作业，作业整洁。

（3）班级整体书法水平高，在学校书法质量测评时，质量优。

（4）积极参加学校书法等级晋升活动，晋升率高。

（5）积极参加学校、区、市、省、国家级书画大赛，参赛比例高，获奖率高；积极参加学校的书法节、春联书写、校名题写等活动，效果好。

（二）评选方法

评选工作由教务处和书法教研组负责，每个年级评出 2～3 个书法优秀班级，期末由学校表彰。

（三）评分细则

表 4-4　评分细则

序号	内容	分值	考核标准	考核部门	得分
1	书法氛围	10	1. 书法氛围浓 2. 有班级书法作品展示栏，定期更换	政教处 大队部 教务处	
2	书写习惯	20	1. “双姿”合格率不低于 90% 2. 各科作业书写规范、整洁	教务处	
3	书写质量	40	整体写字质量高	教务处 书法组	
4	等级晋升	10	积极参加学校书法等级晋升活动，晋升率高	教务处 书法组	
5	赛事获奖	20	1. 积极参加各级书画大赛，参赛人数多，获奖率高 2. 积极参加学校的书法节、春联书写、校名题写等活动，效果好。 3. 积极为学校书画作品展览、作品编辑提供优秀作品。	教务处 书法组	
				总分	

二、墨香少年评选

西汉文学家杨雄说：“书，心画也。”意即书法是人的心理描绘。柳公权也说：“用笔正心，心正则笔正。”据此，对学生的评价，可以依据“笔正—心正—行正”思路进行，从三个层面制定评比标准，由书法入手，促进品格内化，再外显为行为表现。表现优秀的，可以授予“墨香少年”称号。

“笔正”。从“笔正”可以衍生出 2 个方面的内容。一是习惯良好。表现为握笔姿势、坐姿正确，笔法正确；习惯良好，不急不躁，专心致志。二是方法得当。表现为学习方法得当、有效，起步好，初心良。

“心正”。从“心正”可以衍生出 2 个方面的内容。一是循规守矩。表现为尊崇写字规律，具有浓郁的笔法意识、结构意识、章法意识；遵守穿插、避让、收放、协调等规则，关注开合、向背、疏密、虚实等变化。延伸开去，就是遵守《小学生日常行为规范》和《小学生守则》，爱汉字，爱书法，爱学校，爱国家。二是品性优良。表现为理解他人，包容他人；长于合作，与人为善；独立思考，博采众长；写字做人，传承文化。

“行正”。“行正”可以衍生出2个方面的内容。一是行止有范。表现为言行举止合乎规范，成为示范，具有美感。二是静灵文豪。“静”表现为：心静、安静、澄静。静心书写，静心学习，静心做事。“灵”表现为：灵秀、灵慧、灵敏、聪灵。聪明的大脑，灵活的思维，敏锐的反应，成绩优秀。“文”表现为：文雅、文质、文化。穿戴得体，诗书满腹，书卷气浓，涵养丰厚，一手好字，一篇好文，一口纯正普通话。“豪”表现为：豪情、豪放、豪迈。挥毫泼墨，随性表达，不拘一格。张扬自我，个性独特，不断求索，勇于创新，追求卓越。

墨香少年每学期评选一次，通过自评、同学评、家长评、老师评等方式进行，综合评定为“优秀”的，授予“墨香少年”称号，在散学典礼上隆重表彰。（表4-5）

表4-5　墨香少年评价表

<table>
<tr><th>评价维度</th><th>评价内容</th><th>评价标准</th><th>学生自评</th><th>同学评价</th><th>家长评价</th><th>教师评价</th></tr>
<tr><td rowspan="2">笔正</td><td>习惯良好</td><td>握笔姿势、坐姿正确，笔法正确；习惯良好，不急不躁，专心致志</td><td></td><td></td><td></td><td></td></tr>
<tr><td>方法得当</td><td>学习方法得当、有效，起步好，初心良</td><td></td><td></td><td></td><td></td></tr>
<tr><td rowspan="3">心正</td><td rowspan="2">循规守矩</td><td>尊崇写字规律，具有浓郁的笔法意识、结构意识、章法意识；遵守穿插、避让、收放、协调等规则，关注开合、向背、疏密、虚实等变化</td><td></td><td></td><td></td><td></td></tr>
<tr><td>遵守《小学生日常行为规范》和《小学生守则》，爱汉字，爱书法，爱学校，爱国家</td><td></td><td></td><td></td><td></td></tr>
<tr><td>品性优良</td><td>理解他人，包容他人；与人为善，善于合作；独立思考，博采众长；写字做人，传承文化</td><td></td><td></td><td></td><td></td></tr>
<tr><td rowspan="5">行正</td><td>行止有范</td><td>言行举止合乎规范，成为示范，具有美感</td><td></td><td></td><td></td><td></td></tr>
<tr><td rowspan="4">静灵文豪</td><td>心静、安静、澄静。静心书写，静心学习，静心做事</td><td></td><td></td><td></td><td></td></tr>
<tr><td>灵秀、灵慧、灵敏、聪灵。聪明的大脑，灵活的思维，敏锐的反应，成绩优秀</td><td></td><td></td><td></td><td></td></tr>
<tr><td>文雅、文质、文化。穿戴得体，诗书满腹，书卷气浓，涵养丰厚，一手好字，一篇好文，一口纯正普通话</td><td></td><td></td><td></td><td></td></tr>
<tr><td>豪情、豪放、豪迈。挥毫泼墨，随性表达，不拘一格。个性独特，张扬自我，体质健康，勇于创新</td><td></td><td></td><td></td><td></td></tr>
<tr><td colspan="3">评价结果</td><td></td><td></td><td></td><td></td></tr>
<tr><td colspan="3">总评结果</td><td colspan="4"></td></tr>
</table>

说明：评价分为A、B、C、D四个等级，分别表示优秀、良好、合格、不合格。

三、墨香教师特征

墨香教师，应该有自己的特征。墨香教师的特征有哪些呢？这里从墨的名称、形态、颜色、香味、质地五个方面进行剖析。（表 4-6）

表 4-6　墨香教师特征

序号	墨之层面	墨之描述	墨之寓意	墨之教师
1	墨之名	墨，墨水，墨汁。“喝过墨水”一词是受过较好教育、文化程度高的意思	寓意老师学富五车，满腹经纶	知识底蕴深厚
2	墨之形	墨汁，黑色的液体。盛在不同的容器有不同的形态，随物赋形，富于变化	寓意老师在教学上随机应变，能曲能直，宽严相济，灵活多变	能力方法相宜
3	墨之色	墨，黑色，一身黑亮，纯净一色	寓意老师典雅大方，朴素澄静，品行端正，为人师表	品性节操优良
4	墨之韵	墨香，由墨水中的苯酚（芳香烃的一种）发出，香气四溢，气韵生动	寓意老师与学生关系融洽，爱意无限，润物无声，沁人心脾，业绩良好，美名传扬	仁爱之心充盈
5	墨之质	墨由石墨制成，主要原料是煤烟、松烟、胶等，是碳元素以非晶质形态的存在，具有韧性	寓意老师刚直不阿，坚韧不拔，追求卓越	品质追求高远

下篇　墨课程实践成果

四季轮回，春华秋实。20多年的墨课程实践，让求知的学生满腹诗书，让躬耕的老师深谙书道，让墨香校园芳香四溢……

第五章　学生成果

一手好字，一生受益。练一手好字，传一代文明。的确，书法是一门艺术。一笔一画里蕴藏故事，一点一滴间饱含深情。历经 20 余载，52 小学培育了一届又一届充满诗意才情的墨香少年。学生的书写水平逐年提高，屡获大奖，作品在全国展览中展出，屈怿辰、杨涛年、李峥妍、刘鸿宇、徐然、毛雨馨、周垠宇就是其中优秀者的代表。一路书香一路歌，52 小学留给他们的不仅有师生间的教导情、同学间的同窗情、更有他们与“书法”这位挚友的不解情缘。他们在老师的教导下积极参与各级各类的书法竞赛活动，每年 5 月的书法节是他们走向书法大舞台的平台。硬笔、毛笔诸体兼修，走出校门、走进市区、走向全国。“墨香杯”“阳光喔杯”“烽火实验杯”……“杯杯”都参与，捧回的一张张“荣誉证书”，是他们成长的见证，更是他们智慧的结晶。

这里，分“求书一得”“研学之旅”“学子风采”三个板块展示学生的书法学习成果。

第一节　求书一得

墨舞人生

五(1)班　王梓涵

在我上幼儿园的时候，就与书法结下了不解之缘。

记得我刚刚五岁的时候，每次看见外公拿着毛笔在纸上写着什么，我总是会好奇地瞧一瞧。当墨汁那股香味飘进我的鼻子里，不知为什么，我总是很喜欢这个味道。看着外公笔走龙蛇的大字，我不由得发出赞叹：“好漂亮哦！外公，你写的是什么呀？我也想写！”外公总是笑着对我说：“涵涵，你要学吗？过来，我教你。”说着，就让我坐在他的前面，他握着我的手，写下了一个大大的“一”字。我欢呼起来：“噢！我也会写毛笔字了！”外公只是笑而不语。从那之后，我经常偷偷跑去外公的房间拿出纸和毛笔还有墨水，趴在地上写字。外公来时，总是可以看见一个满脸墨水的“小花猫”趴在那里写着毛笔字。外公走过来，瞧了瞧我的“作品”，突然哈哈大笑道：“这是毛笔字吗？”我撅起嘴看了看外公，生气地丢下毛笔，对妈妈说："妈妈，我长大也要学毛笔字！"妈妈笑了笑，说："可以呀！"

我进入小学的第一天，看到学校的大门旁挂着"全国书法示范学校"几个大字，顿时欣喜若狂，又有机会学书法了！走进校园，看到尚书广场上历届毕业生留下的各种字体的"书"字以及走廊上师生的作品，十分羡慕，心想：我将来也要把我的书法作品留在校园。于是我认真地上好每一节书法课，启蒙老师教我学习基本笔画，刚开始我连"横"也写不直，更别说写好笔锋了，心想：写好书法这么难呀！老师握着我的手一笔一画教我练习，她说："只要功夫深，铁杵磨成针。"经过我反复地练习，从笔画到简单的字都在一天天地进步。直到有一天，在书法课上，老师展示了我写的"天"，说："王梓涵同学，进步真大。"我心里美滋滋的，这更成为我继续练习的动力。更没想到的是在学校一年一度的"书法节"中，我的作品荣获了一等奖，别提有多高兴了！

到了二年级，老师开始教我们写各个偏旁的字，我们也基本掌握了观察字的方法：看结构比例、田字格占位、笔画长短。我的写字水平也提高了一些，可以写简单的古诗作品，每次学校的"书法节"就是我最希望展示自己作品的时候。

三年级下学期，学校开始上毛笔书法课，我高兴极了，心想：我终于可以实现我的心愿了。可没想到我遇到了大难题——毛笔可不像硬笔那样好操控。我的手总是不由自主地颤抖，别说写字了，就连一个笔画我都写不好，还总是弄得一手墨，这时候我失去了信心，觉得自己没有天赋，每次上书法课都无精打采，老师看出了我的心思："这就被困难打倒了吗？万事开头难，别灰心，写字贵在坚持！"经过长期的练习，我才学会了写"横"，每当我想放弃时，我都会想起老师的那句话。

四年级，我完成了我的第一幅软笔作品："有容乃大"，虽然现在看起来当时写得还不够好，但对于一年前的我来说仍然是一种鼓励。书法让我学会了很多做人的道理：写字就像做人一样，要端端正正，互相谦让。

现在我参加了学校组织的书法社团，对书法的兴趣更加浓厚。外公看到我的作品时也常常称赞有进步，这让我更加坚定了我的书法练习之路。

书法让我知道了实现梦想的车轮——行动，永不枯竭的力量源泉——信心，还有最重要的品质——坚持！

（指导教师：李洁珺）

走书法之路　寻书法之梦

五(4)班　刘蓓凝

我和书法的不解之缘开始于二年级。当时，爸爸、妈妈带我去西安的碑林参观，那里名碑林立，被誉为"碑石之林，书法之魂"。在导游姐姐娓娓动听的讲解中，我欣赏到了颜真卿的《多宝塔碑》，柳公权的《玄秘塔碑》……哇！如此多的书法名家的洒脱墨迹被聚集在这个地方，篆隶楷草行各种字体皆有，这些字或柔美、或苍劲……真让人大饱眼福！

在碑林广场，还有几名碑林博物馆书法家进行现场书法创作。他们挥毫泼墨，写的字时而苍劲有力，时而龙飞凤舞……那一撇一捺的气势让我深深着迷，看得我心生羡慕：要是我也能像他们一样就好了！尽管那时我对书法只是懵懂，但走书法之路，寻书法之梦，便深深地在我的心中扎下了根。

初拿毛笔，握笔总是忍不住微微颤抖，写出来的笔画弯弯曲曲的，好似一条在扭动的蛇；写出来的字，像漫天飞舞的蚊子，一团糟！但这一切都浇不灭我学习书法的热情之火。笔画发抖没关系，字不像样也没关系，一笔一画坚持练！渐渐地，手不再微微发抖了，笔画也越来越有力了。我的字已从刚开始的歪歪扭扭，到如今的端正美观了。看着自己的书法水平有了很大的进步，我有些被兴奋冲昏了头脑，便问书法老师："我什么时候可以写书法作品呢？""练字的过程就像走路的过程，如果走路没能走好，还不熟练，就来跑步，那肯定会摔跤的！"书法老师的一句话让我暂时平静下来。

我沉下心，细细领会着前人的精髓，一次次地不懈练习。我每天铺开宣纸、镇尺压纸、手执毛笔，认真地练习书法。终于，在日复一日的练习中，一个个颇令自己满意的字跃然纸上。

不经一番寒彻骨，哪得梅花扑鼻香。三年的墨韵熏陶，让我慢慢体会到书法之精妙，更让我在习字之中感悟到——书品即人品、写字学做人！

我爱书法！为了追寻我的书法之梦，我要继续努力，勤学苦练，苦练笔画中的每一笔，也写好人生中的每一笔。

（指导教师：李会萍）

童年在墨香里成长

六(1)班　韩景然

我和书法，有一种说不出的缘分，不知是我迷上了书法，还是书法感染了我……

我和书法的故事，还要从我第一次接触书法时开始。当时，我还是一个三年级的小朋友，对于书法很是陌生，看到笔、墨、纸、砚这些文房四宝也很是新奇。一开始，我装作一本正经，学着大书法家的样子，在宣纸上潦草地写字，作了一幅"鬼画符"。这时的我，没有深入了解书法的奥妙。三分钟热度后，我感觉书法枯燥无味，便不再重视。

一天，老师为几位会写书法的同学颁发奖状，我既羡慕，又对自己没有好好学习书法感到追悔莫及。我暗下决心，一定要练好书法，一定要写一手好字！

既然要练书法，那么就必须静下心来认真练。因为练书法讲究"耐心"二字，可是急性子的我，一开始就想写作品，一步登天，哪里愿意一步步来？老师似乎早已看透了我的想法，苦口婆心地教导我："练书法可是个耐心活儿，不能急于求成，它是需要你的日积月累的训练才能完成的，一定要一步步来！"听了老师的话，我豁然开朗——重新开始吧！这次我重整旗鼓，开始好好练习书法。

第一节课，学习"横、竖、撇、捺"这四个基本笔画。别看这几个笔画简单，就因此小瞧了它们：几乎所有汉字中都少不了它们"四兄弟"，想要写好字，练好它们是必不可少的。

"写横时要两头粗，中间细，要有笔锋；写竖时注意千万不要手抖，不然竖就是歪的，最后顿笔时要慢一些……"在老师孜孜不倦的教导下，我刻苦练习了两周，基本上已经把横、竖、撇、捺等基本笔画练习好了，终于可以进入字体的练习了！这真让我欣喜若狂啊！

相比于基本笔画，写字竟是难上加难，因为它既要观察字的结构与占位，又要写好笔画的长短与粗细，这更考验我的细心与耐心。"来，横平，竖直，左高，右低，露锋起笔……"老师来到我的座位上，手把手教我写字，我也细心地倾听着——哇！写好一幅字原来有这么多讲究，笔画的长短粗细不同，写出的字带给人的感受也千变万化，书法原来也这么有趣！就这样，虽然我会因为把字写丑了而感到灰心丧气，但我也会给自己鼓劲，反复琢磨书写的技巧，继续认真练习。

随着时间的流逝，日子也一天天地过去了，我也成了一名六年级学生，可我依然每天坚持练习书法。哪怕每天只进步一点点，经过日积月累，我也会有巨大的收获！

从四年级起，我已经努力学习书法两年了，在这两年里，我经历了无数的挫折与失败，也有了满满的收获。现在，我已经沉浸在墨香里无法自拔。我深深地爱上了书法！这就是我与书法的故事。

（指导教师：谢丹）

墨香伴我成长

六(2)班　姜俊廷

我和书法的不解之缘开始于四年前的春节前夕。我们学校是全国书法特色学校，每年过年前，学校的"兰亭书社"就会组织社团成员到社区开展"迎新年 送春联"活动。那年我二年级，妈妈带我去观摩了书写现场。看着老师和学长、学姐们用软软的毛笔，写出那么漂亮的字，我不禁心生羡慕：要是我能像他们一样写得好看就好了！尽管那时我对书法只是懵懂地喜欢，但学习书法之路就此开启。

上了三年级，第一堂毛笔书法课让我十分欣喜，我拿起精心准备的毛笔工具，跟着老师学书写双姿、开笔和沾墨。看着墨水在纸上慢慢晕开，一切都显得那么新奇。可当我真正握笔书写时，才知道想要写好书法有多难。初学笔画时，我握笔的手总是忍不住微微颤抖，写出的笔画弯弯曲曲，好似在跳舞的黑毛线。每天写字课结束后，我的手上，衣服上，甚至脸上都是墨迹，经常被同学笑称为“花脸猫”……而这一切都浇不灭我学习书法的热情，衣服脏了没关系，大不了回家挨妈妈的批评；笔画写不稳没关系，我就一遍又一遍地练习。老师说过“写好书法的秘诀就是勤练。”渐渐地，我身上的墨点越来越少，手也不再发抖，笔画也越来越有力，我开心不已。而我基本笔画尚未学习完整，就急于求成地追问老师何时能写作品和春联？“饭要一口一口吃，学习要一步一步来。”老师语重心长的话语点醒了我学习书法不能太着急。

两年多的书法练习不仅提高了我的书写水平，还让我明白了许多做人的道理。这天老师给我们讲解“正”的写法，她在黑板上耐心地讲述“正”从甲骨文到楷书的演变。只见甲骨文字形中，上面的符号表示方向、目标，下面是“止”，有朝着某个方位或目标不偏不斜地走去之意。接着，她给我们展示了不同楷书书法家的“正”字写法，虽然风格各异，但相同的是它们都不歪斜，她训导我们说：“柳公权言：‘心正则笔正。’我们做人就如同书写一样，要堂堂正正做人，写好人生每一笔。”学写“政”字时，我懂得了笔画之间要避让穿插，就如我们做人要文明有礼、互相谦让；学写“印”字时，我懂得了结构上要高低相顾，才能相得益彰；学写“贤”字时，我懂得了纵横交错，上下结合，重心才能平稳……

在学校墨香的熏陶下，我从一个书法“小白”慢慢成长为一名书法“老手”，每当学校组织各种书法社团活动，我都会积极参与。每一幅书法作品，我都会用心完成，看着自己的书法作品悬挂在展厅内，其他同学驻足欣赏时，我别提有多开心了。看着低年级的学弟们，让我想起了四年前的自己。还有半年就要毕业了，我要更加刻苦练习书法，希望自己书写的“书”字，也能留在母校的尚书广场，铸就自己的高光时刻。

“上有天，下有地，左右两边留空隙；疏要展，密要细，笔画匀称才合理……”迎着初升的朝阳，伴着书法韵律操悠扬的歌声，我们徜徉在墨香中……（指导教师：谭婷）

写字学做人

六(3)班　刘素君

书法，是我国宝贵的文化遗产。从小我对书法就有着浓厚的兴趣。三年级我就开始接触书法，看着老师拿着毛笔在宣纸上一笔一画地将一个个极具吸引力的字展现出来——那么规范、端正，一点儿也不拘束，这使我很是羡慕。我心想：我要能写出这样的字该多好呀！

初学书法，我连握笔姿势都不会，墨总是到处洒，字歪歪扭扭的，握着笔的手总不由得紧张，抖个不停。但这并不能打消我对书法的热情。一天天过去，我写的作品越来越多。每天看着书法视频讲解，看书写姿势，认真领悟每个字的结构、大小、笔画粗细和写字力度等。渐渐地，笔拿稳了，字端正起来了，笔画也有力道了。但学的都是基础笔画，离写整幅的字还差得远呢！我深知学习要一步一步来，脚踏实地。

记得有一节书法课，专门练习学“捺”，老师告诉我们，不要认为这只是一个笔画就会很简单，这个笔画很难，有很多毛笔字写得好的人，有时也掌控不住这个笔画。老师拿起笔在宣纸上为我们演示，边写边讲。老师提到“捺”由轻到重，慢慢用力，到最后一顿，末尾收笔。我专注地听着老师的话，等老师写完我就拿起笔自己练。写了第一个“捺”，可看起来总是怪怪的，于是我找了一位同学，她说我写得没有粗细变化，我仔细一看，还真是这样。我记住自己写得不好的地方，又练写了两个。还是不行！要不就是收笔写不好，要不就是最后顿的时候用力太大。我一直叹气，这时老师来了，他告诉我：“你不要着急，练习书法就是需要耐心，你看你每写一个都会有进步，一定要总结上个字的缺点，进行改正。”

听了老师的话，我又有了信心。每天放学回家都会找到含有“捺”的字，比如“大”“夫”“春”等加强练习。每天练一张，终于有一次，写出了一幅让我自己满意的作品，我暗暗窃喜。

在这之后，书法吸引着我，让我不由得拿起笔写起来。铺开宣纸，叠出格子，手里挥动毛笔，面前摆开一本书法书，全神贯注地练习。在1个多月的时间里，我竟然写了几十幅作品。就算手麻了也不会半途停下，周围再吵闹也和我无关，我的世界只有书法和自己，只有墨香的气息。

在三年的书法练习中我磨炼了耐心，不能只求速度还要求质量，这样才会有成果。从最初的歪歪扭扭，到现在写得大大方方，这真的很不容易。

汉字，是中国文化的基石，承载着中国几千年的光辉历史，作为小学生应该好好学习书法，把握书法之本，共同守护书法之魂。

（指导教师：陈杰）

笔墨伴我成长

六(4)班　常芮宁

有人说，
书山有路勤为径。
有人说，
学海无涯苦作舟。
学海中不可或缺的，是书本，
而书本的灵魂，是汉字。
那一个个充满魅力的符号，
是中华大地的象征，

是中国文化的代表。
甲骨文的古老，
金文的狂野，
鸟虫书的神秘，
隶书的平实，
楷书的沉稳端正，
行草的飘逸，
都被我牢记于心，
让我永不忘记。

书香浸润童年，
笔墨伴我成长，
那桌上的文房四宝，
是我真挚的伙伴。

（指导教师：杨灵灵）

墨香

六（四）班　翁培淇

书法是一种精神，
它传承着中华之文化；
书法是一种博学，
它走遍全国乃至世界；
书法是一种游戏，
它变化多端
——篆、隶、楷、行、草……

书法似水，
一笔一画皆柔情。
书法如石，
一笔一画皆刚硬。
书法若风，
一笔一画皆潇洒。

墨香走进我校园，
挥笔洒墨锦上花。
走好脚下每一步，
写好人生每一笔。
弘扬中华书法梦，
传承文化振中华。

（指导教师：杨灵灵）

书法——我的知心朋友

六(5)班　董园枝

一提到书法，我的话就多了。书法这门博大精深的中华艺术，它令我痴迷令我陶醉，他像一位知心朋友一直陪伴我，成了我生活当中不可分离的一部分。

早在上一年级时，老师就教育我们："字如其人，书法是我们学校的特色，大家具有学好书法的先天优势，所以大家要把字写好，向大哥哥、大姐姐学习。"这些话我牢牢记在了心里，那时我便下定决心，一定要把字练好，早日写出一手娟秀的好字。

可是说起来容易做起来难。刚开始学习写字时，我还兴致高昂，不仅在学校练习，回到家也想在家长面前展露一下。可是慢慢地，就觉得无聊了，就想放弃了，练字的时候有时候胡乱应付一下，当妈妈看到张牙舞爪的字后，有些生气地对我说："怎么？想放弃练字了？做事情就要坚持到底，你看你最喜欢的数学家华罗庚，就是因为努力和坚持而成了伟大的数学家。"华罗庚可是我的偶像，他因为坚持不懈地努力奋斗才成为了闻名世界的数学家，我要学习他永不放弃的精神，坚持把字练好。于是，我再也不说什么放弃书法的话了。

到了三年级，我们开始学毛笔书法，为了成为一个小书法家，每当老师讲写毛笔字时，我总会打起十二分的精神来，全神贯注地听老师讲怎样行笔、运笔，课后总会抽出时间练习，慢慢地，字越来越好看，我也越来越喜欢书法。俗话说得好："一分耕耘，一分收获。"至今为止，我得过很多书法方面的奖状，还被评为了学校的"小小书法家"，受到了老师的表扬，听到同学的掌声，我越来越自信，相信我可以一直坚持到底，成为一个书法家。

啊！书法，我爱你那淡淡的墨香，我爱你那悠久的历史。书法，我将永远爱你。

（指导教师：王蕾）

写春联

五(6)班　宋晟铭

书法是我国四大国粹之一，它是中国传统文化的象征，瞧，过春节时要贴的春联也是通过书法呈现出来的！

今天是春节的前一天，我偶然发现了我的砚台，我想到我们家还没贴春联呢，看来今年的春联只能我这位“大书法家”亲自挥毫了。

说干就干，我去楼下商店买了几张红纸，接着开始研磨，我快速地研着，可心急吃不了热豆腐，墨从砚台里“跳”了出来，洒在桌子上。当擦完桌子开始写时，新的麻烦又出现了，因为刚才墨只研了几圈，时间不够，墨淡淡的，还容易渗开，看着刚写下的一点就晕开了一朵大花，我只好又开始研磨，“5、6、7、8……”我摇头晃脑地数着圈数，时不时还停下来在报纸上试试浓淡，研了32圈后，墨的浓度才算达标。

我再一次拿起笔写了起来，第一个字“东”终于新鲜出炉了，我东瞅瞅西看看，得意极了。我想“万里长征才走出了第一步，可不能松懈呀！”于是我又认真地写起来。

就在我这幅大作即将完成时，“不幸”又发生了：正当我要完成最后一笔时，手腕朝后方稍微移动了一下，这下子可好，一不小心撞到了在我身后的妈妈，我手中的毛笔偏离了线路，在纸上画了长长的一笔。“完了，我的心血白费了！”我大声喊着。

哎，真是好事多磨啊。没事，只不过要再写一张嘛！我很快调整好了心态，卷起来袖子，又开始了“新的长征”。

“哈哈，完工！”我欣喜若狂地喊起来。爸爸、妈妈、爷爷、奶奶闻讯都围了过来。

“东风吹柳绿，春雨润花红，好！鼓掌！”爷爷带头鼓起掌来，奶奶直乐呵，爸爸、妈妈连忙把我的“大作”贴在门前。

一张木桌，一张红纸，静闻墨香……在这个春节，我描绘出了只属于自己的世界。

（指导教师：刘敏）

我的书法之梦

四(6)班　黄钰涵

从小，我便有个书法的梦想。

那时候，我经常看爷爷写毛笔字。看的时候，我心里总有很多的小问号：为什么爷爷天天都要练字？为什么爷爷的字写得这么好看，而我的字如此难看呢……爷爷跟我说：“字如其人，见字如面，写一笔好字，终身受益。”那时候我就在想：我一定要学习书法，写一手好字，我一定要超过爷爷！于是，我的心中就种下了一颗书法梦的种子。

后来上小学，我进了寄宿制学校，没有如愿进东风 52 小学。每当我听别人说，东风 52 小学的学生能每天写毛笔字，能办书法节，还可以在书法墙上展示同学们的书法作品时，都让我羡慕不已——我真想到 52 小学上学啊！四年级时，妈妈不想让我上寄宿制学校了。这正如我所愿，我转到了我梦寐以求的学校——十堰市东风 52 小学，成为一名光荣的全国书法教育示范学校的一名学生啦！我暗自庆幸，这离我的书法梦又靠近了一大步。

刚到这所学校，我不知道怎么执笔，也不会写基本笔画，于是，周老师就手把手教我执笔的正确姿势，教我怎么写基本笔画，耐心地给我讲解怎样观察、怎样把字写好看……每天中午 20 分钟的书法课成了我最期待的时刻，真希望时间能长一些！第一天，我拿着我的宝贝——书法工具，开开心心地回家。一到家，我就迫不及待地把中午写的毛笔字给妈妈看。妈妈看了直点头，笑着说："嗯，真不错，很有书法天赋，继续加油！"妈妈的鼓励让我更加自信，这自信又让我更加热爱书法了。我每天必做的事就是练习书法，一有时间就铺好纸、蘸好墨，全身心沉浸在墨香之中——这已经成为我无法割舍的一部分了。

现在，我的书法水平在逐步提高。陈家林老师是书法名师，有幸能成为陈老师的"弟子"，一周一节陈老师的书法课，我倍加珍惜，上课专心听讲，连眼睛都不舍得眨一下，唯恐哪一个书写要领没有听懂。自由练习时，我总会主动请陈老师指导，陈老师也夸我进步很大。听了陈老师的话，我更是信心倍增。

恰逢学校今年要出一本书法纪念册，向全体同学征集书法作品，周老师说："如果你的作品被载入纪念册，该是多么骄傲、多么有意义的事啊！"于是，我主动报名参加了，遗憾的是，我跟别的同学书法水平还是有很大差距的，我的作品最终没有被选上，我有些沮丧。爷爷语重心长地对我说："孩子，滴水石穿，非一日之功。练习书法，要靠持之以恒，日积月累。你已经很棒了，继续加油，相信你的书法水平一定会超过爷爷的！"听了爷爷说的话，我使劲地点了点头，并在心理暗暗下定决心。

凡事都不会一帆风顺。练习书法也是如此。我坚信，在学习书法的路途中，只要我坚持不懈，我的书法"梦"就不会轻易被击碎，我的书法梦一定会实现！

我追逐书法梦的脚步将永不停歇……　　(指导教师：周小英)

南广场的“偶遇”

五(5)班　赵子涵

多雨后的一个星期天,太阳公公露出了久违的笑脸。蓝蓝的天,淡淡的云,暖暖的阳光洒在身上,让人心生舒畅。大好时光,岂能浪费！于是,我跟妈妈决定去附近的四方山南广场闲游。

不知不觉,我们就来到了四方山南广场。这里花香四溢,游人如织,让人眼花缭乱,目不暇接。忽然,远处刚劲有力,气势磅礴的三个主石刻字“四方山”吸引了我的眼球。我快步跑向那里,欣赏这三个大字。近距离的接触更让我感到震撼,它不禁让我想到一句诗:“一笔而下,观之若脱缰骏马腾空而来绝尘而去;又如蛟龙飞天流转腾挪,来自空无,又归于虚旷。”

在这三个遒劲有力的大字旁边,又刻着“聚四方之灵气,护四方之平安,促四方之发展,惠四方之人民”二十四个小字。这些小字的风格和三个大字又有区别,字中透露着游动的美,笔迹行云流水,潇洒飘逸。

这些都是谁的书法作品呢？我心中充满了疑惑。咦,刻字的落款是“黄家喜”。噢,我想起来了！我们学校举行大型书法活动的时候,黄家喜老师为我们学校题过词。通过查阅一些资料,我知道了黄家喜老师是享誉业内的大书法家,是中国书法家协会会员、湖北省书法家协会理事、市书法家协会主席。他的小楷《出师表》入展中国文联和书协联合举办的首届兰亭奖,多幅作品被北京钓鱼台国宾馆收藏。他真是太了不起了！我能近距离欣赏他的作品,也真是荣幸啊！

初识笔墨,一见倾心;遨游书海,乐不觉苦。他是一位把真实情感,精神境界融为一体创作书法作品之人。“书如其人”“心正则笔正”。黄家喜老师作书六十余载,各体兼善,深精楷书,尤醉小楷。篇数百字,点画精严,虚实相生,运转自如,气韵畅和。微妙处尽显气魄,浪漫处不离法度。意到笔到,笔到神到,章法、布局、用笔都给人一种笔今貌古的清新之美。

20世纪50年代中期,黄家喜老师出生于竹山城关,受家庭环境的熏陶,年幼的他最喜欢拿着煤渣在地上墙上写写画画。上学后黄家喜老师更是三更灯五更鸡,遍临碑帖,为以后打下了坚实书法功底。

我所在的学校是全国书法教育示范学校,这为我练习书法提供了优良的学习环境。我要学习黄家喜老师认真专注执着的精神,写好人生每一笔！　(指导教师:沈涛)

第二节　研学之旅

我的书法之旅

五(2)班　金苗苗

国庆放假时，老师让我们去拥有书法特色的旅游胜地游玩。于是，我和妈妈便去了中国三大碑林之一的昭陵碑林。

走进昭陵碑林，首先映入眼帘的是一块巨大的石头，石头上刻着大大的四个字——“昭陵碑林”，它如同一个镇店之宝，旁边还蹲着两只威武的大石狮子。

走进殿堂，我便看到墙上的古代笔画。穿过一条条廊道，我来到了唐高宗李治的字前，那些字笔锋圆润、毫无瑕疵。接着又来到了欧阳询的字前，不愧是欧阳询的字，刻在石头上更是让人难以忘怀。我真想摸一摸这位大文人的字迹呀，可是人太多，一不小心，我被挤到了别的地方。正是这一挤，让我来到了褚遂良写的字前。褚遂良的字，笔法瘦硬刚挺，风格秀逸婉柔，简直叫人赞叹不已。

我找到妈妈后，又是一阵拥挤，我们赶快逃到了人少的地方。抬头一看，咦？这字怎么东倒西歪、乱七八糟的呀！一位老爷爷好像看懂了我的疑问，细心地对我说：“这是孔颖达写的飞白书，他的字迹风流意蕴，潇洒跳脱，别有一番风味。”我似懂非懂地点点头，想起一句诗“飞流直下三千尺，疑是银河落九天。”大概就是形容这个字的吧。

天色晚了，到了回家时间。我坐在车上，想到中国书法历史如此悠久，我们每个中国人都应该把它发扬光大。

(指导教师：曹文锦)

老君山寻墨之旅

五(1)班　胡昊宇

我是一名五年级的学生，就读于52小学。这是一所以书法为特色的学校。受到学校特色文化的熏陶，我在生活中也会下意识地留意与书法相关的内容。

一年暑假，我和父亲一同来到了河南的老君山。一下车，映入眼帘的是一尊老子的雕像，雕像外表金灿灿的。此时正值中午，在阳光的照射下，老子的雕像闪闪发光，就像一座指引思想的灯塔一样。

往前走去，一个石壁长廊上的刻字吸引了我。只见一排长到看不到头的石壁上，刻满了各种各样的书法作品。它们的字体各不相同，有方正茂密、笔力浑厚的颜体，有点画劲挺、笔力凝聚的欧体……我还在里面发现了著名的大书法家颜真卿的作品——《多宝塔碑》。我们刚好也在练习颜体楷书，于是，我驻足在这幅《多宝塔碑》前观察许久，直到父亲呼唤我，才回过神离开。这次出游，我和父亲都为这些书法大家的作品感慨万分。

回家之后，我和爸爸都下定决心向名家学习。在学校的书法练习中，我坚持认真观察，每天练习。终于在学校的一次书法等级测评中，我发现我的毛笔字不仅横平竖直，还写出了颜体横细竖粗的特点。爸爸的毛笔字也有了天大的变化，之前他写字不仅容易连笔，笔画还没有粗细变化，可是现在他写字却端端正正，横平竖直。爸爸说，这就叫“字如其人”，他现在做人更端正踏实了。我听完一阵窃笑！

也许，这就是书法的魅力所在吧！

（指导教师：李洁珺）

一次难忘的翰墨之旅

五(3)班　卢巍文

假期的一天，妈妈带我到美术馆参观书画展。作为全国书法教育示范学校的一名学生，别提我有多兴奋了！

踏进金碧辉煌的美术馆大门，那一幅幅画吸引住了我：清新淡雅的水墨画、别具一格的油画、行云流水的国画……它们是那么亦真亦幻。

步入展厅，眼前豁然开朗，墙壁四周尽是大幅大幅的书法作品，有楷书、草书、行书、隶书，间或一些小楷作品流连其间。展厅的人很多，每幅书法作品前都簇拥着一群人驻足欣赏，看这阵势，我着实惊呆了。平日我也练习书法，自认为练得足够多、足够棒了，但看着眼前涌入我眼帘的书法作品，真让我叹服。细细品味那一幅幅书法作品，有的笔道刚劲，又不失灵秀；有的清雅脱俗，又不乏果断；有的笔断意连，轻重有致……每一幅都是佳品，我相信一定是那些书法家每天坚持练习，才会写出这些风格独特的作品，正所谓“梅花香自苦寒来”。

继续前行欣赏，忽然，我闻到一股墨香味，定睛一看，原来是一位慈眉善目的老爷爷在那儿写字，望着那工整的八个字——“有容乃大，海纳百川”，敬佩之情油然而生，因为那字实在是气势磅礴又规范整齐。我望着那八个字出神，老爷爷笑呵呵地问我：“小朋友，你几岁了?”我回答道：“我今年十岁了，上五年级，我也喜欢写毛笔字……”就这样你一言我一语地跟老爷爷攀谈起来。老爷爷告诉我汉字是由甲骨文、金文、篆书、隶书一直演变到楷体，书法是中国汉字特有的一种传统艺术。

看了那么多名人大师的书法真迹，我深知，练好书法很不容易，只有经过反复的练习才能使自己的书法变得出神入化。一幅幅无与伦比的书法背后，是他们流下了无人能比的汗水，是他们的艰辛付出才有今日的辉煌之作。我暗自下定决心：在以后学习中，一定要付出更多的努力。

（指导教师：龚雪）

第三节　学子风采

建校50多年来，一代代学子勤学苦练，成绩优良，先后有6名同学被北京大学、清华大学录取。

杨亮亮，女，1986年出生，1992年9月—1998年6月在我校就读，2004年荣获十堰市高考文科状元，被清华大学录取。小学时任班主任李红芳。

瞿博雯，女，1994年出生，2000年9月—2006年6月在我校就读，现为湖北省作家协会会员，代表作有《窗》《相交线》《渡》。小学时任班主任杨晓云。

王文煊，男，1997年出生，2003年9月—2009年6月在我校就读，2015年参加高考并以优异的成绩被北京大学录取。王文煊小学时任班主任、语文教师是石红丽，数学教师是邹波。

柏佳丽，女，2000年出生，2006年9月—2012年6月在我校就读，2018年参加高考以十堰市第二名的成绩被北京大学医学院录取。柏佳丽的小学时任班主任、语文教师是石红丽，数学教师是陆蕊。

陈雯青，女，2000年出生，2006年9月—2012年6月在我校就读，2018年参加高考以优异的成绩被北京大学录取。小学时任班主任、语文教师是石红丽，数学教师是陆蕊。

李嘉馨，女，2000年出生，2006年9月—2012年6月在我校就读，2018年参加高考以优异的成绩被北京大学录取。小学时任班主任、语文教师是余丽，数学教师是查方飞。

李明欣，女，2001年出生，2007年9月—2013年6月在我校就读，2019年参加高考以优异的成绩被清华大学录取。小学时任班主任、语文教师是杨娟，数学教师是杨南建。

第六章　教师成果

花邻翰墨多雅韵，人近诗书有儒风。感受着校园里浓厚的传统文化气息，东风52小学的教师深谙传承书法这一文化对于一个人成长的意义。自踏入东风52小学的那一刻，他们就扛起了传承书法这一传统文化的责任和使命。惜时如金，潜心习字。他们在书写的过程中，泼墨造物，笔下生花；他们在书写过程中，纸笔交织，墨韵悠长；他们在书写过程中，动静相容，张弛有度。日复一日，年复一年。他们坚持着、坚守着、更坚定地探索着书法之路。

书韵藏风雅，翰墨生华彩。校长善领、教师善书。几任校长均被授予"全国百强特色学校模范校长""湖北省书法教育领军校长""东风教育分局优秀干部""十堰市市直教育系统优秀行政主要负责人"等称号。陈家林、郭长生被授予"湖北省书法教育名师"称号，一大批教师被授予省、市、分局书法教育先进工作者称号，诸多书法论文、书法教学设计、书法课堂教学案例获奖。

这里，分"墨之随笔""教学设计""教学论文"三个板块展示老师们书法学习、教学的成果。

第一节　墨之随笔

墨香校园我的家

霍艳霞

还记得初次与你相遇，是2005年的那一个春天，一进门的小花坛里，小草悄悄冒出新芽，操场上新建成的四层教学楼刚刚竣工，操场正中间的3棵大松树郁郁葱葱，一切都是崭新的开始。我以为这次只是偶遇，却一恋就是16年。

16年的时间，每天朝夕相处，风雨相伴，我和你成了无话不说的知己。你了解我，我也了解你；你见证我的成长，我也目睹了你的精彩与辉煌。

你记得吗？第一次上达标课时，因为准备不充分，没有得到满意的评价而懊悔地哭泣吗？

你记得吗？那一年我代表十堰市参加湖北省素养大赛，为了能够取得好的成绩，家里的兄弟姐妹们帮我指导课，陪我练朗诵，手把手教我写书法……那些日子虽然辛苦难熬，但是却让我快速地成长。每每回想起来，却成了甜蜜的回忆！

你记得吗？当我送走第一届毕业班的孩子时，孩子们哭红了双眼，不忍分离。我也是哽咽得说不出话来，只能在黑板上写下送给孩子们最真诚的祝福："祝愿我的孩子们拥有健康的身体，快乐的人生。"

16 年，你见证了我的痛苦与快乐，付出与收获！

而你，也在悄悄发生着变化……

16 年间，破旧的小二层教学楼已经不复存在，取而代之的是宽敞明亮的六层教学楼拔地而起，书品楼，书道楼，书香楼，三栋教学楼遥相呼应，校园面积比原来扩大一倍；平整的操场，让孩子们尽情地玩耍；书法长廊里，同学们书写的作品令人啧啧称赞；羲之池边倾听着王羲之苦练书法的动人故事。

16 年间，你的学生从几百人增加至现在的 2000 余人，成为周边学生和家长选择的热门学校。

16 年间，你从十堰市书法名校，湖北省书法名校，全国书法特色学校，到现在的全国百强特色学校。一步一个脚印，走出自己的精彩与辉煌。

与你相恋的 16 年，我是幸福的。

我幸福地忙碌着：备课、上课、听课；与学生们交流，与同事们研讨，与家长们沟通…… 我向孔子请教，向苏霍姆林斯基学习，向苏格拉底追问，以充实我"学为人师"的内涵。

我幸福地成长着：通过各级各类培训，我们成长了。育人为本，立德为先，承认差异、尊重差异、善待差异，让每一个孩子都抬起头来走路，让每一株幼苗都沐浴阳光。这，是我们的教育理想。张扬个性，创新思维，营造充满情感的课堂、民主对话的课堂、开放有序的课堂、自主高效的课堂，让教室里的每一个孩子都能享受到有尊严、有创意、有情趣、有收获的学习生活。这，是我们的教学信念。

我幸福地收获着：我的付出得到了领导的充分肯定和家长的普遍认可。我真诚的付出同样也换回了学生们最真心的回报。

天高任鸟飞，海阔凭鱼跃。感谢这方沃土，让我的梦想在这里插上了翅膀！感谢这片蓝天，让我的青春在这里无悔地飞翔！

墨香校园，我永远的家！

我的书法成长之路

张　娜

我们学校是全国书法教育示范学校，作为学校的一份子，我感到非常荣幸。自从2001年来到东风52小学，就被学校的墨香文化深深吸引，学校一直在发展书法特色，提出“全员教字”的理念，我虽然是美术教师，但也承担着教字的任务。

因为我是一名美术老师，所以在学习书法方面有些优势，所谓书画同源，在美术中培养的敏锐的观察力，能帮助我更快地把握住汉字的笔画和结构特点，更容易入门。结合我自身学习书法的过程，我觉得有以下几个方面可以注意：

首先是选帖。历史上有名的碑帖浩如烟海，这些碑帖能够历经千年流传下来，被后人奉为经典，无疑是经过时间的考验。那么多的碑帖如何选择，我觉得首先要根据自己的实际情况确定。

我是一名小学教师，教的是小学生。小学生正处于书写的起步阶段，必须从学习楷书开始。所以，我选择的碑帖是楷书，比如，颜真卿的《多宝塔》和《勤礼碑》。我认为颜字的笔画粗细对比明显，初学者容易掌握笔画和字形的书写特点，而且笔力浑厚，气势开张，雄浑壮阔的风格特点，可以为以后深入地学习书法打下坚实的基础。

其次是坚持不懈地练习。各种所谓的技巧，实际上都是大量练习堆积起来，量变才能产生质的变化。在练习中要反复比较，把握书写碑帖的特点，才能达到事半功倍的效果。同时，也要善于总结规律特点，这样才能传授给学生，帮助学生提高练字效率。

通过多年的练习，我不仅练习了颜体，还练习了柳体、欧体等多种字体。在练习书法的过程中，畅古游今，与古人对话，了解书法典故和书法文化，也颐养性情，沉淀心性，让我做事的时候更加沉稳。

感谢书法让我的人生更加充实，更加精彩！

“墨”语花香

——一位体育老师与墨的故事

陈道棕

初闻花芳

2018年10月，我来到了52小学，初次听到这所学校的名字时，还特意在百度上搜索了一番，“全国写字教育示范学校”“书法特色学校”等等一些专有名词映入眼帘。这令体育专业出身且对书法一窍不通的我一时错愕，以后要面对一群书法特别优秀的学生，我该何去何从呢？隐隐记得，上一次手握毛笔还是小学三年级的时候，此后再也没有接触过毛笔。从此要与毛笔结缘，心里不免有些压力。

身陷花房

来到办公室里，我才发现办公室里有本校的书法大佬——陈家林老师，我们在办公室经常能够听到陈老师讲述自己当年学习的故事：他从小和父亲学习雕刻，帮助别人刻字，然后上师范，再到工作，刚开始他是教授历史学科的，中间各种缘由，现在在本校教授学生书法。陈老师只有两三年就要退休了，我想趁着他还没退休，尽量多去学习书法，这么好的资源，一定要好好用上。

在校园内，处处都能看到和书法有关的东西，一进校门便能够看到一片文化墙，关于书法的各种作品展示，教学楼也是以“书香楼”“书品楼”“书道楼”等来命名，就是学生身上的校服后面都印刻着“全国书法教育示范学校”的字样，可见本校是将书法印到了骨子里，处处都能彰显出书法的气息。

我印象最深的是在一次书法节中，当时学校给每一位老师配备齐全笔墨纸砚，那也是我这么多年以来，第一次再拿起毛笔，毫不夸张地说，拿起笔的时候手是在发抖的，突然不知道如何下笔，然后就去问陈老师，陈老师教我如何握笔，如何起笔收笔。我宛如一名刚刚上学的小学生一样。拿着陈老师给的教材，上面是最基础的笔画，我用着学生的练字本，横竖撇捺地练习。刚开始还能够坐得住，有的时候还能找到写字的感觉，但是时间长了，再加上没有练到自己想象的效果，慢慢地就有一些耐不住性子，想要放弃了。但心中的执念告诉我要坚持，学校里的墨香气息让我继续，于是我继续横竖撇捺地练习……

心留花香

练习书法的过程是枯燥而又漫长的，但是在这样一种墨香气息浓厚的环境下，我想这种枯燥又漫长的过程也会被冲淡，剩下的就是拿起笔杆认真地练习，让自己也能够成为墨香集体的一份子，为这个学校能增添一份墨香味道。让这样的墨香气息留在心中，并且一直伴随着自己！

我的墨香之路

柯　萍

我校是书法特色学校，龚明校长向全体教师发出“全员教字”的号召，即各科教师都要承担写字教学的任务：一是在板书时要用优美的书写为学生示范，二是把书写纳入批阅范围，对书写要有具体要求。为了能更加胜任自己的工作，我也踏上了墨香之路。

每次上完语文课后，稍做休息，我便会拿出毛毡，铺上毛边纸，倒入墨水，拿出毛笔，准备写字。不过，我开始书写前，还需要的就是心境。深吸一口气，按照欧体字帖临写。

我仔细地看完一个字之后，再在脑海中回想这个字的结构。然后，融入自己的思想，一横一竖地临摹着写。墨香下，安逸的心随之缠绕，倾尽于草纸上。宣草纸横三格，竖四格，共十二格。金黄黄的草纸，并不是那么美观，可它就是有一种魔力。特别是当黑色的字体在上面出现时，金黄的草纸不再枯燥，顿时活灵活现了起来——就像一个有骨有血有肉的人，细细的红色线条连接下，这个人跳起了华尔兹，刚中带柔。我爱它，更因为是我抒写了它们，我赋予了它们生命。那种美感，远远大于我写出来的成就感。因为金黄枯槁的草纸上的黑色字体是心灵的展现。

记得2011年的春季，学校安排我上一节书法课。接到任务的我，字练得就更勤了。每天在学校见缝插针地练字，下班回家后练字更是必修课。为了上好这节课，我找到学校书法专家陈家林老师请教，在陈老师的指导下，我终于把教案准备好了。接下来开始试讲，试讲后再修改教案，反反复复修改几次之后在全校上了一节高质量的毛笔书法课，得到了学校领导的一致好评，我心里美滋滋的。

书法让我心旷神怡——

执笔时，我是安宁的。它抚慰着，那颗浮躁的心。祛除烦恼，留下光明，静享内心世界的宽广。有时候我像奔跑在草原上的骏马，有时候像欢快翱翔的飞鹰，有时候又像自由自在的游鱼……就像朋友般鼓励着我，智者般指引着我。

执笔时，我是快乐的。用心写出自己的心声，可以豪壮，可以柔情，可以高亢、低沉、悠远……在今天和昨天的比较中，发现点点不足，点点进步。在这一点点中体会快乐的真正含义，原来快乐就是这些点点滴滴。

执笔，挥毫，行云流水，墨香飘逸在52小学上方。

第二节　教学设计

反文旁与折文旁

（二年级硬笔书法教学设计）

刘　琪

教学目标

1. 弄清反文旁与折文旁的区别。

2. 学会观察笔画特点，写好带有反文旁和折文旁的字。

3. 养成好的写字习惯，能通过一看二范三练四评五改的方法学写汉字，学会从不同角度去评价字的优缺点。

教学重难点

弄清反文旁与折文旁的区别，学会观察笔画特点，写好带有反文旁和折文旁的字。

教学过程

一、导入新课

1.作品欣赏，找出问题：课件出示学生的作业，观察带反文旁和折文旁的字。

2.学生交流欣赏之后的感受，发现问题所在：在书写时两个偏旁极易混淆。

3.板书课题：反文旁与折文旁

二、区分反文旁与折文旁

1.表示的意义不同

(1)"攵"，象形字，从"支"(pū)字变形而来。甲骨文中是以手持鞭或持杖击打之形。因此带有"攵"的汉字，本义大多与敲打、敲击有关。如"攻""败""教"等。

(2)"夂"的本义是从后面送。现在含有"夂"的汉字有很多，如处、冬、务、各，这些汉字的字义之间并没有什么联系。

2.书写笔画不同

两个偏旁都有撇、捺，但也有区别。

(1)"攵"共4画，分别是"撇、横、撇、捺"。

(2)"夂"共3画，分别是"撇、横撇、捺"。

(3)读顺口溜，明白区别：反文旁，有四笔，撇横撇捺要牢记；折文旁，有三笔，二笔横撇不分离。

三、指导写字

(一)指导反文旁

1.出示反文旁，学生观察并交流怎样写才好看。攵

第一笔短撇与第四笔的捺不相交，且短撇的落笔不超出捺的起笔。第二笔的横画要出头，撇捺要写舒展。

(1)教师范写，学生书空。

(2)复习握笔姿势和坐姿。握笔姿势：不勾手，不握拳，不凹指。坐姿：头正、肩平、身直、臂开、足安。

(3)学生在田字格纸上练习两个，教师巡视指导。

(4)展示学生书写，师生评价。学生改正问题。

2.学写带有反文旁的字

(1)课件出示带有反文旁的字“放”,学生观察交流反文旁作为偏旁在书写时要注意什么。放

师总结:反文旁位于汉字的右边,书写时要注意与汉字左边部件的穿插避让。

(2)教师范写“放”,学生书空。

(3)学生在田字格纸上练习两个,教师巡视指导。

(4)展示学生书写,同桌互评。学生根据评价意见再次临写。

(二)指导折文旁

1.出示折文旁,学生观察字形并交流怎样写才好看。夂

第一笔撇画相比较反文略长,落笔超出了捺的起笔。第二笔横撇一笔写成,捺要更加舒展。

(1)教师范写,学生书空。

(2)学生在田字格纸上练习两个,教师巡视指导。

(3)展示学生书写,师生评价。学生改正不足。

2.学写带有折文旁的字

(1)课件出示带有折文旁的字“夏”“冬”“处”,学生以小组为单位观察交流折文旁作为偏旁在书写时要注意什么。夏 冬 处

师总结:折文旁一般处于上下结构字的上边、下边或半包围结构字的左边。其中第一笔撇相比较反文旁要长,横撇和捺要舒展。折文旁位于上下结构字的上部时要把字下面的部件遮住;位于下部时,要写得稍扁,且第一笔撇更长,要把字的上部托住。位于半包围结构字的左边时要写得瘦一些,捺更长。

(2)教师范写“夏”“冬”“处”,学生书空。

(3)学生在田字格纸上把这三个字分别练写两个,教师巡视指导。

(4)展示学生书写,师生评价。

(5)学生根据评价情况再次临写。

四、小结

同学们,通过今天这节课的学习,相信大家一定掌握了反文旁与折文旁的区别和书写要领,今后再碰到这类字,要学会运用本节课学到的书写要领,你一定会写得很棒!

“即、吹”的写法

（二年级硬笔书法教学设计）

余　丽

教学目标

1.使学生知道左右结构的字，有左窄右宽、左宽右窄、左右对称等形式；左右两部分的结构特点是左收右放、左斜右正。

2.通过教师示范、指导，增强学生观察、分析、比较的能力，能正确美观地书写“即、吹”等左右结构的字。

3.培养学生养成正确的写字姿势和良好的书写习惯。

教学重点

规范地书写左右结构的字。

教学难点

指导学生观察并掌握左右结构字的特点和书写规律。

教学准备

教学课件、小学生习字练习用纸等。

教学过程

一、导入激趣

《王献之依缸习字》的故事听过吗？这个故事告诉我们：要把字写好并非一朝一夕的事，只有坚持不懈、勤学苦练，才能把字写好。今天这节课我们一起来学习书写左右结构的字。

二、出示例字，整理归类

今天我们要写的字有哪些呢？

（1）出示：即、吹，学生观察这些字有哪些特点。

（2）我们平时学写生字时都用到哪些方法？学生回答后投影示：看字形、析结构、记位置、寻规律。

（3）师：好，那么我们首先来看字形，按结构将这些生字分类。学生观察生字结构特点后归类投影示：左右等宽：即；左窄右宽：吹。

三、指导书写

1.指导写“即”

(1)指导书写“即”。师边范书边指导。“即”字的写法:左边要收,右边要放,做到两边所占位置均等。最后一竖要挺直,写长些,把整个字立起来。

(2)学生描红临写。师生评议、表扬,有问题学生投影指正,学生再次临写、再评。

(3)请同学说说写好“即”这个字应注意什么?

(4)让学生再举几个左右等宽的字,观察这些字在田字格中的占位和书写规律,说说写好这类字有什么规律。

2.指导写“吹”

(1)观察一下左右各占位多少?

(2)每部分在田字格的位置以及写字的要领是什么?

(3)根据学生的回答师范写“吹”字。“吹”字的写法:左窄右宽,“口”字旁的横折的折要向内倾斜,呈上宽下窄之势。“欠”起笔在竖中线的右侧,撇收笔于竖中线的左侧。下部“人”的起笔在米字格的中心点偏上。人的撇捺两笔呈撇高捺低之势。

(4)生观察记忆临写。

(5)同位互评作品。

师小结:老师刚才巡视时听到同学们评得很有道理。老师也为你们感到骄傲,你们不但会写字,还是评字高手呢!

以小组为单位,讨论一下关于左右结构的字有什么特点?在书写时应注意什么?

师:同学们,现在我们一起来跟着学写左右结构字的写法。

(课件出示:左边笔画少,右边笔画多,左边就要让一让;左右笔画差不多,各自就要占一半;右边笔画少,左边笔画多,轮到右边让一让。同学们,请记住,写字都要用心写,字字都要写匀称。)

四、熏陶与拓展

(1)导语:(投影出示)中国书法是我们中华民族的艺术瑰宝。汉字的发明是中华民族对人类文明所做的重要贡献。汉字的每一笔,每一画都深具美感。学习书法能陶冶我们的情操,提高我们的审美水平。下面我们一起来欣赏历代书法名家的作品。

(2)欣赏历代书法大家书法作品。(出示课件)

(3)名人谈写字。

课件出示:

堂堂正正做人,规规矩矩写字。中国人应该写好中国字。 ——王惠松

书法是第一国学，我们写好汉字就是爱国。——南京 陆亚鸿

五、总结

评选出今天的“书法之星”，掌声鼓励。

师：今天，老师看到同学们练字的进步，很高兴。写一手漂亮的毛笔字确实令人羡慕。只要我们持之以恒地练字，我们一定能写一手正确、规范、美观的字。让我们一块继续努力吧。

木字旁的字

（一年级硬笔书法教学实录）

汪从焕

教学目标

1.能正确书写木字旁和“村”“树”这两个带木字旁的字，掌握书写要领。

2.通过观察木字旁字的结构特点，培养学生观察分析能力，养成正确的书写姿势和习惯。

3.激发学生写字兴趣，从写字中感悟做人谦虚礼让的美德。

教学重点

初步掌握木字旁的字的书写要领。

教学难点

书写时能把握好字的笔画和结构特点。

教学过程

一、欣赏书法作品，激发写字兴趣

同学们，中华汉字不仅是文明的使者，也是一种特殊艺术的载体，从古至今，书法作为一门艺术为众多文人墨客所喜爱。

（出示作品）下面我们一起来欣赏一些书法作品，这些作品都是我们学校师生创作的，看了这些作品，你们想不想也写出这么好的书法作品呀？（想）

告诉大家一个好消息，我们学校在元旦要举行书法作品展，你们大显身手的机会来了，这节课老师就带你们学习写好木字旁的字，为你们送上书法作品展的门票。

二、对比“木”与“木”，写好木字旁

（一）对比“木”与“木”

要想写好木字旁的字，首先要了解木字，请大家一起来看看木字的故事。看完之后

说一说你知道了什么？动画演示：(出示视频)

看完木字的故事，你知道了什么？(指名答)

看完视频我们知道了木经历了漫长的演变过程，从甲骨文到金文到小篆，最后就是我们今天认识的楷书木。

(二)写好木字旁

木是一个神奇的魔术师，单独出现是汉字“木”(师田字格范写“木”)，当他和其他汉字交朋友时，就变成了木字旁。

出示田字格木和木字旁：请同学们仔细观察木和木字旁，看看它们的结构、位置和笔画发生了什么变化？同桌交流，指名答。

你们有一双会观察的眼睛，发现了木字旁的特点。老师把你们的话编成了几句口诀：(屏显)横短轻上扬，竖画偏右方，斜撇要出锋，一点垂中央。师解释口诀，在田字格范写木字旁。

生书空：请同学们把手伸出来，跟着老师一起边读口诀边书空一遍木字旁。

学生练写两个木字旁。等下我们来比一比，看谁写得好。提示坐姿。

展示评价。哪位同学来评一评这位同学写的木字旁？可以根据口诀从笔画占位上来评价。指名评(你的眼睛真亮，你抓住了重点，有什么建议吗？)现在请大家对着口诀自评。觉得自己写得不够好的可以再写一个。

三、写好“村”和“树”，领会汉字美德

(一)写好“村”

同学们写得很认真，评得也很精彩。生活中带有木字旁的汉字有很多，出示生字：村。接下来我们就挑战自我，学习把“村”字写好，你们有没有信心？

请同学们观察一下“村”这个字，你们能发现它结构、占位和笔画上的特点吗？同桌之间互相说一说。指名答(说得真准确)

师：“村”：左右结构，左窄右宽，左低右高。“寸”横短竖钩长

师投影范写，并相机指导

怎样在田字格中把它们写漂亮呢？仔细盯住老师的笔尖，看清每一笔的运笔，用你小小书法家的手跟着老师一起写。

学生自行练写两个，提醒书写坐姿。

学生自行配乐练写，一个字练两个，提醒书写坐姿。

谁想把你写的“村”字拿上来展示？谁来评一评？师相机引导：①你评价时关注了新学的偏旁。②你评价时关注了字的结构特点。③你还有建议吗，你不仅会夸他，还能提建议，真不错。④你真会评价，先肯定了他的优点，把笔画特点写出来了，再提出建议，结

构把握不够准确。真棒!

改写生字:听了同学的评价,再把自己的字改写一个吧,相信你一定能写得更好。

大家学得这么认真,我们来舒展舒展身体吧!(做书法韵律操)

(二)写好“树”

大家做得那么认真,接下来我们继续学写一个字,出示“树”

“树”和“村”有什么关系呢?(中间加了一个“又”)

大家观察一下“树”在书写时结构、占位和笔画需要注意什么?

师:“树”:左中右结构,中间的“又”又窄又低,捺画变点,体现汉字的谦让美。

现在请同学们认真看老师范写“树”,注意看清每一笔的写法。

请同学们自己练写两个“树”,注意书写姿势。

展评:同桌之间互相评一评对方写的“树”,一个人评,一个人听,注意先说优点,再提建议,听的人注意听清楚建议,再改写一个,开始吧!

改写后展评。谁愿意把评价结果展示给大家看?

四、妙笔生花写一写,争当小小书法家

学生写作品:同学们,现在到了你们妙笔生花写一写,争当小小书法家的时候了,请大家把这句名言写在书法纸上,创作一个属于你的书法作品。出示“十年树木,百年树人”。书写时注意格式。

展评:同桌之间互相评一评,评价时先说优点,注意“村”“树”的书写,然后把你们认为写得好的作品拿上来展示

五、课堂总结

同学们,你们写的书法作品就是书法作品展的门票,只要你们平时勤加练习,养成“提笔即写字”的习惯,相信你就会成为未来的小小书法家。

【教学反思】

本节课基本上是完成了教学任务,达到了预期的教学目标,师生有积极互动,适当使用多媒体教学,灵活运用了教学方法把握重点难点,教学过程完整,对学生的写字能力的提高和写字习惯的养成起到了一定的推动作用。但仍存在很多值得反思地方,比如教学语言还不够精练、规范,有的过渡语和评价语太单调,教态过于平淡。学生的展评语言还不是十分丰富,有待训练提升。学生在练字过程中过于独立,担心说多了影响其他学生写字,因写字时一般要静,教学中指导分量不够。经过这次的课堂,我不仅积累了一些经验,更认识到了自己很多的不足。在今后的教学中,我会不断学习,改正不足,努力提升教学水平和能力。

宝盖头的写法

（五年级毛笔书法教学设计）

李会萍

教学目标

1.认识楷书宝盖头的形态特征。

2.掌握楷书宝盖头的运笔方法要领。

3.实践书写感受楷书宝盖头的运笔动作及其组合运用。

教学重点

楷书宝盖头的运笔动作及其组合运用。

教学难点

楷书宝盖头的运笔要领和形态特征。

教学准备

多媒体课件、笔墨纸砚

课时安排

1课时

教学过程

一、导入

师：同学们，书法是我国特有的传统艺术之一，我国的书法艺术源远流长、博大精深。知道吗？在我们学校，有很多书法写得特别棒的老师和同学，下面让我们一起去欣赏一下！（课件出示龚明校长、陈家林老师、班上一同学的书法作品）

师：老师发现同学们的眼睛里充满了羡慕！同学们，你们想像他们一样练就一手好字吗？要想写一手好字，就要勤学苦练、循序渐进，打好写字基础。那今天，我们就从基础的偏旁宝盖头学起（课件出示题目）

【设计意图：展示学校优秀老师和学生的书法作品，能激发学生对书法的喜爱和学习的激情，有效地调动学生的积极性，并帮助学生提升审美水平。】

二、学写宝盖头

师：同学们，宝盖头是由哪些基本笔画组成的？

师：仔细观察一下，在写宝盖头的这些笔画时，应该注意些什么？

师：说得真好，请同学们把宝盖头的书写要领齐读一遍。

师：老师现在来示范一下宝盖头的写法，请同学们仔细看，可以跟着书空。（教师边示范边讲解）

师：老师的示范同学们看清了吗？好，静下心来，练写两个宝盖头。（强调写字姿势）

师：谁愿意把你写的展示给大家看看？

（在展示书法作品时，相应指导学生进行各种形式的评价。）

师总结：我们只要吸取别人的优点，改正自己的不足，我们的字就一定会有很大的进步！下面请同学们认真对照，查找不足，再练写两个宝盖头。

【设计意图：在教学宝盖头的写法时，运用了一看二范三练四评的四步教学法，四个练习层次呈梯级发展，循序渐进，让学生由浅入深地去掌握。】

三、学写带有宝盖头的字

师：同学们书写得非常用心，很多同学越写越棒了！我们刚才学习了宝盖头的写法，现在我们来学写带有宝盖头的字。你知道哪些带有宝盖头的字？（投影换成幻灯片）我们学的带有宝盖头的字很多，（如果学生没答到“宗”字，老师引出书法教程第 21 面的内容）老师今天先讲一下“宗”这个字的写法。

师：请同学们观察一下，要想把“宗”这个字写好，应注意些什么？

师总结：老师发现同学们越来越会观察了！宝盖头属字头类，书写时要注意与下方的大小关系。如果下面小，宝盖头就要大些；如果下面大，宝盖头就要小些。“宗”因为下面小，所以宝盖头要写得稍微大些，宽些。在学习生活中，我们同学之间也应该像这样互相照顾。

（幻灯片换成投影）师：现在请同学们看一看老师是怎么写这个字的。

师边范写边说：注意底下部分不应宽过宝盖头，第一横稍短些，第二横稍长一点，但不要长过宝盖头；下面的左点与右点应相呼应，这样可以使字生动些、美观些。

师：我看同学们都有些迫不及待地想动笔练练了！（投影换成幻灯片）这样吧！这里有四个带有宝盖头的字，你可以练写刚才老师讲的“宗”字，你也可以从其他三个字中任选一个字认真观察，练习写 2 遍，开始吧！

有谁想展示一下自己的作品！这么多！那把你的作品展示给旁边的小伙伴看，让她帮你点评一下，你也可以把你的作品拿给在座的哪一位老师看看，让老师给你指导指导。（根据别人的建议再练写一下）

四、小结

师：同学们，今天的这节写字课我们一起学习了宝盖头的写法以及带有宝盖头的字。很多同学表现得非常棒，练得特别认真。同学们，要想写一手好字，老师告诉你一个秘诀，那就是4个字“勤学苦练”，苦练每一个笔画，也写好人生中的每一笔。

【教学反思】

本课引导学生学习宝盖头这个偏旁以及带有宝盖头的字。通过教师指导，增强学生观察、分析、比较的能力，能正确美观地书写毛笔，并培养学生养成正确的写字姿势和坚持不懈的书写习惯。

(1)在教学中，为提起学生的兴趣，我创设了教学情境，以学校优秀老师和学生的书法作品欣赏等导入教学，增强了学生的书写兴趣，活跃了课堂氛围。

(2)在教学中，我一直不断地帮助、引导学生学会良好的书写习惯，包括坐姿、执笔方法及书写要点，使学生养成规范的写字习惯，树立写好字的信心。

(3)我将练习方式设计得多样化，不但运用多媒体教学手段进行教学，还有教师范写，学生学写、自主写的不同练习形式，充分体现书法课的主导思想。

(4)书法课上的评价尤其重要，让学生在评价中求提升。我在教学中，让学生展开自评、互评、师生评等评价方式，增强学生敢于发现自己缺点和不足的勇气，并善于发现别人的长处，学习借鉴，以便改进。

当然，这节课还存在很多让人遗憾的地方。对学生书写习惯的强调过于碎小，教学书写方法时有些过快，使接受能力较弱的同学没有很好地掌握书写方法。我将在今后的教学中，积极学习更多的教学方法，提高课堂效率。

单人旁与双人旁

（四年级毛笔书法教学设计）

罗卫杰

教材分析

《单人旁和双人旁》是西泠印社出版社出版的四年级上册第二单元的第一课，也是本学期学习偏旁部首的第一课。本课板块包括了“要领图解、我来动笔、练一练、比一比、临习指导、知识链接”六部分，要求学生学会单人旁和双人旁的写法，写好与这两个偏旁相关的字。

教学目标

1.初步掌握单人旁和双人旁的书写要领，了解带有单人旁和双人旁的字的一般书写规律。

2.能写好“侣、行”两个字，要求写得正确、端正、结构比例适当。

3.培养良好的书写习惯，在体验中感受带有单人旁和双人旁的汉字的结构美感。

教学重、难点

重点：掌握单人旁和双人旁的书写要领。

难点：观察领悟有单人旁和双人旁字的结构特点和规律。

教具准备

笔、墨、纸、砚、垫毡、多媒体、视频展台等。

课时安排

一课时

教学过程

一、图片导入　引出课题

1. 观察“人”字字形演变图

师：汉字作为中华文化的重要组成部分，历经了漫长的演化过程。我们首先来看“人”字字形演变图。（PPT 出示图片）

【设计意图：用图片演示“人”字的字形演变过程，能直观地帮助学生了解字形演变，为接下来的学习奠定基础。】

2. 由“人”字引出课题《单人旁与双人旁》

师：以上是“人”字的字形演变过程，那么“人”字作为偏旁发生了什么变化？今天我们一起来学习《单人旁与双人旁》

二、学习单人旁　写好单人旁

1. 出示单人旁的字，观察“住、依、化、侍”，（PPT）指名说

师：请你观察以上几个带有单人旁的字，从结构、笔画和占位等方面说说你的发现。

预设：生 1：都有单人旁。

生 2：左窄右宽。

师：你非常会观察，发现了共同点，从你的回答中，我知道你是个爱动脑筋，善于观察的孩子。

【设计意图：出示带有单人旁的字，引导学生有顺序地进行观察，从字的结构、笔画和占位等方面说说自己的发现，在这个过程中培养学生的观察能力。】

2. 再次观察“住、依、化、侍”，比较（PPT）。

师：单人旁作为偏旁部首，应该怎样写呢？请大家再次观察这几个字里的单人旁，看看怎样写好这些单人旁？

预设：

生 1：撇应该直一点。

生2:竖应该从撇的中间起笔。

生3:撇和竖的长度差不多。

师:你注意到了笔画的曲直,真是个会观察的孩子。

师:你真了不起!找到了写好单人旁的秘诀。

师:会观察,还会比较,有生如你,老师足矣。

【设计意图:再次引导学生将观察重点落脚在这几个字的单人旁上,从而发现"人"字变成单人旁发生了什么变化,总结出单人旁的书写要领。】

3.总结单人旁的写法(学生自己说)

师:同学们刚才都说得很好,也很全面,把单人旁的特点说得很具体。归纳起来就是:(板书)

单人旁　　　撇:倾斜较直　　　竖:撇中起笔

4.师范写一个单人旁

师:接下来,请你认真看老师书写。(师示范写,生观察)晋朝书法家王羲之强调——意在笔先,字居心后,书写时才能做到胸有成竹。请大家伸出手来,跟老师一起书空。

【设计意图:遵循学生的身心发展特点,教师先师范书写,让学生对于单人旁的书写有了清晰的认知,而后才能进行练写。】

5.生练写两个单人旁

师:下面,请你照着字帖上的或者是照着老师的样子,先用单钩法勾出单人旁的样子,再用毛笔在纸上写2个。(ppt课件出示书写坐姿图),像这位同学一样,头正、身直、臂开、足安。长期这样练习就会把字练漂亮,也会把人练精神。

【设计意图:引导学生采用单钩法进行写前准备,能准确把握单人旁的笔画走向,为接下来的书写做好准备,同时强调坐姿,引导学生养成良好的书写习惯。】

6.展示(老师用红笔改写)

师:展示自我的时间到啦!下面我们请两个小小书法家,来展示一下他写的单人旁,其他同学认真观察,争当小小评论员哦!

同学们会观察,更会思考,评得也很到位。

三、学写单人旁的字"侣"

1.观察"侣"

师:单人旁和许多字都是好朋友,他们合在一起会组成许多新字。下面请大家把书打开翻到P15,看到"侣"这个字,从结构和字形上说说你的发现,然后在小组内简单交流一下。(小组讨论,指名说)

【设计意图:学以致用,学会单人旁之后,引导学生练习书写带有单人旁的字,层层深

入进行进一步学习，巩固所学。进一步培养学生的观察能力。】

2.总结要领

师：同学们真善于观察“侣”字，左窄右宽，右半部分，上开下合，上宽下窄，上小下大。

3.师示范

师：总结了要领，下面请看老师用单钩法给大家示范写这个字，认真观察，用心思考，你一定能比老师写得更好哦！（师范写，或看小视频）

4.生练写

师：光说不练，是写不出一手好字的。下面请你快快拿起笔，把这个字写两遍。

师：我国是礼仪之邦，最讲究谦让，汉字也是这样，字写在田字格的中间，左右两部分要注意互相穿插避让，紧凑一些，因为他们是一家人，团结在一起。

【设计意图：在引导学生书写的同时，进行德育渗透，将书法联系与学生做人，培养品德进行有机结合。从而进一步深入理解学校校风：书品即人品、写字学做人的深刻含义。】

四、学写双人旁　写好“行”字

（1）观察“单人旁”与“双人旁”

师：在我们的偏旁部首中有个偏旁和单人旁是“兄弟”，它就是“双人旁”。学会了单人旁，双人旁也一定难不倒你们。接下来请你看看，双人旁又该怎样写呢？（同桌互相说一说）

预设：

生1：双人旁的两撇在一条垂线上。

生2：双人旁上面的那个短撇比下面的那个略平。

师：同学们真是火眼金睛啊！一下子就说了这么多，真是会观察，会思考的孩子。老师为你们骄傲！写好双人旁最重要的一点就是，两个撇的起笔要在一条垂线上。

（2）总结要领。

双人旁　　　两撇：平斜有异　　　起笔对齐

（3）生练写双人旁。

（4）看视频，学写双人旁的字“行”。

师：接下来，请大家看一个双人旁的字“行”的小视频，试着写2个。

【设计意图：由单人旁的学习进一步引导学习双人旁，学生在观察比较中找出异同点，同时按照书法教学四步法：一看、二范、三练、四评进行指导书写。】

五、视频欣赏　培塑素养

书法家《王羲之的故事》

师：刚看大家写的“行”字，老师觉得，当个小小书法家，你们一定行。其实啊，要想成为一个书法家，绝非易事，接下来我们来听一听著名书法家《王羲之的故事》

师：听了书法家王羲之的故事，你有何感想呢？（指名说）

【设计意图：用书法家的故事调动学生的学习积极性，学生在听故事看视频的同时，被故事中的人物深深吸引，相信长此以往的深入了解，学生的书法素养定能日渐提高。我用这样的方法引导学生挖掘潜藏在作品背后的故事更能激发学生的观察兴趣，从而把他们成功带入书法的世界。】

六、畅谈收获，总结提升

师：通过今天的学习，你有什么收获呢？（指名说）

这节课我们学习了单人旁和双人旁的写法，练习了单人旁和双人旁的字。希望大家下去之后，多多练习，你们成为书法家的日子便指日可待！老师看好你们咯！

【板书设计】

	单人旁与双人旁	
单人旁	撇：倾斜较直	竖：撇中起笔
双人旁	两撇：平斜有异	起笔对齐

横　折

（三年级下册毛笔书法教学设计）

杜　俊

教学目标

1. 认识横折，能分辨横折的形态特征并掌握其写法。

2. 引导学生通过观察图解，观看范字书写视频，尝试练习和小组讨论等方法，逐步学会书写“目、石”两个例字。

3. 培养良好的书写习惯，力求把字写得规范、端正、整洁。

教学重点

会写两种不同形态的横折。

教学难点

在会写横折的基础上能写好“目”“石”两个例字，并掌握基本的书法学习方法。

教学准备

笔、墨、纸、砚、垫毡、多媒体、视频展台等。

课时安排

一课时

教学过程

课前准备

根据要求准备好学习用具。

轻入座，纸毡平；

加好墨，要细心；

沿内侧，笔搽定；

搁好笔，气息宁。

【设计意图：课前准备好书法工具，静下心来做好上书法课的准备，让学生在每次书法课中养成良好的书法学习习惯。】

一、新课导入

以本课板块“试一试”为楔子，请学生观察课本上的图示，画两组不同的线条。出示上一课学习的内容“横撇”，请学生说一说横撇和这两组线条有什么不同，引导学生说出横撇是由横转撇，这两组线条则是由横转竖，从而导入本课课题：《横折》。

【设计意图：以课本中的“试一试”为楔子，先观察，画线条然后对比横撇，在对比中感受横折这个笔画的行笔方式和手腕的运转方向。】

二、学习两种形态的横折

(1)观察对比：我们今天要学习的笔画横折有两种写法，请大家认真观察他们有什么共同点和不同点呢？

相同点：横细竖粗、方起圆收。横末都要顿笔转折写竖画。

不同点：横短竖长(竖画直挺)、横长竖短(竖画倾斜)。

【设计意图：通过横折的两种写法的对比，让学生初步了解它们的异同，在心中对两种横折的写法形成初步印象。】

(2)学写横折(一)。结合刚刚的对比，归纳行笔方式及书写要点。

①藏锋起笔写横，横画较短；②横末转折处顿笔后写竖；③竖要保持匀称，将竖写得直挺粗壮。

老师范写横折(边范写边再次提醒书写要点)。

学生练写三个横折。(提醒写字姿势)

(3)学习横折(二)(方法同上)。

(4)展示评价改写：采用自评、互评和师评的方式，交流学生练写的横折的优缺点，然后在此基础上改写。

【设计意图：通过老师总结与范写，让学生更直观感受横折的写法，然后在评价的基础上明白自己书写的横折问题在哪儿，再次改写，让学生掌握两种横折的写法。】

三、学写例字“目”

(1)出示图片观察行笔方式及书写要点。(“目”字第一笔竖较细，右边横折的竖较粗；横折横短竖长，横与下面三横粗细差不多，间距均匀，但长度有参差变化。)

(2)老师范写“目”字。(边写边再次重申书写要点)

(3)学生先在书后描红临摹，然后在书法纸上练写三个“目”。(提醒写字姿势)

(4)展评：先把一个同学写的拿到讲台上大家一起评价，老师适时点评，并帮助修改，然后老师总结点评方法。然后由学生互相评价。(提醒学生评价时可以对照比较书本上的字帖，结合老师讲解的书写要点进行评价)

(5)改写：结合刚刚同桌给你的评价再改写两个。

(6)再次展示改写后的“目”(对比修改前后看有没有进步)。

(7)方法总结。

一看：读帖(整体：结构；局部：笔画轻重粗细、笔画长短，笔画占位等)。二范：看老师范写，对照字帖临写临帖评价(结合字帖和书写要点进行评价，尤其关注横折)。三练：学生练习。四评：展示评价。

四、学以致用

(1)用刚刚的学习方法，四人为一小组学习例字“石”。

(2)学生学完后在全班进行展示，然后老师总结。

【设计意图：在掌握基本笔画的基础上，通过一看二范三练四评的书法教学四步法，学习带有横折的例字。老师引导学习例字“目”，然后进行方法总结，让学生小组合作学写“石”，既掌握了书写方法，又习得学习方法，学生在今后学习书法的过程中可以运用这种方法自己学习，正所谓“授人以鱼不如授人以渔”。】

(3)找一找，比一比。“西”“东”“真”这些字中哪一笔是横折？它们各有什么不同？

【设计意图：通过观察对比带有横折笔画的字，进一步巩固深化对这个笔画的认识。】

五、书法作品欣赏

(1)配乐欣赏我校老师和学生的优秀书法作品。

(2)谈谈自己欣赏作品后的感受。

【设计意图：欣赏身边老师和同学的优秀书法作品，让学生不仅会写还会欣赏，激发

书法学习的兴趣，同时培养学生的审美情趣。】

六、尝试创作条幅或者横幅，培养兴趣。

（1）观看条幅、横幅作品图片，知道横幅和条幅的特点。

（2）出示“墨香”书法作品，找出它们当中的横折，说说都有什么特点？并由老师大概讲解书写要点和创作横幅、条幅时要注意的问题。

（3）学生自由创作条幅或者横幅。

【设计意图：通过观看条幅和横幅作品，培养学生的审美意识。同时让学生初步尝试进行创作，不要求学生写得有多完美，旨在激发学生的书法学习与创作兴趣。】

七、课堂小结

说说这节课你有什么收获？（学习了横折的两种不同写法，知道了练习毛笔书法作品的方法，了解了条幅和横幅的创作）

【设计意图：通过的对课堂的回顾，总结出这节课的学习要点“横折”的写法，以及学习书法的几个基本步骤。】

八、课后作业

临写“百”“事”两个例字各五遍。

选做题：从《多宝塔碑》中集字书写“静观”“尚志”等。

【设计意图：书法学习贵在坚持与练习，课堂时间是远远不够的，布置相对应的例字，让学生加深对这个笔画的掌握程度。从《多宝塔碑》中集字练习，并且都是带着“横折”笔画的字，既是对学习内容的巩固，也是培养学生的书法学习兴趣。】

九、按要求收拾书法工具。

不出声，不扰人；
笔入盒，砚规整；
帖收齐，毡叠顺；
桌擦净，物放稳。

【设计意图：这个环节和课堂开始前的准备环节形成一个整体，练习完书法后让学生根据要求收拾好自己书法工具，旨在培养良好的学习习惯。】

【板书设计】

第三课　横折

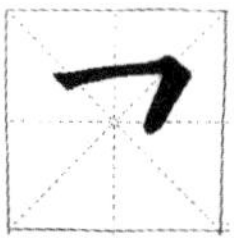

横短竖长、竖画粗壮

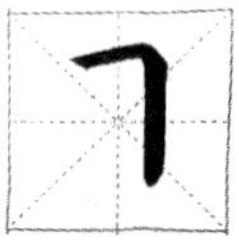

横长竖短、竖画向左倾

相同点：横细竖粗、横末转折处

【教学反思】

本课教学目标明确，条理清晰，主要学习了两种横折的写法，同时练写书写例字："目"和"石"，带领学生欣赏书法作品，尝试临写条幅和横幅。不仅注重了书法内容的学习与练习，同时注重培养学生良好的书写习惯和审美意识。但在教学中还存在以下不足：

(1)课堂节奏把握不好，前松后紧。前半部分讲解过多，导致课堂有些拖沓。

(2)在讲解横折时，只是单纯的强调两种横折的特点。横折其实就是横和竖的组合，横和竖两种笔画学生都已经学过，重要的是怎样把两个笔画衔接起来组合成一个新的笔画，横末转折处要顿笔，然后折笔向下写竖画，这一书写要领还要重点强调。

【点评】

这节课教学思路清晰，在学习过程中贯彻书法学习四步法：一看二范三练四评，同时帮助学生总结有效的学习方法，注重方法的引导。同时还教会学生怎样去评价别人的作品，寻找自己书写中的不足，真正做到了学有所获。

（点评人：陈家林　湖北书法教育名师　书法教师）

高低相顾

（五年级毛笔书法教学设计）

沈　涛

教学目标

1.通过本节课的学习，知道左右结构的字各部分间宜高低相顾。

2.能通过学习进行总结，把握高低相顾的规律，并准确运用。

教学重难点

1.学习高低相顾结构原则，掌握并运用高低错落的方法书写汉字。

2.书写时能准确表达高低相顾的特征。

教学过程

一、导入新课

师:同学们,颜真卿的《多宝塔碑》被许多人认为是初学书法的最佳碑帖,它以笔画精准、字体饱满、端庄秀丽著称。你看这一幅幅饱含颜体韵味的书法作品是多么生动、鲜活啊!其实,写好字不仅仅在于对笔画的学习,更在于对结构的把握,前面,我们从字的结构入手,学习了颜体《多宝塔碑》中的一些结字法则,请大家回忆一下。(笔画的疏密、向背、伸缩)

师:今天我们学习一个新的结字法则——高低相顾(板书课题),请大家齐读两遍。

二、通过观察,初步感知高低相顾这一结字法则

师:那什么是高低相顾呢?我们一起来寻找答案,请同学们认真读帖,(出示“彼、印”),这两个字左右两部分在位置上有什么不同呢?

预设:“彼”字左低右高;“印”字左高右低。

师:你是第一个举手的孩子,看来你是一个很爱观察的孩子。我们一来检验这位同学观察得对不对,(出示“彼”)我们先看“彼”这个字,便于大家观察,老师画好了辅助线,通过辅助线,我们可以清楚发现“彼”字是左低右高的字;我们再看“印”字,通过辅助线,我们发现“印”是左高右低的字。看来这位同学观察得不仅快,还很准。

师小结:其实啊,像“彼、印”这样左右结构的字,由于左右位置错落而形成的高低变化就叫作高低相顾。

三、学生再次观察,总结书写规律,师范写

师:左右结构的字在日常生活中应用非常广泛,我们一起来看这幅颜体书法作品,你发现里面左右结构的字了吗?(出示书法作品)

预设:有如、珍、读、始、神(边回答边出示)

师:你回答得真完整,(出示带辅助线的这些字)同学们发现了吗,这些左右结构的字在书写时都有高低变化。请你想一想:为什么左右结构的字在书写时都要做到高低变化呢?

预设1:这样能写出来汉字的错落美

师:你注意到了高低变化是为了形成错落美,真不错

预设2:这样写出来的字会显得更加鲜活。

师:是的啊,生活鲜活的字是需要变化的。

师:老师发现,同学们都非常善于分析问题,看来大家很会学习。但是我们在书写左

右结构的字经常会出现这样的情况(出示没有做到高低相顾的字),你觉得这些字美吗?为什么?

预设:不美,没有高低变化,不能体现错落美。

师:确实如此,没有高低变化,写出来的字就会显得呆板,不生动。

师小结:看来,左右结构的字只有注意到左右高低错落的变化,做到了高低相顾,这个字才能写得端庄大方啊。这就像生活中的人,大家只有根据需要,找准位置,加强团结,才能产生和谐之美!

师:既然高低相顾对于写好左右结构的字很重要,那我们怎么样才能写出这种高低变化的错落美呢?我们先来看第一个"彼"字(出示"彼"),请你再来读帖,看你有没有什么好的意见?

预设:左边双人旁起笔位置较低。

师:你的建议不错,看来你很会观察。

预设:"彼"字右偏旁上半部分这一竖的起笔位置是最高的。

师:看得出来,你也是个很细心的孩子。

师:老师再给大家出示几个字,你们发现了什么?

预设:右上方处于最高的笔画都是竖。

师:你可真是火眼金睛啊,一下子就发现了这个关键问题。

师小结:这里"德"最高的笔画不是竖,而是撇。通过这些笔画的行笔方向,我们不难发现这些笔画属于纵向笔画,并且这些纵向笔画都处在右偏旁的上半部分。不知不觉,我们就总结出了规律:相对左偏旁,右偏旁的上半部分有纵向笔画的,一般这一笔的起笔位置最高。(出示规律)

师:请大家大声齐读两遍。当我们在书写"彼"时,把握住这个规律,就一定能体现它的高低变化,做到高低相顾。

师:(出示"印")那么我们又如何写出"印"的高低变化呢?请你认真读帖,看看你有什么好的建议。

预设1:印最后一笔垂露竖较长,收笔位置最低。

预设2:印字左边部分起笔位置较高,整体写得比较收缩。

师:看来这几位同学也是观察小能手,这一笔垂露竖写得饱满挺拔,这里还有几个字,请你观察,你发现了什么?

预设生:右下方处于最低的笔画是竖和竖钩。

师:你表述得很准确,这些较长,且位置最低的笔画都位于右偏旁的下半部分。通过之前笔画的学习,我们知道不仅仅竖,其实竖钩也是纵向笔画。你们看,规律又出现了:相对左偏旁,右偏旁的下半部分有纵向笔画的,一般这一笔的收笔位置最低。(出示规律)

师小结：请大家齐读两遍。这就是中国的书法，虽变化无穷，但一切却都有法可依。同学们以后在写左右结构的字时，一定要注意用上我们发现的规律，把左右结构的字高低变化写出来。

师：接下来，老师来范写这两个字，同学们根据我们刚刚总结的规律，看看老师是怎么做到高低变化的，

“彼”：左低右高

（边写边强调写法要点：起笔之前看清楚笔画在米字格的位置，双人旁第一撇起笔要略微靠下，较短，第二撇较长，慢慢出锋；竖是第二个关键笔画，它的起笔位置在撇的中间，笔画较长，垂露竖，中锋行笔，收笔位置处于整个字的最下方，慢慢回锋收笔；右边第一笔横钩，横向右上倾斜，然后折笔过来，由粗到细；竖撇前半段直，后半段弯，注意和左边笔画做到穿插，跟双人旁有所粘连；这一竖起笔位置高，这样才能体现出高低错落，写好之后回锋收笔，横较短，注意撇带有弧度，捺的起笔位置较高，由细到粗，慢慢地出锋。）

“印”：左高右低

（边写边强调写法要点：第一笔写的时候，注意注意它的角度，略微倾斜，要和右边笔画形成呼应，同时不要写得太长，要避让右边的笔画，竖提，竖略带有弧度，笔画要收缩，提由粗到细，要写短横写在中间，也要收缩避让右边的笔画；右边部分，第一笔横折钩是第三个关键笔画，看清楚起笔位置，起笔和左边中间的短横基本齐平，横较细，折笔略粗，要向上收缩，不能写得过长，钩要钩得有力，最后一笔垂露竖收笔位置最低，看清楚它的长短，前面的笔画收缩，这一笔要放，所以写得较长。）

四、学生临写

（1）师：大家看清了吗？接下来，请大家按照老师刚才的样子，先摆正书写姿势，做到头正、肩平、身直、足安，注意练字先练姿。然后把“彼、印”在书写纸上临写两个，看你能不能借助我们刚刚总结的规律准确写出左右的高低变化，做到高低相顾。

（师巡视引导：①这些同学的坐姿非常端正，希望同学们都能这样，坐得端端正正，写得认认真真。②有些同学在写之前还进行了再次的读帖，是的，只有多读帖，我们才能发现其中的规律。③同学们写得都很认真，看得出来，大家都爱书法……）

（2）师：同学们，你想看哪位小书法家的字？（展示学生的字）请你结合本节课所学的知识，来点评一下这位同学写的字？

预设：写出了高低变化，笔画写得也很到位。

师：你很会评价，看得出来，你这节课学得很认真。

（3）师：你们还想看哪位小书法家的作品？

（展示，点评）

(4)师:还能写得更好吗?请大家在后面再临写一遍吧。(还是一样,先摆正姿势,再动笔书写。)

五、运用规律,自主探究学习

师:通过刚刚这两个字的学习,老师发现同学们基本掌握了左右高低变化的规律,接下来,(出示"行、斯")我想请同学们选择下面的一个字进行自主探究。

(出示要求:①请你结合我们总结的规律,先自己读帖,找出它的左右高低是怎么变化的;②然后认真临写两遍,写出它左右高低的变化来。)

师:我看同学们读帖都很认真,老师想请一位同学到前面来临写。哪位同学想来试试?(点名)

师:这位同学已经临写完成了。你能先说一说,这个字左右的高低是怎么变化的吗?

师:我们一起来点评一下这位同学写的字。

师:哪些同学自学的是另一个字的?(点名)你能说说这个字左右的高低是怎么变化的吗?

(指名点评)

师小结:通过刚刚的学习,我们发现,当我们抓住了左右结构的字高低变化的规律,书写就能做到高低相顾,从而使整个字的结构更加生动,字形也更加美观!

六、拓展延伸

师:你能从下面的四字词语中(出示:静以修身、行善积德),挑选一个尝试着以作品的形式展现出来吗?(条幅、横幅、斗方、扇面……)老师想提醒大家:在创作前,请你先认真读帖,注意词语中左右结构的字高低变化的规律,在创作时写出高低变化,做到高低相顾!

七、总结

师:老师发现不少同学都完成了创作,下面请大家起立,拿起手中的作品展示给听课的老师,老师希望同学们在生活中做一个"静以修身,行善积德"的人。其实,书法中的结字法则还有很多,高低相顾只是其中一种,高低变化的规律也还有很多,我们下节课再来探讨。

【点评】

《高低相顾》是书法教学中关于汉字结字法则的学习,这节课在导入环节先回顾了前几节课所学结字法则——疏密、向背、伸缩,然后让学生通过观察"彼"和"印"两个字,初步感知了高低相顾这一结字法则。接着,延伸到其他左右结构的字,继续让学生观察,并总结高低相顾的书写规律，并尝试运用规律书写“彼”和“印”，并拓展练习其他左右结构的字，进一步让学生运用规律，从而掌握规律。除此以外，本节课在最后环节让学生选择词语进行作品创作，充分彰显了书法育人这一教学理念。（点评：陈家林，湖北书法教育名师、书法教师）

（本节课曾在 2019 年湖北省教育学会书法教育专业委员会组织的湖北省中小学书法教育现场观摩活动上展示）

第四课　人字头与登字头

（五年级上册毛笔书法教学设计）

龚　雪

教学目标

1. 学会正确书写人字头与登字头；

2. 了解泰山刻石。

教学重难点

1. 学习人字头和登字头。

2. 写好“金、翕、登、发”。

教学过程

一、导入

偏旁部首是汉字的组成部分，写好部首对写好汉字特别重要，今天，我们学习书写人字头和登字头。

二、要领图解

（1）人字头笔顺、笔法展示。

学生观察，并说一说人字头写的时候要注意什么。

师小结：人字头先撇后捺。撇画露锋尖收，捺画露锋尖起，中段粗重。

（2）登字头笔顺、笔法展示。

学生观察，并说一说登字头写的时候要注意什么。

学生自己概括。

（3）教师范写，边范写边讲解人字头和登字头要注意的地方。

（4）学生练写，把人字头和登字头各练写两个。教师相机指导。

（5）同桌互相评价，把写得不好的再进行修改。

【设计意图:先看,再练,做到心中有字。】

三、我来动笔

(1)学生观察含有人字头和登字头的字,说一说写的时候要注意什么。

(2)师小结:人字头由撇捺组成,撇轻捺重;登字头一般情况下左小右大,有时右捺写成长点。

(3)用铅笔或钢笔先双钩再填写下面几个字的偏旁,看看位置是否合理。

令 舍 登 发

【设计意图:通过动笔练习,加深对偏旁的理解。】

四、练一练

(1)学生在大字本上把翕、登各写两个。学生练习,教师巡视,相机指导。

(2)展示学生的大字本,指名评价。引导学生先说写得不错的地方,再说建议改进的地方。

(3)学生进行修改。

(4)师小结:“翕”人字头下面笔画较多,撇捺左右舒展,容纳下面部分;“发”字上面的登字左低右高,下部分结构要左右对称,末笔捺改为点。

五、比一比

比较不同书法家写人字头的特点:欧阳询 褚遂良 柳公权 赵孟頫

(1)学生观察,同桌互相交流。

(2)指名说。

【设计意图:区分几位不同书法家书写的不同特点,拓宽学生的知识面。】

六、作业布置,完成练习

【板书设计】

第四课 人字头与登字头

人字头 撇轻捺重

登字头 一般左小右大,有时右捺变长点

集字临摹练习(二)

（六年级上册毛笔书法教学设计）

谭　婷

教学目标

1.通过临写"海、底、月、於",将汉字结构的向背原则运用到实际书写中。

2.学习斗方的书写形式,掌握斗方的章法处理。

3.从作品的创作中体会书法章法的形式美。

教学重难点

通过临写《绝句》,巩固复习疏密相间、向背有致结构原则。

教具准备

笔、墨、纸、砚、垫毡、多媒体、视频展台等。

教学流程

一、导入新课

师:今天老师带来了一件形式特别的书法作品,大家想看吗?

课件出示:斗方作品《绝句》。

说一说:这幅书法作品的"特别"体现在哪里?

师:像这样一张正方形的字幅就是斗方,最常见的69cm×69cm(2市尺见方)的尺幅。今天我们就一起来学习怎样才能书写出这样一件特别的斗方作品。(板书:斗方作品)

二、学习新知

1.读内容,了解诗文背景

请学生齐读作品上的内容。

海底有明月,圆于天上轮。得之一寸光,可买千里春。

师简单介绍诗文:这是唐代著名"苦吟诗人"贾岛所作的五言绝句。这首诗描写了海上美丽的月色——海面上明月的倒影、比天上的一轮圆月更显得明净可爱。这一点点美好的月色,便可胜过千万的春色。

2.看形式,了解斗方章法

思考讨论:这件作品是怎样安排正文和落款章法的?

学生自由讨论,各抒己见。

师小结:每行五字,共四行正文,加一行落款,行距略大于字距。(板书作品图示)

3.用向背有致结构原则，临习典型例字

(1)字例解读。

师：要写好这样的斗方作品，除了章法安排合理外，最重要的是写好其中的每一个字，尤其是这几个字：

出示“海、底、月、於”。

小组讨论：用所学的疏密和向背原则分析四个字。

“海”字左疏右密，三点呈弧形，中间略向左曲。

“每”字中间略向右曲，左右两部分相向。

“底”字上密下疏，左撇与斜钩呈相背之势、中间竖提与斜钩也呈相背之势。

“月”字上密下疏，左撇中间曲向右，右横折钩的竖中间略向左曲，两个笔画之间呈相背之势。

“於”字左疏右密，左部中间向右曲，右部中间向左靠，左右两部分呈相背之势。

(2)尝试临写。

学生临写这四个字，教师巡视指导。

(3)展示评价。

重点点评作业中的字是否“向背有致”，各曲线笔画弧度是否合理，书写是否到位。

4.试一试，创作斗方作品

请学生按照斗方作品的要求，尝试创作斗方作品《绝句》。创作前，提示学生观察每一个字的字形变化。如：第三行“得”字字形长，“之”字稍扁呈三角形，“一”字长伸，“寸”字字形小呈倒三角形，“光”字上小下大呈梯形。

三、拓展延伸

请学生在课外从《多宝塔碑》中集字书写曹操《观沧海》诗句：“日月之行，若出其中。”并思考：哪种形式比较适合这个内容。

【板书设计】

集字临摹练习

斗方作品

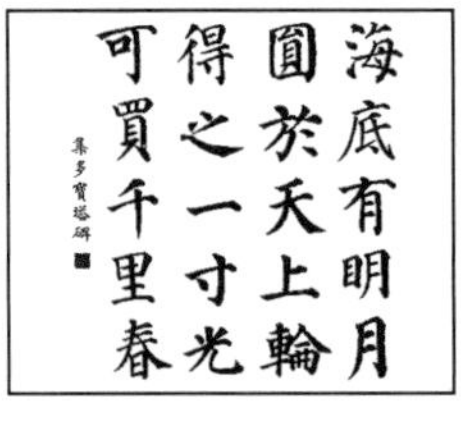

海　左右两部分相向

於　左右两部分相背

底　撇、竖提与斜钩相背

月　左撇与右竖相背

横折的写法

（三年级毛笔书法教学实录）

柯　萍

一、欣赏书法作品

师：同学们，在上新课之前，我们先来欣赏一下我校部分师生的书法作品，好吗？

课件出示：学校部分师生书法作品

学生看，教师同时引导学生欣赏

预设评价：同学们刚才在欣赏书法作品的时候，我仔细观察后发现，有的同学露出羡慕的神情，有的同学发出惊讶的赞叹声，有的同学看得是津津有味。怎么样？老师是不是观察得很仔细。其实在我们写字学习中，也需要同学们学会观察、注意观察，观察笔画的写法，观察笔画的特点，观察相同笔画在不同字中的不同之处等等。总之，学习写字离不开观察；这节课就让我们来比一比，看谁最善于观察。怎么样，有信心吗？

二、点拨难点、突出重点

（一）横折的特点

师：请同学们看投影，这两个基本笔画的名字是什么？（横画、竖画）它们的写法谁还记得？

课件出示：横画和竖画

生和老师一起回忆：学生用手指书空，边写边说运笔过程。

师：今天老师又为大家带来一位基本笔画朋友，谁能大声地喊出它的名字。

课件出示：横折

师：好，今天我们就来学习横折的写法。请同学们仔细观察一下横折有什么特点？

生观察，师同时板书课题：第 5 课 横折的写法

师：谁把你观察到的横折的特点说给大家听听？

生展示：

（横折是横画的尾部与竖画的头部拼接而成的，横画的收笔即竖画的起笔。学生若说出横折是由横和竖组成的也可以）

（二）横折的写法

预设评价：同学们观察得很仔细，我们在前面学习了横画和竖画的写法，你们能不能根据横画和竖画的写法，试着总结归纳出横折的写法。

（1）师：哪位同学试着总结一下横折的写法？

(2)生试总结。

(横折的写法是先写横画,再写一个折角,然后写竖画,竖画写的时候,要向内倾斜)

预设评价:你总结得不错,我们把它再整理一下让它更有条理好吗?

教师整理总结,课件出示:

横折的写法:

逆锋起笔,右下轻顿笔。

中锋向右上运笔。提笔,右下顿笔。

中锋向下运笔,收笔回锋。

(3)师:横折的写法是这样的,现在请同学们边书空边说横折的写法。

和老师一起边书空边说横折的写法好吗?

下面和你的同桌在课桌上边写边说横折的写法。

现在看看老师给大家的示范好吗,重点看横折的折角处的写法。

(4)教师示范,边写边说重点,生可书空体会。

(折角不易写好,原因在于笔锋转换方向时提按不得法。因此在转角处必须提足再按下去,然后折锋而下,下行应注意中锋行笔)

三、学生练习

师:老师的示范同学们看清了吗?好,静下心来,用毛笔临摹 2 个横折。你还可以参照书中的运笔过程写字。

学生动笔写横折 2 个

师:谁愿意把你的书法作品展示给大家看看?

学生展示(自评:说说自己哪写得好,哪还有不足,学会欣赏自己)

学生自评(先说优点,再说不足,学会欣赏别人)

教师点评:我们要把别人的优点吸取,将自己的不足改正,我们的字才会有更大的进步。

师:同学们对照字帖,将自己的不足改正,再改 2 个

学生再写 2 个(学生可以根据写的情况,再多写几个)

四、播放写字操

同学们,请放下笔,我们来放松一下,做做写字操吧。

五、学习"日"字的写法

(1)师:老师看得出今天同学们书写得非常认真、非常用心,我们刚才学习了横折的

写法，现在我们来研究一下横折在字中的变化。

出示：日

师：请同学们观察折在这个字中书写时有什么不同？

（横画较细，竖画较粗；横折在“日”中是横短竖长。）

预设评价：老师发现同学们越来越会观察了，真好！我们大家掌声鼓励他。

（2）师：横折在字中之所以发生这样的变化，就是因为“日”字的整体形状、结构是不一样的，结构不同决定了横折的变化。我们来看看“日”字从整体上看是什么形状的？

“日”整体是个长方形的字，竖画要写得很直，要长，横画布局要均匀。

（3）师：请同学们再看看这个字在米字格中是怎么占格的？（米字格的中间）

（4）师：我们知道了这个字的占位了。该怎么样把它们写好呢？再仔细观察一下。（两竖要写得斜一些）向哪斜？（师强调两竖要向内倾斜）

（5）写好这两个字还有什么诀窍？（横轻竖重）

（6）现在请同学们看一看老师是怎么写这个字的。

（7）师：同学们现在是不是都想跃跃欲试了，好！请同学们把“日”摹帖 2 遍。

（8）下面请同学们临摹“日”2 遍。

（9）师展示评价。

学生展示（自评：说说自己哪写得好，哪还有不足，学会欣赏自己）

学生自评（先说优点，再说不足，学会欣赏别人）

教师点评：我们要把别人的优点吸取，将自己的不足改正，我们的字才会有更大的进步。

师：同学们对照字帖，将自己的不足改正，再改 2 个

学生再写 2 个（学生可以根据写的情况，再多写几个）

写好了，和前后桌的同学交流一下，不要忘了要学会欣赏自己。

六、课堂小结

这节课同学们学会了横折的写法以及怎样去观察字的笔画，老师希望同学们以后在练字时养成先观察再动笔的好习惯。要想写好毛笔字，光会观察还不行。必须要多练，下节课我们继续练习横折和日。

【教学反思】

课堂上提供大量学校师生的作品欣赏，提高学生的鉴赏水平。创设良好的学习氛围，这是最好的展示平台。教学中强调学生们认真对待每一个笔画，再讲授带有这个笔画的字，这样避免了过于枯燥的笔画练习。课堂中一直贯穿一看、二范、三练、四评的教学模式。总之，写毛笔字需要持之以恒的毅力，只有坚持才能写好。

左右结构的结构方法之左短靠上

（五年级毛笔书法教学设计）

刘　艳

教学目标

1.掌握左短靠上的书写要领。

2.指导写好“源、识”等字，要写得正确、比例恰当。

3.通过讨论、实践及评价等教学方式，培养学生举一反三的能力，逐步提高学生的观察能力和审美能力。

教学重难点

重点：左旁靠上的写字要领。

难点：掌握左右结构字的合理布局，使其左右各部分之间成呼应之势。

教学准备

多媒体设备、实物投影仪、课件、书写常规工具（毛笔、大字本）

教学过程

一、导入

书法作为中国特有的一门线条艺术，在书写中与笔、墨、纸、砚相得益彰，是中国人民勤劳智慧的结晶，是举世公认的艺术奇葩。早在5000年以前的甲骨文就初露端倪，书法从文字产生到形成文字的书写体系，几经变革创造了多种体式的书写艺术。下面我们就来欣赏一些名家的书法作品。（课件：名家书法作品）

刚才在欣赏古代名家的书法作品时，我看见同学们眼中流露出羡慕的眼神。其实，只要我们假以时日，刻苦练习，同样也能写出一些得意之作。我们身边就不乏这样的小小书法家。请大家继续来欣赏。（课件：学生书法作品）

无论是古代大书法家，还是我们身边的小书法家，他们能给我们呈现出这一幅幅精彩的作品，与他们的勤奋好学、熟练掌握各种书写技法是分不开的。今天这节课，我们就要来学习左右结构中一种结构方法——左短靠上。

【设计意图：赏析知名书法家的作品，让学生领略书法艺术之美，激发练习书法的热情；欣赏身边书法高手的作品，增强学生练好书法的信心。】

二、观察范字，总结特点

（1）左短靠上的字有什么特点呢？请大家认真观察这两个字，看看你有什么发现？

（课件出示两个字）

（2）学生交流后小结：左旁短小的，左部应向上靠，右部为主。（课件出示结构图及文字小结）

（3）除了这两个字中的三点水、木字旁在结构布局时，需要上移，你还能知道哪些偏旁在结构布局时，也需要这样处理。

（4）学生发言，教师总结。（课件出示拓展延伸的"左短靠上"的字）

（5）小结"左短靠上"的规律：

偏旁的笔画少；偏旁主要以横为主。

【设计意图：通过引导学生观察例字，充分了解"左短靠上"这类字的构字规律，从而在书写中布局美观。】

三、学写"源、瞻"字

刚才我们认真观察，总结出此类字的规律，接下来我们就要来动手书写其中的一个字——"源"。

（一）学写"源"

（1）生观察"源"（课件出示"源"），梳理细节。

（2）师范写"源"。

（3）生练写"源"。

（4）师展示评价。

（二）学写"瞻"

（1）刚才我们一起学习了"源"，接下来这个字老师想让同学们自己学习，有信心吗？

（2）出示"瞻"，同桌互相讨论书写细节。

（3）学生练写

（4）同桌互评，再次练习。

（5）同桌推荐，全班展评。

课间休息做《52小学写字韵律操》

【设计意图：从导学到自学，让学生的学习能力呈螺旋式上升，再通过"源、瞻"两个字的练习，进而真正掌握此类字的书写要领。】

四、学写"识"

（1）左右结构中还有一类有三个部件组成的，即左中右结构，在这类结构中，左旁短的，左部也应靠上。（出示课件：识的繁写体、雄）

（2）下面我们着重来练习"识"。刚才通过大家的自学，很好地完成了"识"的书写任

务。现在请同学们再次与同桌针对"识",讨论书写细节,待会,我请一名同学讲解,一名同学上台进行范写。(同桌)

(识的繁写体是左中右结构,笔画较多,因此三个部件要写得紧凑。言字要写得瘦长,主要在米字格左半格的上面三个三角形区域内;音和言的高度,胖瘦差不多,其中第二横要写得长一些;戈字部的斜勾要写得长而曲劲。)

自由练习,同桌评价,推荐展示。

【设计意图:学生自主讨论细节并加以提醒,既锻炼了学生的观察能力,也训练了学生的表达能力;学生讲解并书写演示,更增加了学生对书法学习的兴趣。】

五、课堂总结

同学们,写字是门学问,也是一门艺术,要想把字写漂亮,并非一日之功,需要反复练习。我相信,只要同学们认真练习,有朝一日我们中间也会出现像王羲之、柳公权、颜真卿这样的大书法家。同学们有没有信心?

竖的写法

(三年级毛笔书法教学设计)

叶腊林

教学目标

1. 使学生认识竖,能分辨竖的形态特征并掌握其写法。

2. 引导学生通过观察图解、观看范字书写视频、尝试练习、小组讨论等方法,学会书写"上""十"两个字。

3. 通过讨论、实践及评价等教学方式,培养学生举一反三的能力,逐步提高学生的观察能力和审美能力。

教学重难点

写好悬针竖和垂露竖。

教学准备

多媒体设备、实物投影仪、课件、书写常规工具(毛笔、大字本)

教学过程

一、欣赏导入

同学们都知道我们学校是全国书法教育示范学校,书法是我们学校的特色,我们学校到处洋溢着书法气息,一走进学校大门就会看到右侧围墙上雕刻的中国古代书法名家的碑文，再朝里走会看到围墙中间是中国书法主题浮雕，左手边是尚书广场，地上刻着我们近年历届书法优秀学生写的不同字体的“书”字。学校教学楼上悬挂着师生写的优秀书法作品，比如(陈家林老师的作品、龚明校长的作品、昝丽丽同学的作品等)欣赏了这么多优秀书法作品，同学们喜欢吗？

现在让我们再次走进书法课堂，学习书法基本笔画。今天要学习的笔画是“竖”。竖画在汉字中出现的次数很多，写好竖画可以让字看起来挺拔有力。

请同学们先要根据课件上的图示，练习画两组竖线。画之前大家回忆一下我们正确的书写姿势。还记得吗？咱们一起来说一说。(齐读)那就请同学们按照坐姿的要求和图片的样子，先摆正姿势，然后画一画这两组竖。请说一说这两种竖画收笔方式的差别。

二、学习垂露竖

(1)师：首先我们学习的第一个笔画——垂露竖(出示“垂露竖”课件)，跟老师一起读。

(2)师：大家知道这个笔画为什么叫垂露竖吗？(仔细观察)

预设：末端像一滴水珠。

师：你真会观察。垂露竖因末端形似一滴露水珠而得名。那垂露竖是怎么写成的呢？我们一起来学习。

(3)(出示垂露竖写法提示)师：请同学们结合课件上的图示，自己读一读这段文字，体会垂露竖的写法。(边读边想)

(4)师范写，生体会。

师：请同学们先看老师写一个垂露竖，大家可以伸出手和老师一起写。(边示范边强调写法要求)。

(5)师：大家看清了吗？请同学再来读一读垂露竖的写法，这一遍在读的时候，想一想老师刚刚运笔的过程。(齐读)

(6)再次范写。

师：请同学们再看老师写一遍。(再次范写)

(7)学生练习。

师：接下来，老师想请同学们来练习写垂露竖。(出示走笔示意图，配乐。师巡视。)

(8)展示评价。

师：在大家写的过程中，老师发现了一些问题(展示学生作品)，谁来给他点评一下。

(9)学生改写。

师：接下来，请大家根据刚刚提出的问题及建议，对照自己写的垂露竖，查找问题，并改写三个。看看你有没有新的进步。

(10)展示改写后的作品。

师:这几位同学的垂露竖已经写得有模有样了,真了不起。

三、学习悬针竖

(1)师:垂露竖还有一个孪生兄弟就是——悬针竖(出示"悬针竖"挂图)。请大家跟老师读。

(2)师:我们来一起学习"悬针竖"的写法,(出示写法要求)请同学们自己读这段文字,结合图示体会悬针竖的写法。

(3)看视频,生体会

师:请同学们看视频,注意看老师是如何运笔的。(边写边强调要求)

(4)师:大家看清了吗?请同学再来读一读悬针竖的写法,这一遍在读的时候,想一想老师刚刚运笔的过程。(齐读)

(5)再看视频。

师:同学们,你们觉得书写悬针竖最难的地方是什么?

预设:收笔

师总结:是的,它要求我们在极短的距离出锋收笔。看老师再写一个(再次强调写法,写完之后分析:中间一段粗细差不多,末尾较短的地方出锋)

(6)生练习。

师:请大家对照字帖,在纸上把悬针竖练写三个,书写时注意写字姿势,做到"三个一"。(配乐)

(7)展示、评价。

师:(展示学生作品)谁来点评一下这位同学写的悬针竖?

预设:越写越细、起笔……

(8)改写。

师:接下来,请大家根据刚刚提出的问题及建议,对照自己写的悬针竖,查找问题,并改写三个。

(9)展示改写后的作品。

师:这几位同学的悬针竖写得真不错,真是了不起。

四、学写"上"字

(1)师:我们已经了解了垂露竖和悬针竖的写法,接下来让我们学写带有垂露竖的字。(课件出示"上")请大家看到这个"上"字,仔细观察,咱们要想把这个字写好,需要注

意什么呢？（提示：从结构、笔画、占位上观察）

预设：要注意横细竖粗……

（2）看视频。

师：看视频。（边示范边强调写法要求）大家看清了吗？接下来请大家对照字帖，在纸上把这个“上”写三个。

（3）展示学生作品，请生点评。

（4）生再改写，并展示。

（5）观看视频。

师：想把字写好非一日之功，接下来让我们一起去看看古代书法家是如何刻苦练习书法的。（播放视频）

师：让我们从现在开始，向古代书法家们学习，刻苦练字，好吗？

五、学写“十”字

（1）师：接下来让我们学写带有悬针竖的字。（课件出示“十”）这个字老师想让同学们自己学习，有没有信心？

师：接下来请大家从结构、笔画、占位这几个方面仔细观察，要想把这个字写好，需要注意什么呢？同桌之间相互交流交流。

预设：竖画写在竖中线上，横画略细，左低右高……

（2）师总结：大家观察得真仔细，大家还要注意：竖画不是从横画正中间写下来的，而是横画靠右的地方写下来的，而且横画要写得长一些，这样这个字才会写得更好看。

（3）生自由练习、评价、改写。

师：接下来请大家在纸上把十先写一遍，然后同桌间比一比看谁写得好，再互相点评点评，然后改写两个，看看你的意见能不能给他带来帮助。

（4）推荐同桌的优秀作品

师：谁来推荐你同桌的优秀作品？你推荐的理由是什么？（师补充点评）

六、课堂总结

师：这节课，我们一起学习了垂露竖和悬针竖的写法，同学们听得很认真，写得也很专注，我相信，只要我们平时刻苦练字，写好人生的每一笔（出示课件），将来我们也能练一手好字，这节课我们就学到这里。

八字头与八字底

（五年级毛笔书法教学设计）

谢　丹

教材分析

《八字头与八字底》是五年级上册二单元的第六课。本课板块包括："要领图解、我来动笔、练一练、比一比、临习指导、知识连接"六部分，要求学生会八字头与八字底的写法和写好相关字。

教学目标

1.初步掌握八字头与八字底的书写要领，了解带有这两个偏旁的字的一般书写规律。

2.能临写好"前、共、其"，要求能写得正确、端正、结构比例适当。

3.培养良好的书写习惯，体验带有八字头与八字底汉字结构的美感。

4.初步感受创作作品的乐趣，激发学生对书法的热爱。

教学重难点

重点：初步掌握八字头与八字底的书写要领。

难点：掌握八字头、八字底与其部件之间的位置、关系。

教具准备

笔、墨、纸、砚、垫毡、多媒体、展示台等。

教学课时

一课时

教学过程

一、激趣导入

1.猜谜语

师：同学们喜欢猜谜语吗？公而忘私——打一字。

生：八。

2."八"字的演变和意义

师：那同学们知道八字的由来吗？"八"最早见于甲骨文。金文延续篆书的写法，但笔画更丰满有力，篆书圆转顺滑，姿态万千。隶书力道十足，楷书更规整。八字表示分别之意。（教师出示课件，讲解"八"字的演变以及字的含义。）

3.引出课题板书

师：今天我们学习第六课：八字头与八字底。（师板书课题）

【设计意图：谜语激发学生的兴趣，课件出示八字的演变过程，直观生动地让学生了

解八字演变以及汉字的意义。】

二、学习八字头与八字底的写法

(1)课件出示八字头与八字底图片。同学们观察相同点与不同点。

师：请同学们看屏幕，仔细观察八字头与八字底有什么相同和不同点。

学生发言后教师总结，相同点：都由两个点组成。不同点：八字头与八字底两点的开口方向不同，八字头上开下合，八字底上合下开；八字头两点，起笔左低右高，收笔左高右低，八字底两点起笔等高，收笔左低右高；作为偏旁，一个是字头，一个是字底。

(2)八字头与八字底的书写

出示图解，教师运用投影仪示范书写(或播放相应视频)，学生观察、讨论得出八字头与八字底的笔顺和笔法。

教师小结书写要领：两点先左后右，左点短，右点长。八字底：两点先左后右，左点长细，右点厚实。

学生临写八字头、八字底八字头各两个，教师巡视指导。

(3)同桌互评选出写得好的。

【设计意图：用比较法区分相同偏旁的不同写法，体会书法的变化美。】

三、学习带有八字头与八字底的字

1.比较不同的八字头与八字底

(1)请学生观察屏幕上“前、兼、共、其”四字思考八字头与八字底的写法有哪些类型。

(2)教师通过范字总结，八字头有两种写法：一种是左圆点，右撇点，如“前”。另一种左撇点、右圆点，如“兼”字。八字底也有两种写法，左点可向左下出锋，也可向右上出锋，如“共”和“其”字，右点的写法一般用圆点。

2.学习“前”

(1)观察“前”。学生观察，发言，教师小结观察方法：从结构、占位、笔画等方面观察，并板书。

(2)教师示范书写 “前”。同时讲解：字八字头上开下合，第三笔长横伸展，月里面的两短横写出变化，下部竖画挺直饱满，竖钩最长。

(3)学生练习两遍。(播放古筝音乐)教师强调写字姿势。投影展示学生练习作品，指名评价，师小结。评价时可以让学生先说优点，再说不足之处。

(4)学生改写一个。

【设计意图：一看，二范，三练、四评、五改。教师着重指导学生认真观察，培养观察习惯，只有观察到位，字才能写美观。教师总结观察方法就是让学生自己学会观察。教师

认真范写，给学生以榜样。】

四、轻松一刻：观看书法家小时候的故事

师：学到这我们来放松一下，来欣赏一段小故事吧！（课件播放视频）

看完请同学说说感受。指名回答，师小结。

师：是的，学习书法贵在坚持。下面我们继续学习。

【设计意图：学习时间过半，学生们都喜欢看动画片，放松一下，后面的学习效率高，起到事半功倍的作用。】

五、小组合作学习："共、其"

(1)课件出示自学提示，小组合作学习。自学提示：同桌两人一组，选择喜欢的一个字，按照刚才一看二范三练四评五改的学生方法自学。

请同学们推荐一名同学上台范写。

时间8分钟，请同学们合理安排时间。

(2)小组合作学习，教师相机指导。

(3)全班交流展示。对部分优秀作业进行投影展示，学生点评。教师小结："共"字上部的两横分别为短横和长横，长横伸展，八字底上合下开，饱满厚重支撑起上面部分。"其"字上部的横画间距较均衡，长短、起收笔均有变化，两竖画起笔方法不一样，左竖短，右竖长，八字底左为挑点，右为圆点，写得饱满厚重支撑起上面部分，左右两点的距离略宽于首横。

【设计意图：把时间留给学生自学，教师巡视指导，有针对性地对字体结构用笔进行重点指导，培养学生良好的自学习惯。】

六、拓展延伸：学生学写作品

(1)出示往届学生以及教师作品激发学生写作品的兴趣。

(2)出示示范作品，带有八字头与八字底的作品。（课件出示图片）

(3)学生自由写作品。教师在讲台示范写作品。

【设计意图：学生看到优秀的作品，一定也想自己写作品，但是有的同学会怕自己写不好，这时老师的示范有很好的作用，让学生感觉写作品并不是遥不可及的事情。同时，让学生明确学习目标，培养学习书法的自信心，爱上书法。】

作业布置：完成书法作品，自由练习八字头与八字底的字。

【板书设计】

第六课：八字头与八字底

结构　占位　笔画　　　　　贵在坚持

【教学反思】

本课教学过程中，学生基本掌握了八字头与八字底的写法、笔画规律。学生发言积极，兴趣浓厚，对观看故事和创作作品环节尤其喜欢。自学部分学生能按照老师的要求自主学习。不足之处：学生总结八字头与八字底不同写法时还不够完整，学生在观察字时还不够仔细，教师可以给学生充分的时间，用激励的语言鼓励学生细细观察，强调观察结构的重要性，总结的语言要更完整。教师的评价应该多样，过渡应自然。

横的写法

（三年级毛笔书法教学设计）

石婷婷

教学目标

1.引导学生发现两种横的形态特点，体会两种横的笔法要领，培养学生观察、比较的能力。

2.在写字过程中，让学生感受到书法的形态美、文化美，激发学生浓厚的写字兴趣。

3.培养学生正确的写字姿势和良好的书写好习惯。

教学重难点

重点：掌握短横、长横的书写方法。

难点：体会书法的美，激起学生对书法的热爱。

课前准备

笔、墨、纸、砚，幻灯片，视频。

教学过程

学生准备（课件出示）：轻入座，纸毡平；加好水，要细心；沿内侧，笔舔定；搁好笔，气息宁。

一、联系物象，揭示课题

（1）书法是一门艺术，汉代书法家蔡邕在他的《笔论》中这样说："为书之体须入其形，纵横有可象者。"意思是说，书法中的笔画、单字甚至成篇的作品往往与自然万象有相似或相通的地方。所以，书法才有了源于自然而又超越自然的美妙境界。下面，我列举几种事物，看看大家会想到哪些笔画——

（2）（课件出示图片）。

悬挂着的绣花针（竖）。

高空坠落的石头（点）。

斩断的犀牛角(提)。

长长的象牙(撇)。

弯弯的大刀(捺)。

(3)(课件出示图片)这是一根压弯的扁担,你们看,它像哪个笔画呢?(长横)今天,老师就和大家一起来研究毛笔字的基本笔画——横的写法。(板书课题)

二、观察比较,把握形态

(1)(课件出示短横和长横)大家仔细观察这两幅图,左边的短横和右边的长横有哪些相似之处,又有哪些不同之处呢?

(2)通过刚才的讨论,我们认识了两种横画的形态特点。

短横:①起笔轻收笔重;②向右上方倾斜。

长横:①两头粗中间细;②向右上方倾斜。

三、探究方法,领悟写法

(1)同学们,你们想写得和例字一样美吗?"临渊羡鱼,不如退而结网",下面我们就从运笔的角度来探究怎样才能把这两种横画写美。

(2)横画的起笔、行笔、收笔的书写要领都藏在这个口诀里,谁愿意来读给大家听?(课件出示)

短横的写法:露锋尖起,渐行渐按,尽处提笔向右下方顿笔,向左上方回锋收笔。

长横的写法:提笔向右下方轻顿笔,转锋向右中锋行笔,至尽处提笔向右下方顿笔,向左上方回锋收笔。

(3)在整个横画的书写过程中,我们还要将起笔、行笔、收笔连贯起来,这样才会流畅美观。现在请大家观看书写视频,更直观地领悟两种横画的写法。(播放书写视频)

四、练评结合,学会书写

1.练一练,运用笔法要领。

(1)范书:教师运用上述要领,范写两种横画。师边范书,边说口诀内容。

(2)书空:晋朝书法家王羲之强调——意在笔先,字居心后,书写时才能做到胸有成竹。请大家伸出手来,跟老师一起书空。

(3)强调写字姿势:轻轻地拿出你们的笔和纸,不要着急书写,写字姿势很重要,你们看——像这位同学一样(课件出示书写坐姿图),头正、身直、臂开、足安。大家的姿势都很端正,长期这样练习会把字练漂亮,也会把人练精神。现在把两种横画各写两遍。

(4)书写过程中老师提醒书写要领,指导坐姿、书写姿势。

2.评一评,强化笔法要领。

(1)提醒搁好笔,请大家看看这个字,评评写得怎样?

(2)同学们会观察,评得也很到位。不过,“书画之妙,当以神会”,让我们再次拿起笔来写两遍,相信大家这次会写得更出色。师巡视指导。

五、书写实践,巩固练习

(1)再次练习后,大家的横画都有进步。其实,在不同书法家的作品中“横”画的形态不尽相同(出示作品图片),这是唐代书法家褚遂良的作品,他的横画富有弹性,在中间向上微微鼓起,形成弧度;这是大书法家柳公权的作品,他的横画大多方起圆收,骨力劲健,起止清楚;这是宋代书法家赵佶的作品,他的横画瘦挺爽利……即使在同一个书法家的作品中,“横”根据需要也会做出一些调整,以达到协调一致的整体效果。那么,在“上”这个字中,横是怎样调整的?

(2)同学们目光敏锐,读出的内容真不少,眼到重要,手到也重要,大家可以把我们刚才观察的“上”练写三遍,也可以从“三、工、士”这三个字中选择一个练习三遍,写之前记得先观察。

(3)巡视,拿红粗笔圈画出好字。

(4)哪些同学得到了红圈圈?请高高地举起你们的作品,让大家欣赏欣赏。

六、总结全课,激发志趣

(1)通过今天的学习,大家已经把两种横画的写法掌握了,现在你们心里肯定美滋滋的。我们学校第二套书法操也把书法的要领融入进了歌词,我们一起来唱一唱吧!(出示书法操歌词)

(2)练习书写是一个漫长的过程,也是一个快乐的过程,因为每一个阶段都会有不同的收获,习字无止境,让我们牢记“书品即人品、写字学做人”,去“写好人生每一笔”,把我们祖国的书法传统艺术发扬光大。

课后整理(课件出示):不出声,不扰人;笔入盒,砚规整;帖收齐,毡叠顺;桌擦净,物放稳。

【教学反思】

我国的书法被誉为“无言的诗、无形的舞、无图的画、无声的乐”,书法的博大精深还需要我们花更多的时间和精力去探究。这节书法课我带领学生认识和学习书法的基本笔画——短横和长横,面对的主要是刚刚接触毛笔书法的三年级学生,这节课主要存在以下几个问题。

(1)部分学生写字姿势积习难改。有些学生刚提起笔时,在老师的叮嘱下,坐姿、执笔都是规范的，但过一会儿毛病都出来了，有的把毛笔当硬笔来执，有的趴在桌子上写……要纠正这些不良习惯，还需要在平时多多纠正错误姿势，让学生“习惯成自然”。

(2)有的学生没有临帖前读帖的习惯。大部分学生对书法兴趣浓厚，但是耐心不够，不少同学拿起笔就开始写，缺少了观察的过程，对例字的笔画、结构、占位一知半解就开始练写，这样写出来的效果往往事倍功半，长此以往，学生就会丧失对书法的兴趣。因此，要想学好书法，就要先养成细心观察的习惯。

(3)审美情趣还未形成。三年级的学生才开始接触毛笔书法，很多学生还不会欣赏书法之美妙，主要是因为他们接触的优秀书法作品太少，我们可以利用课余时间，引导学生收集自己喜欢的书法家的作品，或是多留意学校张贴的优秀作品，在书法文化的熏陶中，逐渐形成自己的审美情趣。

总之，规范、整洁、美观地书写汉字，是学生终身学习能力的基础，课堂上的书法教学还是比较浅显的，课后的不断练习才是更重要的，我还需要和学生一起进步。

第三节　教学论文

学生良好书写习惯的培养

田学聪

写字习惯是一项重要的语文素养。如何培养学生良好的书写习惯？要求教师要重视书法习惯培养，营造浓厚书法氛围，激发学生写字兴趣。

一、重视书写习惯培养

教师在教学中要高度重视书写习惯培养。良好的书写习惯对今后学习书法极为重要。教师在上书法课时，要把习惯培养放在首位，教学前、教学中、教学后都要始终强调习惯。比如，书写前，要提醒学生做到“头正、身直、臂开、足安”，长期坚持，学生良好的习惯会慢慢养成。

二、强调书写姿势养成

小学生处于身体发育关键期，正确的书写姿势既有利于学生健康成长，也有利于学生的书写更加规范。教师应反复强调书写姿势，从而让学生逐渐养成良好的写字习惯。

讲解正确执笔姿势。硬笔的执笔姿势应做到：写字时笔杆放在拇指、食指和中指的三个指梢之间，食指在前，拇指在左后，中指在右下，食指应低于拇指，大拇指和食指自然弯曲，手指尖距笔尖约 3 厘米；中指的第一关节从后面抵住笔杆，笔杆斜靠在虎口处；无名指和小指一齐弯曲，依次靠在中指的后面，指关节略弯曲。

儿歌强化习惯形成。《新课程标准》指出，写字教学要重视学生写字姿势的指导。让学生在书写前背诵儿歌，强调“三个一”：手离笔尖一寸；眼离书本一尺；身离桌子一拳。

三、营造书写氛围

积极营造书写氛围，在良好的氛围中培养习惯。比如：开展优秀作品展示；鼓励学生参与学校书法大赛，激发书法学习兴趣；班级内部推选出小小书法家，提升学生参与积极性；通过班级内的展示墙的作业展示，提高学生书法学习的参与度。

四、细心观察汉字

汉字是一种形体优美的文字，在书写时要讲究结构、笔势、神韵。这就要求学生在书写时要静心观察，细心分析，用心书写。沉下心来观察汉字一笔一画；细致分析汉字在田字格中的占位比例；用心专心把前面观察的字形重新展现在作品纸上。

总之，培养学生良好的书写习惯任重而道远，教师应保持高度的热情，并付出巨大的精力，在长期的教学过程中，将“良好书写习惯”培养进行到底，方能让每个学生写出一手规范、漂亮的汉字。

低年级双姿的培养

余　杨

正确的双姿不仅能保证书写自如，提高书写水平，还能防止儿童脊椎弯曲和近视等多种疾病。低年级是学习写字的起步阶段，双姿是写字最基本的知识，是写好字的要求，是学生形成良好书写习惯的关键期，是实施素质教育过程中不可忽视的一项重要内容。因此，低年级的“双姿”培养显得极为重要。

一、对双姿的理解

“双姿”指的是坐姿和握笔姿势。

正确的坐姿是上身坐端正，两肩齐平；头正，稍向前倾；背挺直，胸挺起，胸口离桌沿一拳左右；两脚放平与肩同宽；左右两臂平放在桌面上，左手按纸，右手执笔；眼睛与纸面的距离应保持在一尺左右。

正确的执笔方法应采用三指执笔法。具体要求是：右手执笔，拇指、食指分别从两个方向捏住离笔尖3厘米左右的笔杆下端，食指稍前，大拇指稍后，中指在内侧抵住笔杆，无名指和小指依次向手心自然弯曲，并放在中指下方。笔杆上端斜靠在虎口接近食指最高骨处。五指自然有力，掌心要空，即“指实掌虚”，这样书写起来才能灵活运笔。

二、加强双姿训练

课堂是书法教学的主要阵地，我们应该在书法教学中指导学生养成良好的书写习惯。我们学校下午有20分钟的写字课，在写字课上我经常督促孩子端正坐姿，还十分强调对握笔姿势的训练，引导学生努力改正不良习惯，以期达到“心安字正”的效果。学生养成了良好书写习惯后，他们的字都会有所进步。我们要求学生在写字前做到静心，书写时做到意到笔随。学生在一点、一横、一撇、一捺的练习中将字书写工整、将严谨认真、精益求精的意识内化；将宁静致远的心理素质内化；将博大精深、包罗万象的书法文化内化。因此，在平时的教学中，我总结了一些双姿培养的方法。

（一）直观引导

兴趣是最好的老师，孩子能主动地去规范双姿，那往往会有意想不到的效果。低年级孩子的思维往往倾向于事物的具体形象，怎样才能达到让他们牢记于心的效果呢？首先要让他们在视觉上有所触动，接着我们可以播放关于正确坐姿的动画视频、展现著名书法家写字时的图片，让孩子们直观地感受，同时老师在孩子们看的过程中详细讲清双姿的要领，这时候模仿性较强的孩子会边看边学习动作，这样孩子们双姿的训练在无形中也就水到渠成了。除了正面的引导，也可以给孩子们普及不正确的坐姿会带来哪些危害，如驼背、近视等让孩子们从心理上加以重视。

（二）榜样效应

低年级的双姿应该成为老师表扬的重点。俗话说：“蓬生麻中，不扶自直”，同伴的影响力往往能发挥巨大的作用。在平时上课时，老师要细心观察本班的学生，找出在课堂学习中坐姿端正，进步明显的同学，然后以他们为例在课堂上有意无意地说：“某某同学的姿势真端正”“谁的握笔姿势最标准”“那一位同学坐得真好”……表扬完了以后并向学生讲解端正坐姿的重要性，引导其他同学向他们学习。被表扬的同学会坐得更直，学习成效也会步步提升。这不仅为学生树立了榜样，其实也是在提醒学生你的姿势不端正，要保持正确的姿势。很多同学听到了老师表扬的话，立马就开始有所行动，挺直腰板坐端正。这就是榜样的力量。

（三）持之以恒地纠正和训练

目前大多数孩子都存在不良的写字姿势，像写字时歪头斜肩、弯腰、本子斜放、执笔大多过紧……这些不良的写字习惯写出的字笔画呆板、无力，字体歪料、潦草，字迹模糊，严重影响了书写的效果，也影响了孩子们的学习、以后的生活和工作。因此，矫正孩子不良的“双姿”刻不容缓！

教育是潜移默化的过程，如春雨润物，时间长了，总会有所收获。每天写字前先把双姿的相关内容强调一下，教师可对低年级的学生采取一些行为训练，首先教师重复双姿的要求，学生根据教师的要求开始练习，老师对学生坐的情况进行指导，对于坐得好的提出表扬。低年级学生坐的时间不宜太长，坐 3 分钟后，放松休息一下，可以趴在桌面上，但要安静。接着与同桌互相谈谈正确坐姿的要求，当老师喊出一、二、三，学生回答我坐端的同时快速坐端正。让孩子们形成正确的认识，坐 5 分钟后，再次放松休息。进行重复训练，逐次加长坐的时间。练习一段时间后，大多数孩子们都能掌握基本的双姿要求，部分孩子已经开始疲倦了，这时教师可以选几名同学上台演示，此时孩子们的积极性被调动起来了，都想上台表演给大家看，做得好的学生奖励他一朵小红花，孩子更愿意去坐端正。研究表明同一个动作重复 21 天就会变成习惯性动作，标准的双姿只需坚持 21 天，习惯养成从现在开始。

综上所述，学生良好的坐姿和握笔姿势的培养十分必要，既要教师对每一个孩子进行持之以恒，耐心、细致地引导和训练，帮助他们逐渐形成正确的写字姿势和执笔方法，同时也需要各位家长的密切配合，家校共育，引导孩子从小练好双姿。

双姿的培养

周　莹

一、培养双姿问题的提出

结合教育实践，谈谈我们孩子双姿的现状，在平时的学习生活中，我们常会看到这样的现象，许多同学都不注意写字姿势的培养：有的全身伏在桌面上写字，有的歪着脖子侧身写字，有的执笔不规范，还有的写字姿势和执笔方法不正确，书写不端正、不规范，过分依赖橡皮，字迹潦草，作业本不整洁，涂涂改改等。《语文课程标准》提出："养成正确的写字姿势和良好的写字习惯，能正确、熟练地书写正楷字，做到规范、端正、整洁。"因此，写字是语文教学的基础，是普及性的常规教育。

教育方式不是教训，而是利用教育智慧从小培养孩子的良好书写习惯。习惯一旦养成之后，便能更好促进书写水平提升。

二、培养双姿的要求

正确的坐姿。正确的坐姿是上身坐正，两肩齐平；头正，稍向前倾；背直，胸挺起，胸口离桌沿一拳左右；两脚平放在地上与肩同宽；左右两臂平放在桌面上，左手按纸，右手执笔。眼睛与纸面的距离应保持在一尺左右。

正确的执笔方法，应采用三指执笔法。具体要求是：右手执笔，拇指、食指分别从两个方向捏住离笔尖3厘米左右的笔杆下端，食指稍前，大拇指稍后，中指在内侧抵住笔杆，无名指和小指依次向手心自然弯曲，并放在中指下方。笔杆上端斜靠在虎口接近食指最高骨处，笔杆和纸面呈50°左右。五指自然有力，掌心要空，即"指实掌虚"，这样书写起来才能灵活运笔。

三、培养双姿的策略

（一）榜样示范，尽量让孩子主动地规范双姿

1.教师榜样示范。教师的职业道德素养之一就是：严于律己，为人师表。教师具有示范性的特点，教师的表率作用对学生有着特殊的影响。"其身正，不令而行，其身不正，虽令不从。"教师以身作则，对于学生来说就是无声的引导。

2.名家榜样示范。在平时的教学中要经常给他们讲解我国历代书法名家勤学苦练的故事，展现书法家写字的双姿图片，并讲清要领，模仿性较强的孩子边看边练了双姿，双姿的训练也就水到渠成了。

除了正面的榜样，负面的故事对孩子的影响也颇大。如告诉学生南朝、隋朝书法家智永为了练字，四十年不下楼，但因没注意姿势，结果背也驼了，这就是不注意写字姿势的最好例证。

3.同伴榜样示范。俗话说："蓬生麻中，不扶自直"。同伴的影响能发挥巨大的作用，要经常以周围的榜样来影响学生，如观看高年级同学的双姿，寻找差距，体验双姿的重要性，另外利用同班同学的榜样影响效应，使孩子能更直接地模仿，以形成良好的写字姿势。

当然，也可以进行自我检视。结合教学给孩子的坐姿和握笔姿势进行拍照展示给大家看，孩子在自我的图片观看中，分析现象、寻找问题，最终形成正确的双姿。

（二）规范要求，强化训练

无论是哪一门学科，我们教育者作为传授者，都要强调"兴趣"这个词汇，上一点我也说过，因为我们知道，让孩子主动地学习，往往会事半功倍。但是，写字又和许多学科一样，也有自己的枯燥和单调之处，特别是在双姿上，需要我们持之以恒地规范，需要我们不间断地设计训练，从而达到效果。

我们将从课堂、课余和家庭三个维度强化双姿训练。

课堂由我们老师自己掌握。课余，我们可以调动一切可以调动的力量，其他科任老师，同学之间，相互纠正，相互监督，这样会起到比较好的效果。另外，家庭是很重要的一个方面，我们可以和家长进行沟通，告诉他们近视率，告诉他们近视的成因，告诉他们写好字的秘诀，适当地"吓"一下他们，让他们知道双姿的重要性和必要性。

唐代书法家柳公权说过："心正则笔正，笔正乃可法矣。"让我们在写字教学的实践中去认真学习，深刻理解这一名言的丰富内涵，对每一个孩子进行持之以恒，耐心、细致地引导和训练，帮助他们形成正确的写字姿势和执笔方法，从而打好写字的基础，还给他们一个健康的肌体和一双聪慧的眼睛！

小学语文低段识字教学策略

王永霞

一、开展多种有趣的识字游戏，引发学生识字的兴趣

《语文课程标准》中强调低年级要注重"培养学生主动识字的愿望"。学生对于符合自己需要并能满足其需要的事物、活动抱有积极肯定的情感。爱玩是孩子的天性，只要是游戏，孩子们就会喜欢。让学生在玩中认识汉字，边活动边识字，符合儿童的天性。

1.传统的"开火车"游戏法和"欢乐对对碰"游戏法，都能提高学生的识字乐趣，增强学习的趣味性，提高学生的学习积极性，从而使学生在一种轻轻愉快的氛围中学习汉字，提高识字的效率。

2.学生对字谜非常感兴趣，恰到好处地运用字谜帮助学生识字，也是行之有效的好方法。学生在猜字谜、编字谜的过程中，既识记了字音、字形，又理解了字义，锻炼了思维能力、语言组织能力和表达能力。如"懂"字的字谜是"重心靠边戴草帽"，"改"字的字谜是"已见反文尾巴小"。

3.看字词做动作，帮助学生记忆理解字词。在教到一些动词时，我就让小朋友们看着字卡自己创编动作。例如，讲到"飞"时，我就引导他们："小朋友，谁会做做飞的动作？"这可难不倒他们，纷纷站起来，做着各种动作。于是我便叫上一个学生，请他做飞的动作，然后请在座的学生猜猜，他做的是谁飞行的动作，猜对了我就请他们边看着黑板上的字，边做动作边说："我学小鸟飞飞飞，我学飞机飞飞飞。"这样，课堂气氛立即就活跃了。

4.编顺口溜的方法识字。例如，教学"于"字时，我先让学生想想与"于"字相近的字，小朋友们一下子就想到了"干"，接着我把"干"写在黑板上，然后引导小朋友找出"于"和"干"的区别，编出顺口溜："干字带钩于于于。"长此以往，小朋友们编出了许多顺口溜，如"半个月亮就是胖"(胖)、"两人并排土上坐"(坐)、"人才进门就是闭"(闭)。利用编顺口溜识字的教学方法，不仅增强了学生学习的兴趣，而且收到了很好的教学效果。

二、鼓励学生留心生活，联系实际生活识字

语文的识字教学，不是教师包办代替，它是同我们的日常生活紧密联系的。为此，要

让学生多识字,快识字就显得尤为重要。生活在信息社会的学生,随时随地都在和文字打交道。教师要构建生活大课堂的新课程观,努力拓展教学空间。提高学生识字能力,必要时请家长配合采取各种形式鼓励学生在生活中主动识字。

1.鼓励学生多看书。儿童普遍喜欢看故事、童话书、寓言书等。老师就根据儿童的心理愿望,每周开展一节“我会读”展示性课外阅读课,鼓励学生多识字、早阅读。

2.在看电视、电影中识字。学生喜欢看动画片,如“西游记”“猫和老鼠”“大风车”等。老师就要求家长看电视时有意引导学生认屏幕上的字。这样,学生不仅从中获得了大量信息,还认识了不少字。

3.在逛街、购物、旅游中识字。利用家长们带孩子上街、旅游的机会识字。例如在游动物园时认识各种动物的名称;在候车时认站牌;在逛街时认商店、酒店、大厦的名字……

4.在动手操作中识字。①学校举行的各种活动,让学生在活动后进行“小制作”“画画”,然后贴上标签,标出自己所喜欢的事物名称,或在作品上写一两句话,学生不仅积极性提高,而且认识了不少字。②节日期间,让学生写一句祝福语,或让学生在别人生日的时候制作生日卡片,不会的字可以问家长、老师,学生边问边写,易学易记。

三、借助媒体,引导学生在无意注意中识字

根据学生的注意规律——无意注意占优势,有意注意正在发展和做事没耐性等特点,调动学生的无意注意。

1.借助色彩,增强学生的无意识字能力。课堂上,运用不同颜色的粉笔,突出汉字的不同点,通过鲜明的对比唤起学生的注意力。如教学汉字“踩”“睬”时,将两个偏旁“足、目”用不同颜色的粉笔书写,以便强化学生对“踩、睬”的记忆。

2.借助动作、实验演示。如识记“灭”字时,先用火柴点燃一个纸团,然后用一小铁板向下一压,火就灭了,学生兴趣盎然,不仅记住了生字的字形,而且了解了字义。

四、在校园文化的熏陶中扩大识字量

校园是学生学习生活的地方,校园文化对学生起着熏陶作用。所以,在教学中要充分利用校园文化资源,注重引导学生自主识字。

1.认识同班学生姓名,提高识字量。为了让学生互相认识,知道姓名,快速有效地识字。开学初,先让学生自我介绍,并将其学生姓名卡投影到屏幕上,使学生形象直观地认识了同学的姓名。同时为了解决一年级学生识字时学得快、忘得也快的难题,印发了全班同学的座位表,让家长辅导孩子尽快熟悉全班同学的名字,并且还让每个学生制作了一张精美的名字卡片粘贴在课桌左上方,便于学生随时认读,常让学生在发作业本的过

程中认识同学的名字。除此之外，动员学生利用课余时间与同学交流，在互动中巩固识字，提高口语交际能力，增进友情。这样一来，学生在很短的时间里认识了全班同学的名字，识字量大增。

2. 认识校园里的告示牌、教室的牌匾，提高识字量。如开学初，我利用班队课，带领学生一边参观校园一边认字，还利用升旗、集合、课外活动等引导学生认识了“书品即人品”“写好人生每一笔”“行止有范，曲直有度”等标语或校训。这样，引导学生把熟悉校园环境与自主识字有机地融为一体。浓郁的爱校情与主动识字的强烈求知欲相互渗透，学生识字的内驱力大增。

3. 欣赏教室的环境美化，提高识字量。教室是学生学习的主要场所，教师对教室也进行了美化。如粘贴班训、名人名言等。教师就可以引导学生认识班训、名人名言、课表及每期黑板报上的字等，并经常开展识字比赛的课间游戏，不断激发学生的识字兴趣。

总而言之，在低年级教师主要培养孩子对学习方法的掌握。学生掌握了这些方法，不但可以提高学生识字能力，还能让学习汉字成为一种乐趣。

浅谈独体字的识字方法

赵　君

“人生聪明识字始”，汉字的形体负载汉语的意义内容与声音形式两方面，负载的信息量大，功能齐全，比较难识认和书写。识字教学是低年级语文教学的重点和难点。在整个小学阶段独体字约占 350 个，小学低年级是识字初始阶段，是学生大量接触独体字的阶段，因独体字的笔画形状及笔画组合，往往是因字而异，学习时只能一个一个记，不能类推。它不仅是独立的汉字，也是构成合体字的基本部件，在合体字中起表音或表义作用，是学习合体字的基础。

新课标语文实验教材也遵循“先独体后合体”的顺序编排教学内容。因此，在教学时，我们要遵循汉字的内在规律，追本溯源，突破独体字识认这一重点和难点，扎扎实实地进行基本功训练，提高教学效率。

一、看图识字法

在小学低年段所学生字中，大多数都是象形字。我们可以用象形法引导学生理解独体字，激发学生的学习热情，从而进行有效识记。

如在教学生字“羊”“门”“无”和“民”等字时便可以用此方法。上课前我把每个字的象形字写在黑板上，让学生把生字卡片贴在相应的象形字后面。并让学生简单说说理由，学生说“羊”就像一个羊头，“门”就像两扇门。“无”和“民”比较难一点，老师可以示范性地说一说。“无”像一个人伸开双臂，手拿两根飘带在跳舞，“无”和“舞”读音也差不多。“民”，古时候有个人犯了很大很大的错误，被惩罚用一根细细的针刺瞎了眼睛，他就成了一个残疾人，这样的人就叫作民。当然，现在不是这样了，现在就是指普通老百姓。通过这样的解释，小朋友对这几个字的字形记忆就比较深刻，能更好地识记生字。

二、利用基本字记忆字形法

在小学第一册教本中，多数先学独体字，教师可将这些独体字都以图文结合的方式向学生进行传输，学生掌握独体字较为轻松，进入第二学期后，学生已经掌握了一定量的独体字，把这些简单易记的独体字当作基本字，利用基本字加一加、减一减或合起来的方法帮助学生记忆字形。例如，“口”加一笔是“日”，再加一笔可以是“目”。“目”减一笔是“日”，“大”加一笔可以变成“天”“太”，“天”减一笔是“大”，这样既能帮助学生记忆新字，又让学生区分这些形近字。

三、趣味创编识字法

在语文课上不仅要体现老师的智慧，也要有学生的精彩。师生合作可以把生字编写成一个个有趣的字谜，有益于记忆字形字义，学生在猜字谜的过程中能识记生字，印象非常深刻，有一种成功的喜悦。创作字谜可以根据字形结构的特点创作，比如学习“头”字时，可以根据字形直观、形象地编字谜“一点一点大”，这样学生在愉悦的气氛中学会新字“头”，并能很快进行记忆。创编儿歌也可以根据字形特点展开联想，如在教学“月”字时，利用书写方法传遍儿歌：“竖撇直直长又长，横短折长钩儿小，两横靠左不靠右，空白匀称个子长。”

通过猜字谜创编儿歌等活动使枯燥乏味的识字教学变得易于为学生接受，达到突破重难点的目的，减轻学生记忆的强度，提高了学习效率。

四、联系生活实际识字法

生活是我们最好的老师，对于一年级孩子的识字也不例外。课堂上教学“东西南北”四个表示方位的字时，让学生想想在哪里见过这些字，孩子们很快就会想到路牌、交通指示牌。如“书”，可以联系生活，认一认数学书、音乐书等，再回忆书店、家、图书馆等地方见过的书。如“本”，可以出示各种本子，引导学生读词看图喊出它们的名字。“金”通过观察书上的沙滩、太阳、谷穗，根据图片，学生观看过的感受帮助学生记忆。

识记独体字的方法还有很多，“教学有法，教无定法”，我们应该根据孩子们的实际情况，开动脑筋，创造出最适合他们的教学方法，不断地探索，不断地尝试。另外，我们还应该不断地用知识来扩充自己，多吸取别人优秀的经验，从众多的方法中找到适合、有效的方法，化为己用。总之，努力让孩子们从识字学习中品尝到快乐、体会到成就感，在生活中能够自主地识字，变被动学为主动学，成为学习的主人。

浅谈小学一年级识字教学方法

向晶肆

识字教学是语文其他板块学习的基础，新课标在识字方面，实行“认写分开”，提出“认识、学会”两种要求，在第一学段明确提出“多认少写”。小学一年级语文学习要求以识字为主，低学段的学生思维还停留在形象思维阶段，需要教师运用图文结合等多种有效识字方法引导学生学习祖国的语言文字，有效提高识字效率，打好基础。虽然部编版教材识字部分编排特点鲜明，但是由于识字量和以往相比大量增加，在实际教学中仍然存在很多问题。如果一年级学生识字量不足，将严重制约读写能力的发展，所以在教学中努力探究更有效的识字教学方法，引导学生学会自主学习是一个值得我们思考的问题。

一、识字教学的重要性

中国的汉字形成具有悠久的历史，在汉字的字形结构和发音上也有许多值得深思的规律，同时在教学上也存在一定难度。语文学科是其他学科学习的基础，识字则是语文学科教学的基础。集中识字也是正式教学的起始阶段，这一阶段需要教师引导学生培养良好的学习习惯，在教学实践中采用多种方法，激发学生的识字潜力，让识字课堂变得有趣。打好识字的基础才能帮助学生更快地理解课本内容，梳理考试问题的含义。

二、识字教学存在的问题

（一）学生学习效率不高

一年级的学生因为思维发展水平不高，对于教师上课所教授的内容理解比较单一，对一些生活中不太常见的汉字难以理解记忆。如果学生处于被动消极的识字状态识字效率将会降低，而且学生的思维能力在一定程度上也受到了约束。

（二）教师指导中存在的问题

因为小学低年级学段的学生思维比较跳脱，注意力很容易被其他因素影响，从而导致教学效率降低。因此小学阶段的教师更要采用多种教学方法，而不是单一性地运用讲授法和问答法。

三、识字教学的有效方法

(一)采用多样化识字方法引导识字

小学低年级的语文教师需要掌握多种识字方法,这样才能够通过灵活运用识字方法来引起学生的注意,激发学生的学习动机,提高学生的语文素养,丰富学生的知识。例如创设情境,帮助学生了解汉字的构成,通过联想记忆来强化。

比如在《四季》这一课教学生认识"尖"这个字的时候,在黑板上画一些小草,通过"上小下大"小草尖尖的图画加深学生对汉字的理解与记忆,掌握字形分析的能力。

在教学"哭"字时可以让学生自己画一个哭泣的小朋友,写字时就会联想到"哭"中的一点代表小朋友在流泪。

同时拆分偏旁和部件,比较辨析也是常用且实用的识字方法,例如在教学"饱"字时,通过介绍足字旁,三点水,火字旁,衣字旁等多种偏旁和"包"字组合的不同含义让学生加深对偏旁含义的理解。让学生理解可以根据偏旁猜出字的含义,比如含有"三点水"的字与水有关,带有草字头的字多跟植物有关。通过联想和猜测的方式识字,激发学生对识字的兴趣。

(二)识字与生活实际相结合

学生在生活中经常会遇到识字的素材,例如班级的标牌,街上的广告和宣传栏,各种场所的标牌,都是可以利用的识字资源。

语文新课改的要求之一就是要让学生在小学阶段扩大识字量。通过让生活与学习相结合,打破学校与生活之间的壁垒,学生就能够在生活中扩大词汇量。除此之外,学生还可以通过阅读课外书籍,观看电视节目等进行。教师也应赞赏学生的识字方法和识字成果,这样,受到表扬的学生会更加努力地认识字。

(三)利用游戏提高识字效率

多媒体课件可以为学生带来生动的学习形式,更能吸引学生的兴趣。教师在课堂中可以合理运用多媒体,通过视频、图片、音乐等形式给学生提供一个较为直观的认知体验。

例如可以运用希沃白板等软件制作"生字苹果树",让学生按照要求读写汉字并摘下苹果。同时可以灵活运用教学课件提高学生的识字水平,激发学生对于认识新字的兴趣,提高课堂效率。通过手、眼、脑三重感官来深化学生的印象。在识字教学后,也可以运用多媒体游戏竞赛的形式加深学生的巩固。运用趣味教学活动让学生享受识字的过程。

具备识字能力是学习语文的基础,同时也是学习其他学科的关键,一年级是学生培养良好的学习习惯，打好基础的关键时期。教师应当在课堂和教学过程中不断探索，完善学习方法，奠定终身学习的坚实基础，提高一年级语文教学质量，帮助学生增加识字量，养成良好的书写习惯。

我的毛笔书法教学四部曲

龚　雪

书法教学是继承我国的传统文化，弘扬我中华民族文明的体现，写好汉字不仅具有展示、欣赏和收存价值，还具有极强的艺术感染力。《国家中长期教育改革和发展规划纲要(2010—2020年)》特别指出要培养学生的“学习兴趣”和“审美情趣”，“促进学生生动活泼学习、健康快乐成长”。我国教育学家童第周也曾说过：“天才就是强烈的兴趣和顽强的入迷。”

从三年级开始，我在教导学生毛笔书法学习方面做到了以下4点。

一、利用名人事迹，激发学生兴趣

对于三年级学生来说，毛笔字是陌生的、遥不可及的领域。由于平时家庭生活中接触得不多，学生缺少对于书法的认识和了解。对于这些初学者而言，笔不好控制、不听使唤，写的字歪歪扭扭、不像样子，都会使他们在学习书法的初期打退堂鼓。这时，就需要老师对学生循循善诱，发挥自己的学识和才智，通过多种方式调动他们学习书法的热情，培养他们学习书法的兴趣，端正他们学习书法的态度，从而引导学生走上学习书法的艺术之路，从书法中汲取丰富的营养。

在三年级上学期时，我经常给他们播放我国古代书法名家学习书法的小故事，如王羲之潜心苦学、以墨当饭的故事，如欧阳询的儿子欧阳通学书买父字的故事，又如柳公权发奋练字的故事等。鉴于我校学习的是西泠印社出版社的颜楷，我重点为学生讲述了颜真卿的一些生平事迹。颜真卿，是我国楷书四大名家之一。他曾任太子太师，人称“颜鲁公”，他的社会地位高，而且还有着极高的艺术修养。颜真卿的正楷端庄雄伟、浑厚强劲、大气磅礴，具有盛唐的气象，而他的行书遒劲郁勃，这种风格也体现了唐帝国繁盛的风度。颜真卿的字与他高尚的人格契合，是书法美与人格美完美结合的典例。

书品即人品、写字学做人。我国从古到今就非常重视一个人的书品和人品。“品格不高，落笔无法。”练字的同时也是修身养性的一种途径。通过这一位位书法大家的感人事迹，既培养了学生对于学习书法的浓厚兴趣，也能使他们学习到这些大师身上的高尚品格。

二、重视书写方法，增强书写信心

教学大纲明确指出："要重视毛笔字的教学，切实加强书写指导。从描红、仿影到临帖，逐步做到写得匀称，纸面干净。要注意培养学生认真写字和爱惜写字用具的习惯。要保证写字课的正常进行，不断提高写字课的教学质量。对于爱好书法的学生要加以鼓励。"

课堂是学生学习书法的主阵地，课堂教学就显得至关重要。关于书法课教学，我校一直在使用一看二范三练四评五改这五步基本教学环节。

"一看"即为读帖，也就是观察字帖。要引导并教会学生观察例字的笔画特点、间架结构等，分析每个笔画在每个字中该怎么写才能达到最好的效果，每个笔画或者每个部件在不同的字中怎么写才能让字更加的美观。学会观察是读帖很重要的一个环节，学生只有学会了读帖，才算迈开了学写书法的第一步。"二范"是教师课堂上对于例字进行范写。教师的范写能放大一些字的特点。如在教学西泠印社出版社五年级上册第四课《人字头与登字头》时，通过我在投影下范写，学生能更直观地发现人字头写的时候撇轻捺重，而登字头一般情况下左小右大，有时右捺写成长点。同时，通过教师的边范写边强调，学生能加深重点笔画的书写记忆。"三练"指的是学生对照字帖，在大字本或毛边纸上进行生字的练写，即学生临帖。学生的练习通常可以反映出他们是否做到了充分读帖，有没有把握所写字的间架结构、运笔规律等。"四评"则为对学生的书写进行展示、点评。每个学生都有表现欲，当他们某个字写得特别好的时候，就会更想让大家都看一看。展示学生的书法，通过同学之间的点评、教师的点评，可以发现学生在书写时的闪光点，也会暴露出一些小的问题。我在进行指导学生点评时，会引导他们先说出优点，给予学生一定的肯定，再指出他的不足之处，这样学生既能知道自己哪些地方写得不错，哪些地方还需要进步。这样就为"五改"做了比较好的铺垫，学生在进行二次练习的时候，就会重点去改正他们之前犯的错误。

学生的写字质量光靠每周一节的课堂教学是无法提高的。这就要求教师一定要把书法练习落实到每一天。我校每天下午有 20 分钟的书法短课，是专门用来练习书法的。刚接触书法时，学写的字相对简单、笔画相对较少，我会要求学生每天中午写一张大字纸。五年级之后，随着字的难度加大，有些同学 20 分钟写不完，就会出现应付的现象。为了让学生继续保持着对于书法的热情，我将一张减少到了半张，这样学生写每个字的时候都有充足的时间。练字贵精不贵多。

三、培养班级书法明星，营造书法氛围

书法，光靠兴趣，光靠课堂学习，光靠教师的引导是不行的。学习氛围的创设、小榜

样的树立也很重要。

在二年级下学期的时候，我提前对我们班硬笔不错的一位同学进行了培训，先教会了他正确的握笔姿势，并手把手地教他写基本笔画“横”。对于年仅八岁的他而言，横画并不好写。但是这个孩子是一个做事认真、严格要求的人，虽然我只教了他这一个笔画，但是他足足练了一两个月，觉得自己练得有模有样了，才把他的练习纸交给我看。就这样，这个孩子提前进入了书法的学习。就在他这日复一日的练习中，他也渐渐爱上了书法。等到三年级学校开设了每周一节的毛笔课之后，相比其他孩子，他写出的基本笔画或者字更为美观。不论是书法老师还是年级组的其他老师，看到他的字都会由衷地赞叹。之后短短的半年，他更是包揽了学校各项书法赛事的奖项。他的自信心建立了起来，也越来越有信心、有热情去书写毛笔字。在他的带动下，我们班的学生掀起了一阵书法热潮。不少对书法有兴趣孩子看到他的练习成果，纷纷向他“取经”。那段时间我隔三岔五也会把书法练习布置到作业中。随着学生不断地练习，班里又涌出了几个写得较好的同学。我也会把学生写得好的练习纸投影展示或者张贴在教室。就这样，一个带动一群，一群影响全班，他们打下了还不错的书法基础。

学生的功夫日益加深，运笔日益娴熟，兴趣也就日渐提高。同时结合学校的午写课练习，兰亭书社的开展，选拔学生参加校书法比赛等，调动学生练习书法的积极性和主动性，在班级形成一种勤学苦练的好风气。久而久之，学生就对书法产生了浓厚的兴趣。

四、参加书法活动，培养书法自豪感

学生学习书法的兴趣，离不开教师平日的熏陶，甚至可以说有一部分学生会因为教师对于书法的热爱而走近书法，会因为教师一手漂亮的毛笔字而爱上书法。这就要求我们一线教师要保持着对书法的热情，要跟着学生一起进行书法练习。

2020 年上半年，疫情肆虐，学校停课。学生刚刚燃起了书法学习之火，为了防止这股小火苗熄灭，我经常会在班级 QQ 群里分享一些书法教学短视频、我自己的书法练习等，并组织学生开展了一些线上书法展示活动，如为防疫工作者书写作品，如清明节书法作品线上展等。同时，我还会组织部分书法功底好的学生统一进行线上书法学习。每次线上书法短课时间在 5～10 分钟，重点去教一到两个字如何去写，还会点评他们进步的地方并指出不足之处。不仅如此，我还鼓励学生参加了一些线上的书法比赛，取得了不错的成绩。

复课之后，每周的午写课，我都会在投影下陪学生一起书写练习。学生既能感受到教师对于书法的认真，也能看到教师是如何处理每个笔画的运笔等。长期坚持下来，学生和我自己的书写水平都得到了提高。

培养学生写字，从表面上看是教学工作的一部分，从本质上看，是一个民族文化的延续和承袭。写字教学中，教师不仅要引导学生读帖、临帖等，还要引导学生培养良好的意志品质和细心的学习态度，渗透对汉字的热爱，激发学生热爱祖国语言文字的情感，陶冶学生情操以及审美能力，教育学生在写一手漂亮字的同时，增强作为一个中国人的责任感、自豪感和正义感，牢固树立“写好人生每一笔”的信念。

陶行知先生曾说过：“我们的教育，就是要构建生活之园地、传承艺术之气息、塑造真、善、美之人格。书法这门高雅艺术抽象了天地万象之形，融入古今圣贤之理，有提高人的道德素质、文化素质、心理素质、审美素质等多重功效，还能弥补电脑打字千人一面的弊端。”作为一名从事书法教育事业的工作者来说，更应该有责任担负起传承文化和育人的重担。

浅谈书法教育对学生的美育功能

周月华

汉字和以汉字为载体的中国书法是中华民族的文化瑰宝，是人类文明的宝贵财富。汉字书写的笔画神韵深具美感，学校的书法教学是陶冶学生的情操，提高学生审美水平的重要途径。作为教育工作者，要将书法美育寓于书法教学之中，提高学生的文化素养。

一、书法教育能拓宽学生审美思路

在书法教学过程中，教师引导学生，学会运用形象思维来分析欣赏见到的每一幅书法作品，也就是让学生思考，进而提升学生的审美意识。引导学生对汉字这种平面型方块组合进行审视，其构成成分可以纵横交错，从而形成了丰富多样、特征鲜明的字形形式。在课堂上我重点从训练学生的观察力、注意力着手，引导学生理解体会汉字笔画、结构、布局的特点，体会汉字造型的奇妙，感受汉字之美。例如：在书法教学中学习“睛”字时，左边的‘目’和右边的‘青’就有着平行等距之美。通过书法的习得，使学生明白汉字的书写，不仅是对字本身的操练，还是一种艺术，是中国文化的积淀。拓展学生对汉字文化的了解，以古诗文为书写载体，将书写与古诗文相结合，使学生了解中国汉字所承载的传统文化、民族精神和艺术内涵。获得更多的审美体验，感受和理解不同书法作品和文字中表现蕴含的情感和思想，培养审美情趣，使学生获得审美能力的提升，以此培养学生的审美自觉，领悟“言外之意”“弦外之音”“象外之旨”……

二、书法教育能培养学生审美想象力

书法的美育功能是可以优化学生的审美能力。汉字具有较独特的形体美，教师可运用美学知识让学生产生联想，学生就会领悟到其所蕴含的形体美。如：修长的字形俊

俏，宽绰的字形厚达。书法佳作不同的风格有着不同的文化底蕴，不一样作者的书法作品其情感也不一样。学生要想通过书法来优化自己的审美能力，就要欣赏不同形式的书法作品，从而感悟其形态的多样性。

美育教育实现过程中学生要认真感悟汉字的结构美感，讲求笔画、部首在书写占格位置上的巧妙联合，这样才能形成汉字的形体美。如：采用多媒体课件，让学生欣赏书法名作，参观书法展览。教师分析书法的点画线条的力量与结构布局的变化，及书法神采所渗透的精神品格，从而唤起学生情感的共鸣，激发其主动“心模手仿”。

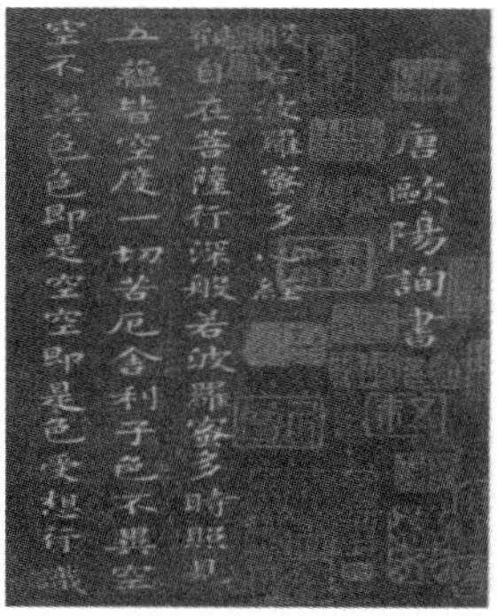

（欧阳询《般若波罗蜜多心经》）

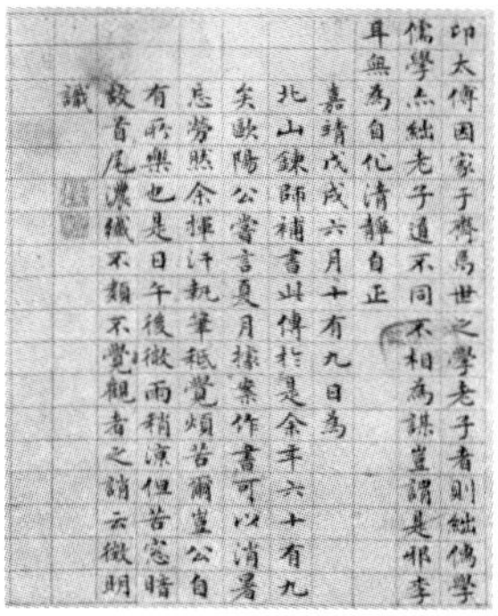

（文徵明《老子列传》）

三、书法教育能陶冶学生道德情操

在我们学校的书法教学中，教师将德育与审美紧密结合起来。如，学生在欣赏书法名作时，教师要有意识地让学生感悟颜真卿作品的堂堂正正……书法中展现着书写者的人格品质，写字过程就是滋养品格的过程，在写字训练中能矫正学生的不良风气，如：想要写成一个笔画，必须要做到笔笔到位，让学生懂得，这跟做事相同，没有善始善终是无法成功的。又如：在结构章法中，要求学生把字写美观。但关键的是整体和谐才是好作品。这就和学生个体与班集体的关系一样，个体发展要好，学生之间和谐共处才能显示出班集体的凝聚力。教师还能采用学生喜欢讲故事的方式来进行书法熏陶，如：用王羲之的“硬骨”故事激励学生练习书法，从而陶冶情怀，锤炼学生的品格。

四、书法教育能提升学生综合素养

学习书法能锻炼并提高学生的观察能力。教师在引导学生与书法圣贤的名作接触时，要锻炼的就是学生的观察能力。如果学生的观察能力没有提升，就看不出书之精妙所在。

学生在书法的学习过程能磨炼其意志品质，养成良好的行为习惯。学生学习书法时的每一次观察与临摹都是对圣贤的作品敬畏之心的再现，是对笔、墨等书法文化的认知和提高。如:学生在笔、墨清洗等环节都能促使他们养成良好的行为习惯。

艺术的生命在于创造,学习书法是对传统文化的继承与创新。在教学中,教师应鼓励学生大胆尝试,培养学生的创新意识。在我们学校主要抓好以下方面:保证每堂课让学生即兴创作的时间;定期组织学生参加书法比赛;结合学校的校园布置,让学生书写名言警句及校名美化校园,这样让学生领略书法的趣味性,进而通过自己的实践创造出属于自己的书写语言,享受成功的喜悦。

总之,书法的美育教育功能是不可估量的。书法是中国传统文化中的精髓,随着当代社会的发展其文化艺术色彩越来越浓厚,美的思想内涵也越来越深刻。教育工作者让学生接受书法教育,不仅对学生的健康成长、文化传承及身心的熏陶有着极大帮助,而且对于提升学生发现美、欣赏美的能力有着重要的功能。教育工作者只有在写字教学中利用好书法的育人功能,才能更好地促进学生美育的健康发展。

立足书法教育　渗透德育教育

范学武

书法是一种文字的书写艺术,更是一种内涵式、深层次的育人艺术。而书法教学的过程,其实就是一种"润物细无声"的德育浸润过程,长期系统的书法教育对培养中小学生良好品德、爱国主义情怀、审美情趣,潜移默化地塑造学生人格有着重要的作用。52小学作为全国闻名的书法教育示范学校,通过 20 多年的书法教育之路,培养了一批又一批具有"精气、灵气、文气、豪气"的"墨香"学子,从而巧借书法的教育功能,有效实施德育教育。

一、书法课程渗透德育

唐代大书法家柳公权说"心正则笔正。"而这一说法刚好就与学校校训"写好人生每一笔"不谋而合,将书法对一个人人格的影响诠释得淋漓尽致。在过去 20 多年的书法教育探索中,学校确立了"墨励人生"的书法办学理念,践行了"写好人生每一笔"的校训,提出了"曲直有度,行止有范"的校风,让学生从进入校园开始,就能在不知不觉中受到"墨香"的熏陶,让心灵在潜移默化中得到润泽。

如今,学校在书法课程设置上,形成了"一长五短"的书法课程体系,即每周一节 40 分钟的写字长课,每天 20 分钟写字短课;探索出了一看二范三练四评的写字教学模式,即一看:看结体,观结构,找主笔,定重心;二范:教师示范;三练:学生练习,形成了基本笔画与整字练习的交叉性、整字练习的层次性、日常练习的持久性;四评:评价字的优劣,具体分为自评、互评、师评。在这个过程中,学生通过日复一日的练习,反复地摹写,将字的结构内化于心，久而久之就增强了学生对形体的把握能力和对事物的联想能力，净化其心灵，将书法教育与人格教育巧妙融合。

而在书法教学的过程中，教师通过向学生讲解“间架结构合理”的原则时，将团结协作教育贯穿其中；在讲解穿插避让时，将团队精神的教育贯穿其中，而这些又是对学生德育的渗透，达到了独特的育人效果。众所周知，书法的练习并非一朝一夕，而需要学生对同一笔画进行反复书写，持之以恒，不厌其烦。学生在反复的练习中明白：坚持就是胜利，从而进一步领悟学习也要有静心、细心、专心和恒心的道理。实践证明不少顽皮的学生通过书法练习后，性格变温和了，动作变含蓄了，修养提升了，学习成绩提高了，而这就是书法育人的神秘效果。在这个过程中学生练习书法也由最初的被动转为主动，由不自觉转为自觉，良好的意志品质也会随之悄然形成，像春风润泽下的百草，散发出盎然生机。

二、书法文化渗透德育

走进学校书法文化长廊，可以清楚地看到书法的演变过程。它是由篆、金文、隶、楷、行、草逐渐发展而来，而演变的本质就是中华民族文化的象征，所以从某种意义上说，中国书法就是一部中华民族文化的演变史，因此学校在校园文化建设上，就以“书法”为主线，构建了具有鲜明书法特色的校园文化，让“墨香”文化充盈校园的每一个角落。

一是校名文化。走进校门，映入眼帘的是学生书写的“十堰市东风 52 小学”校名，这一开放的姿态无疑告诉所有人，这是一所以生文本，书香飘逸的学校；同时还培养了学生主人翁的态度，爱校爱家的习惯，将鼓励学生更好地传承 52 小学书法特色文化。

二是地上的石刻文化。石刻“静、灵、文、豪”彰显了学校的育人目标：培养具有“静气、灵气、文气、豪气”的“墨香”少年；“尚书广场”镌刻的历届毕业生“书”字，凸显了“墨”与人的结合；巨大的伏龙石岿然躺卧于校门口，上书“墨香”二字，告诉进校的人们，这里是一所书香飘逸的学校。

三是建筑文化。从三栋楼书道楼、书品楼、书香楼的楼名到书香楼侧面的写字教育理念“书品即人品、写字学做人”，无不体现学校“墨香”文化的浓厚；在学校 36 个班级的教室都有自己独特的名字，如“王羲之班”“柳公权班”“欧阳修班”等，班级名的独特，让学生清楚地了解到风格分明的书法家，增强了学生的书法兴趣。

四是班室文化。在学校的各个教室、专用教室、办公室都散发着浓浓的墨香气息。每个班级里都张贴的有同学们的书法作品，走廊里悬挂的有装裱的学生书法作品、毕业生留给母校的书法作品，深受全校师生喜爱。

在文化的渗透中，学生的品行得到树立，人格得到培养，建立了正确的人生观、价值观和世界观。

三、特色活动渗透德育

书法是中华民族传统文化，学校以书法特色活动践行“墨香”文化，促进学校发展，激发学生兴趣，渗透德育内涵。

书法节活动。每年5月学校都会举行“墨香杯”书法节活动，在这个月全校的老师、学生练习书法的热情更加高涨，收获更加显著，各种书法研讨课、青年教师兰亭书社书法培训、师生书法作品征集、“烽火实验杯”竞赛活动，将学校书法节活动推向高潮。活动的开展让学生尽情挥墨泼毫，充分展示自己的书法水平。

社会实践活动。每逢春节到来前夕，学校组织学生开展“写春联送祝福”实践活动，学生通过写春联、贴春联、送春联等活动，让书法艺术走进小区、走进社区；同时学生也将书写的春联张贴在班级、办公室，形成了一道独特的风景。

承办省会活动。2019年5月10，对52小学师生来说是一个喜庆的日子，第七届书法节暨湖北省中小学书法教育现场观摩展示活动在我校召开，来自省内外著名的书法专家、校长、老师近300人云集我校。会议期间，我校1000多名师生挥毫泼墨，用精美的现场展示给在场来宾留下了深刻印象，充分展示了作为全国书法教育示范学校的魅力，激发了全校老师和学生对书法的热爱之情。

书法教育作为我校的特色教育，充分发挥着教育功能、审美功能，更加发挥着独特的育人功效。今天，52小学书法艺术已然成为德育源头的一股活水，也将更加有力地推动学校的德育之路向着远方不断前行。

浅谈小学书法课堂促进德育教育

谢　丹

书法是中华民族的传统文化艺术，它历史悠久，博大精深。写好字从表面上看是学会一种技能，提高学生的汉字书写素质，本质上却是一个民族文化的延续和传承。而德育是素质教育的核心，如果单纯地讲道理，对小学生来说太枯燥，在书法教学中融入德育教育，既可以让书法课堂鲜活起来，又培养了学生良好的道德情操。

一、提高书法鉴赏能力，培养书法的美感

鲁迅先生说：“汉字形美以感目，意美以感心，音美以感耳”。在我们日常教学过程中，有一种识字方法叫：自源识字法，这种识字方法就是追述汉字的根源，汉字的演变过程，我们的汉字记载着中华民族数千年的古老文化，最早的甲骨文，每一个字就像一幅画，经过一次次演变，汉字中的形声字、会意字都留给人们无限的遐想，双木林，就像是一

片树林，三木森，多了一个木，又好像是一整片森林。同样偏旁的字又有共同的意义，三点水的字跟水有关，提手旁的字跟动作有关。汉字美无穷无尽，让学生感受汉字的美，从而提高审美能力。例如我在教授《日字底》一课时，教师提问：同学们，你们感觉我们今天学习的“日”这个字美吗？它美在哪里？同学们有的回答：日字像一个圆圆的太阳，看到日字就像看到一幅美丽的画。学生感受到汉字的美。

二、教授书法观察方法，端正学习态度，学做人道理

我们都知道，学写字最重要的是观察，只有观察仔细才能写好字。在观察的过程中，要细心看，专心看，才会发现字的结构、占位、笔画变化。细心、专心是学生的良好品格，有了这种品格终身受益。我在执教《八字头与八字底》一课时，先出示八字头和八字底，让学生观察它们的相同点和不同点。在学写有八字头和八字底的字时，让学生观察有八字头和八字底的字，相同的偏旁有着不同的写法，从而培养学生的观察力。

都说一撇一捺写人生，撇捺之中蕴含着极为深广的做人道理。在写字教学中，我时常和学生强调：横平竖直。其实也就将做人的道理渗透给了他们。我想通过写字教学，让学生们领悟到做人道理。尤其对于低年级的写字教学来说，是十分必要的。因为学生年纪小，没有形成完整的世界观，对于善恶美丑也只是停留在表层而已。所以我很注重在写字教学时透过笔画去教育他们，写字如做人一样，要“规规矩矩写字，堂堂正正做人”。汉字书写时要穿插、避让，也就像我做人一样要相互谦让，才能和谐相处。

三、讲述书法家刻苦学书法的故事，培养学生良好品质

“书山有路勤为径，学海无涯苦作舟”。书写技能的掌握，只有通过刻苦学习获得。顽强的毅力和持久的恒心是学习书法的保证。王羲之的第七代孙智永和尚为了学习书法，日复一日，年复一年，终于成为一代大家，写出了传世作品《智永真草千字文》。明朝的一流书法家文徵明，早年因字差不能参加乡试。这对青年时期的文徵明刺激很大，从此他发奋学书，刻苦临摹，经过长期的刻苦学习终于成为一代名家。所有这些事例都说明一个道理：只有通过刻苦学习，才能获得较高成就。小学生由于受年龄、心理因素的影响，控制力差，写字教学正是矫正这些缺点的良好途径，要在练习中磨炼学生的意志，使其树立吃苦耐劳的精神，并坚信坚持到底就是胜利。讲述优秀书法家的优良人品，加强学生优良品德教育在书法教学中可以向同学们讲述一些古今优秀书法家的典型事迹和趣闻轶事，用于陶冶学生们的道德情操，进行优良品德的教育。在我国书法界有一个优良传统，就是强调书品和人品的统一，即“书如其人”，学书先做人。古今许多著名的书法家，不但书艺精湛，而且人品高尚，在他们身上体现着中华民族的优秀传统。如王羲之的为“老妇书扇”、颜真卿的“忠义爱国”、柳公权的“心正则笔正”，还有民国时期著名书法家

国民党元老于右任"臣款购碑"等，这些史话随同他们的书法作品在中华文化史上闪耀着耀眼的光辉。在书法课堂上，我经常准备一些书法家故事的动画视频，深受学生的喜爱，学生从中受益匪浅。

四、讲述书法家的代表作品，陶冶学生情操

苏东坡的《黄州寒食贴》笔势开放跌宕，字体、行距忽大忽小，一切都在无意中随情表达的需要而变化，被誉为天下第三行书，成为尚意书风的代表。所以黄庭坚断言"试使东坡复为之，未必及也"。当时，苏东坡与当权的王安石政见不合，屡次被贬。神宗三年，苏东坡再次被贬为黄州团练副使，在此期间，他生活极其艰难，仅靠从朋友那儿要来的几亩薄田自耕自种度日，但他处世旷达乐观，性情豪爽。在如此困顿失意的时候，仍能保持积极乐观的态度，饮酒赋诗，邀朋游玩。就是这种在逆境中不甘消沉的精神和豁达的处世态度，终于孕育出了这件伟大的作品——《寒食帖》。正是这些书法史真实的故事影响了一代又一代书家，他们在逆境面前敢于面对困难，不向困难低头，以积极乐观的态度面对现实、面对人生，加强自身修养，陶冶高尚的情操。

五、提供书法展示舞台，激发学生书写兴趣，培养欣赏能力

每学期，我们都要带领学生开展"书法节"活动。全校师生以每个年级为单位进行书法展示活动，评出优秀作品，展示在校园，再由全校师生参观。很受同学们欢迎。我们在欣赏书法作品的同时，还要引导学生学会欣赏美、感受美。欣赏时，先从远处欣赏，从总体上把握欣赏作品的和谐美；再从近处观看，欣赏线条粗细方圆变化的美，枯润浓淡墨色的美，虚实强弱用笔的美，疏密穿插结构的美。

总之，在书法教学中如果能注重充分挖掘这些德育因素，并恰当地将其融合、渗透在教学当中，充分发挥书法艺术美的育人宗旨，使学生心智与德行同成长，对培养学生良好的道德情操，提高他们自身的道德素养和知识水平会大有帮助。我坚信，在孩子的德育培养中，写字艺术是良好的契机。

行以德为首　人以品为重

——试论书法教学中德育教育的渗透

姚淑君

书法是我国古典文化艺术的瑰宝，经历了五千年文化的沉淀，书法作为一种艺术形式，纵览古今中外的艺术门类，可以说是独树一帜，源远流长。书法中蕴含着无限的文化内涵，小学教育是我国教育体系的基础，德育教育又是小学教育的根本，德育教育无论

是对弘扬社会主义核心价值观来说，还是学生的爱国主义精神、钻研进取精神、思想情操的培养都是一个重要途径，在书法教学过程之中渗透德育教育势在必行。让学生在接受书法教育的过程中，潜移默化接受德育教育，夯实小学素质教育的基础，才能“写好人生每一笔”。

一、明了书法历史，感受中华文化

悠悠五千年，中国书法的艺术地位不可撼动，每个文字都凝聚了中华民族几千年的文化和民族精神。学生通过对书法的学习，了解中华文化，感受强大的民族精神。中国书法历史中，有“翩若惊鸿婉若游龙”的书圣王羲之，有被誉为“草圣”的东汉时期书法家张芝，有东晋书法家王献之，唐朝书法家颜真卿，有“唐人楷书第一”的欧阳询，有“初唐四大楷书家”之一的褚遂良，有“颜筋柳骨”美誉的柳公权，有外柔内刚、笔致圆融冲和而有遒丽之气的虞世南，有喜好狂草与张旭齐名的怀素，有与黄庭坚、米芾、蔡襄并称为“宋四家”且擅长行书、楷书的苏轼，历史悠久，值得我们探讨学习的大书法家有太多太多。在书法教学当中，通过对书法家的学习，了解艺术历史渊源，激发学生对祖国书法与文字的热爱感与自豪感，如我校在祖国七十周年华诞之际，在师生当中，征集爱国情怀书法作品，学生在书写作品的同时，表达爱国主义情怀，幼小的心灵当中深深地埋下爱国的幼种，通过对于作品内容的选定也是再次受到爱国教育的洗礼。

二、欣赏书法作品，陶冶自身情操

读书百遍其义自见，在书法练习当中，必不可少的就是读帖，如果说临帖像是打靶，那么读帖就是瞄准，只有瞄得准才可以打得更准。在读赵孟頫的《道德经》的时候，不光欣赏了小楷的字体工整秀丽，中正隽永，不偏不倚，以正示人，同时也能够感受到《道德经》所要给我们传达的精神，德是万物的基础，道是德的升华，感受修道者的宁静心境与超脱人生。在读岳飞的《满江红·怒发冲冠》的时候，不光看到他的笔墨飞舞，更多地感受对国家的赤胆忠诚于一身的浩然正气和英雄气概。《周易》名言当中，“天行健君子以自强不息，地势坤君子以厚德载物。”告诉我们人生两面，就是矛盾而又统一的整体，除了刚强勇猛，我们也要懂得柔顺退让，包容厚重，缺一不可，对人敦厚宽容。在读帖的过程中使心灵得到浸润，使德育的教育在读帖当中润物细无声地提升学生的道德。

三、临摹书法作品，感受艺术魅力

读帖与临摹不可分割，看得再仔细入微，书法终究是要回到手上来，要想写得一手好字，临摹不可一蹴而就，书法的成就需要我们日积月累，我校每天下午两点至两点二十是写字课时间，在日复一日年复一年的写字练习当中，练得不只是字，更是我们的心性，练字的同时磨炼我们坚韧不拔的意志，一个田字格方方正正，从入学那天老师便告诉我们横平竖直，教会的不光是写字的方法，更是做人的道理，书品楼赫然印着几个大字“写好人生每一笔”，不光执好手下的笔，更要走好脚下的路。写到“宝剑锋从磨砺出，梅花香自苦寒来”告诉我们所有的美好都要通过不断地修炼，克服困难才能拥有。写到“百善孝为先，孝为德之本”感受中华民族传统美德，不管是在临帖练习的过程中，还是在书写书法作品时，临帖无疑是道德升华的一个优良途径。

四、讲述书法故事，塑造美好心灵

学高为师身正为范，通过了解书法家的故事，对心灵进行洗礼，伟大的书法家王羲之，在年少时跟卫夫人学了三年书法，便洋洋自得，遇到饺子铺老太，老太一席话使王羲之红了脸，从故事中知道王羲之知错就改，也感受到做人需要谦逊。在读他的竹扇题字故事中感受到王羲之乐于助人的品性。在他的教子写字故事中，了解到了他的第七个儿子，大书法家王献之写完了院子里的18缸水，体会到想要事情取得质的飞跃，必须要有持之以恒的精神，王献之潜心苦学墨当饭的典故也流传至今，从中体会到书法家在练习书法时认真到忘我的境界。读书法家的故事，传承书法精神，书法立志，翰墨树人，在书法故事的洗礼下，塑造美好心灵。

五、日常技法训练，体悟做人之道

日日浸润于书法当中，得到的不仅仅是艺术理念和审美观念的提升，其中更多的是因为千百年中国人为人处世的道理，练书法时，从端正坐姿到严格遵循书写姿势和执笔要求，在正姿势与执笔当中，感受古语“没有规矩不成方圆”，这里面说的“规矩”也正是我们现实中的法律法规和道德规范，有规有矩，才能成方成圆，才能使个体得以自由发展。在书写过程中提升个人修养，书法中笔画与笔画之间的“避让”与“呼应”也正是在教会我们应当如何做人与立身处世。所谓的“避让”就是告诫我们在与人发生利害关系之时，先让利于人，这正是引导我们唤醒自主意识，是让谦谦君子之风在书艺上的完美体现；而“呼应”则体现了风雨同舟、齐心协力，象征着凝聚和合力。我们作为家庭成员，班级学生，社会里的人，生活在集体中，就要树立既能求同存异，而又可以齐心共事的理念，就如同书法当中教会我们的，既要“避让”又要“呼应”，既要寻求创新，又要顾全大局，无一不是从书法中尽显做人道理。

总之，中华文化博大精深，书法是中华博大精深文化的缩影，在学校的书法教育中融入贯穿德育教育必不可少，当然，在书法中渗透德育教育还有很长的路要走，还需要继续学习更加科学可行的办法，寻找拓宽渗透德育教育的办法与途径，使学生得到更好更全面的发展。

在书法教学中贯穿德育教育

杨灵灵

中国书法，是我国传统文化艺术宝库中的一件珍宝。2009年，中国书法被联合国教科文组织列入“人类非物质文化遗产名录”。德育，是素质教育的核心，对于促进学生的发展具有积极意义。书法与德育的关系是密不可分、相辅相成的，在日常的书法教学中，不仅要指导学生写好汉字，更要深层次地挖掘书法中的德育因素，贯穿德育教育。

一、在书法故事中贯穿德育教育

“书品即人品”。我国古代许多著名的书法家不但书艺精湛，而且人品高洁。王羲之开仓放粮，解民之疾苦；柳公权在唐穆宗面前直言不讳“心正则笔直”，劝诫穆宗一心为江山社稷考虑；颜真卿为官刚正不阿，一生尊崇“忠义光明”；怀素20年不下楼，刻苦练字……他们的故事被世人所传唱。在教学中，教师可以有意识地用不同的方式向学生讲述，培养学生崇高的民族气节和正确的人生观、价值观，形成良好的思想品德。通过讲述这些故事，拉近学生与书法家的距离，引导学生向优秀的书法家学习，不断提高自身道德修养。

二、在书法教学中贯穿德育教育

汉字大多数都有偏旁部首，实际上这些偏旁部首，都是由独体字演化而来的，比如单人旁就是变“人”字的捺画为竖画，在组合成其他合体字时，作为偏旁的单人旁就占据了次要的位置，这个时候就要教学生懂得避让，同时写得紧凑，在讲解的时候，可以通过这种结构上的避让引申到做人的谦让有礼。教育学生在公共场合要讲文明、懂谦让，在集体活动中要分工协作，和谐统一，避免出现矛盾。在书法的教学中体现传统的道德观，既有知识的传授，又渗透了德育，还激发了学生的兴趣，效果会更好。在书写的内容上，也体现着积极向上的德育因素，如西泠印社出版社四年级下册的书法教材中，每个单元的集字临摹练习都是在指导学生临写名言佳句，《诫子书》中的“静以修身”，教育学生依靠内心的宁静来修养身心；《吕氏春秋》中的“高山流水”，让学生了解伯牙子期知音难觅的故事；中华传统美德“行善积德”，告诫学生要多做好事，好事做多了，自己的德行也会更加完备；《道德经》中的“道法自然”，让学生知道我们作为自然界中的一份子，必须要遵循自然规律，顺应自然。在教授这些书写内容时，自然而然地就会将德育渗透进去，引导学生在理解内容的基础上临摹名帖，完成一幅临写作品之后道德情操也会得到升华。书法的题款中也包含着传统的道德观，比如，赠送给别人的作品要表示尊敬，要将受赠者的名字放在前面或较高的位置，自己的名字在后。表示谦逊的常用语有“斧正”“指正”

等。书写名人的诗词时加上“敬录”二字。在教学时,就可以适当地挖掘这些德育因素,引导学生学习谦逊有礼的态度,继承优秀的传统文化。

三、在书法练习中贯穿德育教育

郭沫若说:“培养中小学生写好字,不一定人人都要成为书法家,总要把字写得合乎规格,比较端正、干净,容易认。这样养成习惯有好处,能够使人细心,容易集中意志,善于体贴人。草草了事,粗枝大叶,独断专行是容易误事的,练习写字可以逐渐免除这些毛病。”现代社会的小学生大多长期处于家庭的呵护中,没有吃苦耐劳的精神,个性突出,生活自理能力较差,犹如温室里的花朵,在学习或生活中有一些不好的习惯。而练习书法必须要全身心地投入进去,如果能培养学生养成主动练字的好习惯,久而久之就能培养其细心、认真、坚持的良好品行。古人说“字无百日功”,学习书法是一个循序渐进的过程,不是短时间内就可以见到成效的,这就需要我们在教学的过程中,先引导学生掌握正确的方法,经过长期的指导、练习,甚至是加以研究,才能使学生的书法水平得以提高。从这就可以看出,书法学习正是培养学生锻炼毅力、养成持之以恒好习惯的途径之一。对于学生书写的作品,教师要善于用发现的眼光捕捉闪光点,给予充分肯定、及时表扬、科学评价,让学生体验到学习书法的乐趣。在教学中,不仅要关注学生书写能力的提高,更要着眼于书法教学,将德育渗透其中,提高学生的整体素质和人文素养,促进学生全面发展。

在书法教学中,要善于挖掘隐藏的德育因素,发挥德育的作用,才能将书法与德育有机结合,才能在潜移默化中感染学生,以达到育人的目的。

浅谈在小学语文教学中开展书法教育的策略

叶腊林

信息技术快速向前发展,人们的汉字书写水平却开始逐渐降低。为了进一步弘扬书法这一传统文化,“拯救”汉字书写命运,我国相继颁布了一系列与书法教育相关的指导性纲要,并主张将书法教育渗透在平时的小学语文教育中。作为一名小学语文老师,我在教学实践中不断探索语文教学中开展书法教育的策略。

一、以身示范,榜样引领

小学语文教师不仅要教会学生认字,而且还要向他们传授书写汉字的方法。虽然现在的多媒体技术在教学中广泛应用,各种书写展示的课件资源丰富,但是小学语文教师在书法教育中所发挥的作用是多媒体教学手段无法代替的。作为语文教师,在黑板上对汉字进行示范，从笔画的起笔、行笔、顿笔、回笔，从汉字的结构到布局进行直观演示，借助教师言传身教的影响力，最大限度地发挥其书法的示范与引领作用。除此以外，作为语文教师还应该注重提高自身的书法水平，教师还应该了解一些书法艺术的规律，提高书法的艺术修养。比方说，真草隶篆书体的差异和变化，章法和布局的设置，把握笔法和气韵的内在规律，确定不同的书法内容等，不仅有利于调动学生的语文学习积极性，而且还能够使他们受到书法艺术的熏陶。

二、开展活动，激发兴趣

小学生自身的注意力很难集中，因此在开展书法教学活动时，教师要依据小学生的身心发展规律来组织教学活动，这样才能保证学生始终有着浓厚的兴趣。教师可以开展一些创造性活动，这样既能使学生在参与的过程中有新鲜感，同时也能够使学生在练习的过程中实现自我发展。除此以外，教师还可以对学生书写作品进行评比，这样既可以让被评选上的学生获得成就感，也能使没被评选上的学生在教师的指导下认识到自身的不足，以有效帮助学生改正错误，提高学生的人文素质。值得注意的是，通过各类活动的有效开展，可以强化教师与学生之间的沟通工作，这样既能够完成书法教学的实际目标，也能够改善师生关系，同时也有利于语文学科其他教学内容质量的提升。

三、加强书法基础知识教育，提高学生书法鉴赏能力

在针对小学生的书法教育中，由于很多学生对书法的认识不足，没有相关基础，从而限制了学生深入地进行书法学习。

因此，在实际教育中，教师首先要加强对学生的书法基础知识的教育，帮助学生奠定书法知识基础，以此激发学生学习兴趣，不断地引导学生学习。只有当学生具备了一定的书法知识基础之后，他们才会主动投入到书法学习中。此外，在书法教育中，教师在完成对书法基础的教育内容之后，还应该不断加深内容，使得学生具备更加系统全面的知识，促进学生书法鉴赏能力的提高。在书法教育过程中，教师可搜集相关知识和名人书法作品，通过分析和鉴赏方式，提高学生的书法能力。例如，在书法教育中，教师可以让学生对字帖进行临摹，并在临摹的过程中对学生进行书法基础知识教育，帮助学生奠定坚实的基础。同时，教师还可以对字帖中所包含的名人诗词进行分析，并对不同书法家的笔法进行探究，让学生掌握更多的字体，以及认识不同书法家的书体特征。通过鉴赏，让学生学习潇洒飘逸、奔放豪迈等风格，从而提高学生对书法的鉴赏能力，帮助学生奠定书法知识基础，使其有能力进行分析和欣赏。当学生对书法的鉴赏能力有所提高之后，就会自觉地融入书法学习中，产生对书法的学习动力。

四、营造书法学习的校园文化环境

想要将书法教育融入小学语文，除了要在课堂内组织书法教学活动以外，还要有效营造书法学习的校园文化环境。毕竟环境的影响作用也十分巨大，所以语文教师可以与学校进行沟通，并做好相应的校园文化建设，这样就能在校园内部进行宣传，并将一部分优异的书法作品进行悬挂，以此既有利于指导学生学习与模仿，同时也能在古代诗词、警句的熏陶下，提高学生的审美能力。与此同时，为保证学生书写规范性，学校也可以聘请相应的书法大家来担当学校的书法顾问，这样通过书法大家的书法讲座，可以实现对教师与学生的共同培训。为保证书法教学开展的有效性，还可以举办小学书法竞赛来提高学生书写的热情。毕竟小学阶段的学生都有着强烈的好胜心，通过此种方法既能够使学生有着源源不断的动力，又能在此过程中激发学生的斗志，并使学生的练习更加勤奋。

对于具有一部分名胜古迹或书法大家故居的地区，可以组织学生进行浏览参观，甚至可以通过举办相关兴趣班培养学生，这样既能扩大学生的视野，也能够使学生受到艺术的熏陶。

将书法教育落实在日常的语文教学中，扎实上好每节书法课，指导学生写好每一笔，是作为一名语文教师的职责。我将结合学校实际情况，立足岗位，继续探索，让书法教育在语文课堂上落地生根。

浅谈如何激发学生的书写兴趣

韩晶晶

爱因斯坦说:“兴趣是最好的老师”。在书法教学中，教师如何激发学生的书写兴趣呢？

一、创设情境，故事激趣

教学中，根据小学生的年龄特点，我采用生动有趣的故事激励。小学生爱听故事，爱讲故事，通过生动的故事，可以让他们明白道理，学到知识，从而引发他们对汉字的喜爱。我给学生讲我国古代许多大书法家习字学书法的故事。如讲王羲之每天“临池学书”，清水池变“墨池”的故事；讲书法家智永大师曾住在永欣寺楼上，刻苦学书三十年，用秃无数支笔的故事；讲滴水穿石的故事，讲铁杵成针的故事，让他们明白了勤奋的重要性。聆听古人勤学苦练的故事，大大激发了学生写字兴趣。为了让学生明白中国书法是我国几千年来灿烂文化的结晶与瑰宝，我在写字教学中，向学生讲解汉字的发展，让学生了解汉字的演变过程;介绍中国近代书法家在世界上取得的成绩,展示一些小学生能看懂的书法作品,在平常的作业布置中我也会让家长协助学生了解一些著名的书法家和书法作品,让孩子们在潜移默化中明白书法是我们民族独有的艺术,继承和发扬民族文化是责无旁贷的。通过一个学期的实践,我发现学生对书法有了一些了解,尤其是汉字的笔画结构和书写规则,在课堂中我常常能听到意想不到的结果,比如在讲到人这个字时,一个学生说:"越简单的字越难写,人这个字一定要有捺脚,要舒展开来,就像我们人一样有大大方方的。"像这样的例子有很多,这都说明学生在日积月累中对汉字有了进一步了解,也加深了我会继续加强对学生这方面积累的决心。

二、优化课堂,趣味横生

激发学习兴趣,营造良好的课堂氛围也是很重要的,在学习中我常常将一些通俗易懂的语言和幽默的比喻融入课堂教学中,创造轻松愉悦的课堂氛围,使课堂充满趣味。如:我在课堂上会把同一个字不一样的写法在一起对比,比如"竹子"的"竹",把它的汉字演变过程呈现给学生,让学生观察他们的异同点并找到规律,通过比较,学生发现"竹"的横、撇像竹子的叶子,竖、竖钩可以看作竹竿,从汉字的演变中感受中国汉字的精妙之所在。在讲三点水时,我引导学生可以把偏旁三点水看作几个人互相顾盼;在讲到"衣"时我引导学生可以把它看成一个舞者,随之让学生观察讨论,学生观察后发现可以把两个撇,点看成人的衣袖,她在开心地跳舞,动作很优美等等,通过类似的观察引导,学生的积极性都很高,课堂效率也很不错,教学也能起到事半功倍的效果。

三、激励评价,作品展览

激励是激发鼓励,激励性评价是以激发学生内在的需要和动机、鼓励学生自觉主动提高自身素质为目的的一种价值判断活动。心理学家詹姆斯曾说过:"人性中最深切的本质,是被人赏识的渴望。"我在写字教学活动中,以亲和、信任和期待的态度对待学生,观察学生的细微变化,寻找学生在习字过程中的闪光点,从而激发学生的成就动机,激发练习书法的兴趣。我在教室的墙壁上开设了"作业园地",将所有学生的作业进行展示。从上硬笔书法指导课的第一天开始,就让学生上完写字课后每天写一页挂在"作业园地",第二次上课前排成队到"园地"前欣赏自己和他人的作品,并请学生进行评价,学习别人的优点,弥补自己的不足,我再挑选出写字优异的学生作为榜样进行奖励,让学生自己选择奖励物品,比如铅笔、文具盒等,过段时间后,我让学生将当天的作业与第一页同时展出。很多孩子看到自己的进步后都很开心。这样不仅增强了学生的自信心,还大大激发了他们练字的兴趣。目前我们班学生写字的积极性都很高,也很认真,他们都在为成为"书法小明星"而努力。

第七章　学校成果

20多年的坚持与探索，成就了每一名学生，也成就了每一名老师，更成就了我们共同的“家”——52小学。20多年来，学校在上级领导的正确引领下，在全校师生的共同努力下，先后被评为全国书法教育示范学校、全国书画教育明星学校、全国写字教育先进集体、湖北省写字教育名校、湖北省写字教育示范学校、湖北省语言文字工作示范学校、湖北省少先队工作示范学校、十堰市文明单位、十堰市红旗大队、十堰市“十三五”教育科研先进单位、十堰市第六届全国文明城市创建工作先进集体……学校在十堰市教科院和茅箭区教育局组织的毕业统考中成绩一直名列前茅。

一花独放不是春，百花齐放才能春满园！热情好客的52小学人，以开放的姿态，迎来《中国教育报》社、《语言文字报》社、《书法报》社、《十堰日报》社、《十堰晚报》社以及湖北电视台、十堰电视台记者的采访报道。书法教育工作的经验也多次在省级会议上进行交流，两次承办省级书法教育工作现场会，数次迎来市内外有关学校的领导、老师参观。甚至，远在祖国边陲的新疆生产建设兵团学校也慕名前来参观学习。

第一节　媒体报道

运翰墨格局绘教育蓝本

——记湖北省十堰市东风52小学“墨”课程体系的建设与实施

周　华　　龚　明

墨，一种独具中国特色的文化符号，在黑与白的幻影中，留下民族风骨；在手起笔落的瞬间，镌刻中华文明。湖北省十堰市东风52小学从1998年起，开始推行书法特色教育，到如今“墨”已经成了学校的代名词，其自由洒脱的形意、放荡不羁的灵魂和天然自带的文化气场，如血液一样流淌在每位师生的心中。学校以墨启智，以墨励志，以墨怡情，以墨审美，以墨健体，深挖“墨”之线索，以全面落实立德树人、提升学生核心素养为根本任务，高歌猛进，书写着教育的崭新篇章。

“四纵两横”，搭建课程体系

墨，是“文房四宝”之一，代表着优秀的中华传统文化，也可引申为书法、书写之意。学校以“四纵两横”为框架，搭建起了“墨”课程体系。“四纵”即纵向四类课程：墨之品、墨之源、墨之美、墨之健，分别代表德育、智育、美育、体育四类课程。“两横”即横向两类课程：学科类课程和活动类课程。

学科类课程，主要包括国家与地方课程，如墨之品课程中的道德与法治、班队会等；墨之源课程中的语文、数学、英语、科学、信息等；墨之美课程中的音乐、美术、书法等；墨之健课程中的体育、生命安全、心理与健康、环境教育等。活动类课程则主要包括自行开发的“墨品”“墨香”“墨韵”校本课程。其中，“墨品”包括《墨品・我们的礼仪》《墨品・我们的节日》《墨品・我们的东风》《墨品・我们的52小学》等课程；“墨香”以活动为载体，以阅读节、书法节、科技节、英语节为抓手，深化墨之源课程内容；“墨韵”包含体育、艺术内容，重在构建体韵、操韵、心韵、团韵社团活动课程。

四大引领，确保课程落实

文化引领。学校以“墨”为校魂，全面构建墨香文化价值体系，将核心文化落脚点放在“墨砺人生”的办学理念以及“写好人生每一笔”的校训之上，以“书品即人品、写字学做人”启迪师生智慧，从校园环境中的“地上、树上、墙上、楼上（楼内）、网上”等多个维度，诠释“墨”之深层内涵，从景观到人文营造育人新环境。

名师引领。学校充分发挥名师的示范引领作用。一方面聘请校外名师到校讲座、辅导，夯实教师基本功，提升教师技能；另一方面，积极发挥本校书法名师陈家林工作室、语文名师龚明工作室的示范引领辐射作用，定期活动，“周会月聚”，形成研究气候。

活动引领。学校在每年4月23日“全民阅读日”前后举行阅读节，开展“好书推荐”“亲子背诵擂台赛”“春之歌”诗文朗诵会等活动；4—6月举行书法节，以书法作品展评为主，辅以讲“书法故事”、书法讲座、书法家现场展示等活动；10月举行体育节，由本校老师自己作词、谱曲、编舞的书法操《追逐书梦》展演比赛；11月举办科技节，开展小制作、电脑动画、智能机器人等活动；圣诞节前后则举办英语节，开展包括英语书法比赛在内的多彩活动。

特色引领。学校实施“特色先导，课程统领”的策略，建立特色课程体系，让课程落地生根。首先，形成有效的课程管理体系：建立“书法领导小组—教务处—书法教研组—书法教师”组织管理体系；在课时上，保证“一长五短”的课时教材保障体系，“一主多辅”的教材体系；在教学目标上，遵循由浅入深、由简到繁、由易到难、由局部到整体的规律，螺旋上升；同时构建用具保障体系和制度保障体系。其次，生成课程科研体系：校本教研活动要求“四个一”，即：讲一节研讨课，写一篇教学设计，写一篇论文，书写一幅优秀的硬笔和毛笔作品；全员教字，学科融合，参与国家级课题研究《以书法教育促进校园文化建设》等。

完善评价,判断课程效果

在课程评价方面,学校建立了包括教师自评、教师之间互评、学生评价、学校评价、家长评价的综合机制。学校专门成立了课程评价领导小组,由校级干部及部分专家组成,教务处牵头,政教处协助。评估小组组织学生、家长对本学期的课程讲授情况进行评估,填写课程教学质量评估表,作为对该课程的总结参考。

此外,学校还采用书法等级评价策略,建立起书法水平的测评和评选体系。“测评”,即师生写字级别测评。学校制定了《52 小学写字级别测评实施办法》,把硬笔和毛笔各分成 10 个级别。“评选”,即评选“写字优秀班级”和“写字先进个人”(小小书法家)。评定“写字优秀班级”由学校书法教研组评定,“写字先进个人”则由各班按一定比例评出。

墨之灵逸,在于思想天马行空,运笔收放自如;墨之致远,在于启迪人心智慧,参悟人生哲理;墨之厚重,在于传承优秀传统文化,弘扬中华民族精神。书法教育成就了学生,也成就了老师,更让东风 52 小学荣誉等身。学校先后被评为全国百强特色学校、全国书法教育示范学校、全国书画教育明星学校、全国写字教育先进集体、湖北省书法教育名校、湖北省写字教育示范学校、湖北省语言文字工作示范集体、湖北省少先队工作示范学校、十堰市文明单位……涌现出了全国百强特色学校模范校长、湖北名师、省特级教师龚明,湖北省书法教育名师陈家林、郭长生,湖北省书法教育先进工作者石红丽、霍艳霞、田厚礼、沈涛等一大批优秀教育人。运翰墨格局,绘教育蓝本。以墨之名,我们和东风 52 小学一道,开启一场关于书法的文化之旅。

(本文刊发在《中国教育报》2018 年 12 月 12 日版,作者:周华,《语言文字报》记者;龚明,湖北省十堰市东风 52 小学校长)

国粹书法进校园　翰墨飘香尽芬芳

——湖北省十堰市东风 52 小学书法特色建设工作卓有成效

龚　明

教育部《基础教育课程改革纲要(试行)》中对书法教学的目的和意义进行了阐释:“规范、端正、整洁地写汉字,是学生终身学习能力的基础;养成良好的写字习惯,具有熟练的写字技能,具有初步的书法欣赏能力,是现代中国公民应有的基本素养。”所以,无论从欣赏的角度,还是从提升学生综合素质的角度考虑,写好字都大有裨益。

自 1998 年以来,湖北省十堰市东风 52 小学就将书法定为教育特色,并着力构建“生长教育”品牌。尤其是近年来,我校以“一手好字,一生受益”为特色建设口号,努力实践“书品即人品、写字学做人”的特色教育理念,将书法教育和人格教育巧妙融合,教导孩子

“写好人生每一笔”，并力求实现“让写字教育成为52小学的名片”的特色建设目标。

1.传承书法文化，构筑墨香校园

学校注重把书法元素渗入到文化建设中，按照“协调和谐、美观大方、有效育人”的思路，建构了四大系列的主题教育。

以“以生为本”和“为学生的终生发展奠基”为主题的“办学思想教育系列”。包括校训、办学理念、“52小学精神”、校歌、校徽等，主要分布在入校的橱窗和教学楼顶端的醒目之处，由学校2014届六(4)班学生张璟怡同学拟写的校训“写好人生每一笔”，将永远激励、鞭策、督促全校师生做得更好。

以“秉承传统文明、弘扬民族精神”为主题的“传统教育系列”。主要分布在书香楼走廊墙壁上，其主要内容包括：传统礼仪、民俗风情、神话传说、古诗对联。故事多与十堰本地文化关联，接地气，易接受。

以“播种良好习惯，收获健康人生”为主题的“养成教育系列”。其内容包括《中小学生守则》，以及人生格言、名人名言、警示语等。

以“传承书法文化，打造特色学校”为主题的“特色教育系列”。一是气势恢宏的书法文化墙，共分六大板块：橱窗展台、名家碑林、求书故事、主题浮雕、文房四宝、武林风韵。其中最为精彩的是主题浮雕，展示了汉字的五大书体，从右至左，按朝代顺序，分别是秦朝李斯的小篆、东汉蔡邕的隶书、东晋王羲之的行书、唐代张旭的草书、唐代颜真卿的楷书。二是别具一格的廊道文化。以“生长教育”品牌为主题，分别展示生长德育和生长课堂，一年一度的“三节一会”(书法节、英语节、阅读节、运动会)融入其中。三是园林石刻文化。巨大的镇校石上书“墨香”二字，神韵十足；石刻“静、灵、文、豪”彰显书法教育的“四气”功能；石刻“墨缘路”“墨韵路”指引师生前行方向；“翰墨园”里花草青青，“羲之池”中故事动人。四是班牌文化。各班教室、专用教室门前贴有用书法家名字命名的班名牌，比如“王羲之班”“柳公权班”“怀素班”等。五是展厅文化。新建的书法展览厅里，布置精美，内容丰富，悬挂着师生作品，陈列着荣誉奖牌，记载着书法名师和书法优秀学生，悬挂着师生的优秀作品，这里是学校书法教育成果的展示地。六是写字操文化。学校独创了“写字韵律操”“少年写字操”《写意生长》，让学生劳逸结合。

2.精心打造课程，彰显书法特色

为彰显学校的书法特色，学校从多方面打造了书法课程体系。

组织管理体系。学校建立了“书法领导小组→教务处→书法教研组→书法教师”组织管理体系：校长亲自担任领导小组组长，每月召开书法领导小组会议；成立了书法教研组，由校内“书法家”担任组长。还制定了一系列的写字方面的制度，如《52小学写字优秀班级评比制度》《52小学学生写字级别测评制度》《52小学写字教研制度》等。每学期都拿出一定资金对书画成绩突出的师生进行奖励，辅导学生获省级以上奖励的教师还将被申报分局教育奖励基金。

课时体系。在课时上，保证“一长五短”，即每周安排一节40分钟的写字长课，每天下午安排20分钟的写字短课；一、二年级练习写铅笔字，三年级写钢笔字，四至六年级写毛笔字。

教材体系。“一主多辅”，毛笔教材以柳体字帖为主，以隶书、欧体、颜体为辅；硬笔教材以湖北省教育学会书法专业委员会编写的《小学硬笔书法》为主，《好字行天下》《写字》为辅。

教学目标体系。在教学目标上，遵循由浅入深、由简到繁、由易到难、由局部到整体的规律，螺旋上升。硬笔书法年段不同，教学目标也有侧重；毛笔书法要从基本笔画练习开始，再到偏旁、结构的练习。

用具保障体系。文房四宝，样样配齐；练习纸张，自行设计；适合师生，方便实用。

评价体系。师生写字级别测评：学校制定了《52小学写字级别测评实施办法》，把硬笔和毛笔各分成10个级别，学生能否升级，由“升级赛”成绩和平时作业书写成绩决定，各占50%；六级以内的升级由写字教师决定，六级以上由学校评审小组评审决定；全校学生都参与硬笔级别的测评，同时四至六年级还要参与毛笔级别的测评；学生一学年里如果没有升级，在评选三好学生时“一票否决”。“写字优秀班级”和“写字先进个人”（小小书法家）评选：评定“写字优秀班级”由学校书法教研组评定，根据《52小学写字优秀班级评选办法》进行严格考核打分，综合评定出“写字优秀班级”；写字先进个人则由各班按一定比例评出；先进班级和个人均在全校期末总结表彰会上进行表彰。

3.夯实教学研究，引领教师发展

学校高度重视教研，采取多种举措来提升教师的教研水平。校本教研：研究活动“四个一”，即讲一节研讨课，写一篇教学设计，写一篇论文，书写一幅优秀的硬笔和毛笔作品；研讨课《左右结构》《左短靠上》等深受教师好评；每学年学校都举行书法教育论文发布会，交流教学所得。常规研究：学校倡导“练字先练姿”，就是要求学生书写时坚持做到坐姿正确、执笔规范。目前，学校“双姿”合格率高达95.6%。“全员教字”：一是教师在板书时用优美的书写为学生示范，二是教师在批阅学生作业时把书写纳入批阅范围。学科融合：一方面在书道传授中渗透德育、美育，另一方面在技艺练习中渗透德育，提升学生素质水平。课题研究：学校积极开展国家级课题《信息技术与书法的深度融合》的研究。通过课题研究，总结出了直观演示法、描红仿影法、正误对比法、反复练习法等写字教学方法；研究出了一看（看结体、观结构、找主笔、定重心）、二范（教师示范）、三练（学生练习）、四评（自评、互评、师评）写字教学模式“四步法”。

4.丰富书法活动，创新教育载体

校内活动。一年一度的书法节，已经成为传统。书法节里，举行讲书法家故事比赛、书法作品征集赛、书法节目表演，请当地著名书法家助阵，从开幕式到闭幕式，历时一个多月，学生兴致盎然。每年元旦，举行师生书法作品展览。优秀作品评选成亮点，由学生贴五角星“点赞”的形式公开投票，倍受儿童喜欢。2010年4月承办湖北省“楚风杯”书画大赛的颁奖典礼，省内300余名书法专家前来我校观摩学习。2014年11月，湖北省书法家协会少年分会入会测评仪式在我校举行，少年书法爱好者云集我校，盛况空前。

社会实践。如“春联书写”实践活动，每逢春节，学生写春联、贴春联、义卖春联、进敬老院送春联等，让书法艺术走进社区；同时也将对联或春联张贴在班级、办公室和学校校门口，形成一道独特的风景；有的同学还把春联送给教师作为祝福的礼物。

作品展览。师生书画作品展览则分别是在橱窗、长廊、展览室进行展览，还定期举行专题展。

因为坚持，书法成了52小学的特色；因为坚守，52小学书法教育得到了全面的发展。学生的书写水平逐年提高，屡获大奖，作品在全国展览；教师善于书写，乐于书写，涌现出了湖北名师、省特级教师龚明，省书法教育名师陈家林、郭长生，省书法教育先进工作者杨纯清、石红丽、霍艳霞、杨娟……学校则先后获得全国百强特色学校、全国书法教育示范学校、全国写字教育先进集体、湖北省书法教育名校、湖北省写字教育示范学校、湖北省语言文字工作示范学校等荣誉称号。学校的书法特色建设情况还被《中国教育报》《中国教师报》《书法报》和湖北电视台等多家媒体报道，省内诸多学校也纷纷前来参观取经。

52小学的书法建设工作，就如笔者在《52小学赋》中所写的那样：“植校魂，写好人生每一笔；追苑梦，墨香飘逸华夏地。”我们也欣喜地看到，通过“立字立人，德教合一”，莘莘学子正快乐成长，笑迎未来！我们有理由相信，52小学的书法教学工作将会取得更大成绩，让书法艺术这棵古老奇树在校园开出更加艳丽的花朵，“沧海桑田，续著新篇”！

（本文刊发在《语言文字报》2015年12月16日第947期）

追逐书法梦

——专访十堰市东风52小学校长龚明

记者　何　东

【《书法报—硬笔书法》编者按】东风52小学是东风分局首批特色学校，是全国书法教育示范学校、全国百强特色学校。2017年新春前夕，十堰市东风52小学校长龚明接受了《书法报—硬笔书》记者何东的专访。以下是这次专访的内容。

记者：贵校的写字教学在鄂西北乃至省内外都有一定的声名。请简单谈一谈贵校开展写字教学的情况。

龚明：我校地处湖北省西北部的十堰市城郊，现有学生1700余人，教学班29个，教职员工75人，拥有湖北省特级教师、湖北名师1人，湖北书法教育名师2人，湖北省书法教育领军校长1人，国家级、省级、市级书法优秀教师21人。我校是全国书法教育示范学校、全国百强特色学校、湖北省语言文字工作示范学校、十堰市文明单位、东风分局首批特色学校、十堰市少儿书法培训基地。

我校的书法教育从1998年起开始尝试，先后历经了四个阶段。一是起步阶段(1998—2006)。学校以兴趣班的形式进行书法教学，开设有硬笔和毛笔兴趣班。二是发展阶段(2006—2010)。2006年秋天，我校与省教育学会书法教育专业委员会秘书长廖敬彦取得联系，我于当年在襄阳召开的省第四届书法年会上作《写字教学四步法》的经验交流，受到大会好评。会后，我校正式决定将书法定为学校的特色项目。此时，学校每天开设20分钟的写字短课，开展教师队伍培训，师生劲头十足。三是形成阶段(2010—2015)。2010年4月，省教育学会书法教育专业委员会第五届会员代表大会暨第九届"楚风杯"师生书画大赛颁奖大会在我校召开，标志着我校书法教育特色已经形成。此时，学校大力开展书法研究，组织师生参赛，效果明显。四是成熟阶段(2015—至今)。我校以新校园、新教学楼建成、迎接国家义务教育均衡发展验收为契机，整体设计以"墨香"为主题的校园文化，移步换景，处处有"墨"，受到国家检查组的高度好评。同时，大力推进书法人文文化，加强书法成果宣传，这标志着书法特色走向成熟。

目前，我校书法教育特色课程体系已经形成。在课时上，保证"一长五短"，即每周安排一节40分钟的写字长课，每天下午安排20分钟的写字短课。书体上实行"一主多辅"，即以柳体为主，以隶书、欧体、颜体为辅，并辅以行书；开展国家级课题《书法教育与校园文化建设的研究》的研究，推行一看二范三练四评的写字教学模式"四步法"。倡导"双姿"训练优先，提倡全员教书法、全科教书法。每学期举行书法等级升级赛，隆重举行书法节及迎新春书法作品展评活动。

记者：校园的书法文化氛围的营造，是学校软实力的体现。学校是育人的场所，环境对学生的潜移默化的教化作用尤其重要。打造校园文化，贵校是如何结合自身的特点打造自己的校园书法文化的？

龚明："近朱者赤，近墨者黑。"环境对人的影响是巨大的。我校结合学校特点，从三个方面打造墨香校园文化环境，让学生时时处处受到书法文化的熏陶。

一是物质环境。从地上、树上、墙上、楼上(楼内)全方位、立体式构建墨香文化。①地上的石刻文化。石刻，育人目标(培育"静气、灵气、文气、豪气"学子)、路名(墨韵路、墨缘路)均由名书法家书写，镌刻在石头上。巨大镇校石岿然躺卧于校门口，上书"墨香"二字，告诉进校的人们，这里是一所书香飘逸的学校。镇校石的背面是《52小学赋》，学校的发展变迁、创业历程、校魂特色全部浓缩在200余字的短文里。"尚书广场"上铺褐色大理石，专门镌刻每届毕业生中最好的书法作品《书》。②地上的园林、花木文化。翰墨园里花草青青，“羲之池”故事给人启迪，桂花树翠绿飘香，百年老树枫杨苍劲挺拔。花草树木上均挂有“树名牌”，包括树的别称、习性和分布。枫杨树上，还有由我校老师撰写的诗歌《咏枫杨》。③墙上的墙壁、廊道文化。进校门即可见到一道长70余米的书法文化墙，上设有名家碑林、求书故事、主题浮雕、文房四宝、武林风韵（太极拳、武当剑、八卦掌）五大板块。廊道里也有文化。书香楼楼道分别展示课堂教学、德育天地、艺术风采、阅读节、书法节、英语节等内容，图片全部采用师生当年学习生活照片。书品楼每一层辟有介绍书法历史、书法家、书写知识（基本笔画、偏旁、结构书写要领）等的书法知识长廊。④楼上（楼内）的楼宇文化。三栋楼的楼名自然是要显示在楼上的，校训“写好人生每一笔”、写字教育理念“书品即人品、写字学做人”则分别挂在书品楼、书香楼上。楼内每个班级门前挂有用书法家命名的牌匾，比如“王羲之班”“柳公权班”“怀素班”等。

二是网络环境。我校充分利用现代媒体，展示、传播书法文化。比如在校园网站、微信公众号、QQ群、微信、LED屏等平台上，晒技法，晒作品，晒感受，家校互动、师生互动。

三是人文环境。学校独创了“写字韵律操”“少年书法操”《追逐书梦》。大课间到了，全校师生齐聚操场，边歌边舞，艺术与心灵完美融合。

“一草一木都含情，一墙一廊都说话，一室一厅均有调，一颦一笑总关情”成为我校校园文化的真实写照。

记者：开展写字教学，作为校长，您是如何协调各方面的有利因素，将推广写字工作的效益最大化？

龚明：“众人拾柴火焰高。”我校充分利用各种有利因素，开展书法教育工作。一是赢得上级支持。上级单位东风教育分局大力支持我校书法教育工作，在特色文化墙、书法展览厅等建设上，给予资金支持。二是挖掘校本资源。充分发挥本校湖北书法教育名师陈家林、郭长生老师的示范引领作用，担任年轻教师的培训师。三是取得家长协助。召开书法教育专题家长会，邀请家长到校参观校园文化、书法展览厅，观摩书法节，观看学生作品展等，家长对书法的认同度高，自然对孩子在书法教育方面的投入就多，比如给孩子装裱书法作品、带领孩子参观市内书展等。四是发挥社区作用。组织师生参观附近的“秦巴书画院”作品展，邀请市内著名书法家黄家喜、刘国平等到校进行书法表演，与武当街办携手进行开展“迎新春、写春联、送‘福’字”活动。

记者：贵校有“写字天天练习”，这一长效机制是如何形成的？又是如何保障这一机制的？

龚明：首先，统一思想。思想变，则思路变，则策略变，特别是校班子成员要从思想上认同书法。书法不仅仅是写字，还能修身养性，培养良好品性，铸就坚强意志，一生受益。思想统一了，事情就好办。其次，保证课时。2011年教育部颁发《关于中小学开展书法教育的意见》(以下简称《意见》)文件出台之前,我们规定每天下午上课之前开设20分钟的写字课,计入教师工作量。课始,播放古典音乐,师生同步书写。《意见》颁布后,我们每周开始一节书法长课,形成"一长五短"的课时特征。三是监控得力。学校成立书法领导小组,每周巡查书法课堂,每月进行书法展示,每学期进行书法等级测评,评比书法优秀班级。

记者:就目前来说,文化课和写字课在人们的认识中存在主科和副科之分,您认为应该如何认识这一问题?

龚明:我们教育的终极目的是培养人,培养全面发展的人。无论是文化课,还是书法课,都是为了培养人。书法,是中华民族的传统文化,能厚实人生底蕴,修身养性,变动为静;写字的过程,也是悟道的过程,正如我校书法教育理念所言"书品即人品、写字学做人"。书法课何以谓之"副科"?学科本没有什么主科和副科之分,问题的关键,是人的思想认识,是应试教育的思想作祟。学习无副科,人生无副科!

记者:学校是如何强化师资队伍的?

龚明:"打铁还需自身硬。"书法特色学校,必须有一支强有力的书法教师队伍。我校开展书法教师培训,做到"四练"。一是以标激练。树立"三个一"目标,即:每天练写一页硬笔字、一页毛笔字,一学年上一个书写级别。二是以师导练。学校安排本校湖北书法教育名师给老师们作讲座,指导书写。同时要求校外著名书法家进校培训。三是以赛促练。每年开展两次大型的书法比赛,书法节及迎新春书法作品征集赛。四是以规保练。制定《52小学教师奖励条例》《52小学学生写字级别测评制度》《52小学写字教研制度》《52小学写字优秀班级评比制度》等,确保练习实效。

记者:学校今后有哪些工作思路?

龚明:目前,书法教育的社会氛围已经形成,正所谓"潮平两岸阔,风正一帆悬"!展望未来,我们确立"一四百千"品牌建设思路。

"一",即实现一个目标:努力把学校办成十堰一流、湖北示范、全国闻名、走向世界的书法教育特色学校,品牌建设名校。

"四"即构建四大工程:文化引领、特色助推、队伍保障、质量基石四大工程。同时构建书法特色板块的"四小"工程:书法节、书法等级测评、书法文化、书法辐射(向经典阅读、对联、德育、艺术等方面辐射)。

"百"即构建以分局为核心、遍及省市区域内的一百所传统文化学校研究共同体。内修功底,惠及周边,扩大东风教育品牌知名度。

"千"即培育一千名书法功底深厚、富有"静气、灵气、文气、豪气"的博雅多才优秀学子。

我们深信,52小学的梦想一定会实现!(本文刊发于《书法报—硬笔书法》2017年第

3 期）

构建书法教育特色的四个体系

龚　明

近几年来，十堰市东风教育分局 52 小学（以下简称 52 小学）把书法教育作为学校的办学特色，通过开设书法教育课程，努力践行“书品即人品、写字学做人”的特色教育理念，成效显著。

建立书法特色课程体系，让特色建设有章可循

课程管理体系。一是组织保障体系。建立“书法领导小组—教务处—书法教研组—书法教师”组织管理体系，书法教育领导小组组长由校长亲自担任，成员包括分管领导、教务主任、语文教研组长、书法教研组长、优秀书法教师等。二是课时教材保障体系。在课时上，保证“一长五短”，即每周安排一节 40 分钟的写字长课，每天下午安排 20 分钟的写字短课。一、二年级练习写铅笔字，三年级写钢笔字，四～六年级写毛笔字。三是教学目标体系。在教学目标上，遵循由浅入深、由简到繁、由易到难、由局部到整体的规律，以激发学生的学习兴趣。四是用具保障体系。学校专门设计、印制了供师生练习用的毛笔字本、钢笔字练习本和竞赛用的作品纸，纸张格子的大小设计科学合理，方便练习。除此之外，学校每学期为教师配备写字所必需的笔墨纸砚。五是制度保障体系。学校制定了一系列的写字方面的制度。比如《52 小学写字优秀班级评比制度》《52 小学奖励条例》《52 小学学生写字级别测评制度》《52 小学写字教研制度》等。学校每学期都拿出一定资金对在书画方面成绩突出的老师进行奖励，其中获省级以上奖励的还将被申报东风教育分局教育奖励基金。

课程研究体系。学校对书法教育课程研究提出“四个一”的明确要求，即讲一节研讨课，写一篇教学设计，写一篇论文，书写一幅优秀的硬笔或毛笔作品。每学年学校举行书法教育论文发布会，交流教学所得。在技艺练习中渗透德育。练习书法贵在坚持，要对同一帖、同一字，甚至同一线条进行反复地书写，不厌其烦，持之以恒。学校积极开展《提高写字教学质量》课题研究，此课题为国家级课题，在课题研究中，学校总结出了一些较好的写字教学方法，如：直观演示法、描红仿影法、正误对比法、画辅助线法、数字分析法、反复练习法等。还提炼出了写字教学“四步法”，即一看：看结体，观结构，找主笔，定重心；二范：教师示范；三练：学生练习，注重基本笔画与整字练习的交叉性、整字练习的层次性、日常练习的持久性；四评：评价字的优劣，分自评、互评、师评。

课程评价体系。学校制定《52 小学写字级别测评实施办法》，把硬笔和毛笔各分成 10 个级别。每年的 6 月和 12 月由教务处和书法教研组组织“升级赛”，学生是否能升级，由“升级赛”成绩和平时作业书写成绩决定，各占50%。六级以下的升级由写字教师决定，六级以上的由学校评审小组评审决定。全校学生都参与硬笔级别的测评，同时四——六年级还要参与毛笔级别的测评。“写字优秀班级”由学校书法教研组评定，根据《52小学写字优秀班级评选办法》，从写字氛围、写字习惯、写字质量、等级测评、赛事展览五个方面进行严格考核打分，综合评定出“写字优秀班级”；写字先进个人则由各班按一定比例评出。先进班级和个人均在全校期末总结表彰会上进行隆重表彰。

建立书法特色培训体系，让特色建设有本有源

一是校本培训。有集中培训和非集中培训两种方式。学校每学期都编制集中培训的计划，统一组织实施。非集中培训即自学，学校布置训练任务，教师自行练习。特别是寒暑假，学校布置一定数量的书写任务，开学初进行检查、公布、讲评、展览。二是高端培训，即派老师到市外进行培训，学校多次派教师赴市外参加各种培训班、研讨会等。

师资培训呈现六大特点：一是培训内容广，汉字理论、写字方法、书法创作与鉴赏等都有涉猎；二是培训时间长，每学期我们都安排书法专项培训，学期中每月安排一次，学期结束时，集中安排2～3天，培训近40课时；三是培训层次多，有全员参与的培训，有部分教师参与的培训，也有书法骨干先行参与培训，然后由其对其他教师进行二级培训的培训；四是培训形式活，有专题讲座、教师示范、课堂教学引路、观看录像、同伴讨论、现场考察等；五是主讲教师精，有国家级专家王维义，省书法专家廖敬彦、刘春生，也有市级书法家黄家喜、刘国平等；六是培训要求高，学校强调讲练结合，倡导教师自修，坚持做到“三个一”，即：每天练写一页硬笔字、一页毛笔字、一学年上一个台阶。练习作品由书法教研组长每周批阅一次，并进行面对面指导。

建立书法特色活动体系，让特色建设有声有色

学校每学期举行一次全校性书法竞赛活动，每年的“六一”，举行“翰墨馨校园”大型书法竞赛活动，全校同学按班级顺序排列在操场上，尽情挥墨。每年组织学生参加市“太和杯”少儿书画大赛、“俊发家具”杯书画大赛等。

积极开展“春联书写”实践活动。每逢春节，学生写春联、贴春联、义卖春联、书签制作等，让书法艺术走进社区。同时也将书写的对联或春联，张贴在班级、办公室和学校校门口，形成独具特色的“楹联”文化。

注重作品展示。班级有“即时作品展”和“书法作品”专栏。“即时作品展”是上书法课前讲评作业后的展示，将优秀的书法作品贴在黑板上，以示鼓励。“书法作品”专栏在墙壁上，用于展评学生的书法作品，定期更换。校级书画作品展览活动丰富多彩。一是橱窗展，将师生作品贴在橱窗内，供师生和家长观摩。二是长廊展，将师生作品挂在走廊里展示。三是专题展，比如“庆元旦迎新年”师生书画作品展等。

建立书法特色文化体系，让特色建设有情有调

在文化的建设上，学校注重把书法元素渗入其中，把学校文化的内涵通过书法这种独特的形式表现出来，让写字教育成为学校文化建设中的亮点。

各班教室、专用教室门前贴有用书法家名字命名的班名牌，比如“王羲之班”“柳公权班”“怀素班”等，30 块书法家班名牌，让学生了解了风格分明的书法家，增强了学书的兴趣。

学校让每一面墙壁都“说话”：校园墙壁上由书法家书写的“千里之行始于足下”8 个端庄典雅的红色大字，无声地告诉学生学习要打好基础，厚积才能薄发；《小学生日常行为规范三字歌》《弟子规・余力学文》则让学生规范自己行为的同时，接受潜移默化的教育；张贴的名言警句，“忠孝雅诚”“人无信无以立”等警言，告诉学生要知书达理，做一个儒雅的、顶天立地的人。

墙壁文化的最大亮点是走廊里的 40 块“师生书画作品”展板。展板上的作品全部由师生书写，字体美观，风格各异，让参观者驻足流连。学校辟有 4 个展示橱窗，展示师生的书画作品。《翰墨苑》书法知识长廊长达 20 余米，分前言、写字姿势、写字方法、文房四宝、汉字演变、古代书法家、写字级别测评七个板块。各班、各专用教室、各办公室都散发着浓浓的墨香味道。教室里张贴有同学们日常的习字作品，也有装裱的、由老师或同学书写的名人名言等。办公室里贴有老师自己书写的人生感言。

另外，学校还独创了“写字韵律操”，“我们学写字，姿势很重要，身正肩要平，臂开两足安……”，每天学生练字完毕做一做，松松筋骨，劳逸结合。“少年书法广播操”《写意生长》，则安排在课间操时间做，“纸上日暖暖，笔下风轻轻，一撇一捺人之初，一笔一画写人生”，学生边唱边跳，歌舞与书法结为一体，心灵与书法完美融合，书法文化悄悄植入师生心灵。

（此文发表于《湖北教育》2013 年第 7 期）

在墨香中润泽童年

记者 宁雷蕾 通讯员 石红丽

平时常见的笔、墨、纸、砚，使 52 小学的千余名学生养成了端端正正写字、堂堂正正做人的良好品行；美不胜收的书法作品，使这所校园展示出独有的艺术风韵，散发出清新典雅的书法文化气息；师生文明礼貌的言谈举止，使这所学校处处彰显出“书品即人品”的文化风骨。

翰墨飘香，是这所学校特色强校的亮丽名片；生长教育，是这所学校特色办学的宗旨。这，就是东风 52 小学的魅力所在！

书法，在墨香里润泽童年

15 年的风雨兼程，15 年的书法育人。正是这种对书法教育的执着，让东风 52 小学成为了全国书法教育示范学校、湖北省书法教育名校、湖北省书法教育明星学校、十堰市青少年书法培训基地、东风教育分局首批特色学校。

学校在“书品即人品、写字学做人”的书法教育理念指引下，实现了“一手好字，一生受益”的书法教育目标。在书法教育管理过程中精心做到“五全”：

教师全员参与。全校教师共同参与书法作业练习和书法作品创作，共同参与书法课堂教学和书法比赛展示活动。

面向全校学生。学生做到人人练字，日日练字。一、二年级写铅笔字，三年级写钢笔字，四、五、六年级写毛笔字。

落实教学全程管理。学校制定切实可行的措施，狠抓书法教学工作，将书法课列为校本课程，每周开设“一长五短”课时的书法课；优化课堂教学模式，提高课堂教学效率；开展学生书法作业展评活动，让学生取长补短、共同进步；抓书法课教研教改，制定了 一看二范三练四评写字教学流程；抓表彰评比活动，培养学生学习书法的兴趣和积极性。

促进学生全面发展。学校将学生书写技能的提高与书法兴趣的培养、道德情操的熏陶结合起来，充分发挥“书法育人”的作用。书法启德，书法益智，书法传道，书法健体，书法怡情……“我们学写字，姿势很重要，身正肩要平，臂开两足安……”，每天学生练字完毕后就会做“写字韵律操”，松松筋骨，劳逸结合；课间操时间，学生做名为《写意生长》的少年写字操。“纸上日暖暖，笔下风轻轻，一撇一捺人之初，一笔一画写人生……”全校学生边唱边跳，体育锻炼与书法相结合，心灵与书法完美融合，书法文化逐渐融入师生心中。

引发社会全面关注。学校每年都举办丰富多彩的活动，如学生现场书法展示、写春联送春联、“生长杯”书法节、“中国梦 · 校园书写大赛”等，学校书法教育得到家长的认可和支持。2010 年 4 月，学校成功承办湖北省教育学会书法教育专业委员会第五届会员代表大会暨第九届 “楚风杯”师生书画大赛颁奖大会，吸引了 300 余位来自省内外的著名书法专家、学校校长、老师参加活动，并有《中国教育报》和《书法报》等媒体进行专题报道。

在书法文化的熏陶下，学生们学书法，爱书法。在我市首届“太和杯”少儿书画大赛中，学校有 17 人获奖，占获奖总人数的 36%；在“建党 90 周年”全国书画作品赛中，学校有 4 幅作品获一等奖；每年都有百余名学生参加全国书画等级考试，毛笔最高级别达到六级……

环境，展现浓厚书法艺术氛围

一走进东风 52 小学的校园，这里的书法氛围便会感染每一个人。

树荫下，几块大石头上刻着著名书法家题写的 “爱”“雅”“尚美”等字，时刻教育学生做博爱、高雅、尚美的人。

从教室内外墙壁布置，到楼道墙面的点缀，无不体现着学校书法教育的别具匠心。

著名书法家书写的“千里之行始于足下”8个端庄典雅的红色大字挂在教室里的墙壁上。走廊里的40块“师生书画作品”展板、书法温馨提示语、“忠孝雅诚”“人无信无以立”等警言，尽显书法教育特色。

《翰墨苑》书法知识长廊长达20余米，分前言、写字姿势、写字方法、文房四宝、汉字演变、古代书法家、写字级别测评七个部分，让学生感受到了灿烂悠久的书法艺术。

各班教室门前贴有用书法家名字命名的班名牌，比如“王羲之班”“柳公权班”“怀素班”等，激励师生以书法家为楷模，学其书，品其德。

教室里张贴着同学们日常的习字作品，也有装裱的、由老师或同学书写的名人名言等，营造了班级书写的氛围；办公室里贴着由老师自己拟定、书写的人生感言。师生的书法作品悬挂于楼道，方寸之间也尽显书香文化。

10月11日，东风教育分局局长王列军到东风52小学调研校园文化建设时说：“走进52小学，能让人感受到浓郁的书香文化氛围，书法教育已经深入到了学校师生的骨髓。52小学在危房改造时期，将校园文化建设得如此好，实属难得。”

课堂，迸发向上进取的力量

小学特级教师薛法根说过：“课堂，呈现的应该不仅仅是‘鲜花’，还应该有‘花开的声音’，课堂上最美的声音是学生生命里‘拔节’的声音。”

在一节示范课的展示交流环节中，一位男生大方地走上讲台，对台下的师生说：“下面我代表我们小组向大家汇报学习成果……大家还有疑问或补充吗？”台下马上有十几名学生举手。孩子们各抒己见，进行着平等、畅快的交流。

在生长课堂上，“多向四环”导学模式已趋向成熟，即独立预习—合作探究—展示交流—检测练习。为把自主权真正地交给学生，学校注重生生互动、师生互动，注重学生的自我探索、互动与合作。生长课堂体现了四个关注：关注学生原有的基础，把学生实际状态作为教学的起点和出发点；关注学生的学习方式，学生通过自主学习、合作探究，最大限度地拥有学习的空间和时间；关注学生的“生长点”，让学生走进教室和走出教室的状态发生变化；关注学生的学习热情，培养学生的学习兴趣。

为让生长课堂更具活力，学校以校本教研为主、片区联动为辅，推动课堂改革的深入开展。学校开展了培训、研讨、座谈、沙龙等多种形式的教育研讨活动，在达标课、示范课、重构课、竞赛比武课、汇报课等生长课堂中加深了教师对教学方式与学习方式的研究。

扎实的教科研活动，让学校的教学质量不断提高。2012年以来，刘敏、鲁晓茵两位教师在东风教育分局语文、数学优质课竞赛中分获一、二等奖；霍艳霞、宋鹏程两位老师在全省语文、美术教师基本功大赛中均获二等奖；石红丽、刘运辉被评为学科优秀教师……学校不仅被评为全市课堂教学改革先进单位，而且连续9年的六年级毕业统考成绩均列东风教育分局所属学校前茅。

管理，关注成长的足迹

东风52小学秉承“在生长中享受教育，在教育中幸福生长”的办学理念，践行“52小学精神”，即爱岗敬业的奉献精神、团结协作的团队精神、争创一流的进取精神和精益求精的科学精神。通过精细化、人文化的管理，关注学生的健康发展，教师的健康发展，学校的良性发展。

这里，是学生成长的乐园。学校探索出了形式多样的九大教育活动，如：书法节系列活动；英语节系列活动；经典诵读系列活动；清明节祭扫烈士墓、教师节征文比赛等节日、纪念日教育活动；“争创文明校园、文明班级，争做文明学生和合格小公民”等礼仪常规教育活动；体育艺术教育活动；校园小制作比赛等科技教育活动；慰问福利院老人、参观德育基地等社会实践教育活动；“我的梦·中国梦”等主题教育活动。

这里，是教师成长的沃土。在青年教师工作会上，东风52小学校长龚明为老师们描绘了成长路线图，即合格教师—骨干教师—学科带头人—特级教师，并提出了让教师在五年内实现“一年像样，三年出样，五年榜样”的职业奋斗目标。

在“榜样在我身边”“夸一夸我的同事”等活动中，老师们在团队中找到自己的存在感和被重视感，学校让职工拥有了职业幸福感；在师徒结对、教学比武、学术交流、教学论坛等活动中，学校为青年教师的成长搭建了平台……经学校的精心培养，教师们自觉学习，多名年轻教师或走向了管理岗位，或成为东风教育分局学科带头人。

在东风52小学的校园里，没有禁锢的思想，没有停止的脚步，只有勇争一流的激情，只有从优秀走向卓越的梦想。

（此文刊发于2013年12月3日《十堰日报》）

书法课程：让儿童在墨香中徜徉

石红丽

52小学以墨砺人生为办学理念，以培育具有“静气、灵气、文气、豪气”的墨香少年为目标，构建一个课程体系——墨课程体系，打造三大课程——墨品、墨香、墨韵。墨香书法课程是墨课程体系的重要组成部分，是学校的特色课程、精品课程。多年以来的书法课程建设已让墨香书法融入学校的血脉，形成了独特的学校气质。我们从四个方面扎实开展工作。

一、书法学科课程：夯实墨香根基

1.保证课程时间：长短课时结合

从1998年开始，每班每周安排一节40分钟的书法长课，每天下午安排20分钟的书法短课，由语文教师承担教学，做到“人人练字，日日练字”。

2.保障课程教师:专兼职相结合

2名专职书法教师无法满足我校书法课的需求,树立语文教师既是书法教师的意识。书法教学质量要提高,师资是关键。我们长期坚持培训,即全员培训、分层培训;有书法专业技能培训、书法相关技能培训;有以赛促练的作品征集活动、也有现场书法比赛。精准的师资培训保障了课程的实施。

3.确保课堂教学

《中小学书法教育指导纲要》指出:中小学书法教育以语文课程中识字和写字教学为基本内容,以提高汉字书写能力为基本目标,以书写实践为基本途径,适度融入书法审美和书法文化教育。据此,我们把书法课堂教学细分为3类课型。

(1)书法指导课。这是书法课程的基本课型。注重书写技能的指导。三年级开始,从笔画到布局进行循序渐进地指导训练。

书法技能训练内容:具体的用笔方法、字法与章法(基本笔画—独体字—偏旁部件—合体字结构—结体规律)

通过几年的实践,学校探索出了书法指导课的四步法:一看二范三练四评。

(2)书法欣赏课。书法之法,是“规矩、法度、规范”的意思。古人的字经过大浪淘沙之后能够留存下来的都是有功力,具有书法之美,值得推崇和欣赏的。

如何上好欣赏课呢?在集中字中欣赏,在比较中欣赏,在作品前欣赏,在碑帖中欣赏。集中字中提高学生的欣赏美鉴赏的能力;比较不同的书体,总结书写规律;组织学生欣赏书家的作品、观看师生作品,获得特定的审美感受。

欣赏什么呢?从笔法、结构、章法、墨法等方面感受书体美,感受书法的魅力。

(3)书法文化课。书法文化课要渗透中华文化的教育内容,比如:在课堂教学中开展对文房四宝的研究,对汉字的研究,对书法家成长之路的研究等。

二、书法环境课程:点亮墨香校园

1.以书法为景观,装点物质环境

学校全方位、立体式设计以“墨香”为主题的校园文化,移步换景,处处有“墨”。

路名、楼名、景观名、石刻、廊道烙下了浓墨重彩的印记。

伏龙石、书法文化墙、翰墨苑、尚书广场、书法展厅尽显墨香文化。

2.以书道为核心,构建人文环境

学校的一校三风、校歌、校徽、师生誓词等贯穿、渗透墨文化,体现学校的核心文化。

学校独创了“写字韵律操”“少年书法操”《追逐书梦》。大课间到了,全校师生齐聚操场,边歌边舞,艺术与心灵完美融合。

学校的书法宣传册成系列。《墨韵》《墨缘》《墨香》,这些年,两年编写一本,免费发放给学生，师生的书法作品成为街头巷尾的热议。

“一草一木都含情，一墙一廊都说话，一室一厅均有调，一颦一笑总关情”。52 小学努力将墨香融入校园的各个角落，融入师生工作学习的各个空间，徜徉其间，墨香萦绕。

三、书法节庆课程：激发墨香活力

节庆课程作为我校校本课程的重要组成部分。我校设置有五大节：英语节、书法节、阅读节、体育节、科技节。为书法课程量身打造了“书法节”和“元旦节”。

书法节上，有师生现场书法，有书法家亲临指导，有书法研究活动，有书法研讨课，有书法作品展览等活动，让书法大放异彩。每年的书法节主题不同，各有千秋。9 月举行开笔礼仪式，邀请湖北省书法教育专业委员会秘书长李志刚和湖北省书法名家廖敬彦两位书法专家现场挥毫泼墨，讲授开笔课。

元旦节前，征集书法作品活动。由书法组教师进行评选表彰，进行评析作品。以赛促练，提升书写质量。

扎实的书法节庆课程，学校搭建平台，师生唱主角，激活墨香能量，奏响书法最华彩的乐章。

四、书法社团课程：成就墨香达人

“兰亭书社”书法社团组织形式：公开招募，“以字拜师”，自主参与，严格章程，定期活动，展示成果。做到“五定”：定时间、定内容、定地点、定目标、定考核。文艺汇演《墨舞人生》中的墨香小达人，就是书法社团的成员。

52 小学践行“写好人生每一步”之校训，探索墨香书法课程，为培育“静气、灵气、文气、豪气”的墨香少年守望前行。今后，我们将不遗余力地让儿童在墨香中徜徉，遇见最美的自己。

（此文发表于《十堰教育研究》2019 年第 1 期）

东风 52 小学：翰墨书正气 清香满校园

田厚礼　范学武

在全省深入推进党规党纪和监察法宣传教育“十进十建”之际，十堰市东风 52 小学结合自身书法特色，将廉洁文化教育与学校书法教育相融合，掀起了一阵党规党纪和监察法宣传教育进学校的热潮。

书法为媒，树廉洁之风

“快看，这是我们陈老师写的‘日勤三省，夜惕四知’，写得真漂亮！”“我们班长写的也展出来了——出淤泥而不染，濯清涟而不妖。”大课间，同学们七嘴八舌地评论着。原来，

52 小学近日举办了一场以“廉洁文化”为主题的书法展，征集了两百余幅优秀的毛笔、硬笔书法作品。

唐代书法家柳公权曾劝谏穆宗：“用笔在心，心正则笔正。”可见，书法与人的心境有着密切的联系，书法是思想教育的重要工具。即：“通过本次廉洁书法展，全校师生更懂得黑白之分，方正之美！”廉洁书法作品成功展出后，52 小学校长龚明高兴地说。

党支部书记杨纯清介绍，为深入推进廉政教育与书法的整合，学校建立了完善可行的长效机制：制定了《廉洁文化与书法教育整合的实施方案》，组建了廉政书法创作小组，让廉洁文化进入书法课堂，进入书法活动，融入学校的书法文化之中。

活动为介，缔廉洁之约

10 月上旬，政教处开展以“党规党纪和监察宣传教育”为主题的手抄报比赛、黑板报比赛和主题队会，让“十进十建”活动深入到班级，深入到学生之中。在活动中，高年级学生观看了党风廉政专题纪录片，对国家全面普及《中华人民共和国监察法》(以下简称《监察法》)的重大意义有了比较深入的了解；中年级学生亲手办黑板报和小报，用简单的图画和文字阐述、宣传自己对党规党纪和监察法的理解。

“从《钓鱼的启示》中我明白了生活中我们会遇到各种各样的‘鱼’，而只有从小接受学习和锻炼，我们才有勇气去拒绝这样的‘鱼’。在这次的主题班会中，我对课文有了更深的理解，也给未来的自己订了一个约定：不仅自己要懂得拒绝，还要让身边的人学会拒绝。”五年三班赵悦涵同学说。

10 月 14 日，该校组织全校教师到革命老区南化塘，缅怀在中原突围中牺牲的三千忠魂，感受先烈们英勇不屈的精神，接受爱国主义的精神洗礼。此外，学校利用主题党日活动、全校教师会等多种手段见缝插针地对党规党纪和《监察法》进行深入的学习，利用师德培训、新教师岗前培训等对《中华人民共和国教师法》进行学习，通过签订《师德承诺书》《廉洁从教承诺书》，让全校老师知法懂法，遵纪守法、合理用法。

携手共进，带“廉洁”回家

“爸爸，我们可以没有很多钱，可以没有好的手机，我们一家人平平安安就是幸福……”10 月 8 日，五年级全校学生在老师的指导下，为自己的爸爸妈妈写了一封“廉洁做人，廉洁从业”的书信，开展“小手拉大手”活动。同时，家长们也给孩子写了回信，表示会廉洁从业，端正做人，为自己的孩子树立榜样。

副校长武静波说：“我们还通过微信公众号、学校网站等向家长推送了廉洁从业(政)倡议书，增强了‘小手拉大手’活动的宣传氛围，让更多的家长参与进来。”

“我们将始终秉承‘写好人生每一笔’之校训，不行歪笔，不落败笔，端端正正写字，清清白白做人，让 52 小学的校园处处洋溢着翰墨清香，处处吹动着廉洁清风！”52 小学校长龚明说。

(此文 2018 年 10 月 19 日刊发于湖北教育新闻网)

东风52小学:教学生写好人生每一笔

石红丽

古语有云:“字如其人,立品为先。”在中国传统文化遭遇种种挑战的今天,东风52小学力求以墨香传承文化,用特色孕育人生,教孩子“写好人生第一笔”,为学生们的健康成长创造了一片自由飞翔的亮丽天空。

墨香学校因“书”而名

走进52小学,一块巨石安放于校门口的广场上,巨石似方正外形,稳健大气。“墨香”二字直扑眼帘,背面以小楷刻出《52小学赋》,其中,秉“写好人生每一笔”校训,寻德育人心之新法,探课堂高效之路径,启书法教育之特色,凝“墨香”核心文化,培“静、灵、文、豪”“四气”学子,已成“全国百强特色校”。短短几句话高度凝练出52小学的文化精髓。

信步前行,一方石、一处景、一条廊、一块碑、一页窗的精雕细琢,让人陶然于弥漫墨香的校园。翰墨苑,庭院式的建筑风格让校园平添几分江南雅致气息,洗砚池是书法圣人王羲之挥毫泼墨的地方,寓意则更加隽永富有意蕴。王羲之学书用功,将一池水都洗黑了,所以也称为“墨池”。与墨池遥相呼应的是“尚书广场”,上面镌刻着历届学生不同风格、不同字体的“书”字,如此接地气的书法展示,真真实实地记载着学生的书法水平。

52小学一人一事、一景一物,处处彰显独特的校园文化定位。“书香楼”“书品楼”“书道楼”,楼楼盛名;“墨缘路”“墨韵路”,路路育人;“书法室”“书法厅”,间间精彩。52小学持守“墨香”的理,孕育“墨香”的“心”,演绎着“墨香”文化,将“静气、灵气、文气、豪气”渗透到每个学生的心中,让墨香文化在52小学诗意栖息……

“墨香之地”浸润书法自信

如今,在52小学,午后每天练字的那半小时已经成了孩子们最期待的时光。悠扬的古典乐曲声响起,校园里生动活泼的热闹场面顿时烟消云散,孩子们自觉地走进教室一笔一画练字,看着那一张张神情专注的脸,他们仿佛不是在书写那单调的方块汉字,而是在描绘自己的美妙图画!读帖、临摹、书赛、评比,谁都希冀着在班级板报“优秀作品”栏里找到自己的墨宝。教室“翰墨园”里的作品换了一批又一批,学校走廊裱框里的小书法家来了一个又一个。

在三年级5班的教室里,同学们端正坐姿,拿出纸笔,跟着老师一笔一画,工整地练习写字。坐在第一排的肖婉莹写得格外认真:“我非常喜欢写字。老师说,字就像是我们的第二张脸,写好了字就好像让别人看到了更美的自己。”

四年级是学习毛笔的起始年级,每年开学第一课书法老师陈家林都有一个传统仪式——铺开大大的宣纸，写上“人”字：“从上至下，顶天立地方为人；一撇一捺，互相支撑方为人。”他说，自己希望以“人”字的写法来激发同学们对书法的兴趣，并教育学生们“做一个好人，就要行得端立得正；成为一个好人，更要懂得朋友间的互助友爱、相互支持。”他还说，作为书法老师，并不是希望每个学生都成为书法家，而是在一撇一捺中，养成一种规范的学习思维和一种认真的做人态度。吸收中国传统文化流传下来的优秀的品性，才是练习书法的精髓所在。

在参观书法厅时，五年级的王飞歌被一件件书法作品吸引着。“这幅是柳体，那幅是欧体，这是甲骨文，那是篆书，身边的是隶书……”在王飞歌的眼中，每种字体都有自己独特的美感，承载着不同的文化内涵。这种美正是王飞歌热爱书法的原因。

在当今纷繁复杂的都市中，52 小学给孩子们保留一方亲近书法、坐拥文化、恬淡雅致的“墨香之地”，传承文化精髓，重拾文化自信。

自信之中“写好人生每一笔”

52 小学创建的墨香课堂，学生传承书法之道，鉴赏书法作品，体味翰墨之香，浸染书香味。另外，在数学、英语等课程中都提出了书写的明确要求，在音乐、美术、体育课程中，老师们进行不同美的鉴赏和表达的训练，在品德、劳动等课程中对书法博大的文化进行有机地渗透，以点带面，夯实文化根基。

在十堰市 2015 年中国汉字听写大会上，52 小学代表队荣获小学组冠军。52 小学学子不仅展示了对汉字书写的记忆功力，更是在一个个美丽的汉字书写中激发人们对中华传统文化的情感。刚刚过去的第三届书法节，学校举行了“兰亭书社”活动，展示了书法韵律操，征集了墨香书法作品，表彰了墨香班级、墨香少年等等。活动中，学生于笔、墨、纸、砚的摩擦交响中寻求自己的自信，体验成功的喜悦。

52 小学墨以载道，教化人生，以墨养德，以墨启智，以墨健体，以墨审美，以墨会友。“学书法最重持之以恒，一笔一画的书写练习可以帮助学生养成锲而不舍、精力专注、耐心细致的良好习惯，这是书法教育回归教育本质的首要使命。”龚明校长这样诠释该校“写好人生每一笔”这一办学理念，“从小处说，就是要教育学生写正确、写端正、写漂亮每个字；从大处看，这里的‘每一笔’还引申为每一言、每一行、每一事、每一天、人生每一个不同的阶段。”不积跬步无以至千里，他希望这些孩子不仅能扎扎实实，循序渐进地练好字，更重要的是要从练字的过程中去感受中国文字的博大精深，领悟中国文化的源远流长，并能从中汲取前进的养分，精心写好人生的“每一笔”。

（此文刊登于 2015 年 5 月 19 日《十堰晚报》）

52 小学:助力学生"写好人生每一笔"

《十堰晚报》记者　张潇潇

走进 52 小学,校门口用隶书字体书写的校匾端庄大气又潇洒灵动,十分引人注目。这不是某位书法名家的大作,而是该校 10 岁学生郑梓萱所题。

让学生题写校匾并定期更换,是 52 小学对学生学习书法的一种特殊评价和激励方式。52 小学书法特色起步于 1998 年,23 年来,学校逐步形成以"墨"为特色的完整课程体系,将书法的"香气"浸入学校教育教学的方方面面。喜爱书法、敬畏书法,在 52 小学,书法早已成为学校建设和发展的灵魂,成了一张叫得响的靓丽名片。

"最初,三、四年级的孩子接触书法的时候,衣服上、桌上常常粘得满是墨汁,但随着练习的深入,孩子们不仅能够保持干净整洁,在学习上也更能静下心来。"2006 年,52 小学书法老师陈家林看到了书法教育带给孩子的可喜变化。

2006 年 6 月,在省教育学会书法教育专业委员会第四届年会上,时任 52 小学副校长、语文兼书法课教师龚明的书法教育经验交流获得与会者的一致好评,专业委员会看到了学校书法教育发展的显著成效与巨大潜能。同年 11 月,经过考察,该校被确定为"湖北省书法教育实验学校",书法特色发展走上新的轨道。

"书法教育只依靠短期活动展开,无法形成完整教学系统,师生对书法教学的认同感不高,怎么办?"2012 年 7 月,龚明接任校长后,首先思考的一个问题,就是如何让书法特色做得更好。学校确立了以"墨"为核心的校园文化,以"四纵两横"为框架,将书法教育扎根学科类和活动类课程,渗入德智体美劳育人全过程。同时,学校建立了书法教育管理、书法课时保障、写字优秀班级评比等制度,持续增强书法教育发展后劲。

每年 5 月的书法节是 52 小学的盛会,一千余师生现场挥毫泼墨,集中展示书法成果,学生们进行书法相关的文艺节目表演,教师观看书法名家现场展示,开展主题研讨,举行书法作品比赛,将优秀书法作品集中展出,供观摩学习……整个校园沉浸在一片浓厚的墨香氛围中。以师导练、以赛促练、以制保练、以标激练。52 小学校长龚明说:"在书法节丰富多彩的活动中,师生对书法的认同感不断攀升,活动参与率达到 95%以上,真正让书法融入每位师生心里,成为大家的追求和骄傲。"

书法给孩子带来了什么?龚明讲了几个学生的故事。因为从小练习书法,李峥妍总能长时间保持高度专注和自律,学习、做事都能心无旁骛,不仅让老师和家长十分放心,学习成绩也一直名列前茅,2018 年被北京第二外国语大学录取。

学生柏佳丽与同学竞争,每次都因为几分名落孙山,2020 年高考,因为书写的优势,她一举超越了同学,并被北京大学医学院录取。她骄傲地表示,是书法在关键时候让她占了优势。

黄舒娜毕业多年仍热爱书法，一手漂亮的毛笔字总是她身上的加分项。她常常说：“书法学习影响了我一生。”

23 年来，学校以“墨”为魂，将“书法”根植于全校师生的心中，演绎了无数精彩故事，得到了广泛认可。全国写字教育先进学校、全国书法教育示范学校、全国写字教育明星学校、省书画教育示范学校、省写字教学先进学校等荣誉称号纷纷落户该校。

（此文刊登于《十堰晚报》2021 年 6 月 21 日）

第二节　经验交流

20 多年来，我校在书法特色建设推进中，不断总结经验，并进行经验推广。3 次在湖北省教育学会书法教育专业委员会组织召开的会议上进行交流，2 次承办省级书法现场会，多次在国家、省级培训会上交流做法。

这里，选编 2 篇，以飨读者。

巧借东风布春雨

——在十堰市 2012 年德育工作年会上的发言

（2012 年 12 月 25 日）

龚　明

52 小学地处车城东部，是东风分局内第二大完全小学，现有学生 1400 余人，教学班 25 个，教职员工 63 人。

从 1998 年开始，我校把写字教育列入教学计划，坚持不懈地开展书法教育，全面打造书法特色校园，巧借书法的教育功能，有效地实施德育，使学校走上内涵式、特色化发展的道路。

一、构建书法特色课程，探寻德育渗透的基点

德育的主阵地在课堂，基点在课堂，德育必须和课堂紧密结合，巧妙渗透，润物无声，全面提升学生的人格修养。

（一）构建课程体系，让德育渗透有根基

我校书法特色课程体系在多年的书法教育实践中形成。我们确立了“让写字教育成为 52 小学的名片”的书法教育目标，践行了“端端正正写字，堂堂正正做人”的写字教育理念，提出了“一手好字，一生受益”的书法教育口号。在书法特色课程建设中，我们努

力让管理、教学、研究、评价落到实处。

(1)课程管理:“四个保障”。①组织保障。建立“书法领导小组—教务处—书法教研组—书法教师”组织管理体系,书法教育领导小组组长由校长亲自担任。②课时教材保障。在课时上,保证“一长五短”,即每周安排一节40分钟的写字长课,每天下午安排20分钟的写字短课。一、二年级练习写铅笔字,三年级写钢笔字,四至六年级写毛笔字。短课的前5分钟由教师讲解,随后优美的古典音乐响起,全校师生开始书写(教师在自己的办公室)。短课结束时做写字韵律操。教材“一主多辅”。毛笔教材以柳体字帖为主,以隶书、欧体、颜体为辅;硬笔教材以湖北省教育学会书法专业委员会编写的《小学硬笔书法》为主,以《好字天下行》《写字》为辅。③用具保障。学校专门设计、印制了供师生练习用的毛笔字本、钢笔字练习本和竞赛用的作品纸,纸张格子的大小设计科学合理,方便练习。除此之外,学校每学期为教师配备写字所必需的笔墨纸砚,如:各种型号的毛笔和钢笔、白笔,毛笔练字本和钢笔字练习本,毛边纸和宣纸,以及各种墨汁、毡子等。④制度保障。学校制定了一系列的有关写字的制度。比如:《52小学写字优秀班级评比制度》《52小学奖励条例》《52小学学生写字级别测评制度》《52小学写字教研制度》等。学校每学期都拿出一定资金对在书画方面成绩突出的老师进行奖励。

(2)教学方法:“四步法”。写字课堂教学的四步法,即一看:看结体,观结构,找主笔,定重心;二范:教师示范;三练:学生练习,注重基本笔画与整字练习的交叉性、整字练习的层次性、日常练习的持久性;四评:评价字的优劣,分自评、互评、师评。

(3)教学研究:“四个要求”。对教师写字教学进行严格要求,每学年做到“四个一”,即讲一节研讨课,写一篇教学设计,写一篇论文,书写一幅优秀的硬笔和毛笔作品。同时,提倡“双姿优先”“全员教字”。“双姿”即执笔姿势和坐的姿势。我们倡导“练字先练姿”。目前,我校“双姿”合格率达95.6%,如此高的合格率,得到了国家级专家的高度赞扬。“全员教字”即所有任课教师都承担写字教学的任务,一是教师在板书时用优美的书写为学生示范,二是教师在批阅学生作业时,把书写纳入批阅范围,对书写不规范的字进行纠正。

(4)课程评价:等级测评。我们制定《52小学写字级别测评实施办法》,把硬笔和毛笔各分成10个级别,由低到高梯次上升。每年的6月和12月由教务处和书法教研组组织级别测评,教务处汇总,把“能否升级”作为期末评比“全面发展好学生”的必要条件。同时,评选“写字优秀班级”和“小小书法家”,在散学典礼上隆重表彰。

(二)注重书道传授,让德育渗透细无声

一是在书道传授中渗透德育。中国的书法文化博大精深,书以载道,教化人生,适时渗透,效果颇佳。如在指导运笔时向学生传授“锋不偏、芒不露、形不滑、姿不媚”的书写之理和做人之道;在讲“主副配合”的原则时,进行团结协作的教育;在讲上下结构时强调

重心在一条线上，进行“上下齐心”的教育；在讲穿插避让时，对学生进行“谦让互助”“团队精神”的教育；在讲“点画、笔法要规范”时教育学生做人也要守法，切勿越规。

二是在技艺练习中渗透德育。练习书法贵在坚持，要对同一帖、同一字，甚至同一线条进行反复地书写，不厌其烦，持之以恒，坚持不懈，切忌三天打鱼，两天晒网，一曝十寒。学生可以从反复的练习中悟出许多道理：坚持就是成功；办事要认真负责，一丝不苟；学习要有恒心、静心、虚心、细心和专心。不少顽皮的学生通过练习书法，性格变温和了，动作变含蓄了，审美观强了，修养提升了。

二、构建书法特色文化，打造文化建设的亮点

学校文化是隐性的教育课堂，在浓郁的校园文化氛围中，学生会不知不觉受到教育、熏陶和启发。我们在学校文化的建设上，注重把书法元素渗入其中，把学校文化的内涵通过书法这种独特的形式表现出来，让写字教育成为学校文化建设的亮点。

走进 52 小学校园，你会被浓郁的翰墨书香吸引。无论是计算机雕刻的标语，还是手书字画；无论是专家的真迹，还是老师和学生的习字；无论是纯书法艺术，还是介绍书法知识的橱窗，都会让你目不暇接，大饱眼福，让你真真切切地感受到“书香苑”的味道。

一是石刻文化。走进校门，一个大大的石刻“爱”字就会呈现在你的眼前，“爱”的含义广泛：爱校园，爱社区，爱祖国；爱同学，爱老师，爱家人；爱学生，爱同事，爱事业……大爱无言，教育无痕！此外，还有石刻“雅”“尚美”，教育学生做高雅、尚美的人。

二是班牌文化。各班教室、专用教室门前贴有用书法家名字命名的班名牌，比如“王羲之班”“柳公权班”“怀素班”等，30 块书法家班名牌，让学生了解了风格分明的书法家，增强了学书的兴趣。

三是墙壁文化。学校的每一面墙壁都说话。由书法家书写的“千里之行始于足下”8 个端庄典雅的红色大字挂于墙壁，告诉学生学习要打好基础，厚积才能薄发。《小学生日常行为规范三字歌》《弟子规·余力学文》让学生懂得自己的行为准则是什么。墙面上还张贴有诸多名言警句，“忠孝雅诚”“人无信无以立”等警言，教导学生知书达理，成为君子。墙壁文化的最大亮点是走廊里的 40 块“师生书画作品”展板。展板上的作品全部由我校师生书写、张贴，字体美观，风格各异，让参观者驻足流连。

四是橱窗文化。学校辟有 4 个展示橱窗，展示师生的书画作品。《翰墨苑》书法知识长廊长达 20 余米，分前言、写字姿势、写字方法、文房四宝、汉字演变、古代书法家、写字级别测评七个板块，观看橱窗，就仿佛徜徉在书法艺术的境界里。

五是班室文化。各班、各专用教室、各办公室都散发着浓浓的书香味道。班级里张贴有同学们日常的习字作品，有装裱的、由老师或同学书写的名人名言等。办公室里贴有由老师自己拟定、书写的人生感言，针对性强，适用性强，倍受老师喜欢。

六是写字操文化。“写字韵律操”是我们的独创，“我们学写字，姿势很重要，身正肩要平，臂开两足安……”，每天学生练字完毕做一做，松松筋骨，劳逸结合。“少年写字操”《写意生长》则安排在课间操时间做，“纸上日暖暖，笔下风轻轻，一撇一捺人之初，一笔一画写人生……”全校学生边唱边跳，歌舞与书法结为一体，心灵与书法完美融合，书法文化已经植入师生骨髓。

三、开展书法特色活动，激活传统教育的兴奋点

书法是中华民族的传统文化，通过开展书法竞赛活动、社会实践活动、作品展览活动，可以激活学生接受传统文化的兴奋点。

(一)竞赛活动

就学校而言，每学期举行一次全校性书法竞赛活动，每年的“六一”，举行“翰墨馨校园”大型书法竞赛活动，全校同学按班级顺序排列在操场上，尽情挥墨，充分展示自己的书法水平，场面甚是壮观。就分局而言，有每年一次的书画大赛。就市级而言，有“太和杯”少儿书画大赛、“俊发杯”书画大赛等。在十堰市首届“太和杯”少儿书画大赛中，我校17人获奖，占获奖总数的36%，而且获金、银奖数目多，独领风骚。就省级、国家级而言，有一年一度的湖北省“楚风杯”师生书画大赛、全国少儿书画大赛等。特别是“楚风杯”师生书画大赛，我校参赛的人数逐年增加，2012年参赛600多人，已超过学校总人数的一半。全国“辛亥革命90周年”书画作品赛中，我校有4幅作品获一等奖，并在郑州现场展出。

(二)实践活动

开展“春联书写”实践活动，每逢春节，学生写春联、贴春联、义卖春联等，走进敬老院义送春联，让书法艺术走进社区。同时也将书写的对联或春联，张贴在班级、办公室和学校校门口，形成一道独特的风景；有的同学还把书写的春联送给教师作为祝福的礼物。2012年春天在茅箭区赛武当文化广场举行“杜鹃节”开幕式上，现场书写，现场展示，挥毫泼墨，墨香千里，受到社区各界人士的高度赞誉。

(三)展览活动

班级有“即时作品展”和“书法作品”专栏。“即时作品展”是上书法课前讲评作业后的展示，将优秀的书法作品贴在黑板上，以示鼓励。“书法作品”专栏在墙壁上，展示同学们的习字作品，定期更换，激励学生。校级书画作品展览活动丰富。一是橱窗展，将师生作品贴在橱窗内，供人观摩。二是长廊展，将师生作品挂在走廊里展示。三是专题展，比如“庆元旦迎新年”师生书画作品展，每年元旦前，学校举行书画作品展，作品悬挂校内，供师生及家长观摩；四是展览室展，学校拥有两间书画展览室，展览室内悬挂着师生的

优秀作品100余幅，隶、草、楷、行样样俱全，欧柳颜赵体体生辉；巨幅作品与小楷作品交错出现，练习作品与艺术作品同期展出。流连其间，你会深深地被中华民族的传统文化所折服。

说到活动，最让人感到幸福的是成功承办省会。2010年4月湖北省教育学会书法教育专业委员会第五届会员代表大会暨第九届“楚风杯”师生书画大赛颁奖大会在我校召开，来自省内外著名的书法专家、校长、老师300余人云集我校。会议期间，我校浓郁的书香校园文化氛围，师生精妙的现场展示，给来宾留下深刻印象，充分展示了作为全国书法教育实验学校的独特魅力。

回顾我校开展书法教育15年的历程，我们体会到，书法教育是一个载体，充分发挥书法的教育功能、审美功能，把书法教育融入学校各项工作之中，不仅能提升德育工作的实效，更能促进学校整体工作水平的提升。

漫漫书法路，硕果盈枝头。15年的书法教育，让我校学生学习静心，让老师工作舒心，让广大家长如意称心，让各级领导放心。15年的书法教育，成就了每一名老师，每一名学生，也成就了我们的学校，让我们声名远播。学生的书写水平逐年提高，屡获大奖，屈怿晨、杨涛年、李峥妍就是这些优秀者的代表。教师善于书写，乐于书写，涌现出了湖北省书法名师陈家林、郭长生、石红丽，他们被邀请到省内有关学校，或进行书法知识讲座，或讲授书法示范课，或作教学经验交流。学校则先后被评为全国写字教育实验学校、全国书画教育明星学校、全国写字教育先进集体、湖北省写字教育示范学校、湖北省语言文字先进集体、湖北省少先队工作示范学校、十堰市文明单位、十堰市红旗大队……学校在东风分局毕业统考中成绩一直位居前三名。优异的成绩引来《中国教育报》社、《书法报》社、电视台记者采访报道，省内有关学校以及十堰市市直学校、两区学校、东风分局学校的领导、老师也纷纷前来参观取经。

巧借东风布春雨，书法特色扬美名！在未来的特色教育之路上，我们52小学人将继续“扬书法教育特色，创52小学品牌”，办人民满意的学校！

从“书法课”走向“书法课程”

——在2019年湖北省中小学书法教育现场观摩会上的发言

（2019年5月10日）

龚　明

尊敬的各位领导，各位书法教育专家，各位校长、老师们：

今天，我作为东道主，在这里发言。首先，我代表东风52小学向大家的到来表示热烈的欢迎！欢迎大家前来传经送宝！

十堰市东风52小学位于道教圣地武当山脚下，十堰东郊，成立于1971年，原隶属于东风教育分局，现为市教育局直属学校，目前在校学生1853人，32个教学班，在岗教师76人。

1998年，52小学人把书法教育作为学校的特色，开设书法课程，努力实践“书品即人品、写字学做人”的特色教育理念，将书法教育和人格教育巧妙融合，将书法教育课程化，从“书法课”迈向“书法课程”，构建富有自身特色的“墨”课程，历经了三个阶段：特色起步阶段（1998—2006），特色发展阶段（2006—2012），“墨”课程创生阶段（2012－2017），并取得了丰硕的成果。

下面，我从书法校园文化、书法师资队伍、书法教育活动、书法教育课程四个方面，介绍我校从书法课走向书法课程的建设之路。

一、打造书法校园文化，增大书法教育的厚度

校园文化建设，必须围绕一个核心，这个核心，就是校魂。没有魂的校园文化，打造不出有魂的学生。

多年来，我校以“墨”为校魂，形成了自己独特的书法文化。学校秉承“墨砺人生”之理念，以“写好人生每一笔”为校训，以“书品即人品、写字学做人”为书法教育理念，以培育具有“静气、灵气、文气、豪气”的墨香少年为办学目标。校园里的一切建筑设计、人文景观，从地上、树上、墙上、楼上（楼内），都围绕“墨”构思，围绕“墨”展开。

一是地上的石刻文化。育人目标、路名（墨韵路、墨缘路）均由名书法家书写，镌刻在石头上。镇校石岿然躺卧于校门口，上书“墨香”二字。镇校石的背面是《52小学赋》，学校的发展变迁、创业历程、校魂特色全部浓缩在200余字的短文里。“尚书广场”上铺褐色大理石，专门镌刻每届毕业生中最好的书法作品“书”。二是地上的园林、花木文化。翰墨园里花草青青，“羲之池”故事给人启迪，桂花树翠绿飘香，百年老树枫杨苍劲挺拔。枫杨树上，悬挂着由我校老师撰写的诗歌《咏枫杨》。三是墙上的墙壁、廊道文化。进校门即可见到一道长70余米的书法文化墙，上布设有名家碑林、求书故事、主题浮雕、文房四宝、汉字演变、书写双姿、武林风韵（太极拳、武当剑、八卦掌）等板块。廊道里也有文化：书香楼楼道分别展示“墨”课程、阅读节、书法节、英语节等内容，图片全部采用师生当年学习生活照片。书品楼每一层辟有介绍书法历史、书法家、书写知识（基本笔画、偏旁、结构书写要领）等的书法知识长廊。四是楼上（楼内）的楼宇文化。三栋楼的楼名悬挂在楼上，书法教育理念“书品即人品、写字学做人”则挂在书香楼侧面。楼内每个班级门前挂有用书法家命名的牌匾，比如“王羲之班”“柳公权班”“怀素班”等。五是网上的网络文化。学校充分利用现代媒体，比如校园网站、微信公众号、QQ群、微信等平台，展示校园文化。六是人文文化。学校独创了“书法操”《追逐书梦》。大课间到了，全校师生齐聚操

场，边歌边舞，艺术与心灵完美融合。七是班级文化。各班根据自身书写水平，建立自己的书法展示台，张贴优秀练习作品，悬挂本班“小小书法家”创作作品。

回顾我校书法文化打造的过程，我们认识到书法校园文化的打造要做到三个“变”。①变观念。一是变位居“高堂”为身处“庙宇”，要一目了然，朗朗上口，接地气。二是变专家的“给予”为师生的“自创”。2014 年春天，52 小学面向全国公开征集“校训、路名、楼名、景观名”。学校召开全校师生大会，宣讲校园主题文化征集活动的意义及办法，号召大家积极参与。历时 5 个月，共征集到稿件 2000 余份。在评选方式上，先进行师生匿名投票，再请专家终评。最终，该校 2014 届六(4)班学生张璟怡同学创作的“写好人生每一笔”被评为一等奖。②变形式。一是变“平面”为“立体”。用立体的思维，变幻的视野，在“形”上做文章，从地上、树上、墙上、楼上(楼内)、网上。二是变“单向”为“多维”，老师——学生；家长——学生，社会——学生。③变状态。一是变“静态”为“动态”，围绕静态的景观开展活动，使之变为动态，每学期都组织学生到“主题浮雕”前进行学习，了解四大书体的变迁。二是变“隐态”为“显态”，把隐形的文化用显性的课程呈现出来。

“一草一木都含情，一墙一廊都说话，一室一厅均有调，一颦一笑总关情”成为 52 小学校园文化的真实写照。

二、加强师资队伍培养，增强书法教育的力度

培养出一支能写字、会写字、会教字的书法教师队伍，是书法教育的先决条件。学校高度重视师资培训，多方面开展培训，提高教师书写水平和教学水平，建立了一支由语文、美术老师为核心的书法教育师资队伍。

(一)培训形式灵活

校本培训。我们组建“兰亭书社”，每学期都安排书法专项培训，学期中每月安排一次；学期结束时，集中安排 2～3 天，培训近 40 课时。另外，学校布置训练任务，教师自行练习。特别是寒暑假，学校布置一定数量的书写任务，开学初进行考核、讲评和展览。

校外培训。即派老师到市外，参加省会组织的书法骨干教师培训，参加国培书法班培训，组织全校教师赴市外学校取经。

工作室培训。由湖北省书法教育名师陈家林挂帅组建陈家林名师工作室(东风分局)，工作室 10 名成员定期开展培训，举办笔友会，交流练习心得，开展书法教学研讨活动，在学校起到领航作用。工作室成员进步快，深深吸引着工作室外的老师，让他们羡慕不已。

(二)培训策略“四练”

一是以标激练。树立“三个一”目标，即：每天练写一页硬笔字、一页毛笔字、一学年上一个书写级别。二是以师导练。学校安排本校湖北书法教育名师给老师们做讲座，指

导书写。同时邀请校外著名书法家王军、廖敬彦、李志刚、黄家喜、刘端文等到我校培训。三是以赛促练。每年开展2次大型的书法比赛——书法节及迎新春书法作品征集赛。四是以制保练。制定《52小学教师奖励条例》《52小学学生写字级别测评制度》《52小学写字教研制度》《52小学写字优秀班级评比制度》等，确保练习实效。

通过扎扎实实的培训，书法师资队伍逐渐建立起来，并形成梯队。

三、开展书法教育活动，确保书法教育的效度

书法教育活动，是推进书法教育的有力推手。我们主要开展书法节庆活动、书法文化活动、书法实践活动推动特色建设。

（一）书法节庆活动

书法节庆活动主要是每年5月的“书法节”和每年年初的“庆元旦迎新春”书法作品征集活动。一年一度的书法节是师生成长重要的平台。书法节里，学校邀请当地著名书法家助阵，举行“讲书法家故事比赛”“书法作品征集赛”“书法节目表演”等活动。从开幕式到闭幕式，历时一个月，学生兴致盎然。从2013年第一届书法节开始，到2019年的第七届书法节，每一届都有精彩展示。2017年第五届书法节闭幕式上，舞蹈《中国话》《中国字中国画》等把学生带入艺术的天堂。2016年元旦前夕，我校举行“翰墨润灵、初冬逸香”书法作品展评会，83岁高龄的老书法家王政文为全校师生挥毫表演，老书法家身体健硕、声如洪钟，震撼每一名师生心灵：原来，书法艺术真的能修身养性。

（二）书法文化活动

学校努力构建以唱书法歌、做书法操、跳书法舞为主的校本书法文化。我们编创了三套书法操，韵律操《我们爱写字》在每次书法短课之后进行，动作简单，旋律轻松，是紧张书写之后的良好放松形式。我们先后编创了2套书法广播操。第一套书法操《写意生长》于2011年创编完成。2017年我们编创了第二套书法操《追逐书梦》。这套书法操作词、作曲（编曲）、编舞均由我校教师创作完成，该操以“寻梦书法—追梦书法—圆梦书法”为主线，以书写的技法为重点，融入了书法、太极、舞蹈等元素，柔中带刚，轻盈曼妙，深受全校师生喜爱。每天大课间，师生同做书法操，同唱书法歌，“字如其人，书为心画；追逐书梦，纵情挥洒；写好人生每一笔，写出一个精神抖擞的大中华！”书法情、进取心、爱国情融为一体。新学年开始，举行书法操比赛，一茬接一茬，一级传一级。

（三）书法实践活动

“春联书写”实践活动，每逢春节，学生写春联、贴春联、义卖春联等，走进敬老院义送春联，让书法艺术走进社区。同时也将书写的对联或春联，张贴在班级、办公室和学校校门口，形成一道独特的风景；有的同学还把书写的春联送给教师作为祝福的礼物。2019

年春节前夕，联手路北社区举行“迎新春”春联书写活动，师生个性各异的书法，赢得社区群众高度赞扬，十堰各大媒体进行了广泛报道。

四、构建书法课程体系，拓展书法教育的宽度

（一）书法课程体系

学校从课程管理、课程科研、课程评价三个方面建立书法课程体系。

在课时上，保证“一长五短”，即每周安排一节40分钟的写字长课，每天下午安排20分钟的写字短课。在教材选用上实行“一主多辅”，毛笔教材以柳体、颜体字帖为主，以隶书、欧体为辅；开展国家级课题《书法教育与校园文化建设的研究》的研究，推行一看二范三练四评的写字教学“四步法”；倡导“双姿”训练优先，提倡全员教书法、全科教书法。

双姿训练，从幼儿园开始。我们对附属幼儿园大班的孩子进行书写指导，让大班的孩子到小学观摩同学们如何做到“头正身直臂开足安”；教师教学过程中时刻提醒学生做到“三个一”，书写完毕做写字韵律操，唱、做、练一体，有机结合。

全员教字。书写不仅仅是语文老师的事，也是每个学科的事；学科教师，上课板书时规范书写，示范引领；学生作业时，书写被作为批改的内容，包括书写的正确性与规范性、美观性。书写不美的，即使答案全正确，也不能得满分。

注重书法教育与德育、美育等的融合；制定并落实《52小学写字级别测评实施办法》，每学期举行书法等级升级赛；高度重视级别成绩，学生一学年里如果没有升级，在评选三好学生时“一票否决”。

学校根据条例评选“书法优秀班级”和“书法先进个人”（小小书法家）。“书法优秀班级”由学校书法教研组评定，根据《52小学写字优秀班级评选办法》，从写字氛围、写字习惯、写字质量、等级测评、赛事展览五个方面进行严格考核打分，综合评定出“写字优秀班级”；写字先进个人则由各班按一定比例评出。先进班级和个人均在全校期末总结表彰会上进行隆重表彰。

（二）“墨”课程体系

我校“墨”课程是指以书法教育为特色、以“墨”为线索，突出学科类课程，开发“墨品、墨香、墨韵”活动类课程，以墨启智，以墨励志，以墨怡情，以墨审美，以墨健体，全面落实立德树人根本任务，全面提升学生核心素养，全面提升教育质量，全力打造52小学“墨”教育品牌，努力实现培育书法功底深厚、富有“静气、灵气、文气、豪气”的博雅多才的墨香学子。

以“墨”为线索，构建“四纵两横”的“墨”课程体系。“四纵”即纵向四类课程：墨之品、墨之源、墨之美、墨之健课程，分别代表德育、智育、美育、体育四类课程。“两横”即横向两类课程：学科类课程和活动类课程。“四纵两横”“墨”课程体系，既包含国家课程、地方

课程，也包含校本课程；既显示了国家意志，又结合本校实际，突出“墨”文化，凸显学校特色；既有共性，又有个性，能培养学生的核心素养。

我校实施“4556”策略，强力推进“墨”课程建设：即特色实施的四大策略：建立特色课程、特色培训、特色活动、特色文化；课程落地的五大节：阅读节、书法节、体育节、科技节、英语节；五门校本课程：《墨品·我们的礼仪》《墨品·我们的节日》《墨品·我们的52小学》《墨韵·我们的书法》《墨韵·追逐书梦》；六大荣誉：墨香少年、墨香班主任、墨香教师、墨香年级组长、墨香班级、墨香办公室。

漫漫书法路，硕果盈枝头。21年，从写字到书法，从书法课到书法课程，一步步让52小学走向纵深。书法教育成就了每名老师，每名学生，也成就了学校。学生的书写水平逐年提高，屡获大奖，作品在全国展览中展出，屈怿辰、杨涛年、李峥妍、刘鸿宇、徐然就是这些优秀者的代表。教师善于书写，乐于书写，涌现出了湖北省书法教育名师陈家林、郭长生，湖北省书法教育先进工作者石红丽、田厚礼、沈涛、张娜、宋鹏程等。学校先后被评为全国百强特色学校、全国书法教育示范学校、全国书画教育明星学校、全国写字教育先进集体、湖北省书法教育名校、湖北省写字教育示范学校、湖北省语言文字工作示范集体、湖北省少先队工作示范学校、全国文明校园、十堰市文明单位……

栽下梧桐树，引来金凤凰。优异的成绩引来《中国教育报》社、《书法报》社、湖北电视台、《十堰日报》社、《十堰晚报》社记者采访报道，新疆地区以及省内有关学校以及十堰市各县市区学校的领导、老师也纷纷前来参观取经。继2010年承办省教育学会书法教育专业委员会第五届会员代表大会之后，2019年再次荣幸地承办湖北省中小学书法教育现场观摩活动。

传统文化唱主角，书法特色扬荆楚！和着传统文化的翰墨古韵，穿行在书法教育的高雅之路上，未来的52小学人将承载重任，不断创新，乘风破浪，扬帆远航！（注：此次会议在十堰市东风52小学召开）

第三节　大事记

1971年9月，学校成立，校名为第二汽车制造厂锻造厂职工子弟学校，含幼儿园、小学、初中、高中部。

1980年7月，学校中学部划归第二汽车制造厂教育处管理，成立第二中学，本校只设小学部。

1992年，东风汽车公司非金属零件厂子弟小学并入本校。

1995年，学校因体制转换，由东风汽车公司教育培训部统一管辖，学校更名为“东风汽车公司锻造厂小学”。

2004 年，学校移交十堰市政府管理，更名为“十堰东风教育集团 52 小学”。

2008 年，学校归属十堰市教育局下辖的东风教育分局管理，更名为“十堰市东风 52 小学”。

2019 年 3 月，东风教育分局并入市教育局，我校成为市教育局直属学校，校名仍为“十堰市东风 52 小学”。

2020 年 7 月，十堰市城区教育管理体制进行改革，我校划转到茅箭区政府管理，校名为“十堰市东风 52 小学”。

【2012】

★7 月，龚明同志任东风 52 小学校长。新一届领导班子由校长龚明、书记杨纯清、副校长石红丽组成。

★9 月，新生招生有重大突破。新生招生 5 个班，301 人，创历史之最。

★11 月，《书法报》资深记者、栏目编辑何东走进东风 52 小学，就 52 小学的写字教育工作进行采访。

★11 月，十堰市第六片区联校协作发展“特色品牌建设研讨会”在我校举行，刘艳、查方飞老师讲研讨课，龚明校长作书法教育特色专题报告受夸赞。

★12 月，学校组织学生参加全国书法等级考试。

★12 月，学校新征 5.6 亩土地到位，地面建筑物拆迁工作正在强力推进，校园施工不久将展开。

【2013】

★1 月，迎接东风教育分局首批特色学校创建评审验收，反映东风 52 小学书法教育特色学校创建之足迹的“墨迹册”——《墨韵》编写完成。

★1 月，学校获东风分局首批“特色学校”称号。

★5 月，学校举行“书品即人品、写字学做人”第一届“生长杯”书法节，共征集教师作品 55 幅，征集学生作品 1090 幅。

★9 月，胡东霞任 52 小学副校长。

★11 月，52 小学“经典诵读与语文教学整合研究”荣获省级“经典诵读”课题实验报告一等奖。

★11 月，学校荣获“全国写字教育示范学校”光荣称号。

★ 12 月 30 日，学校举行“玉锋杯 庆元旦”书法作品展。

【2014】

★3 月，学校成功举行全校少年书法操比赛。

★3 月 26 日，东风分局教研室书法教育课题研讨暨书法教育策略研究课题（中国书法教育专业委员会立项课题）开题仪式在我校多功能报告厅隆重举行。

★5月，学校以“写好人生每一笔”为主题举行第二届“生长杯”书法节，共征集教师作品57幅，征集学生作品1200余幅，其中为好作品点赞活动，被《十堰晚报》报道。

★5月23日，东风52小学第二届“生长杯”书法节之讲书法家故事演讲赛在学校报告厅隆重举行。

★7月，武静波同志任52小学副校长，副校长胡东霞调离。

★9月，新教学楼(书香楼)竣工并投入使用。

★9月，教师节前，市人大常委会主任王铁军主任一行，代表市委、市政府到我校慰问全校教职工。

★11月，学校“书法教育策略研究”课题荣获省级课题实验先进学校。

【2015】

★1月，学校荣获“全国百强书法特色学校”称号。

★1月，学校荣获“湖北省语言文字工作示范学校”称号。

★1月，学校荣获十堰市2014年度教育科研先进单位。

★5月，学校举行第三届“墨香杯”书法节，征集教师作品61幅，征集学生作品1288幅并创编写字韵律操，适用于课堂。

★8月，案例《墨香校园》被评为十堰市第三届精神文明建设工作创新品牌。

★10月，为迎接义务教育均衡发展国检验收，东风52小学编写“墨迹册”——《墨缘》。

★11月，学校荣获湖北省首届中小学师生书法大赛优秀组织单位。

★12月22日，国家义务教育均衡发展督导检查组专家一行来到东风52小学就义务教育办学基本标准达标情况及政府推进义务教育均衡发展工作在学校的落实情况进行实地检查。

【2016】

★5月，学校举行第四届“信息技术让书法教育灵动起来”“墨香杯”书法节活动，共征集教师作品63幅，征集学生作品1359幅并邀请刘国平、黄家喜等几位书法家进行现场书写展示。

★10月，学校获全国中小学首届“阳光喔”杯师生书法大赛优秀组织单位。

★ 11月24日，学校书法人才库培训正式启动，学校书法教育名师陈家林老师对入围书法人才库的学生进行培训。

【2017】

★2月，东风52小学校长龚明接受《书法报》专访，郑重提出52小学“一四百千”的书法梦，其中的千即指：培育一千名书法功底深厚、富有静气、灵气、文气、豪气的博学多才优秀学子。

★3月—4月，我校第二套书法操《追逐书梦》创编完成，并举行全校师生书法操比赛，实现了师生会诵、会做的目标。大课间师生同做书法操成为校园一道亮丽风景。

★4月，我校立项的中央电教馆课题——全国教育信息技术研究“十二五”规划专项课题《信息化环境下个性化学习的模式与策略研究》圆满结题。

★4月，我校构建全新的“四纵两横”的“墨”课程体系，做法在分局开学工作会上作交流，在《东风教育》杂志刊登。

★5月，学校举行第五届“翰墨飘香溢满校园”书法节活动，共征集教师作品73幅，学生作品1449幅。

★12月，全国义务教育均衡发展检查小组专家到我校检查，盛赞“我校智慧教室全国领先”。

★12月，东风52小学“墨”课程体系建设之足迹“墨迹册”——《墨香》编写完成。

【2018】

★2月，新春佳节到来之际，学校书法社团开展“写春联送祝福”活动。

★3月我校自行编写的“墨”课程校本教材《我们的礼仪》《我们的书法》《我们的节日》《我们的52小学》印发进班，引起省市媒体广泛关注。

★4月12日著名儿童文学家曹文轩来到我校，参加我校“遇见曹文轩遇见悦童年”文学沙龙活动，并为我校题词：万家明灯书灯乃为灯中灯，千种情缘书缘乃为缘中缘。

★5月，学校举行第六届“走进新时代 绘就书法梦”“墨香杯”书法节，共征集教师作品75幅，学生作品1787幅；极具特色的书法文化墙再次设计并上墙并开展廉洁文化书法作品展。

★ 8月，学校第二次校园文化建设完成，墨缘路文化、特色文化墙建设、翰墨园改造完成。

★8月，学校申报的基础教育优秀成果获省级优秀成果奖，同时获得十堰市教学成果一等奖。

★9月 ，学校64座数字化书法教室建成并投入使用，这是十堰地区第一家数字化书法专用教室。

★9月，校长龚明将本校陈家林老师书写的书法作品赠送给香港黄楚标学校校长黄锦良，黄锦良盛赞52小学书法水平，并表示欲与我校结成姊妹学校。

★10月，市级名师工作室龚明工作室、分局级书法名师工作室陈家林工作室启动仪式在报告厅举行，市教育局、东风分局相关科室领导到会讲话，两个工作室活动轰轰烈烈地开展起来。

★12月，我校舞蹈节目《墨舞人生》演职人员前往荆州参加湖北省第十一届黄鹤美育节节目展演，这是我校自建校以来首次组队参加黄鹤美育节活动。

★12 月，应竹溪县教育局邀请，陈家林名师工作室主持人陈家林及工作室成员罗卫杰，前往竹溪县青凉小学参加为期两天的送教下乡国培计划小学书法教学培训活动。

★12 月，《中国教育报》刊登由周华、龚明撰写的反映我校工作的新闻《运翰墨格局绘教育蓝本——记湖北省十堰市东风 52 小学“墨”课程的建设与实施》，这是我校新闻首次在国家级媒体上刊发。

【2019】

★3 月，东风教育分局并入市教育局，我校成为市教育局直属学校，校名仍为“十堰市东风 52 小学”，实行“人财物”独立运转。

★5 月，学校举行第七届“墨润书梦”书法节活动，共征集教师作品 75 幅，征集学生作品 1852 幅。

★5 月，为祝贺湖北省中小学书法教育现场观摩会在我校隆重召开，学校编辑完成“墨迹册”——《墨润》。

★5 月 9 日—10 日湖北省中小学书法教育现场观摩活动在我校举行，来自全省书法教育实验学校的 200 多位领导和老师云集我校，市教育局副局长刘荣到会祝贺，全校师生进行现场书法展示，沈涛老师讲研讨课《高低相顾》，龚明校长代表学校作题为《从书法课走向书法课程》的经验交流。

★6 月 3 日著名动物作家沈石溪来我校讲课，通过自己的人生经历谈写作技巧并为我校题词“重彩浓墨塑造精彩人生”。

★6 月 13 日我校舞蹈节目《墨魂》参加市直教育系统“清风雅韵、致敬时代”文艺汇演获得成功。

★7 月，二(4)班刘蓓凝同学代表十堰市参加全国“祖国，我为您点赞”主题演讲活动，喜获二等奖。

★9 月 8 日，在教师节来临之际，市人大常委会主任师永学一行代表市委、市政府、市人大、市政协莅临我校进行教师节慰问并和十堰市 2019 年“荆楚好老师”提名奖获得者李蓓老师亲切交谈。

★12 月 10 日，我校创客教室(智慧益家)竣工，3D 打印、切割机、机械臂书法运转良好，师生创客作品出现。

【2020】

★2 月，新冠肺炎疫情肆虐，新学期开学典礼在线上如期举行，线上教学随即开启，师生通过全新的教学形式——网络进行知识的传授学习。

★4 月，为鼓舞全校同学的斗志，学校表彰了五(2)班朱心成、六(2)班范垒莹等 198 名“居家学习小榜样”，他们认真学习、坚持锻炼、热爱劳动方面的突出表现，展示了 52 小学学子的风采。

★4 月，举行了“经典润泽生命”线上阅读节活动。各班扎实开展亲近经典、诵读经典的阅读活动，通过拍视频、录音、办手抄报等形式展示阅读活动成果。

★5 月，学校举行第八届“云中课堂传墨香”线上书法节活动，师生激情提笔，以墨抗疫，以墨传情，作品质量上乘，共征集毛笔书法作品 400 余幅。同时，六年级学生毕业之际，竞写“书”字，为母校留下墨香。

★7 月 9 日，十堰市城区教育管理体制进行改革，我校划转到茅箭区管理，校名仍为“十堰市东风 52 小学”。14 日下午我校召开中层以上干部参加的教育管理体制改革工作推进会，市教育局领导徐凤阳、区人大常委会副主任李金功、区教育局领导万晓祥参加会议。

★9 月 7 日，教师节前夕，茅箭区委书记周庆荣一行到我校进行慰问，她对我校浓郁的墨香校园文化、高质量的教育水平赞叹不已，鼓励全校师生再接再厉，为茅箭教育再立新功。

★12 月 29 日，我校第 10 次少代会胜利召开，成立学校少工委，确认大队委，征集提案，总结 2020 年工作，规划 2021 年工作，开启少先队工作的新征程。

【2021】

★3 月学校荣获十堰市教育局授予的“十三五教育科研先进单位”称号。

★3 月学校荣获十堰市教育局授予的“第六届全国文明城市创建工作先进集体”称号。

★4 月，学校举行“让读书成为习惯 让科普溢满校园”2021 年阅读节活动。通过扎实开展亲近经典、诵读经典的阅读活动让同学们在读书中感受学习的快乐，体验成长的乐趣，不断提升自我阅读品味，为精神打底，为人生奠基。

★5 月，作家余闲来我校作报告。

★5 月，学校举行“从小学党史　永远跟党走”第 9 届“墨香杯”书法节活动，共征集教师作品 85 幅，征集学生作品 2343 幅。

★5 月 29 日我校“童心向党”庆“六一”主题大队会活动隆重举行，全面展示我校书法节、劳动教育及少先队工作成果，区教育局副局长胡凡凡及区教育局部分科室领导出席。活动由十堰广播电视台现场直播，点击量高达 30 万人次。

★6 月，我校荣获湖北省教育学会书法教育专业委员会组织的 2021 年度“烽火实验杯”湖北省中小学书法成果“优秀组织奖”称号，39 名优秀学子取得佳绩。

★8 月，学校加强常态化疫情防控工作，全面落实疫苗接种工作，实现师生接种率 100％目标；加大师生核酸检测频次，从每月检测，到半月检测，到每周检测，师生平安健康。

★9 月，“双减”政策落地后，学校立足校情、教情和学情，用好用足学校书法文化资源，落实“5+2”课后服务，助推“双减”落地。

★9月，我校案例《书道养根　翰墨育人》荣获省教育厅第二批“一校一案”典型案例。

★9月，茅箭区书法教育研究示范校推进会在我校举行，我校交流“墨”课程建设成果，汉江师范学院专家应邀出席。

★10月，学校“双减”背景下“墨”课程成果—“墨”迹册—《墨品》编写完成，印刷发行，师生人手一册。

★12月，学校荣获十堰市教育科学规划领导小组办公室授予的“十堰市教育科研小课题基地”称号。

★12月，学校开展“墨韵书香”迎新年师生毛笔书法作品现场书写活动。

★12月，反映我校书法特色建设成果的书籍《墨课程建设》一书初稿完成，交由出版社编辑出版。

第四节　获奖统计

表7-1　十堰市东风52小学学生参加书法类竞赛获奖统(2012—2021)

时间	赛名	组织单位	获奖情况	
2012.10	“湖北省中小学书画教育成果展评”小学组书法类	湖北省教育学会书法教育专业委员会	金奖	刘玉倩　余晨阳　张子玉　龙韵冰　杨婷婷　彭玮婷 许诺妍　勾长雨　李彦瑾　郑清源　王秋雨　邓诗颖 陈韩奇　钟程竹　舒　馨　何亚暄　朱晓枫　胡心悦 王思涵　杨文静　邵宇航　陈　婧　刘启悦　潘美怡 杨欣童　陈子幸　李峥妍　刘鸿宇　王熙元
2013.10	第十届中小学生师生书画作品大赛小学组硬笔类/毛笔类	中国教育学会书法教育专业委员会	金奖	陶佳琦　杨知仁　任益鑫　高俊杰　王思涵　任天昊 汪梦杰　杨琪蕙　姚琳琳　师　琳　吴欣宇　许佳乐 叶昊天　周紫怡　郑熙子　李诗语　李嘉璐　曾天红 唐毓轩　彭志雄　游永元　李屹林　宋天伊　张宇杰 华逸杰　龚旭阳　付嘉俊　郑清源　宇溯宁　张子玉 唐楷源　洪欣扬　金炫宇　孟纾亦　刘宇轩　许诺妍 张　丹　周　薇　朱　凯　范庆圆　黄怡然　龙韵冰

续表

时间	赛名	组织单位	获奖情况	
2013.10	第十届中小学生师生书画作品大赛小学组硬笔类/毛笔类	中国教育学会书法教育专业委员会	金奖	李敖同　肖婉莹　刘陆君　陈 婧　李星宇　杨子悦 夏嫣阳　王一晗　余晨阳　赵晋哲　程怡菲　吴琳琳 刘方媛　陈鑫宇　赵雯丽　王贤彬　陈雨欣　陈佳琪 刘泽宇　孙国赟　李明馨　罗潭柘　李雨晨　魏 禾
			银奖	刘玉倩　杨 炀　王宇凡　罗晨冉　赵嘉禾　龚淑婷 谭姜悦颜　项佳怡　魏心瑀　刘雅乐　傅容齐 张 瑞　丁华金　杜佳怡　兰心灵　杨文静　滕智霖 孙玉涵　孔 雪　黄钰杰　汪子晴　沈钊鑫　黄 昊 顾芸菲　王秋雨　陈昕乐　邵宇航　王远秋　杭慧洁 刘成钰　王润涵　章梓欣　朱雅婷　张奕瑶　周雨彤 勾长雨　施逸蒙　尚 鑫　魏博舒　于瀚森　卢洁丽 李良基　刘道泽　刘宇晴　班勇超　李媛媛　章森铭 贾婧怡　龚宇恒　柏非桐　陈 婧　王可越　牛佳祎 刘艳芳　龚昕媛　杨欣童　甘昕毓　李 娜　袁振旭 杜嘉欣　王泺堰　顾雨宁　黄博霖　刘启悦　方玉婷 杨梦苑　王科媛　李 明　杨鹏宇　熊佳钰　宋怡菲 陈小曼　李怡帆　李一鸣　李龙锐　王子涵　王子恒 管艺舒　叶雪滢　刘升翰　侯君婷　鲁鸿杰　梁若汐 许子涵　刘静怡　陈仁宝　吴明佳　陈奕明　黄婉莹 袁伦玮　李雪琦　孙国赟　张子玉　闻殊婷　曹玉朕 吕子涵　石钦文　皮悦朝　万言康　吴静怡　刘姿妍 盛靖雯　李宇暄　莫丽娜　杨子翯　刘子俊　毛金铃 赵禹涵　赵宇曦　黄珍霓　郑思源　曹 楠　魏心宇 丁小涵　孙铭钦　梅 蓥　李柏诚　李舒阳　张雅涵 蔡祖源　周浩然　程文彬　王清华　郑茗璐　郑淇元 徐怡莹　王新钟玥　余天娇美
			优秀奖	胡厚权　许志鹏
2015.04	2015年十堰市汉字听写大会比赛小学组	十堰市语言文字工作委员会、十堰市教育局	第一名	徐睿奇　王立天　朱凯　杨羚羊　滕智霖　陈默然

续表

时间	赛名	组织单位	获奖情况	
2016.04	第十届中国汉字听写大会十堰选拔赛	十堰市语言文字工作委员会、十堰市教育局	优秀奖	王可越 柏非桐 王铭楚 鲁立文 李瑞淇 秦天元
2016.08	“中华好书法”首届全国中小学师生书法大赛	中华好书法首届全国中小学师生书法大赛组委会	优秀奖	王飞歌
2016.11	全国中小学师生“阳光喔杯”书画大赛	中国教育学会书法教育专业委员会	金奖	尹潇伊 徐吉炜 卜若溪 柯欣冉 杜雨洋 王钰涵 李华圳 张梓嫣 莫颖菲 石语薇 杨宸诚 张艺馨 刘晋宏 郭剑韬 张晋康 瞿欣睿 胡雅迪 胡轶哲 胡雯棋 郭容綵 李桢昊 卢袁慧 吴英杰 王俊杰 吴静怡 桂翰儒 代丰华 郑茗璐 肖婉莹 王宇凡 梅 蓥 任芊如 王宇非 郑天一 张逸鹏 顾静雯 汪梦洁 王铭楚 杨欣童 胡汉姣 郑雯心 赵晋哲 夏嫣阳 李若辛 许家颖 关智涵 任彦冰 王致远 龚莹欣 易敬开 陈佳琪 李宜祯 黄博霖 甘昕毓 杜嘉欣 王泺堰 刘金秋 龚淑婷 郝韵程 陶佳琦 李歆然 赵锦怡 陈若瑜 郑潇然 潘美怡 项佳怡 华逸杰 刘成钰 王煜轲 滕智霖 王润涵 杜佳怡 任天昊 曾天红 王思涵 杨知仁 许佳乐 胡心悦 周子航 任益鑫 陈佳琪 李宜祯 杜嘉欣 李enumerate 谭姜悦颜
			银奖	郑浩亮 丁诗琪 郑羽丰 王铭梓 李万锦 侯君泽 刘欣悦 杨怡寒 陈音格 王艺潼 张忠裕 许智源 刘孟祺 宋滨涵 郭颢然 曾钰涵 汤子成 王紫璇 周 薇 刘芙好 张馨心 熊芯圻 夏铭昊 熊明悦 李 响 顾欣悦 贺天勤 王林森 丁子原 李雪琪

续表

时间	赛名	组织单位	获奖情况						
2016.11	全国中小学师生“阳光喔杯”书画大赛	中国教育学会书法教育专业委员会	银奖	龚佳莉	瞿子博	王浩翔	柯子涵	刘妍语	王艺锦
				罗佳琪	叶凌帆	邵义烜	刘鑫平	王怡然	陈钰莹
				代刘杨	蒋亚言	刘婧媛	王欣怡	胡云熙	聂语涵
				罗钰奇	陈廷郡	周垠宇	潘晨茜	刘素君	陈怡雯
				叶子菲	曾祥福	袁珑菲	王子怡	王　茜	魏心宇
				李嘉慧	李雨欣	彭梦瑶	王鹭臻	陈子幸	潘岩敏
				陈若曦	顾乙馨	李雨晨	孙任哲	陈欣怡	刘启悦
				李琥旭	何炎鑫	任睿丽	郝韵涵	朱晨曦	叶文清
				范梦娇	王精龙	熊亚楠	付小宁	洪心悦	邵宇航
				屈铧婷	杭慧洁	王远秋	段程瀚	陈思凝	陈滢羽
				瞿婧羽	柯罗意	张笑语	付容齐	何赵棋	魏心瑀
				卢泓汝	杨璐嘉	高慧婕	龚晓璐	曹培煜	
			铜奖	王彬羽	张紫裕	黄鑫源	汪文博	张雨涵	周佳怡
				喻子涵	余恬恬	戚晨菲	杨奕然	蔡晶晶	程奕睿
				陈　露	张傅褰	王　为	程奕嘉	王若茜	吴子文
				刘梓婷	李雪珺	刘权煊	龚文杰	刘盛良	李子烨
				段博文	韩佳欣	蒋兴娅	贺安舒	李霖渤	康峻瑜
				张子涵	郑雯婷	盛雪怡	吴紫涵	王伊先	童艺菲
				李书荟	韦骁轩	刘姝瑜	王海娜	李金娟	花晨阳
				侯　天	陈锦虹	汪嘉钰	杨润柳	陈熙元	李艺婷
				李帛桓	代宇晗	李羿君	刘　珺	蔡玉洁	李青旖
				徐章旭	李艺婕	宋紫涵	昝俪俪	何梦瑜	夏勇生
				任沛瑶	孙嘉祺	顾铭亮	顾议心	陈前正	王佳怡
				杨雅淇	夏子源	孙婉月	赵钎伶	范华丽	樊子莘
				朱妍宁	杨豪格	张　幂	涂师洁	孙溧蔓	李宇暄
				童奕洁	李可嘉	沈欣欣	赵锦漪	吴若欣	苏博文
				莫丽娜	李嘉琦	徐清艺	杨雨鑫	师　琳	徐梓程
				付　月	唐华骏	程怡菲	梁　昊	张雅涵	燕小娜
				张玲潇	王雅丽	石岩钰	张芷菲	郑思源	毛金铃
				郑天一	马珺瑶	李三圆	侯沿宇	顾云龙	王浩然
				程文彬	孙铭钦	胡文玺	吕子涵	李星宇	孟纾亦
				吕子涵	蔡秦和	龚昕媛	黄思毅	王怡然	陈宇鹭
				刘梦燃	徐昕宇	张宝鑫	鲁立文	舒宝山	胡文博
				王泽同	倪木森	陶梦洁	郭芷琦	胡世星月	顾继宇

续表

时间	赛名	组织单位	获奖情况	
2016.11	全国中小学师生“阳光喔杯”书画大赛	中国教育学会书法教育专业委员会	铜奖	李瑶伟 程婉茹 高俊杰 易文汇 王俊杰 王 梓 周邓俊 南琚翔 顾铭宇 张 宇 张 睿 冯静怡 张佳雯 杜美瑶 高文康 陈欣乐 宋天伊 张湞瑞 王欣瑶 赵国栋 李嘉璐 孙玉涵 万金涛 邓冰钰 陈墨然 王思丹 任非凡 迟忆雯 杨晓雪 王雨菲 郑海垚 任文婧 刘小楠 代佳琪 李昕玥 夏书仪 向钰儿 吴欣宇 邱育霖 顾若涵 郑子玥彤 王翊田
2018.11	全国中小学第二届“阳光喔杯”师生书法大赛小高组硬笔类/毛笔类	中国教育学会书法教育专业委员会	金奖	蔡玉婕 党怡佳 杜睿婕 郭容綵 刘静媛 饶 悦 宋湘怡 昝丽丽 赵钎伶 张梓嫣 张瑞琪 尹潇伊 杨依涵 杨宸诚 燕博文
			银奖	闫芷月 吴雨霏 魏燕熙 王周怡 王艺锦 王洁翔 汪文博 汪嘉钰 汪 涵 石语薇 秦梓轩 莫雨衡 刘子琳 刘钰钦 刘妍语 李子烨 李玉荟 李霖渤 柯欣冉 柯林汝 康馨予 胡雅迪 贺 越 贺天勤 韩佳欣 郭容綵 郭灏然
			铜奖	顾汉心 范华丽 段吉娣 陈前正 陈露 卜若溪 顾羲心
2019.12	“文明十堰.礼赞祖国”书画类	十堰市教育局	铜奖	李书荟 李霖渤 花晨阳 张靖熙
			优秀奖	李子烨 郭剑韬 刘鑫平 刘权煊 叶凌帆
2021.06	2021年度“烽火实验杯”湖北省中小学书法成果	湖北省教育学会书法教育专业委员会	二等奖	毛雨馨
			三等奖	王可歆 张家欣 尹潇伊 程米乐 朱妙璇 李 浩 陈欣怡 叶家琪 张梓嫣 付金灵 莫颖菲 李紫涵 党怡佳 顾佳怡 周垠宇 黄钰涵 张卓莹 王琳溪 卢魏文 翟美朵 范钰涵 刘钰钦 陈欣怡 王彭泽 刘思琦 刘思雨 顾恒源 何奕芮 卢魏文 胡瑞凤 段吉娣 汪文博 辛宇涵 杨依涵 龙李煜煊

表 7-2　十堰市东风 52 小学 2007—2021 获奖统计(部分)

序号	时间	内容	级别	授奖单位
1	2007.05	湖北省写字教学先进学校	省级	湖北省教育科学研究室
2	2007.11	湖北省书法教育明星学校	省级	湖北省教育书法协会
3	2008.11	全国书画教育实验学校	国家级	中国教育学会书法教育专业委员会
4	2009.04	全国书画教育明星学校	国家级	中国教育学会书法教育专业委员会
5	2010.01	全国书法教育先进单位	国家级	中国教育学会书法教育专业委员会
6	2010.04	全省写字教育特殊贡献奖	省级	湖北省教育学会书法教育专业委员会
7	2010.04	全国写字教育先进学校	国家级	中国教育学会书法教育专业委员会
8	2011.05	十堰市“太和杯”少儿书画大赛优秀组织奖	市级	中共十堰市委宣传部
9	2011.05	第八届全国中小学生书画教育特殊贡献单位	国家级	中国教育学会书法教育专业委员会
10	2012.09	教育教学先进学校	市级	十堰市教育局东风教育分局
11	2012.09	湖北省语言文字工作先进集体	省级	湖北省语言文字工作委员会　省教育厅
12	2012.09	课堂教学改革先进学校	市级	十堰教育科学研究院
13	2012.11	湖北省“中小学书法教育成果展评活动”特殊贡献奖	省级	湖北省教育学会书法教育专业委员会
14	2012.11	湖北省书法教育名校	省级	湖北省教育学会书法教育专业委员会
15	2012.12	中小学生文艺汇演一等奖	市级	十堰市教育局东风教育分局
16	2013.01	教育信息技术与宣传工作先进单位	市级	十堰市教育局东风教育分局
17	2013.01	东风教育分局首批“特色学校”	市级	十堰市教育局东风教育分局
18	2013.01	第十届全国中小学师生书画教育特殊贡献单位	国家级	中国教育学会书法教育专业委员会
19	2013.05	十堰市少先队“红领巾心向党,创三城争四好”主题队会竞赛一等奖	市级	共青团十堰市委　十堰市教育局　十堰市少工委

续表

序号	时间	内容	级别	授奖单位
20	2013.06	第十三届爱国主义读书教育活动班级手抄报比赛小学组三等奖	市级	十堰市委宣传部　十堰市教育局
21	2013.07	教育教学目标管理先进单位	市级	十堰市教育局东风教育分局
22	2013.11	全国写字教育示范学校	国家级	中国教育学会书法教育专业委员会
23	2013.11	“经典诵读与语文教学整合研究”获“经典诵读”课题中期实验报告一等奖	省级	湖北省教育科学研究室
24	2014.01	2013 年度优秀领导班子	市级	十堰市教育局东风教育分局
25	2014.01	十堰市卫生工作先进单位	市级	十堰市人民政府
26	2014.02	十堰市少先队红旗大队	市级	共青团十堰市委　十堰市少工委
27	2014.03	十堰市平安校园	市级	十堰市教育局
28	2014.04	第三十八届分局田径运动会团体总分第一名	市级	十堰市教育局东风教育分局
29	2014.05	防震减灾科普示范学校	市级	十堰市人民政府
30	2014.07	分局优秀基层党组织	市级	中共十堰市教育局东风分局委员会
31	2014.10	2013－2014 学年度十堰城区联校协作发展先进片区	市级	十堰市教育局　市政府教育督导室
32	2014.11	联校协作发展第六片区运动会第一名	市级	十堰市教育局
33	2014.11	“书法教育策略研究”课题中期评估活动课题实验先进学校	省级	湖北省教育学会书法教育专业委员会
34	2014.11	十堰市少先队员环保手抄报最佳组织奖	市级	市五创办　市环保局　市教育局
35	2014.12	2014 年“大家唱大家跳——乘着东风携梦远航”学生文艺汇演一等奖	市级	十堰市教育局东风教育分局
36	2014.12	分局模范职工之家	市级	十堰市教育局东风分局工会

续表

序号	时间	内容	级别	授奖单位
37	2015.01	全国百强特色学校	国家级	中国教育报刊社　中国云教育研究院
38	2015.01	湖北省语言文字工作示范学校	省级	湖北省语言文字工作委员会
39	2015.01	十堰市 2014 年度教育科研先进单位	市级	十堰市教育科学研究院
40	2015.02	2014 年度目标管理先进单位	市级	十堰市教育局东风教育分局
41	2015.02	2014 年社会管理综合治理先进单位	市级	十堰市教育局东风教育分局
42	2015.02	2014 年度十堰市少先队红旗大队	市级	共青团十堰市委　十堰市少工委
43	2015.02	2014 年度信息与宣传工作先进单位	市级	十堰市教育局东风教育分局
44	2015.04	2015 年十堰市汉字听写大赛小学组团体第一名	市级	十堰市语言文字工作委员会　十堰市教育局　十堰广播电台
45	2015.04	第三十九届学生运动会精神文明奖	市级	十堰市教育局东风教育分局
46	2015.05	《童心舞动》获分局 2015 年"舞动校园展我风采"校园集体舞大赛小学组二等奖	市级	十堰市教育局东风教育分局
47	2015.06	5254 中队获 2015 年度十堰市优秀少先队中队	市级	共青团十堰市委　十堰市教育局　十堰市少工委
48	2015.08	《墨香校园》被评为全市第三届精神文明建设工作创新品牌	市级	十堰市精神文明建设委员会
49	2015.10	十堰市鼓号队比赛特等奖	市级	共青团十堰市委员会
50	2015.11	长江传媒湖北省首届中小学师生书法大赛优秀组织单位	省级	湖北省教育厅
51	2015.12	十堰市十星级工会	市级	十堰市教育局　十堰市教育工会

续表

序号	时间	内容	级别	授奖单位
52	2016.01	全国中小学首届“阳光喔”杯师生书法大赛优秀组织单位	省级	全国中小学阳光杯师生书法大赛组委会　湖北省教育学会书法教育专业委员会
53	2016.01	2015年度信息与宣传工作先进单位	市级	十堰市教育局东风教育分局
54	2016.01	2015年度目标管理先进单位	市级	十堰市教育局东风教育分局
55	2016.03	2015年度全市少先队红旗大队	市级	共青团十堰市委　十堰市少工委
56	2016.04	第十届中国汉字听写大会十堰选拔赛优秀奖	市级	十堰市语言文字工作委员会　十堰市教育局
57	2016.06	优秀基层党组织	市级	十堰市教育局东风教育分局
58	2016.08	2015年度学校风险管理工作先进单位	市级	十堰市教育局东风教育分局
59	2016.09	2014—2015年度文明单位	市级	中共十堰市委　十堰市人民政府
60	2017.01	目标管理先进单位	市级	十堰市教育局东风教育分局
61	2017.01	综合治理先进单位	市级	十堰市教育局东风教育分局
62	2017.01	十星级工会组织	市级	十堰市教育局东风教育分局
63	2017.02	2016年度学校后勤管理工作先进单位	市级	十堰市教育局
64	2017.4	分局第41届学生运动会小学甲组第二名	市级	十堰市教育局东风教育分局
65	2017.09	2016—2017年度文明单位	市级	中共十堰市委　十堰市人民政府
66	2017.09	2016—2017年度文明校园	市级	中共十堰市委　十堰市人民政府
67	2017.12	2017年“和畅东风共铸辉煌”学生文艺汇演获一等奖	市级	十堰市教育局东风教育分局
68	2017.12	2016—2017年度十堰市教育系统文明校园	市级	十堰市精神文明建设委员会办公室　十堰市教育局

续表

序号	时间	内容	级别	授奖单位
69	2018.01	“佳音杯”十堰市首届少儿诗词大赛“最佳组织奖”	市级	十堰广播电视台　十堰市关工委　十堰市语言文字工作委员会
70	2018.01	2017年度信息与宣传工作先进单位	市级	十堰市教育局东风教育分局
71	2018.01	2017年度目标管理先进单位	市级	十堰市教育局东风教育分局
72	2018.03	“风雨不阻创文路”志愿服务项目获2017年度“优秀志愿服务项目”	市级	市文明办　团市委　市志愿者协会
73	2018.03	2017年度“优秀志愿服务组织”	市级	市文明办　团市委　市志愿者协会
74	2018.05	十堰市2018年“我家最美故事”亲子阅读征文暨绘画大赛获最佳组织奖	市级	市创文办　市文明办　市妇女联合会　十堰市教育局　市广播电视台
75	2018.05	第42届运动会小学甲组第二名	市级	十堰市教育局东风教育分局
76	2018.06	基础教育成果《“墨”课程体系的建设与实施》一等奖	市级	十堰市教育科学研究院
77	2018.07	先进基层党组织	市级	十堰市教育局东风教育分局
78	2018.07	十堰市2016年度绿色学校	市级	十堰市五城联创指挥部办公室
79	2018.08	2016—2017年度湖北省优秀少先队集体	省级	湖北省教育厅
80	2018.11	汉江师范学院实习基地	市级	汉江师范学院
81	2018.11	湖北省第十一届黄鹤美育节小学组(舞蹈类)三等奖	省级	湖北省教育厅
82	2019.01	2018年度信息与宣传工作先进单位	市级	十堰市教育局东风教育分局
83	2019.01	全市优秀少先队集体	市级	十堰市教育局　共青团十堰市委　十堰市少工委
84	2019.01	十堰市文明校园	市级	中共十堰市委精神文明建设指导委员会办公室　十堰市教育局

续表

序号	时间	内容	级别	授奖单位
85	2019.01	“新时代好少年”主题教育读书活动“我为祖国点赞”先进集体	省级	湖北省教育厅关心下一代工作委员会
86	2019.05	在湖北省中小学书法教育现场观摩活动上的交流《从书法课走向书法课程》获好评	省级	湖北省教育学会书法教育专业委员会
87	2019.06	优秀基层党组织	市级	中共十堰市教育局党组
88	2019.07	“清风廉韵　致敬时代”优秀组织单位	市级	中共十堰市教育局党组
89	2019.10	十堰市文明校园	市级	中共十堰市委精神文明建设指导委员会办公室　十堰市教育局
90	2020.01	“小手拉大手　文明随手拍”优秀组织单位	市级	十堰市创建全国文明城市指挥部办公室　十堰市教育局
91	2020.09	第七届青年教师教学竞赛优秀组织单位	市级	十堰市教育局　十堰市教科工会委员会
92	2020.11	十堰市2018—2019年文明单位	市级	中共十堰市委　十堰市人民政府
93	2020.12	2020年度档案工作达标先进单位	市级	十堰市档案局　十堰市档案馆
94	2021.03	十堰市“十三五”教育科研先进单位	市级	十堰市教育局
95	2021.03	第六届全国文明城市创建工作先进集体	市级	十堰市教育局
96	2021.04	“童心抗疫　让爱传递”主题作品征集优秀组织单位	市级	十堰教育电视台
97	2021.06	茅箭区第五届中小学合唱比赛组织奖	区级	茅箭区教育局
98	2021.06	“童声颂祖国红船向未来”小学组三等奖	区级	茅箭区教育局
99	2021.06	2021年度“烽火实验杯”湖北省中小学书法成果“优秀组织奖”	省级	湖北省教育学会书法教育专业委员会

续表

序号	时间	内容	级别	授奖单位
100	2021.06	优秀团支部	区级	茅箭区教育局　共青团茅箭区教育工作委员会
101	2021.08	校本教研先进集体	市级	十堰市教育科学研究院
102	2021.09	“书道养根　翰墨育人”荣获湖北省第二批“一校一案”典型案例	省级	湖北省教育厅
103	2021.10	茅箭区第十四届田径趣味运动会小学甲组团体总分第四名	区级	茅箭区教育局
104	2021.10	茅箭区第十四届田径趣味运动会小学女子甲组团体总分第三名	区级	茅箭区教育局
105	2021.10	十堰市教育科研小课题基地	市级	十堰市教育局

后　　记

萌生编写反映东风52小学墨课程建设成果书籍的想法，早已有之。2021年秋天，编书一事终于提到议事日程。

正式启动编写工作是2021年8月下旬秋季开学后的事。学校成立编写组后，我们编写组的同志就开始马不停蹄地草拟大纲，搜集素材，向全校师生征集稿件。我们认真对待每个编写环节，仅编写大纲就十易其稿。同时，我们努力把编书的过程当成墨课程成果提炼、提升的过程，通过查阅资料、咨询专家等方式，进行了深入地探索，先后在书法教学方法、书法活动开展、书法评价等方面，提出了一些新的观点，使墨课程建设日臻完善。

在编写分工上，龚明同志担任主编，编写、统筹全书各章节；副主编石红丽同志、罗卫杰同志协助编写部分章节的部分内容；编委毕春燕、刘敏、周艳春、霍艳霞同志为本书提供了部分稿件并审阅、修改了部分来稿；范学武同志编写了学校大事记及获奖情况；湖北省书法教育名师陈家林同志为本书提供了自己多年的研究成果，并为本书用毛笔书写例字；曹慧同志重新整理《追逐书梦》书法广播操的舞蹈动作说明；中国教育学会书法教育专业委员会原常务副理事长廖敬彦先生为本书题写书名。

编写工作历时半年，终于完工，即将付梓。在此，对在编写过程中给予指导、帮助的十堰市茅箭区教育局局长余世洪先生，十堰市作家协会副主席、资深杂志编辑张泽雄先生，十堰市教育局正科级干部、高级教师、信息技术专家郑全喜先生，汉江师范学院教授曹国军先生，省特级教师、正高级教师、十堰市教育科学研究院语文教研员董林涛先生等表示深深的感谢！

由于时间仓促，编者水平有限，不足之处在所难免，敬请读者批评指正！

编　　者

2022年2月